悠悠未了情：我与《中华大典》那些事

伍杰 著

河南大学出版社
HENAN UNIVERSITY PRESS
·郑州·

图书在版编目(CIP)数据

悠悠未了情:我与《中华大典》那些事/伍杰著. —郑州:河南大学出版社,2018.11

ISBN 978-7-5649-3575-7

Ⅰ.①悠… Ⅱ.①伍… Ⅲ.①百科全书—编辑工作—文集 Ⅳ.①G237.4—53

中国版本图书馆 CIP 数据核字(2018)第 266332 号

责任编辑 袁喜生
责任校对 靳宇峰
封面设计 翟淼淼

出　版 河南大学出版社
地址:郑州市郑东新区商务外环中华大厦 2401 号　邮编:450046
电话:0371—86059701(营销中心)　网址:www.hupress.com
排　版 郑州市今日文教印制有限公司
印　刷 河南瑞之光印刷股份有限公司
版　次 2018 年 12 月第 1 版　**印　次** 2018 年 12 月第 1 次印刷
开　本 787mm×1092mm 1/16　**印　张** 30
字　数 475 千字　**插　页** 4
定　价 68.00 元

《中华大典》第二次试点工作会留影（1990年8月3日）

与段文桂（1990年）

与季羡林在民族饭店（1991 年 12 月）

上海古籍出版社《中华大典》论证会（1992 年 4 月 30 日）

在办公室接受记者采访（1993 年 7 月）

《历史地理典》启动会议合影（1994 年 10 月）

与李彦、任继愈、程千帆在扬州瘦西湖（1997 年 4 月 23 日）

与卞孝萱在苏州太湖西山（1999 年 12 月 24 日）

在武汉东湖中天宾馆与参加《语言文字典》样稿论证会的人员合影
(2000 年 10 月 13 日)

与傅璇琮（2002 年 3 月 22 日）

与淮阴新华印刷厂工人合影（2007 年 3 月 29 日）

《语言文字典·音韵分典》样稿审订会（2007 年 6 月 14 日，武汉大学）

在医院与病中的任继愈合影（2008 年）

与任继愈同白化文、王小云等《民俗典》编纂出版人员合影（2008 年）

《中华大典·文学典》出版座谈会（2010年1月6日）

在重庆出版社《中华大典》工作会议上（2013年3月28日）

目　录

记事怀人

讲话文牍

审 读 意 见

附 录

记事怀人

《中华大典》编纂出版缘起

——代《中华大典·文学典》总目录、总索引卷前言

《文学典》是《中华大典》24 个典中的一个典，分设《先秦两汉文学分典》《魏晋南北朝文学分典》《隋唐五代文学分典》《宋辽金元文学分典》、《明清文学分典》和《文学理论分典》6 个分典，共计 5500 万字，精装 23 册，规模大，编纂出版周期时间长，曾经历了重重困难，终于得以圆满完成。它的编纂试点，始于 1989 年。它的编纂出版，从试点到全部完成，前前后后，经历了 20 个不平凡的春秋。专家学者和编辑、出版工作者在江苏省新闻出版局与江苏出版集团大力支持下，各尽职守，全力以赴，克服了种种困难，他们付出的辛勤劳动获得了丰硕的成果。1999 年《宋辽金元文学分典》开始出书，立即引起了学术界、出版界和新闻界的热烈反响，受到党和国家领导同志高度赞许。2000 年获得第十二届中国图书奖，2001 年《隋唐五代文学分典》获得了第三届全国古籍整理图书奖一等奖。还多次被国家新闻出版总署评为署优产品一等奖。今天，《文学典》全部出版，相信定会以它的规模、它的质量、它对我国古籍整理和中国古典文学研究的作用引起学术界、出版界、新闻界更广泛更强烈的关注。

《文学典》是《中华大典》最早启动编纂、最先开始出书的典，它与《中华大典》是局部和整体的关系，它的历程和成就充分反映了《中华大典》的整体历程和成果。《文学典》勇于实践，它创造的经验，它克服的困难，为后行的各典作出了示范，鼓舞了大家的信心，起到了引路和借鉴的作用，功不可没。作为《中华大典》这一国家重大文化出版工程的最早参与者，面对着摆在书架上这 23 巨册的《文学典》全卷，回顾它的艰难历程，感怀良多。《文学典》编辑部要我这个《中华大典》的“老兵”为《文学典》总目录、总索引卷的编成在卷首以前言形

式回顾《中华大典》的缘起。盛情难却，我只好以自己的亲历就《中华大典》的缘起及它的历程作一简单回顾，以飨读者。

《中华大典》是在中国出版人为继承中华民族优秀传统文化的创议和推动下产生的。上世纪80年代中期，巴蜀书社、江苏古籍出版社、上海古籍出版社等17家古籍出版社的负责人相聚，他们认为应对中国古代典籍加以系统整理，出一部像古代类书一样的古文献。有人提出叫《中华文献大典》，大家认为叫《中华大典》为好，不仅包罗宏富，也比较准确。巴蜀书社的社长、总编辑段文桂对古籍整理具有明确的前瞻性意见和编纂类书的执着精神，是他们中的最积极者。他积极筹划、奔走，在促进立项和编纂前期起了关键性的作用，可以说是《中华大典》的第一功臣。上海古籍出版社的社长魏同贤、总编辑钱伯城，江苏古籍出版社的社长高纪言等也都积极参与。这些人中最坚决实践，持之以恒，全心全意投入大典，又最先作出较大成绩的是高纪言先生。总主编任继愈先生，称赞他劳苦功高。他们一方面向出版管理部门的领导呼吁，一方面推动全国著名学者深入论证，并成立了《中华大典》编纂筹备小组，向国务院提出倡议，陈述要求支持。几经商讨，大家一致同意将这一古籍整理工程定名、定性为现代类书《中华大典》。

1988年10月29日，巴蜀书社社长段文桂将上海古籍出版社、江苏古籍出版社、湖南岳麓书社、山东齐鲁书社、河南中州古籍出版社、北京古籍出版社、陕西三秦书社、山西三晋书社、安徽黄山书社等9家古籍出版社的负责人，中宣部出版局局长伍杰和上海市新闻出版局局长袁是德邀请到成都聚会。经过大会反复讨论，补充和充实了巴蜀书社提出的编纂《中华大典》的设想和方案，统一了认识，决定团结一致，共同发起开展筹备工作。一致认为《中华大典》既要发扬古代编类书的优良传统，又要运用现代科学、系统的方法编纂，使之具有现代百科全书的性质；既要有高度的文化学术价值，又要具有广泛的社会实用价值，便于中等文化程度以上的读者寻找古籍资料或提供检索资料线索。

在段文桂多次到中宣部出版局反复陈述出版《中华大典》的重要意义、重要作用、必要性和可能性之后，出版局按程序报告中共中央宣传部主管出版的副部长李彦，得到他的肯定和支持，他报告部长王忍之，经部务会议讨论，决定管好这件事，并约请国家新闻出版署参与此事。此后，关于《中华大典》的工作便在中宣部和国家新闻出版署的领导下，逐步展开。与此同时，《中华大典》筹备组于1988年12月30日向国务院总理李鹏写报告，申述这一古籍整理工程的重大意义。1989年1月4日得到了李鹏总理的明确批示，肯定“这是一件大事”。

此前17家古籍出版社负责人就编纂《中华大典》问题奔走呼号，共同努力，开了8次专家学者座谈会，分别走访了北京、上海、四川、江苏等17个省市的专家学者。他们是胡乔木、钱钟书、冯友兰、梁漱溟、钱学森、周谷城、周培源、胡绳、赵朴初、吕叔湘、任继愈、白寿彝、刘大年、张岱年、苏步青、蔡尚思、谭其骧、顾廷龙、徐中舒、缪钺、柯召、匡亚明、唐圭璋、程千帆、萧涤非、季羡林、史念海、霍松林、陈立、姜亮夫、唐长孺、张舜徽、王季思、商承祚、尹鸿钧、孙文良、金景芳、姚奠中、吴绍骙、王玉哲、李聪甫、顾建中等235名专家学者，得到了他们的一致肯定。后来又有些专家学者补充签名，先后有300多位著名学者向国务院陈述编纂《中华大典》的必要性、重要性、可行性。盛世修典，正其时也，呼吁批准立项编纂《中华大典》。

1988年秋，在中宣部领导下，和国家新闻出版署共同组成《中华大典》编纂试点领导小组，由中宣部出版局局长伍杰担任组长，正式开始编纂试点工作。

国家新闻出版署副署长刘杲，对《中华大典》工作十分重视和支持，积极参与领导。1990年5月12日国家新闻出版署向国务院呈报《关于编纂〈中华大典〉及其经费问题的请示报告》。报告中提出了四个问题：关于编纂《中华大典》的必要性和指导思想；关于《中华大典》的编纂实施方案及其可行性；关于《中华大典》的组织领导工作；关于《中华大典》的经费问题。预计总开支6100万元，由国家财政借支1800万元，不足部分，由《中华大典》自筹。规定从1994年开始还款，每年还300万元，从还款中再借给《中华大典》1200万元。这样，《中华大典》总垫支额度为3000万元。国务院于1990年8月29日批复，同意国家新闻出版署的意见。

这期间，《中华大典》试点领导小组做了大量准备工作。特别是请谁当总主编，在学术上领衔，在学术上把关，一致认为由任继愈先生担任最为合适。

他是倡议的发起人之一，任先生的人品和学术成就为大家所推崇和敬佩。经恳请，他同意和乐于承担这一工程。在《中华大典》工委会的领导下，他会同诸多专家学者和出版工作者规划审定了编纂出版《中华大典》的指导思想、工作总则、体例框架和规章制度。这些年来，任老和大家艰苦与共，有关《中华大典》编纂的事从不推诿，可谓有求必应，不收任何报酬，无私奉献。他不仅是十分称职、干实事的总主编，并兼任两个典的主编，而且治学严谨，对人诚恳，其精神感人至深。

试点小组在组织编纂工作的过程中，草拟和不断完善了规章制度、条例等一系列文件，并决定由《文学典》、《医药卫生典》、《法律典》、《历史典》、《教育体育典》进行试点。1989年5月27日至29日召开了首次试点工作会。1990年9月3日至5日召开了第二次试点工作会。中宣部副部长李彦、国家新闻出版署副署长刘杲、任继愈先生都在会上作了重要讲话。国务院办公厅、国家教委、文化部和试点单位的负责人都参加了会议。试点工作会议由伍杰主持。会上对编纂中遇到的各种问题，如体例、框架、经纬目设置等都进行了认真的讨论，商讨了解决办法。

因为当时还没有成立《中华大典》的领导机构，只是由李彦、刘杲、伍杰出面与各方面商谈《中华大典》的有关问题，经过3年多的试点工作之后，1992年4月24日李彦、刘杲、伍杰共同向中宣部、国家新闻出版署写了一份报告，提出了四个问题：关于组建《中华大典》的工作和编纂领导班子问题；关于《中华大典》的规模和编纂工作的步骤问题；关于《中华大典》的经费筹集和使用问题；关于今年工作的安排和召开工作会议问题。这一报告同时抄报给了国务院办公厅。中宣部于1992年6月12日、国家新闻出版署于1992年8月8日作了批复，同意三人的报告，同意提出的工委、编委人选，批准正式成立《中华大典》工作委员会和编纂委员会。工委会的成员是参加单位委派的代表，随着工作变动而调整。工委会主任是李彦，由43人组成工作委员会。编委会由工委会聘请专家学者组成。编委会主任是任继愈先生，副主任有席泽宗、程千帆、戴逸。由36人组成编纂委员会。《中华大典》是主编负责制。工委会委托任继愈为主编的编纂委员会，负责《中华大典》的编纂工作。工委会常务副主任伍杰兼任办公室主任，办公室副主任有赵含坤（常务）、段文佳、魏同贤。大典办公室是工委和编委的办公室,为两委服务、为广大编纂者和出版者服务。

党中央和国务院领导同志对编纂《中华大典》很重视,先后题词并作了重要批示。江泽民同志 1992 年 9 月 18 日题词:“同心同德,群策群力,认真编好中华大典,为建设有中国特色的社会主义服务。”李鹏同志 1992 年 9 月 6 日题词:“继承和弘扬民族优秀传统文化。为中华大典题。”李瑞环同志 1992 年 9 月 8 日委托《中华大典》工作委员会负责人转达他的希望:“编纂《中华大典》是建国以来最大的一项文化出版工程,对于保护祖国珍贵文化典籍,弘扬中华民族优秀文化,促进社会主义精神文明建设,具有重要的意义,希望有关方面和专家学者,齐心协力,密切配合,精益求精,圆满地完成这项光荣而繁重的历史任务。”温家宝同志 2004 年 3 月 31 日批示:“书已收到。谢谢编纂人员的辛勤劳动。”李岚清、李长春同志作了重要批示。刘云山、陈至立同志也先后作了重要批示,都表示积极支持《中华大典》编纂工程,祝贺《中华大典》编纂取得的可喜成效,感谢参与编校工作各位专家学者付出的辛勤劳动。作为跨世纪出版工程,一定要精心编印,精益求精,使其成为超越前人、无愧后人的精品工程。

《中华大典》这一巨大的文化出版工程,经过五年多的酝酿准备,从 1987 年至 1992 年,总算一切都准备就绪。1992 年 9 月 9 日李彦同志主持召开了《中华大典》的工作会议。中宣部部长王忍之、新闻出版署署长宋木文、任继愈讲话。会议正式决定《中华大典》编纂 21 个典,92 个分典,荟萃古籍 2 万种,64500 万字。由先试点的 5 个典正式开始编纂。《文学典》由程千帆先生兼任主编,《历史典》由戴逸先生兼任主编,《教育体育典》由华东师范大学教授李国钧先生主编,《医药卫生典》由中国中医研究院院长傅世垣先生任第一主编,《法律典》由中国政法大学校长张晋藩先生任主编。后来又有《语言文字典》(主编朱祖延)、《历史地理典》(主编邹逸麟)、《哲学典》(主编任继愈)、《林业典》(主编张均成)先后启动。这样正式启动的典共有 9 个。《中华大典》自 1999 年开始陆续出书,第一个出书的是《文学典·宋辽金元文学分典》,同年《医药卫生典》也出版了《基础理论总部》和《儿科总部》,受到学术界和出版界的好评。但因为经费困难,各典的行动比较迟缓。

2003 年以后,国家将借款改为拨款,数目也有所增加。2006 年《中华大典》重新启动,由国家新闻出版总署直接抓这一工程。2007 年,原来的 21 个典调整为24个典，分典由92个调整为116个，约8亿字。工委会、编委会的组成也进行了调整。工委会主任由现任国家新闻出版总署署长柳斌杰同志担任，工委会常务副主任由于永湛同志担任，并兼任办公室主任。编纂委员会仍由任继愈先生任总主编，副主编除席泽宗、程千帆、戴逸先生外，增加了吴文俊、柯俊、傅熹年三位先生。至2007年8月，24个典都已先后签署协议并启动。

20年后的今天，回顾起来，《中华大典》编纂出版取得了不小的成绩，《哲学典》于2007年12月全部完成，《文学典》继《哲学典》之后，现亦全部编成并出版，这标志着《中华大典》已成书1亿多字，其他各典也都在顺利的进展中。我想，几年之后，《中华大典》将会是一座文化丰碑，宏伟地矗立在世人面前。

2008年10月21日

（选自《文学典》总目录、总索引卷前言）

《中华大典》启动前散记

在《中华大典》启动前的酝酿中，前巴蜀书社社长、总编段文桂多次找到我要求支持，希望《中华大典》能顺利启动。我尽了绵薄之力。在我的工作日记中有所记录：

1988 年 3 月 21 日，四川巴蜀书社社长、总编段文桂到我办公室来谈，他说 6 家古籍出版社要搞《中华文献大典》。还说，6 家出版社准备 5 月正式开会讨论，计划先弄出一个正式文件。他说，曾找到李一氓同志，请中华书局参加。李一氓同志说，中华书局不参加。段文桂说，请中宣部参加，请中宣部出版局支持这件事。

1988 年 7 月 22 日，段文桂到我办公室谈《中华文献大典》。说 6 家古籍出版社计划 9 月在江苏开会，定出方案，10 月底在成都开会。

1988 年 9 月 24 日，段文桂到我办公室谈《大典》的进展情况。他说，准备艺术、文学等 5 个典先搞试点。

1988 年 10 月 29 日，在四川成都召开全国古籍优秀图书发奖大会及第四次联合工作会。下午专门讨论了《中华文献大典》改为《中华大典》。段文桂在会上报告了酝酿过程；并提出先搞试点：四川巴蜀书社、上海古籍社、江苏古籍社、山东齐鲁社先搞，先总结经验，再全面推开。第二天，请参加会议的同志游青城山。我和袁是德（上海市出版局局长）、单基夫（四川省出版局局长）等都去了青城山。

1988 年 12 月 8 日，段文桂到中宣部出版局来谈：搞《中华大典》的几个出版社负责人，10 日集中。集中后准备向李铁映、芮杏文、中宣部、教委等八方面汇报酝酿的情况，并请求支持，成立《中华大典》基金会。试点有3家：上海古籍出版社、江苏古籍出版社、四川巴蜀书社。先搞5个分典作试点。明年3月上旬在上海开试点会。请教委出10万元经费。

1988年12月15日，段文桂到中宣部出版局来谈。他说，魏同贤已经向芮杏文同志汇报了，芮杏文同志同意搞《中华大典》。等向李铁映汇报后，如有问题，再来向中宣部汇报。

1988年12月27日，在中国社科院召开了《中华大典》筹备会。会议由新闻出版总署副署长刘杲主持。中宣部、文化部、社科院、国家教委都派人参加了会议，中宣部是我（出版局局长）参加。会上，段文桂汇报了筹备经过。讨论中，各单位都表示支持编纂《中华大典》。只有中华书局的代表沈锡麟发言说：李一氓同志不赞成此事，中华书局也不参加这一工作。

1989年4月26日，晚上我去看望参加出版会议的巴蜀书社段文桂、上海古籍社的魏同贤，和他们谈了《中华大典》的事。说我向中宣部领导汇报了这件事，中宣部支持这一工作，并准备开个会。

1989年5月22日，段文桂在成都用长途电话问我，《中华大典》的会还开不开。北京因有人闹事，形势比较紧张。我说，《中华大典》的会议还照常开。

1989年5月27日，在北京辽宁饭店开《中华大典》试点工作会。我主持，中宣部副部长李彦、出版总署副署长刘杲参加，任继愈先生参加，文化部图书馆局（事业管理）局长杜克、国家教委高教司副司长刘凤泰、高校古委会秘书长安平秋参加会议。还请了一批专家参加会议。

1989年5月29日，《中华大典》试点会分小组讨论：巴蜀书社和四川成都中医学院试点搞《医学分典》，并已组织了80多人参加，计划搞900万字；江苏古籍出版社搞《文学典》的《隋唐五代分典》；上海古籍出版社搞《教育体育典》。会上统一了认识，一致认为搞《中华大典》意义重大；一定要坚持质量第一，要古为今用，坚持双百方针；各家出力，共同协作；自己解决经费。会议后，5月30日，段文桂到中宣部来，说计划请李彦同志当《中华大典》工作委员会主任。我说要向部里汇报。

1989年8月16日，部里开部务会，讨论《中华大典》。我列席参加。李彦同志在会上报告了《大典》的进展情况。会议中，部长王忍之说：对《中华大典》，第一我赞成；第二搞个好班子。这件事太好了，历史上将大书特书。班子成员是有学问的专家，又是能办事的。常务副部长王维澄说：组织人论证，写出实现这一伟大工程的正确设想。王忍之还说：做个详细方案，提出计划，仔细论证，保证质量。可能出现什么问题，怎么解决，编辑力量怎么样，写出正式报告上报。

1989 年 9 月 8 日，在李彦同志处讨论《中华大典》向中央的报告。

1990 年 8 月 3 日，《中华大典》召开了第二次试点工作会。

1988 年 3 月 21 日—1990 年 8 月 3 日

中宣部部务会正式讨论《中华大典》记录

1989 年 8 月 16 日，中宣部召开部务会，讨论了《中华大典》。伍杰列席。主管出版的副部长李彦汇报了《中华大典》的进展情况。讨论中，部长王忍之说："对《中华大典》，第一，我赞成；第二，搞个好班子。这件事情搞好了，在历史上将大书特书。班子成员是有学问的专家，又是能办事的。"还说："做个详细方案，提出计划，仔细论证，保证质量。可能出现什么问题，怎么解决，编辑力量怎么样，写出正式报告上报。"常务副部长王维澄说："组织人论证，写出实现这一伟大工程的正确设想。"会后，1989 年 9 月 8 日李彦同志召集刘杲、伍杰等有关人员，讨论部务会精神，讨论向中央写《中华大典》的报告。

《中华大典》启动中的三次重要会议

1988年10月29日，16家古籍出版社召开了《中华大典》的筹备工作会。1989年5月27日《中华大典》召开了首次试点工作会；1990年8月3日召开了第二次试点工作会。自此起《中华大典》的工作逐步展开。三次会议我都参加了。特别是两次试点会是由我主持。

现在不妨回忆这三次会议。

第一次是各省市古籍出版社负责人在成都开会。认真讨论、落实《中华大典》编纂筹备和试点工作。我参加了这次会议，并作了讲话，动员大家认真参加《中华大典》的工作。

1988年10月29日至31日，上海古籍出版社、齐鲁书社、岳麓书社、中州古籍出版社、江苏古籍出版社、浙江古籍出版社、北京古籍出版社、天津古籍出版社、三秦出版社、黄山书社、山西人民出版社古籍编辑室、吉林文史出版社、辽沈书社、中国书店、上海书店和巴蜀书社等16家古籍出版社负责人在成都举行第四次全国古籍出版社联合工作会议，就《中华大典》(原称《中华文献大典》)的编纂筹备工作进行了认真的讨论研究，并对《中华大典》明年的试点工作进行了具体部署。中央宣传部出版局局长伍杰、国家教委高校古籍工作委员会副主任章培恒和秘书长安平秋、上海市新闻出版局局长袁是德、四川省新闻出版局局长单基夫和副局长冯国元、四川省古籍规划小组副组长王文肃等参加了会议。

《中华大典》的筹备工作，自1987年成都会议后，一直在抓紧进行。一年多来，筹备组已先后在上海、南京、成都召开了三次工作会议，起草和反复修订了给中央的《关于编纂〈中华大典〉的请示报告》及其附件《关于编纂〈中华大典〉的意见书》、《关于〈中华大典〉纲目设置的构想》、《对〈古今图书集成〉的评价》等一系列有关材料。同时，又先后在上海、南京、成都和武汉召开了四次专家学者座谈会，并在北京对一些著名的学者专家进行了专访，参加座谈和接受专访的著名学者专家达二百余人。专家学者们对编纂《中华大典》的必要性和可行性进行了充分的论证。绝大多数的专家学者都对编纂《大典》表示热烈支持和赞成。在此基础上，筹备组负责人于今年 7 月和 9 月两次到北京，先后向中央一些领导同志和中央宣传部、新闻出版署、国家教委高校古籍工作委员会等有关负责同志详细汇报了《大典》筹备工作的进展情况，得到了他们一致的肯定和支持。

四川省副省长韩邦彦代表四川省委、省政府、省人大和省政协对这次古籍出版社的联合工作会议(《中华大典》编纂工作筹备会)的召开表示热烈的祝贺。同时，殷切希望各社进一步加强和发展横向联合，紧密团结，同心同德，群策群力，共同为搞好《中华大典》这一光荣而艰巨的历史文化工程，为弘扬祖国文化，为子孙万代，为全人类的文明做出自己独特的新的贡献。

这次会上，中央宣传部出版局局长伍杰对编纂《大典》的重大意义作了深刻而精辟的论述。他在讲话中强调指出：今天我们对自己国家传统的文化，既不能无批判地把精华与糟粕兼收并蓄，更不能妄自菲薄，在文化上搞民族虚无主义。因为我们中华民族确实有优秀的文化，全世界无论哪个国家都没有我们这样丰富多彩的文化。而这些优秀的文化不仅是我们的财富，同时也是全世界的财富，是全人类共有的财富。我们有责任分门别类地把这些优秀的文化整理出来，系统地提供出来，既为我们今天的建设服务，还要传之后代，为我们子孙后代留下丰富的文化遗产，也为世界文化宝库做出应有的贡献。

伍杰同志还着重指出：今天编纂《大典》，既可以充分调动地方古籍出版社的积极性，又可以依靠目前还健在的老一辈的专家学者，运用他们丰富的知识和经验，充分发挥他们的专长，这对保证《大典》编纂的质量极为重要。而且，通过他们的指导以及编纂《大典》的实践，可以为国家培养出一支高水平的过硬的古籍整理队伍。

伍杰同志还强调：编纂《大典》，不但会进一步推动国际文化交流，同时也有利于促进海峡两岸的学术合作和祖国和平统一大业，而且可以为我们中华文化出版物打进国际市场，开拓一条新的渠道。

国家高校古籍工作委员会秘书长安平秋在会上再次强调：从一开始，高校古籍工作委员会对《大典》的编纂就表示坚决支持。同时对《大典》的筹备工作，提出了高标准和严要求，希望审慎从事，搞好试点工作，尽量避免煮夹生饭，力争不走弯路。

上海市新闻出版局局长袁是德在会上讲话中对17家古籍出版社联合起来承担编纂《大典》这一历史任务，给予很高的评价，并高度赞扬了这种强烈的事业心和责任感。他认为这种精神定会感动"上帝"，即感动我们伟大的民族，还会感动我们的三路大军（出版界、高教系统和图书馆系统）。在讲话中，他还用曹禺同志《胆剑篇》中的一段台词来激励大家："没有犁，用手刨；没有牛，用人拉！就是要靠自己，这就叫图自强！自强不息这四个字，要像天上的响雷一样，感动天地。老天爷，你下雨吧！"他要求全国17家古籍出版社联合起来，在中央宣传部、新闻出版署、国家教委以及老一辈无产阶级革命家的支持下，艰苦奋斗，顽强拼搏，一定能在十年或者更短的时间内，把《大典》搞成功。

袁是德同志在和四川省新闻出版局局长单基夫同志、副局长冯国元同志就编纂《大典》进行了认真的会谈后，双方在这次会上严肃表示：一定要破釜沉舟，百折不挠，和大家一道努力编成《大典》，绝不能让清代的陈梦雷专美于前。一定要超越古人，编出一部崭新的、无愧于我们伟大时代的《大典》来，上告我们的祖先，下对我们的子孙后代。

与会16家古籍出版社都再次表态，要积极参加《大典》的编纂工作。这次因故未能与会的荆楚书社，也专门来信表示要参加和分担《大典》的编纂任务，共襄盛举。

这次会议正式通过了17家古籍出版社给党中央和国务院的《关于编纂〈中华大典〉的请求报告》及附件：《关于编纂〈中华大典〉的意见书》、《关于〈中华大典〉纲目设置的构想》、《对〈古今图书集成〉的评价》。同时还整理出《全国各地著名专家学者对编纂〈大典〉的意见和建议》，并组织了全国著名专家学者联合署名的《给中央的请求信》。

会议还决定由《大典》编纂筹备组成员——上海古籍出版社、巴蜀书社、江苏古籍出版社、齐鲁书社、岳麓书社和中州古籍出版社等6社的负责人组成汇报组，于今年12月中旬进京，向中央书记处，国务院的领导同志递交报告和进行汇报，同时向中央宣传部、新闻出版署、国家教委及高校古籍工作委员会、国务院古籍规划小组汇报，还要向一些中央领导同志、全国人大和全国政协的文教委员会进行汇报，并将在京举行记者招待会，以进一步扩大影响。

会议责成筹备组积极推动和落实《中华大典》基金会的筹建工作。现在方毅同志、张爱萍同志、周林同志等均已同意担任基金会的顾问。最近国务院正式颁布了关于基金会的管理办法，会议委托筹备组尽快草拟基金会章程并进行组建和报批。

根据中央宣传部副部长李彦同志的"先试点，后全面铺开"的指示，会议经过反复协商和研究，决定从1989年开始进行《大典》的试点工作，并推定中央宣传部出版局局长伍杰同志担任试点领导小组组长，新闻出版署图书管理局局长杨牧之同志、国家教委高校古籍工作委员会秘书长安平秋同志担任副组长。具体确定由上海古籍出版社、巴蜀书社、江苏古籍出版社三家作为试点单位，分工先上力所能及的5个分典，要求在1989年春节前落实分工项目和承担5个分典的单位和主编，并定于1989年3月份在上海召开第一次试点工作会议，全面研究有关试点方案、体例、安排、步骤和落实试点工作任务。力争在一年半左右的时间内，编出样稿。认真摸索和总结经验教训，为1990年全面铺开《大典》编纂工作创造有利的条件。关于试点经费，除由国家教委高校古籍工作委员会资助一部分外，其余由承担试点任务的出版社暂行负担，一俟《大典》基金筹措落实，即可得到解决。

第二次是《中华大典》试点工作首次会议。是在北京召开，并取得积极进展的会议。这次会议由我主持宣布开始试点。1989年5月7日至29日在北京召开了首次试点工作会。

出席这次会议的有中央宣传部副部长李彦、中央宣传部出版局局长伍杰、新闻出版署副署长刘杲、文化部图书馆局局长杜克、北京图书馆馆长任继愈、国家教委高教司副处长刘凤泰、国家教委高校古籍整理工作委员会秘书安平秋，以及承担《中华大典·医学分典》试点工作的主编、成都中医学院院长李明富教授、中医古籍文献研究所所长赵立勋研究员，南京大学卞孝萱教授等。参加会议的还有上海古籍出版社、江苏古籍出版社、巴蜀书社的主要负责人和部分编辑人员，共20人。

中央宣传部出版局局长、《大典》试点工作领导小组组长伍杰同志主持了这次会议。

伍杰同志在开幕式上介绍了《大典》的试点工作进展情况，并且强调指出，《大典》的编纂工作经过有关各出版社的积极努力，受到中央领导同志和有关领导部门的重视和支持。李鹏同志今年元月4日对《大典》的编纂报告作了指示："这是一件大事。请李铁映同志组织研究一下，我国当前的财力物力有无可能，然后再提交讨论。"李铁映同志也迅速作了批示："请忠德同志商有关部门提出意见。"国务院副秘书长刘忠德同志具体指示："我曾听过一次情况介绍。请新闻出版署商财政部有关部门提出意见。"

新闻出版署根据国务院的指示邀请中央有关部门对《大典》进行了商讨。中央宣传部、新闻出版署、国家教委、文化部和中国社会科学院都对编纂《大典》表示赞同和支持，接着即与财政部就《大典》经费问题反复进行了商量。财政部经过调查研究，已同意以分期垫支的方法解决《大典》的经费问题。目前，新闻出版署正会同财政部联合草拟报告，即报请国务院审批。

这件事在国际上影响也很大，许多国家报纸都以显著的地位刊载了有关《大典》筹备工作的消息，台湾地区方面对此也极表关注。台港地区一些有影响的出版单位正竞相争取将来承担《大典》的海外发行任务。

新闻出版署副署长刘杲在会上着重强调了编纂《大典》的重要意义，并表示今后对《大典》的编纂、出版一定要精心指导，并全力给予扶持。

著名学者、北京图书馆馆长任继愈在讲话中大声疾呼，国家应该拨出必要的经费来，用在弘扬中华民族文化的事业上。像我们这样具有高度文明和文化传统的民族，现在在文化方面却舍不得花钱，甚至产生了不要民族文化的倾向。因此，我们应该多出一些有用的、有价值的书去占领文化领域，振奋民族精神。他认为，选择《医学分典》及有关几个分典作试点是必要的、恰当的，并希望试点要坚持到底，不要半途而废。他还表示图书馆一定要支持编纂工作，提供必需的图书资料。

《大典》试点工作领导小组副组长杨牧之、安平秋均表示要和大家一起共同努力，坚决把《大典》的试点工作进行到底。

国家教委高教司刘凤泰以及与会的专家学者和各出版社的负责人一致认为，首次试点工作会议对《大典》的编纂进程具有重大意义，在会议期间要统一思想认识，解决试点工作中的一些迫切需要解决的实际的问题。

中央宣传部副部长李彦在会上作了总结性的讲话，他对《大典》的编纂出版工作从原则到具体步骤都作了精辟的指示，提出了殷切的期望，指出了努力的方向。

会议经过两天认真、反复的讨论，基本上统一了认识，解决了一些迫切需要解决的问题，承担《医学分典》试点任务的主编，也介绍了工作中的经验和各项必要的组织工作。

与会的专家学者和各出版社的负责人认为，经过三年来多次反复论证，修改，《大典》的编纂方案准备比较充分，措施比较全面，各项细则也比较切实、具体。因此，给试点工作打下了良好的基础。尤其是成都中医学院的经验，给即将试点的单位提供了有力的帮助和借鉴，坚定了大家的信心。

会议首先确定各出版社承担试点任务的典或分典。除巴蜀书社负责《医学分典》和《法律典》之外，上海古籍出版社承担了《历史典》和《教育分典》，江苏古籍出版社承担了《文学典》的试点任务。

接着与会同志对《大典》的框架结构进行了深入的探讨。

大家一致认为，《大典》的 22 个一级经目（典）和九项纬目基本上不作变更，但要进一步作些调整。例如不必专列《民族典》，有关少数民族的材料可分散在各典。《政治典》、《历史典》和《历史地理典》内容交叉较多，应对所包含的分典的归属作进一步的论证，会后由上海古籍出版社负责提出调整意见。其他典的内容也有归属是否合理的问题，拟留待下次会议讨论决定。

一些专家学者认为，在纬目中“提要”可单列，但不作为纬目；“题解”一项应予恢复；“综论”可改为“总论”；“总述”可改为“综述”；去掉“事迹”，恢复“纪事”；“附录”可改为“别录”。与会同志对九项纬目的范畴与含义作了探讨，初步划清了界限。

大家还就试点工作中是否应该开列用书书目及参考书目的问题进行了热烈的讨论。最后确定在编纂工作之先应开列用书书目，但对开列参考书目的问题还须作进一步商讨。

会上还要求各出版社尽快对现有四个细则提出意见，以便拟定《大典》的编纂通则。并希望《医学分典》的主编在会后迅速把选用书目的版本情况通知各社，以便相互协调一致。

部分同志还对《大典》编纂的指导思想和原则作了补充，认为应该着重强调《大典》所具备的综合性、系统性、资料性和实用性。

与会同志围绕标点符号的采用进行了讨论。初步确定使用逗号（，）、句号（。）、冒号（：）、引号（“”和‘’）、书名号（《》）和间隔号（·），顿号（、）尽量少用，不采用叹号（！）、省略号（……）、反诘号（?!）和分号（；）。括号和问号一般不用，各部中可根据情况适当选用。

大家还建议进一步撰写较详细的引用书名的格式，以便统一遵循。

会上一致认为，《大典》所收材料，尽量采用复印件，或直接从《古今图书集成》剪辑，尽量不用抄写，以避免错讹。除采用8开竖行稿笺粘贴外，对卡片的使用不作统一规定。

与会同志还对试点单位的组织形式进行了初步的探讨。目前，在承担试点任务的各典中，一种组织形式是出版社与相应的单位之间达成协议，委托有关的高等院校负责组织编纂力量，由相应的主编单位负责全部的组织工作，这种定点承包的办法是巴蜀书社同成都中医学院共同研究决定采用的。另一种组织形式是由出版社委托具有组织能力的专家学者，由他们组织本地或全国有关专业人员，直接下达编纂任务，并限以时日，要求按规定完成任务，这种专家负责制，是江苏古籍出版社准备采取的。

大家经过讨论认为，上述两种组织形式各有利弊，可以在试点工作中进一步探索，并且不断加以完善。

与会同志还对参加编纂的专业人员的工资、福利、待遇及职称评定等提出了一系列的建议和意见，请中央有关领导部门在今后的工作中予以关注和逐步解决。

我主持了第三次会议。这是第二次试点工作会。详细讨论了编纂方案，并写出了会议纪要。纪要的内容是：

一

《中华大典》(以下简称《大典》)第二次试点工作会议于1990年8月3日至5日在北京召开。

这次会议是在党中央、国务院的亲切关怀下,在中央宣传部和新闻出版署的具体指导下召开的。《大典》的试点工作经过两年多来的努力探索,在编纂原则、人员组成、框架结构、版本选择、校点体例、材料取舍等方面取得了较为全面的经验,现在已到了总结经验、统一体例、统一进度的阶段。因此,在1989年5月第一次试点工作会议的基础上,应该不失时机地召开第二次试点工作会议,以推进试点工作沿着既定的方向发展。

出席这次会议的有:中宣部副部长李彦、新闻出版署常务副署长刘杲、北京图书馆馆长任继愈、国务院办公厅处长罗迎难、国家教委办公厅副主任马樟根、新闻出版署图书司司长杨牧之、中宣部出版局副局长高明光,以及中宣部和新闻出版署有关方面的负责干部;承担《大典》试点任务的巴蜀书社、上海古籍出版社、江苏古籍出版社的负责人和编辑人员,参加试点编纂工作的成都中医学院、南京大学、上海师范大学、华东师范大学、中国政法大学的专家学者;参加会议的还有发起编纂出版的中州古籍出版社、上海书店、浙江古籍出版社、北京古籍出版社、吉林文史出版社、中国书店、天津古籍出版社、岳麓书社、三秦出版社、黄山书社、山西人民出版社、湖北人民出版社的负责人等。

中央宣传部干部局局长、《大典》试点工作领导小组组长伍杰主持了会议。

二

李彦同志在会上传达了中央宣传部对《大典》编纂工作的重要指示,并作了重要讲话。

李彦同志首先代表中宣部向几年来积极参加《大典》试点工作和关心、支持《大典》工作的同志表示感谢。他指出,在一无人力、二无财力的条件下,积极参加这项伟大的民族文化工程这种高度的责任感和事业心,确实令人感动。他代表中宣部向参加这项巨型文化工程的开拓者表示深深的敬意。

李彦同志说,编纂《大典》不是十年大计、百年大计,而是千年大计。现在,我们有马列主义、毛泽东思想的指导，有社会主义制度的保证，有党中央、国务院对民族文化建设的高度重视和大力支持，又有十分稳定的政治局面，还有四十年来的文化建设经验，有一大批高水平的专家学者和优秀的出版工作者，编纂出版《大典》的条件确实具备了。应该及时地把中国历史上最大的一项文化工程搞好，这对中国文化的发展具有重大而深远的意义。

李彦同志反复强调《大典》的质量问题。他要求参加编纂出版的人员，要竭尽全力、扎扎实实地做好工作，要充分估计这项工程的艰巨性、复杂性，在项目设置、体例规定、版本选择、校勘标点等方面，都要坚持积极而慎重的态度。

李彦同志要求在《大典》的编纂工作中，借鉴中央抓亚运会的三点经验。一是充分发挥我们社会主义制度的优越性，集中一切可以集中的力量；二是当作一项系统工程来抓；三是要多练。

李彦同志转达了中宣部领导同志的意见，必须建立一个坚强的工作班子来抓《大典》，需要成立工作委员会，其任务是组织、领导《大典》的编纂出版工作，包括规划、协调、后勤服务等。同时要在每个典（或分典）组成由全国最优秀的专家学者参加的编辑委员会，进一步集中专家学者的力量，充分发挥学术上的优势，调动一切可以调动的编纂出版力量。

李彦同志勉励大家说，《大典》是全党、全国、全中华民族的一项文化事业，要以全局为重，以民族大业为重，从头到尾都要强调全局观念，一切从全局出发。要顾全大局，要提倡奉献精神，要鼓励和表彰为了民族文化事业吃点亏，贴点钱，多做贡献的好人好事。应该看到，编纂出版《大典》是我们出版界的光荣，我们应该为此感到自豪。

罗迎难、马樟根、杨牧之、高明光等同志为《大典》的试点和编纂工作作了重要讲话。任继愈同志作了具有深刻启示性的发言，提出了不少好的建议。

刘杲同志代表新闻出版署在会上勉励大家，一定要下决心把《大典》编成，编好。他指出，我们有一批为《大典》做出奉献的积极分子，几年来奔走呼号，不遗余力。开始时也有许多不同意见，但是几年来认识逐渐趋于统一。当然这首先是中央领导同志的关心和支持，还有中宣部、国家教委、财政部、文化部和新闻出版署的支持。现在，国务院即将对新闻出版署关于《大典》的立项报告作批示，肯定了这项国家重大的文化工程。中央既然下了决心，我们当然是

“过河卒子”,一心向前。

刘杲同志认为,试点工作很重要,不仅为今后的工作进行有益探索,还为全国十七家古籍出版社(室)统一认识、统一步调打下坚实的基础。没有试点工作,就谈不到编纂《大典》。

刘杲同志还认为,中宣部对《大典》的直接领导,是《大典》工作胜利完成的根本保证。中宣部曾领导过美术全集、《汉语大字典》等的编纂,具有丰富的组织编纂出版的经验。中宣部专门召开过部务会讨论《大典》问题,并指定李彦同志负责抓《大典》的工作,相信《大典》一定能编好。

刘杲同志建议,在《大典》工作委员会的领导下,应该有一个强有力的、高水平的专家学者组成的编纂委员会,以领导《大典》的编纂力量,同时,还要有一个精干的、高效率的办公环境,以协调、联络各方面的工作。

刘杲同志要求与会同志将这次会议的精神带到各省市,呼吁各级领导部门,特别是新闻出版单位的领导部门要高度重视《大典》这项伟大的文化建设工程,从多方面支持《大典》的编纂出版工作。

最后,伍杰同志作了会议总结。

伍杰同志首先肯定了这次会议的重大意义,认为这是一次承前启后的关键会议。试点工作到现在已两年多,取得不少的经验。通过这次会议,各古籍出版社和专家学者纷纷发表意见,畅所欲言,思想非常活跃,表现了弘扬民族优秀文化的高度的事业心和责任感,为今天《大典》的编纂出版创下了好的开端。试点工作取得的经验,对所有古籍出版社都具有不可忽视的积极意义。会上还对许多重要问题,例如框架结构、体例规定、程序安排、编纂出版分工等方面,提出了不少宝贵意见。总的看来,这次会议是成功的,达到了预期的目的。不足之处是对样稿缺少议论。

伍杰同志要求各地出版社人员回去后向当地有关领导部门汇报会议的情况,积极贯彻李彦、刘杲同志的讲话精神。

伍杰同志指出,必须充分肯定试点工作的成绩。三家试点的出版社和有关的专家学者,在省市出版局的领导下,积极进取,勇于探索,取得了显著的成绩,做出了贡献。在试点工作中制定了一些原则、体例、规定、制度、程序和做法,尽管有的还不成熟,还要完善、充实,但确实是来之不易。尤其是样稿,是迈出了编纂的可喜的一步。

伍杰同志希望今后要进一步抓紧做好试点工作的经验总结，并要制定一系列的规章、条例和制度，如《大典》工作委员会和编纂委员会的组织章程，《大典》的编纂原则和实施方案，《大典》的体例结构与校点通则，各典或分典的申报立项和编纂出版的审批程序的规定，《大典》的管理办法等。

伍杰同志说，下次全国各古籍出版社再聚会之日，即《大典》工作委员会成立之时。希望大家抓紧作好下次开会的准备，拿出更成熟、更妥善的方案来。

三

会上，三家试点编纂单位的专家学者作了试点工作的汇报。

《医学分典》主编、成都中医学院中医古籍研究所副所长赵立勋研究员汇报了近两年来《医学分典》试点工作的具体情况和取得的经验，并提出了一些亟待解决的实际问题。

成都中医学院从1988年承担试点工作以来，按照“精心设计，精心施工，字斟句酌，一丝不苟”的精神，学院领导把《医学分典》的编纂工作作为全院的一件大事来抓，集中了全院的科研技术力量，并取得全国中医界专家学者的支持，群策群力，共同攻关。四川省科委、省教委、省中医药管理局对此十分重视，从精神到物质方面给予有力的支持。

从《医学分典》试点开始，即在学院的范围内精选了学术骨干，组成老、中青三结合的强有力的编纂委员会，并实行主编负责制、各部、分部也组成相应的编纂组。

在制定编纂方案时，对中医古籍作了比较系统的调查和研究，从宏观的角度，适当划分出《医学分典》《药学分典》及《卫生学分典》的界限，尽量注意三者可能出现的重复交叉之处，比较细致、具体地划分了归属。在此基础上，写出了设计论证书，并于1989年3月中旬，邀请中医界的专家学者进行了论证，从而初步确定了《医学分典编纂方案》(草案)。

在制定编纂方案的同时，进行了深入细致的资料普查，查明我国1919年以前的中医古籍文献多达4500种以上，有关《医学分典》的资料亦在3000种左右。经过10个月的筛选归类，基本确定《医学分典》引用书目共4大类，20

小类，3200种左右。

接着，精心设计工作条例，制定了具体、全面、缜密的规范，即《工作实施细则》，以严格统一编纂工作的步调。

1990年4月开始，为了给《医学分典》的编纂途径作进一步的探索，为了检阅各部、分部编纂的实际效果，有选择地在总论部、内科部、儿科部编纂部分样稿，约30万字，于5月中旬完成，在听取各方面意见后，作了修改订正，于7月中旬印出。

《医学分典》的试点工作中也出现一些亟待解决的问题。

从试点工作的经验来看，尽早成立权威性的组织领导机构，是保证《大典》编纂工作顺利进行的关键。因此应尽早建立《大典》工作委员会和编纂委员会，以便及时裁决重大的问题。同时应建立编纂工作的常设办事机构，以协调各方面的工作。

图书资料的取得，是《大典》编纂工作的前提，决定着编纂的质量和进度，应及时与图书馆系统取得密切联系，妥善解决图书资料问题。

编纂队伍的积极性、稳定性、连续性关系编纂工作的成败问题。承担编纂重任的大多是中青年知识分子，他们的待遇、职称，应制定明确的条例，给予必要的保证和妥善的解决。

最后，关于少数民族医药文献资料，是否入《医学分典》，或专设《民族典》收录，也应早作裁定。

《隋唐五代文学分典》主编、南京大学卞孝萱教授汇报了近两年来《文学典》的试点情况。《文学典》中率先进行了《隋唐五代文学分典》的试点工作，采取专家负责制形式，由主编邀请我国隋唐文学方面著名的专家学者担任编委，组成学术水平很高、编纂力量最强的编纂委员会。近一年来，在对《文学典》作了总体规划的基础上，对《隋唐五代文学分典》的编纂班子作了严密的组建，成立了编纂委员会，并对分典的框架结构作了具体的、系统的论证，初步编出《文学典·隋唐五代文学分典·唐文学部》的样稿，约10万字。

在试点工作中，初步确定了四级经目的设置，即文学典一隋唐五代文学分典一唐文学部一作家群体或具体作家分部四级。一般以作家群体立目，重点作家独自立目。

在纬目方面，按“宜粗不宜细，宜宽不宜窄”的原则，初步设立十项纬目，即：题解、论说、传记、纪事、著录、考证、图表、艺文、杂录、书目。

目前，《隋唐五代文学分典》正进一步征求意见，加快编纂进度，以期胜利完成试点任务。

卞孝萱教授表示，在有生之年，将尽一切力量为《文学典》的编纂任务奋斗到底。

上海古籍出版社郭群一同志汇报了《历史编年分典》和《教育分典》的试点工作情况。

上海古籍出版社在试点之先，对准备承担编纂任务的单位，作了周密的调查，进行了学术上大量的考察了解。在此基础上，选定了上海师范大学和华东师范大学的古籍整理研究所分别承担了《历史编年分典》与《教育分典》的试点编纂任务，目前已邀请全国历史学界及教育学界的著名学者一起拟定了分典的框架结构的初步设置，并编出了部分样稿。

四

会上，经过紧张而热烈的讨论，提出了一系列有关编纂工作中迫切需要解决的问题。与会同志敞开思想，畅所欲言，思想十分活跃，气氛也极其热烈，表现了对《大典》的高度责任感，进一步增强了搞好《大典》的决心与信心。现将有关问题，概述如下。

（一）关于领导机构的问题。

大家一致认为《大典》领导机构的建立，是编纂工作顺利进行的根本保证。没有一个强有力的领导机构，编纂工作就无法进行。因此，领导机构的组成至关重要。

一些同志提出，《大典》的领导机构的组建，应该具有决策上的权威性，处理问题的高效率和学术上的高水平，缺一不可。一方面，应贯彻精兵简政的原则；另一方面，要考虑到上下左右协调关系。

还有同志认为，《大典》领导机构的组成，应该照顾到以下四个方面：

(1) 能引起各省、市、自治区党政机关及学术单位的重视；

(2) 能动员全国各学科的学术带头人的积极参加；

(3) 能调动各系统大型图书馆的积极性；

(4) 能协调、指挥各地出版社的力量。

关于领导机构的组织形式，大家认为应设立《大典》编纂出版工作委员会，作为《大典》的决策机构。下设两个单位，即编纂委员会，负责编纂事宜；联合办公室，作为工作委员会的办事机构。

大家认为，这样的组成形式既便于突出领导机构的决策作用，又能充分发挥职能部门的工作效能。

一些同志认为，工作委员会的成员应包括中宣部、新闻出版署、文化部、国家教委的领导同志，各省市出版局的负责同志，各出版社的负责人及专业人员等。

关于编纂委员会的人员组成，有两种不同的意见。一种意见认为，可以由各典主编以及全国老一辈有声望的、有权威性的专家学者组成。另一种意见认为，各典的编纂人员不宜进入编纂委员会。可以聘请全国有声望的、具有权威性的各科专家学者组成编纂委员会，这样在学术把关上比较超脱，不受各典编纂问题的局限，在体例结构的论证、编纂方案的实施、稿件质量的审定等方面便于严格把关。

在编纂委员会的级别上，又有两种意见。一种意见认为，《大典》级不宜设编纂委员会，因为百科分散，无法组成，只宜在典与分典级别上设立编纂委员会。另一种意见认为，《大典》若不设编纂委员会，许多学术上需要裁决的问题无法鉴别，应在《大典》设编纂委员会，以便统筹编纂事宜。

（二）编纂《大典》的组织形式问题。

目前，在三家试点单位中，采取了两种组织形式。

一种是《医学分典》的单位负责制，即由一个具体单位作主编，统一负责编纂工作，并聘请全国著名专家学者加以指导。这种组织形式便于统一进度，统一要求，统一体例，并便于协调各方面的关系，遇到重大问题亦便于及时解决，与出版社之间的联系也比较方便。缺点是容易囿于一隅。

另一种是《隋唐五代文学分典》的专家负责制，即由具体的专家学者作主编，由主编聘请本学科的著名专家学者担任编委和各部主编。这样便于集中全国的力量，在质量上也有保证，与出版社之间的关系比较超脱。缺点是不便联系，遇有重大问题不便于及时解决，协调方面也不易迅速取得一致。

由于目前是试点阶段，两种组织形式并存。多数同志认为，以后其他各典的编纂组织形式不必强求一致，关键在于保证质量。

（三）《大典》框架结构及编纂中存在的问题。

会上，对《大典》在框架结构方面的问题讨论比较多，也比较热烈。概括起来有以下几个问题。

（甲）《大典》收书的时限问题。

《大典》收书的上限是上古，这没有歧义，对收书的下限，有五种不同的意见。

一种意见认为，下限应断至 1919 年“五四”时期，因为这是新旧文化的分界时期，也是近现代史的断限时期。

另一种意见认为，1919 年“五四”时期不是一个朝代，有的典若根据这一下限，无法编纂。如《历史编年分典》就不宜断至“五四”。况且，1919 年在文化界定上也不是截然可以断开的。因此，应把下限定在 1911 年辛亥革命，即收书范围下限至清代末年。

第三种意见认为，收书范围的下限应断至 1949 年新中国成立前。因为无论是 1911 年的辛亥革命，1919 年的“五四”时期，在文化上均不易截然断开，只有到 1949 年新中国成立前后，才比较容易划分出新旧文化的界限。

第四种意见认为，下限应延伸到当代。按照《古今图书集成》收书范围下限延伸到康熙时期，即是如此，这是我国类书一贯的体例。如果我们不收当代资料，在学科的完整性上是不足的，因为新中国成立后有学科才开始建立。

第五种意见认为，《大典》可分“古代编”与“近现代编”两部分。我们目前先上“古代编”，以后陆续再上“近现代编”。“古代编”下限可定在 1911 年辛亥革命。

（乙）增补《经籍典》、《民族典》问题。

一些同志提出，目前《大典》所设的 20 个典，涵盖面还不足，应增设《经籍典》与《民族典》。

部分同志指出，纬目中虽设有“书目”一项，但不能代替《经籍典》。因为我国的大型的综合性的图书，不可能纳入各分典、各部的“书目”之中。同时，历代有关图书发展、版本源流资料收集与鉴别、印刷状况、藏书单位等等，也不可能分散到各分典之中，应集中一典，以便批阅。

至于《经籍典》是独立成典，或是作为分典出现，又有两种意见。一种意见认为，《经籍典》应是独立的一个典，与其他典并列。另一种意见认为，可以编成《经籍分典》归入《文化教育体育典》内。

部分同志提出，应该设立《民族典》。因为《大典》是中华民族共同的文化积累，应包括少数民族文化在内，这是个十分敏感的政治问题。

另一些同志认为，不宜设立《民族典》。我们目前没有条件收集各少数民族的全部资料，有许多资料还没有翻译成汉文。我们只能收集各少数民族在历史上已形成汉文的那一部分资料，或者是已融入汉文的资料，这些资料早已纳入各学科之中，不必另立《民族典》。况且设立《民族典》，包罗百科，很难概括全面，可能会顾此失彼，反会造成矛盾。

多数同志认为，在《大典》的定义中应加以界定，即《大典》是收集、整理中华民族汉文古籍百科资料（包括各少数民族的汉文资料）的巨型类书。

（丙）经目纬目设置问题。

会上，大家对经目与纬目设置中的问题发表了不少意见，引起热烈的讨论。现将问题概述如下。

1. 经目宜分为六级。

一些同志认为，经目仅设四级，不能体现学科的系统性与科学性。有些综合性的典，学科分类实际只有三级。例如《文化教育体育典》，教育一项降为分典，对学科分类太粗，体现不出科学的分类标准，也很难概括一些具体的特点。因此，有必要把经目增为六级，以便归类。关于六级经目的名称，亦有不同意见。一种意见认为可分“典”、“分典”、“部”、“分部”、“门”，“目”六级。另一种意见，典与分典之下，可设“总部”、“部”、“分部”、“门”，亦是六级。

大家认为，经目的设置，文理工科还有不同。目前理工科还未开展编纂，必须及早注意兼顾文理工科的不同情况。

2. 纬目应作适当调整。

有的同志指出，经目设置的妥当与否，只关系到一个学科；而纬目的设置则关系到《大典》全局。因此，纬目设置更应作周密的考虑。

会上，对以下问题作了讨论。

“考异”与“考证”。

部分同志认为，纬目中应增设“考异”，作为一级纬目，因为“考异”在学史学科中，有相当重要的价值。另一种意见认为，可设一级纬目“考证”，概括性强些。“考异”可作二级纬目。还有一种意见认为，“考异”的内容可融入其他纬目中，不必单独列目。

“提要”的设置问题。

大家认为，应给“提要”以明确的界定，并划清范围。只在部中设“提要”，仅限于介绍本部内容的简略情况，一般不超过1000字。还有些同志认为，《大典》的各级经目中均可设类似“提要”的项目，其名称可作统一规定，即《大典》设“总序”，典设“序”，分典设“说明”或“前言”，部设“提要”，分部以下视情况设“提要”或“介绍”。大家认为，“提要”不作为纬目出现。

3. “艺文”的定义应明确。

有的同志提出，鉴于“艺文”的概念不够清晰，因此应明确提出“艺文”只限收属于文学欣赏性的散文或韵文。

4. “书目”的界定应清楚。

对于“书目”的设置，有两种不同的意见。一种意见认为，“书目”只收本分典编纂资料的引用书目，这样可以便于检索。另一种意见认为，“书目”不仅便于检索，而且应该便于研究，因此，还应收录自先秦以来该学科有关的重要著作以及有关古籍整理研究著述书目。

多数同志同意后一种意见，但指出某些不适宜编入分典的书目，可归《经籍典》。

关于收录书目的版本问题，有的同志指出各种版本应兼收并蓄，以利研究。另一些同志认为，若各种版本全部收录，书目的内容可能极大膨胀，以至无法编纂。这个问题有待进一步论证。

（丁）各典、分典之间内容交叉的问题。

大家认为，各典、分典、部之间，内容交叉的问题是一个相当普遍的问题，应引起足够的重视，并应认真研究解决。由于各分典不是同时编纂，而是有先有后，相距甚远，很难对口判定归属。如果把内容可能交叉的资料一律搁置，势必严重影响编纂质量。若把内容交叉的资料重复编入各典，则会造成不必要的浪费。因此，有同志提出，在每个典或分典编纂之先，应详细划定内容界限，并明确列出内容可能与某典交叉之处，报《大典》工作委员会裁定。

(戊)《大典》框架结构的审定问题。

大家认为，目前暂定的框架结构还需进一步周密和完善，尤其对理、工、农、医方面的典和分典，底数不十分清楚。因此，应继续征求全国专家学者的意见，进行比较权威性的论证，取得确切的审定意见。

有的同志建议，把整个框架结构的体例，交由某些具有权威性的学术机构来修改、拟定，科学性、合理性、规范性上取得统一的意见，最好能论证到三级经目(部)或四级经目(分部)。

(己)《大典》通用书目的确定问题。

大家认为，通用书目的确定，包括书目中种类的选择、版本的鉴别、引用规范等方面，都必须经过严肃认真的论证，并加以详细审定，这是关系整个大典质量高低的问题，应特别予以重视。

对于通用书目的审定，有两种意见可供选择。

一种意见认为，可以由三家试点单位根据我国大型工具书编纂单位拟出的引用书目，结合学科的具体情况，拟定本典或分典采用的通用书目，先在三家范围内统一。以后编纂其他各典时亦按上项办法拟出通用书目，并逐步进行统一。在逐渐积累过程中，一部比较完整、适用、规范的《大典》通用书目即可确定。

另一种意见认为，确定通用书目，最好委托具有权威性的学术单位拟定，并经严格论证，才可以在科学性、规范性、系统性上保证质量。如果由各典或分典编纂单位拟定，难免出现较大的分歧，不易统一，也缺乏权威性。但考虑到文、理、工、农、医科的复杂性，因此，通用书目的分量不可过大，通用书不宜太多，否则，可能流于混杂，参差不齐，影响《大典》的质量。

(庚)关于《文学典》框架结构问题。

部分同志认为，《文学典》的框架结构与其他各典的体例有出入，与传统的类书体例亦不合。传统类书是“以类系事，以事系文”，而《文学典》则是按编年划分。况且一典之中，有的分典是按类别划分，有的分典是按年代划分，也不统一。会上为此展开热烈讨论。

多数同志意见是,《文学典》的体例应该同其他各典保持一致,目前按年代的划分法可作适当调整,即保留《文学理论分典》《文学综合分典》,其他各分典可改为《作家与作品分典·一》(《先秦两汉文学分典》),《作家与作品分典·二》(《魏晋南北朝文学分典》),以下按顺序排列。这样既照顾了《文学典》的特殊性,又同其他各典保持一致。

有的同志认为,按照类书体例,《文学典》应以文学形态的类别划分,即:《文学理论分典》、《散文分典》、《韵文分典》、《小说分典》、《戏曲分典》、《文学综合分典》。

多数同志认为,前一种划分法比较切合实际,而后一种划分法,在实际编纂中,问题较多,不易组织编纂力量。

(辛)三家试点单位样稿问题。

这次会议由于时间有限,来不及讨论三家试点单位的样稿。但是在会上也陆续发表了一些意见,从编纂的方式与体例上作了讨论。

大家认为,三家试点单位的样稿在编排体例上不统一,这固然是试点工作的需要,以便鉴别、探索;但是在一些必须统一的体例上,应该作必要的统一。大家希望在下次会上应该拿出在体例、格式、字体、标点等方面划一的样稿,更便于讨论和探索。建议三家试点单位在会后统一意见,至少在经纬目的框架、字体、书眉、序号、引书出处的安排、标题格式、注文处理、标点符号、通码序码方面尽量一致。

(壬)版式的横排直排问题。

大家对大典规定的直排版式提出了不同意见,讨论较热烈。

一种意见认为,《大典》应采用横排版式,从生理学角度看,横排便于阅读,视野较宽,有利于青年身心健康,也适合我国目前各类印刷品的习惯。考虑到《大典》是为子孙后代编纂的,要适应后代的阅读需要,采用横排比较合理。

另一种意见认为,直排是中华民族汉文固有的版式,《大典》是民族的古籍文化,古书的文字是在直排版式的情况下形成的。并且直排版式较横排版式的容量大一些(每页可多排百余字),考虑到《大典》是巨型类书,若以每页节省二十分之一的版面计算,全书可节省 2000 万字的版面,为数不少。

(癸)异体字问题。

大家认为,字体的统一对《大典》编纂的影响极大。应该在周密调查研究的基础上,制定异体字统一表,以便遵循。

部分同志认为,在古籍整理研究中,异体字是普遍存在的问题,若不作妥善处理,在编纂排印上会带来许多困扰,直接影响《大典》的质量。有必要制定一个《异体字、古今字、通假字参照表》,明确规定,哪些字必须统一,哪些字可不作统一。

(四)试点工作中点面结合的问题。

一些同志指出,目前三家试点单位及出版社只在点上开展工作,面上应如何配合是一大问题,有必要在抓点上工作的同时,也要开展面上的工作,以发挥各地的合作优势。

一种意见是,目前在三个分典进行试点,只有三个出版社承担任务,可否适当吸收部分出版社一道参加,以原试点的出版社为主,其他出版社为辅,以加速编纂工作的进度。

另一种意见认为,可以另开辟一二个分典作试点,以加大点上的工作量,更便于面上工作的开展。

多数同志认为,目前应集中力量搞好三个分典的试点工作,以便集中力量完成试点任务。

(五)关于经费问题。

大家认为,国家垫支的3000万元不能满足编纂《大典》的需要,因此,这项垫支款项应主要用在出版社的编辑出版开支上。各编纂单位的经费开支,应另外开辟财源,可以在不同的层次和不同的渠道上取得经费资助。尤其是图书资料费、复印费,应请国家有关的部委制定文件下达,规定可酌情减免资料费等,以利编纂工作的进行。

不少同志还提到,将来各典、各分典出版时,应该统一核算成本,统一结算利润,统一发行工作,统一安排印刷,统一掌握纸型;在计算收入上,应坚持以赢补亏,绝不厚此薄彼,以保证《大典》的全面完成。

五

这次会议之后，三家试点的出版社和编纂单位集中研究了三天，对于下一步的试点工作，进行了深入具体的讨论，并且在样稿的经纬目的安排、字体的设计、书眉的格式、标题的规定、引书出处的统一、序码的处理、注文的安排、标点符号的使用等方面作了适当的统一。

这三次会议后，《中华大典》的编纂工作便正式展开了。

1992 年 9 月 9 日，召开了《中华大典》正式工作会议。

中宣部、新闻出版署正式任命
李彦、刘杲、伍杰为《中华大典》工作委员会负责人

《中华大典》必须有一个领导机构，组织领导编纂出版工作。李彦、刘杲、伍杰三人商量，决定向中宣部、新闻出版署建议，成立《大典》工委会、编委会，并提出了具体人选，组成人员名单，以便积极开展实质性工作。

中宣部、新闻出版署接受了我们的意见。1992年下发了任命文件。任命李彦为工委会主任、刘杲为工委会副主任、伍杰为工委会副主任，任继愈为编委会主任。到2002年时，又进行了一次补充和调整。文件的原文是：

中宣部〔1992〕44号文批示："李彦、刘杲、伍杰同志：……原则同意报告意见和所提《大典》工作委员会、编委会负责同志人选。……1992年6月12日"

新闻出版署1992年8月8日复函："李彦、刘杲、伍杰同志：……我署赞同中宣部的意见，请遵照中宣部的批复安排工作。"

2002年，中宣部、新闻出版总署下发的文件是：

中华大典工作委员会：

为了适应需要，推动《大典》编纂出版工作的进行，同意对工委会部分主要领导成员适当补充调整。名单如下：

（一）中华大典工委会主任：李彦、于永湛。

（二）中华大典工委会副主任：朱新均、伍杰（常务）、张小影、闫晓红。

（三）增补孙明为中华大典办公室副主任。

中央宣传部、新闻出版总署

2002年10月21日

《中华大典》试点漫记

《中华大典》从1986年开始酝酿，到2010年已经25年了。目前已成稿4亿多字，其中出书1.3亿字。《中华大典》的总字数是7亿多字，成稿已超过50%，取得了不小的成绩。但离全部完成，尚有相当的距离。在这四分之一的世纪里，编修《中华大典》经历了一条极不平坦的艰辛之路。我作为策划者之一，作为始终参与者、主要负责者，付出了二十多年的心血，付出了生命的重要部分。许多往事，仍历历在目，难以忘怀。几年试点便是其中的一件。

《中华大典》的试点，是从1986年开始的。开始仅是酝酿，做些准备工作。1989年5月27日召开了首次试点工作会。1990年8月3日至5日召开了第二次试点工作会议。1992年9月8日试点工作结束。1992年9月9日召开《中华大典》工作、编纂会议，编纂工作正式启动。酝酿和试点经历了6年时间。

20世纪80年代中期，是中国出版事业发展的重要时期，生机勃勃，欣欣向荣。出版人经历了"文化大革命"的苦难，这时都想大显身手，为祖国的文化出版事业的发展做出出色的贡献。编纂《中华大典》就是在这种思想支配下产生的。首倡者，是巴蜀书社总编辑段文桂。

1986年11月，全国12家地方古籍出版社在山东烟台开出版工作会。中宣部出版局派张小影参加了会议。会上各社负责人提出要加强横向联合，亲密团结，挖掘地方社的潜力，发挥各自优势，依靠社会主义制度的优越性，联合搞几个里程碑式的大型古文献整理项目，要超越前人，如胡乔木同志1986年10月在《汉语大字典》首发式上所讲："下定决心去攀登我们出版、编辑工作的高峰，在世界上做出中国特有的杰出贡献。”大家认为，这样才能无愧于时代，也无愧于后代子孙。会上，段文桂提出了搞《中华古代文献大典》（后来改为《中华大典》）的具体方案，大家都十分赞同。这次会后，便开始了紧锣密鼓的筹备。1987 年 4 月 26 日至 30 日，12 家地方古籍出版社在成都开会，进一步讨论《中华大典》的编纂工作。会上决定这 12 家地方古籍出版社作为《中华大典》的发起人，推举上海古籍出版社、巴蜀书社、江苏古籍出版社、岳麓书社、齐鲁书社、中州古籍出版社组成筹备组，推举上海古籍出版社总编辑钱伯城为筹备组组长、巴蜀书社总编辑段文桂为筹备组副组长。中宣部出版局派处长吴克明参加了这次会议。

1987 至 1988 年，段文桂肩负着筹备的重任，先后几次到北京活动，争取中宣部、新闻出版署等有关方面的支持，想先找个依托的单位。他先找了高校古委会秘书长安平秋先生，请他支持。安先生虽支持这一项目，但他几经斟酌，认为工程太大，经费难于筹集，没有应承，委婉地拒绝了。找了中华书局的有关负责人，他们认为这个项目太大，意义也不大，主管的李一氓同志不支持此事，他们不愿介入。段文桂出师不利，两经挫折，但仍痴心不改。1988 年 3 月 21 日、7 月 22 日和 9 月 24 日，他多次到中宣部出版局找我。张小影、吴克明在向局里汇报工作中虽曾提到此事，但未引起注意。这几次段文桂一再申述这一工程的重要性、必要性、可行性。我当时的想法是，身为出版局局长，对这样大的出版工程，虽然感到没有把握，但也应义不容辞地支持他们。我便向中宣部主管出版的副部长李彦同志提出，请他支持。李彦同志又向部长王忍之同志反映。1989 年 8 月 16 日，中宣部部务会讨论了编纂《中华大典》事宜，部长王忍之说：“第一，我赞成；第二，搞个好班子。这件事太好了，在历史上将大书特书。”部务会一致通过中宣部主持这一项目。段文桂同时也找到了新闻出版署副署长刘杲。刘杲说，请中宣部牵头，署里也支持。李彦同志始终认真地主持这一工作，但他有时开玩笑说：我是上了伍杰的当，才干这件事。我也笑着对他说：我是上了段文桂的当，才坚决支持这一工程的。此后，很长一段时间，李彦、刘杲、伍杰三人就绑在一起干这件事情了。可以说，没有段文桂早期的多方奔走，是不会有《中华大典》的。

1987 年至 1988 年之间，段文桂和筹备组的同志，还进行了多方面的工作。开了38次专家学者座谈会,分别走访了北京、上海、四川、江苏等17个省市的专家、学者,广泛征求了他们对编纂《中华大典》的意见;向中央各有关部门写了《关于编纂〈中华大典〉的意见书》,请求各部门支持;制定了编纂《中华大典》的体例、框架及规章制度初稿;向李鹏总理、国务院写了要求编纂《中华大典》的报告,请求他们支持。筹备组的活动,得到了各方面的支持。李彦同志还提出"先试点,后全面铺开"。

参与意见的专家学者有胡乔木、钱钟书、冯友兰、梁漱溟、钱学森、周谷城、周培源、胡绳、赵朴初、吕叔湘、任继愈、白寿彝、刘大年、张岱年、苏步青、蔡尚思、谭其骧、顾廷龙、徐中舒、缪钺、柯召、匡亚明、唐圭璋、程千帆、萧涤非、季羡林、史念海、霍松林、陈立、姜亮夫、唐长孺、张舜徽、王季思、商承祚、尹鸿钧、孙文良、金景芳、姚奠中、吴绍骙、王玉哲、李聪甫、顾建中等235名,得到他们的一致肯定。后来又有专家学者补充签名。先后有300多人,向国务院倡议,呼吁批准立项编纂《中华大典》,恳切陈述编纂《中华大典》的必要性、重要性、可行性。盛世修典,正其时也。段文桂又通过新华社驻成都记者以《新华社内参》(1988年12月5日3367期)的形式,向中央反映了这些专家请求中央批准编纂《中华大典》的要求。

1988年10月29日,段文桂将上海古籍出版社、江苏古籍出版社、巴蜀书社、齐鲁书社、岳麓书社、中州古籍出版社、浙江古籍出版社、北京古籍出版社、天津古籍出版社、三秦出版社、黄山书社、吉林文史出版社、辽沈书社、中国书店、上海书店等16家古籍出版社负责人请到成都开会,进一步讨论《中华大典》编纂的落实工作。参加会议的还有四川省副省长韩邦彦,中宣部出版局局长伍杰,国家教委高校古委会副主任章培恒、秘书长安平秋,上海市新闻出版局局长袁是德,四川新闻出版局局长单基夫等。韩邦彦、伍杰、安平秋、袁是德都作了重要发言,表示支持和肯定这一创举。大家在讨论中对为什么编纂大典、怎样编纂大典热烈发言,一致表示要"破釜沉舟、百折不挠,一道努力编成《大典》,要超越前人,无愧于我们伟大的时代,上告祖先,下传子孙后代"。会上通过了给李鹏总理、国务院要求编纂《中华大典》的报告;通过了编纂纲目、体例结构等文件;通过了全国著名专家、学者联名给中央的要求编纂大典的建议信。会上一致推选伍杰为试点领导小组组长,杨牧之、安平秋为副组长,并决定上海古籍出版社、巴蜀书社、江苏古籍出版社为试点单位，以《文学典》、《历史典》、《法律典》、《医药卫生典》、《教育典》为试点典。通过试点创造经验，再全面推广。

段文桂代表《中华大典》编纂筹备组于 1988 年 3 月 30 日起草给李鹏总理写的报告，最后形成的报告原文是：

李鹏总理钧鉴：

我们全国十七家古籍出版社怀着对党和人民的忠诚，怀着对祖国文化事业的热爱，怀着对历史和时代的责任感，特向您呼吁，盼望您能在日理万机中抽暇过问一下《中华大典》的事，敦促国务院有关领导尽快研究批准立项，并采取措施，帮助解决其所需经费等问题。现将《大典》报告及其附件送请审阅。我们认为：这是当代文化史上的一件大事，对四化和两个文明建设，对子孙后代和国际文化交流，特别是对海峡两岸通过文化认同和学术合作，促进和平统一大业，都具有深刻而重要的历史和现实意义。我们有决心和信心，在中央和国务院的领导和支持下，与全国有关高校的科研力量和各大型图书馆紧密团结，群策群力，共同承担和完成这一历史任务，向新的改革十年和新中国成立五十周年献礼。

专诚上达，敬颂政绥。

《大典》编纂筹备组

1988 年 12 月 30 日

李鹏总理 1989 年 1 月 4 日批示："这是一件大事，请李铁映同志组织研究一下，我国当前财力物力有无可能，然后再提交讨论。"李铁映同志 1 月 6 日批示："请忠德同志先商有关部门提出意见。铁映一月六日。"刘忠德同志 1 月 7 日批示："我曾听过一次情况介绍，请新闻出版署商财政部等有关部门提出意见。一月七日。"李鹏总理和国务院的重视和支持，对大家是极大的鼓舞。但是，这里，我们最大的失误是没有按李鹏总理、李铁映、刘忠德等领导的意见，对《大典》的重大问题都充分讨论并论证，特别是没有提出合理的应有的资金要求。

1990年5月12日，新闻出版署向国务院写了《关于编纂〈中华大典〉及其经费问题的请示报告》，提出了四个问题：关于编纂《中华大典》的必要性和指导思想；关于《中华大典》编纂实施方案及其可行性；关于《中华大典》的组织领导工作，组成编纂出版工作委员会，统一领导，建议由中宣部副部长李彦担任委员会主任，下设办公室，办公室设在中宣部；关于《中华大典》的经费问题。提出共需经费6100万元，财政部垫支1800万元，不足之数自行筹措。1999年开始还款，每年还300万，到2004年还清。

对经费问题，我们想得太天真了，以致后来遇到许多无法解决的问题。

1990年8月29日，国务院对新闻出版署的报告作了批复：一、原则同意新闻出版署的请示。这是新中国成立以来最大的文化出版工程，内容广泛，编辑周期长，涉及部门和专业多，为加强领导和协调，尽快成立《中华大典》编纂出版工作委员会。二、经费问题。同意你署与财政部协商。三、充分发挥专家学者在编纂中的积极作用。四、各地区、各部门对《中华大典》工作要予以支持，大专院校、图书馆、研究院所、出版社要密切配合。

在征求全国著名专家学者意见时，他们一致认为"盛世修典"，现在正逢盛世，修一部新型类书，正是最好的时候。他们共同签名，向党中央、国务院呼吁，要求国家支持和帮助这一工程。这些签名的专家有胡乔木、钱钟书、冯友兰、梁漱溟、钱学森、周谷城、周培源、胡绳、赵朴初、吕叔湘、任继愈、白寿彝、刘大年、张岱年、苏步青、蔡尚思、谭其骧、顾廷龙、徐中舒、缪钺、柯召、匡亚明、唐圭璋，程千帆、萧涤非、季羡林、史念海、霍松林，陈立、姜亮夫、唐长孺、张舜徽、王季思、商承祚、尹鸿钧、孙文良、金景芳、姚奠中、吴绍骙、王玉哲、李聪甫、顾建中等235人，加上后来补充签名的专家，共有300多人。他们一致肯定编纂《中华大典》，共同向国务院陈述编纂《中华大典》的必要性、重要性、可行性，呼吁国务院批准立项。他们的支持，也大大地鼓舞了我们。

1989年段文桂根据试点领导小组的意见，请任继愈先生担任《中华大典》的总主编。大家认为任先生人品、学品都很好，能够胜任。任老认为这是一项十分重要的工程，没有推辞，表示愿意尽力干好这一重大工程。从接受这一任务起，任先生尽职尽责，全力以赴地领导编纂工作。他还主编完成了《哲学典》，主编了《宗教典》。他的精神感人至深。

1989年5月27日至29日在北京召开了《中华大典》试点工作首次会议。会议由试点工作领导小组组长伍杰主持，他详细介绍了试点以来的工作情况。参加会议的有中宣部副部长李彦，新闻出版署副署长刘杲，北京图书馆馆长任继愈，文化部、国家教委、高校古委会有关负责人，3个试点单位的负责人，试点《医学分典》、《文学典》的负责人。李彦、刘杲、任继愈都作了重要讲话。会上对《大典》框架及试点工作进行了深入的讨论。第一次试点工作会后，《文学典·隋唐五代文学分典》、《医药卫生典·医学分典》、《历史典·中国历史编年分典》、《教育体育典·教育分典》都正式开始编纂。编纂中对框架设置、书稿体例、普查资料及各种问题，逐一进行了修正，最后做出样稿，先后请各个学科的专家学者评审、论证。专家学者提出了许多好的建议，这对修正原来的各类文件，完善各种规定，对编纂工作起到了很好的试点效果。

1990年8月3日，《中华大典》试点领导小组又召开了第二次试点工作会议。会议由伍杰主持。总结了两年多试点的经验，在编纂原则、人员组成、框架体例结构、版本选择、校点、材料取舍等方面都统一了认识、取得了一致意见。

1992年4月24日，李彦、刘杲、伍杰以3人的名义向中宣部、新闻出版署写了《关于进一步开展〈中华大典〉工作的请示报告》，报告中请示了几方面的问题。关于组建《中华大典》工作和编纂领导班子问题，提出了"分别组建《中华大典》工作委员会和《中华大典》编纂工作委员会"。"工委会主要任务是负责《中华大典》编纂出版发行工作的领导、规划、协调；制定和监督各项重要规章制度的执行；资金的筹措、分配和管理。编纂业务方面的重要工作，委托大典编纂委员会全面负责，依靠专家学者去做。""工委会拟设主任1人，由李彦同志担任，副主任若干人，由刘杲、任继愈、伍杰同志和教委、科委、文化部、财政部的一位副部长担任。委员目前只吸收文化、教育、财务、文献、出版部门有关领导同志和部分古籍出版社社长参加，约30多人。""编委会的主要职责是：全面负责《中华大典》的编纂和审核工作，包括审定大典的总体编纂方案，鉴定和审定各分典的样稿及书稿，解决编纂工作中遇到的重大学术问题，监督编纂工作总体实施规划的执行。""编委会设主编1人，请任继愈同志担任。副主编若干人，拟请戴逸、席泽宗、程千帆同志担任。聘请部分学术水平层次较高、确有成就的专家学者参加编委会，目前约60人。”关于《中华大典》的规模和编纂工作的步骤，初步确定为22个典，88个分典，收入古籍2万多种，约7亿字。编纂工作分三步进行。关于经费，国务院拨给垫支款1800万元。垫支款由各省新闻出版局担保偿还。并要求6月或稍后召开工作会议，正式成立工委会、编委会，开展工作。

中宣部于1992年6月12日正式复函：“李彦、刘杲、伍杰同志：《关于进一步开展〈中华大典〉工作的请示报告》收悉，原则同意报告意见和所提《大典》工作委员会、编委会负责同志人选。《大典》工作委员会正式成立后，主要的领导、协调工作应由工委会承担；学术方面的问题由编委会负责，重大学术方面问题可商有关学术部门；编纂过程中，遇有工委会无法解决的重大原则性、方针性问题，可向我部请示。”

新闻出版署也于1992年8月8日向3位同志复函：“李彦、刘杲、伍杰同志：《关于进一步开展〈中华大典〉工作的请示报告》收悉。今年6月12日，中央宣传部已对请示报告作了批复，我署赞同中宣部的意见，请遵照中宣部的批复安排工作。工作中碰到的困难和问题，新闻出版署当予大力协助和支持。”

同时，建立了两委的办公室——《中华大典》办公室，负责工委和编委的日常工作。在工委分工中，伍杰是工委常务副主任兼办公室主任。还任命了赵含坤为办公室常务副主任、段文桂和魏同贤为办公室副主任。工作人员有蒋德恩、谷淑环、丁家珍、罗蕊兰、崔望云。因为经费没有着落，试点中的一切开支，都是由段文桂做主，从巴蜀书社的“钱柜”中开支。工作人员多是尽义务，基本上没有工资。

现在看来，在试点工作中，取得了不小的成绩。首先是取得了党中央、国务院在道义上的关心和支持，下了文件，解决了1000多万元的借款。其次在舆论上取得了很好的效果，在学术界、出版界造成了极大的影响。再次是做了大量的编纂准备工作，对如何编纂《中华大典》，从指导思想、体例结构、框架、条例、规章制度、版本、资料、操作方法，都有比较详细的规定。但是也有几个主要问题没有解决好。首先，对编纂《中华大典》的艰巨性和困难，估计和认识很不足。比如到国家图书馆复印古籍珍稀资料，虽有九部委联合发的文件请图书馆支持，但要免费复印是不可能的，找文献、印资料难。其次，对如何筹集资金，没有可靠的办法。虽然向国家借了1000多万元，这是需要还的。还款并没有保证。而且实际需要资金，按当时最低测算在6000万元以上；如果比较客观地算，在2亿以上。资金的缺口太大了，对如何筹集又心中无数，这是后来不能顺利开展编纂的重要阻力。而且，靠自己的产品卖了还国家的钱，在短期内是难以办到的。第三，对逐渐形成的市场经济对编纂大典的冲击缺乏分析，缺乏足够的认识。第四，对专家学者能投入编纂的时间、能力和精力缺乏充分的了解，"找的是忙人，忙人教学、科研多，没有时间"。而且，给专家的报酬太低，每千字资料费加稿费18元，除去复印资料，真正的稿费每千字只有几块钱，真是微乎其微！要求在职专家集中精力、集中时间编纂《大典》是不可能的。总之，作为负责和主持日常工作的我，只有"大典"头脑，缺乏"经济"头脑和"经营"头脑，对复杂的关系和复杂的环境缺乏分析，这给后来的编纂工作埋下了很大很多隐患，这是极大的教训。所以，后来李彦同志说"上了伍杰的当"，我则说"上了段文桂的当"。那么，段文桂满腔赤诚，一心报国，至死仍心系《大典》，他又是上了谁的当呢？

至此，试点工作已经全部结束。1992年9月9日召开了《中华大典》工作、编纂会议。此后的一切工作，都是在工委会的领导下进行的。

2010年4月17日

（载《出版史料》2011年第三期）

几则工作日记

2002年2月7日。收到新闻出版总署免去刘杲《中华大典》职务的通知。由于永湛同志接替他管《中华大典》。

2月26日。上午到于永湛处谈《中华大典》。李彦、赵含坤一同去。

3月12日，李彦来《中华大典》办公室。他说，经费问题，下限时间问题；未给钱的典还给不给钱，如《哲学典》；大典还要不要按21个典，延期怎么管理？请审计的报告快送。

3月13日。我和老赵去席泽宗先生家。他说："自然科学各典已无人搞。我们只搞完已启动的几个典，有阶段性成果。其余各典，留给后人去搞。"

3月14日。我到部里找出版局局长邬书林、张小影，谈了《中华大典》遇到的问题：一、要不要搞自然科学的典？二、各典所需经费需要论证。邬书林说，他们将积极参与。

3月15日。去任继愈先生家。他说：一、只搞八个典：文学、历史、哲学、教育、医药卫生、语言、历史地理、法律。二、缩短战线。其余留给后人。搞这八个典，5年时间搞完。三、再要经费3000万到5000万元。

3月18日。到戴逸家。他说，缩短战线，5年完成。做哪几个典，还没考虑好。有些典，难度太大，不做也可以。自然科学不做，他有点忧虑。中国的自然科学也有，不做是个缺憾。从来没有做好，搜集自然科学文献为难。如把自然科学做完，比较理想。四个典做完也可以，但难度大。如包括数理化、生物、比较好，这样有出头之日，否则，没有出头之日。

3月19日。到刘杲家。刘杲说：总的想法和大家的想法差不多。这是几年实践的结果。总的思路是：总结经验、调整规模、改善条件、加快进度。原来的设想是有道理的，但要从需要和可能考虑主客观条件，按原计划兑现不可能，必要调整。不要否定原计划，现为第一期工程，后面叫第二、第三期。第一期工程上哪些典，要论证。经济上要些什么条件？任务、质量、规模、完成时间、是贷款还是拨款？要有论证会，回答以上问题。建议由新闻出版总署责成工委、编委会召开，吸收专家参加。工委、编委常委，图书司、中宣部出版局、财政部参加，李彦、任老主持。在论证会的基础上，调整规模、保证质量、改善条件、保证进度。写出专题报告，报署和部里。由署、部报中央。

2002年2月至3月

《中华大典》2006年5月30日重新启动

《中华大典》的管理体制分为两个阶段。从1989年试点、1992年正式启动至2006年4月为第一阶段。由中宣部领导、主持编纂出版工作。经费由国家贷款1800万元，不足部分自筹解决。这是第一阶段。

从2006年5月以后，由国家新闻出版总署领导、主持编纂出版工作。经费改由国家财政拨款2亿元。这是第二阶段。

人事上也作了相应的调整。第一阶段，是中宣部副部长李彦为《中华大典》工作委员会主任，新闻出版署副署长刘杲为工委会副主任，刘杲卸任后，于永湛为副主任，原中宣部出版局局长伍杰为工委会常务副主任兼办公室主任，主持日常工作。中宣部副局级干部、编审赵含坤为《大典》办公室常务副主任。第二阶段，2006年5月后，原来的人事安排有所变化。2006年5月19日，新闻出版总署要于永湛同志召开《大典》办公室全体人员会议宣布，《中华大典》的编纂出版由新闻出版总署领导主持，改变原来由中宣部领导主持的格局。《大典》工作委员会主任由署长龙新民担任。常务副主任由于永湛担任，兼任《大典》办公室主任；李彦不再担任《大典》工委会主任，改为担任工委会副主任；伍杰不再担任《大典》工委会常务副主任兼办公室主任，改为担任《大典》工委会委员，《大典》办公室副主任，抓编务工作。赵含坤免去《大典》办公室常务副主任职务。

在第一阶段，除了做了各种准备工作之外，我们在艰难困苦中，不断挣扎着前进，只是启动了9个典。到2005年为止，启动的9个典的总字数是3.2亿字，其中正式出版书的只有5300万字。最早是1999年9月出版的《文学典·宋辽金元文学分典》。这是《中华大典》从1986年开始酝酿到2006年5月,20年中,中国出版人和专家学者自愿贡献凝结的文化结晶,是十分难得的涩果。我只是发起人群体中的一员,帮助做了些组织、协调、推动工作。

2006年5月30日召开《中华大典》工作会议,重新启动。新格局从此形成。此次会议,国务委员陈至立开会讲话。这次是《中华大典》由中宣部主管换为国家新闻出版总署主管后重新启动的工作会议。

2006年5月19日

《中华大典》编纂出版近况

《中华大典》已出版1.33亿字。《文学典》、《哲学典》两典已全部出版。《医药卫生典》、《历史典》、《历史地理典》已部分出版。

在未出版的22个典中，尚有6亿多字。其中有：

1.《医药卫生典》。主编傅士垣。任务是6250万字(其中图录750万字为任继愈先生追加)。

李明富主编的《医学分典》任务2900万字。已出版2206万字，编者已交270万字给出版社，2011年6月再交420万字给出版社编辑加工后，2012年12月出书。

郑金生主编的《药学分典》任务2500万字，图录部分750万字已经出书，余1800万字，2011年6月前作者全部编好。力争2011年12月出书。

曹洪欣主编的《卫生学分典》任务800万字，已编出300万字，余500万字，2011年12月交给出版社，2012年12月出书。

《医药卫生典》6250万字，已出书2956万字，2011年12月出书1800万字，2012年12月出书1494万字。

2.《历史典》。主编熊月之。任务是5000万字，已出书1274万字。尚有3726万字。

许沛藻、俞钢主编的《历史编年分典》任务1800万字，已出书650万字，已编出600万字，尚有550万字，2011年完成。

虞万里主编的《历史人物分典》任务1300万字，已编出300万字，并已交出版社作编辑加工，其余1000万字，2011年编者能完成。

钱杭、李志茗主编的《历史纪事分典》任务1300万字，目前在普查、搜集资料，2012年能完成。

《历史典》5000万字，已出书1274万字，2011年能完成编纂2450万字，2012年能完成1300万字。

3.《历史地理典》。主编葛剑雄。任务是4000万字。

赵永复主编的《域外地理分典》620万字，已经出版。葛剑雄主编的《总论分典》520万字，已经编好，将送终审。

葛剑雄主编的《人文地理分典》2200万字，只编出20万字。

葛剑雄主编的《自然地理分典》680万字，尚未动手。

《历史地理分典》4000万字，已出版620万字，2011年可编出540万字，520万字将出版，其余2840万字出版社和作者计划2014年编完。

4.《林业典》。主编尹伟伦。任务是1500万字。

熊大桐主编的《森林培育与管理分典》任务是250万字，已经大典终审，作者与出版社按大典办要求在修改，今年可出书。

李莉主编的《森林利用分典》任务220万字。

张连伟主编的《森林生态与资源分典》任务是380万字。

阎景娟主编的《园林与风景名胜分典》380万字。

林震主编的《林业思想与文化分典》任务是250万字。均已编完，出版社在进行编辑加工，再送大典办终审。

《林业典》1500万字，1个分典250万字，已终审，将出书，其余4个分典1260万字，将送终审，力争今年出书。

5.《教育典》。主编孙培青。任务是2200万字。

吴宣德主编的《教育思想分典》任务是1000万字，已编出700万字，出版社已进行了加工，大典办终审后退回去再加工。

杜承宪主编的《教育制度分典》任务是1000万字，他已编出1600万字。出版社已进行了编辑加工，大典办终审后，已退回去修改。

《教育典》2200万字，争取2011年全部出书。

6.《语言文字典》。主编朱祖延。任务是2100万字。

宗福邦主编《音韵分典》任务是650万字，已全部编完，正在出版社编辑加工，并在排版，2011 年上半年可送大典办终审，今年可出书。

舒怀主编的《文字分典》650 万字，已全部编完，已送出版社编辑加工，2011 年上半年可送大典办终审。今年可出书。

李思维主编的《训诂分典》700 万字。已交稿 570 万字，余 130 万字，9 月交出版社。

《语言文字典》2100 万字，今年 9 月可全部交稿，力争 2011 年全部出版。

7.《文献目录典》。主编周少川。任务是 3500 万字。

杨燕起主编的《文献分典》任务 1500 万字。已编好 440 万字。已送出版社编辑加工 320 万字。

杨寄林主编《古籍目录分典》任务是 2000 万字。

《文献目录典》3500 万字，2011 年编出全部书稿交出版社。2012 年全部出书。

8.《法律典》。主编张晋藩。任务是 4000 万字。

杨育棠、张大元主编的《刑法分典》任务 1000 万字，已全部编完。已由出版社加工，已经大典办终审，并已付印，2011 年能全部出书。

朱勇主编的《诉讼法分典》400 万字，已全部编完，出版社加工后，报大典办终审，终审后正在修改。2011 年 4 月可出书。

俞荣根主编的《法律理论分典》400 万字，已全部编好，已送出版社进行编辑加工，2011 年 6 月可报终审，2011 年 3 季度可出书。

杨永华主编的《民法分典》任务 400 万字，已交稿 120 万字，2011 年 8 月完成，2012 年 3 月出书。

汪汉卿主编的《行政法分典》任务 800 万字，已交稿 400 万字，2011 年 9 月完成，2012 年 3 月出书。

丁凌华主编的《经济法分典》任务 1000 万字，已交 1200 万字，2012 年 8 月出书。

《法律典》4000 万字，已编完，给出版社交稿 3800 万字，2011 年出书 1700 万字，2012 年出书 2200 万字。

9.《民俗典》。主编白化文。任务 2000 万字。

王娟主编的《口头民俗分典》500 万字已编完，编辑加工后大典办已终审完毕,2011 年 6 月可出书。

史金波主编的《地域民俗分典》500 万字,已编出 270 万字,2011 年可全部编完。

吉发涵主编的《风俗民俗分典》500 万字,已编出 150 万字,已交出版社 100 万字。2013 年完成。

王娟主编的《物质民俗分典》500 万字,已编出 30 万字。2013 年完成。

《民俗典》2000 万字,今年可完成 1000 万字。其余 1000 万字,2013 年完成。

10.《宗教典》主编任继愈。3000 万字。

李申主编的《儒教分典》任务 1100 万字,已经编完送出版社作编辑加工。

王卡主编的《道教分典》任务是 350 万字,2011 年已编出 100 万字。

秦惠彬主编的《伊斯兰、基督教诸教分典》250 万字,2011 年已编出 150 万字。

杜继文主编的《佛教分典》任务 1300 万字,正普查中。

《宗教典》3000 万字,已完成 1100 万字。其余 1900 万字正在编纂中,预计 2013 年可编完。

11.《经济典》。主编宁可。任务是 4500 万字。

郝春文、郗志群主编的《土地制度分典》430 万字,已经编完,并已报终审,终审后退回作者修改,2011 年能定稿出书。

任世英、刘玉峰主编的《经济思想分典》任务是 800 万字。2011 年 6 月 800 万字全部交给出版社。2013 年 9 月报终审,2013 年出书。

姜锡东主编的《户口分典》任务是 500 万字。2011 年 12 月 500 万字全部交稿给出版社,2013 年 9 月出版社报终审,2013 年出书。

陈明光主编的《财政赋役分典》任务是 800 万字。2011 年 6 月 800 万字全部交给出版社。出版社 2013 年 9 月报终审。2013 年底出书。

宁欣主编的《商贸与城市分典》任务是 800 万字,2011 年 6 月 800 万字全部交稿给出版社。出版社 2013 年 9 月终审。2013 年底出书。

汪圣铎主编的《货币金融分典》,任务是 500 万字。2011 年 6 月 500 万字全部交给出版社。出版社 2013 年 9 月报终审,2013 年出书。

阎守诚主编的《经济综合分典》，任务是700万字。2011年12月全部交稿给出版社。出版社2013年9月报终审，2013年出书。

《经济典》4500万字，2011年出书430万字，2013年出书4115万字。

12.《工业典》。主编魏明孔。任务4000万字。

李绍强主编的《陶瓷分典》300万字，2010年8月已全部编完，出版社已加工并排出清样。

高超群主编的《近代工业分典》500万字，已全部编完。近期可送出版社编辑加工。

郭远英主编的《综合分典》500万字，已编出350万字，2011年可全部编完。

卢华语主编的《纺织分典》400万字，已编出350万字，2011年12月可全部编完。

刘建丽主编的《食品酿造分典》任务400万字，已编出300万字，2011年可全部编完。

胡小鹏主编的《造纸工具分典》任务400万字，已编出300万字，2011年可全部编完。

蔡风、赵连稳主编的《矿业分典》任务是500万字，已编出400万字，2011年12月全部编完。

林广志、陈文源主编的《建筑业分典》任务500万字，已编出250万字，2012年12月全部编完。

汤开建主编的《制造业分典》任务400万字，已编出150万字，2012年全部编完。

《工业典》4000万字，800万字已送出版社。2011年可编出2200万字，2012年编出900万字，2012年全部完成。

13.《生物典》。主编吴征镒。任务1500万字。

王祖望主编的《动物分典》任务800万字，作者已编出800万字，尚需出版社编辑加工。2012年9月全部完成。

彭华主编的《植物分典》任务800万字，2011年7月才能交样稿。

《生物典》1500万字，800万字已经编完待出版社加工，2012年9月全部完成。

14.《数学典》。主编郭书春。任务1200万字。

冯立昇主编的《数学理论分典》任务150万字。

郭书春主编的《中国传统算法》任务350万字。

李兆华主编的《中西算法会通分典》550万字。

郭世荣主编的《数学家与数学典籍分典》150万字。

《数学典》的1200万字，到2010年8月止，只是普查了1500万字。何时编完，没有时间表。

15.《艺术典》。主编金维诺。任务是2500万字。

金维诺主编的《绘画分典》任务350万字，已编出60万字，2013年完成。

李修生主编的《戏曲分典》任务350万字，已全部编完，出版社编辑加工后2011年9月报大典终审。

陈雨前主编的《陶瓷分典》任务300万字，已全部编完，出版社在编辑加工，2011年12月报大典办终审。

李之檀主编的《服饰分典》任务350万字，已编出90万字，2013年全部编完，2013年4月报大典终审。

秦序主编的《音乐分典》450万字，已编出80万字，2012年8月编完，2013年12月完成编辑加工，2014年2月报大典终审。

李松主编的《工艺美术分典》任务250万字，已编出35万字，2012年12月编完，2014年6月报大典终审。

黄文昆主编的《雕塑分典》任务80万字，2012年完成。

《书法分典》无主编。任务310万字未落实。

《艺术典》2500万字，已编完并已编辑加工的有650万字，作者尚未编出的约1665万字，出版社预计2014年编完。

16.《天文典》。主编江晓原。任务是1000万字。

董煜宇主编的《历法分典》任务220万字，已编出并交出版社160万字，2011年5月可交完220万字，加工后报终审。

钮卫星主编的《天文分典》任务600万字，2011年12月完成600万字，2012年3月报大典办终审。

江晓原主编的《仪表分典》200 万字，2012 年 12 月完成 200 万字，并报大典办终审，2013 年出书。

《天文典》1000 万字，2011 年完成 820 万字，2012 年完成 200 万字，2013 年出书。

17.《地学典》。主编郑国光。任务是 1000 万字。

郑国光主编的《气象分典》任务是 200 万字。作者已编完 200 万字，2011 年 8 月报终审，2011 年 12 月出书。

曲金良主编的《海洋分典》，任务是 200 万字，2011 年 12 月交样稿，2012 年编完，2013 年 3 月出书。

黄定华主编的《地质分典》任务是 200 万字，2011 年 12 月交样稿，2012 年 12 月完成编纂，2013 年 3 月出书。

宁津生主编的《测绘分典》，任务是 200 万字，2012 年 10 月交样稿，2013 年 12 月出书。

蓝勇主编的《自然地理分典》任务是 200 万字，2013 年 3 月交样稿，2013 年 6 月编完，计划 2013 年 12 月出书。

《地学典》2011 年出书 200 万字。2012 年编出 800 万字，2013 年出书 800 万字。

18.《农业典》。主编穆祥桐。任务是 4500 万字。

惠富平主编的《粮食作物分典》任务是 600 万字，已普查。

魏露玲主编的《园艺作物分典》任务是 400 万字，已普查。

樊志民主编的《经济作物分典》任务是 600 万字，已普查。

卢勇主编的《水利分典》任务是 500 万字，已普查。

胡泽学主编的《农具分典》任务是 400 万字，已普查。

张法瑞主编的《畜牧分典》任务是 500 万字，已普查。

黄世瑞主编的《蚕桑分典》任务是 300 万字，已普查。

尹玲玲主编的《渔业分典》任务是 300 万字，已普查。

卜风贤主编的《农业灾害分典》任务是 600 万字，已普查。

彭世奖主编的《农学农书分典》任务是 300 万字，已普查。

都已进行普查，等待数字化平台启动。力争 4500 万字 2014 年全部出书。

19.《政治典》。主编杨寄林。任务是4000万字。

杨寄林主编的《先秦政治分典》,任务是400万字。作者已编出100万字。已交50万字样稿。2011年12月编完。

李炳泉主编的《政权政治分典》任务是600万字,作者已编出30万字。已交10万字样稿,2012年6月编完。

董文武主编的《魏晋南北朝政治分典》,任务是600万字。作者已编出20万字,2012年12月编完。

周怀宇、张金铣主编的《隋唐政治分典》。任务是600万字,已编出25万字,2012年12月编完。

苗书梅主编的《宋辽金夏政治分典》。任务是800万字,已编出20万字,已交10万字样稿,2012年12月编完。

柏华主编的《元明清政治分典》。任务是1000万字,已编出50万字,已交40万字样稿,2012年12月编完。《政治典》因换主编影响了进度。力争4000万字2014年全部出书。

20.《理化典》。主编金正耀。任务是1400万字。

金正耀主编的《化学分典》。任务是300万字,已编60万字,已交样稿17万字,2011年12月编完。

史玉民主编的《总论分典》。任务是250万字,已编出50万字,2011年6月编完。

胡化凯主编的《物理分典》。任务是300万字。已编出90万字。2011年12月编完。

金正耀主编的《中西会通分典》任务是300万字。

金正耀主编的《人物、著作分典》任务是250万字。已编30万字。2011年8月编完。

《理化典》1400万字,2011年可编完1100万字。2013年出书。

21.《交通运输典》。主编葛剑雄。任务1200万字。

葛剑雄主编的《国内交通运输分典》。任务是600万字。已交稿150万字,2012年完成。

葛剑雄主编的《总论分典》任务是300万字。尚未动手。

葛剑雄主编的《域外交通运输分典》任务是300万字。尚未动手。

《交通运输典》1200万字，力争2014年全部出书。

22.《军事典》。主编刘继贤。任务是4000万字。

任力主编的《军事地理分典》任务是600万字，已普查。2012年编完。

刘庆主编的《军事理论分典》任务是700万字，已普查。2012年编完。

钟少异主编的《军事技术分典》任务是600万字，已普查。2012年编完。

陈士富主编的《战争战列分典》任务是800万字，已普查。2012年编完。

齐三平主编的《军事制度分典》任务是700万字，已普查。2012年编完。

蒋乾麟主编的《军事人物分典》任务是600万字，已普查。2012年编完。

《军事典》4000万字，力争2015年全部出书。

总的情况是：

2011年有9个典可以出书，约1.2亿字。其中可以全部完成的典有《林业典》、《教育典》、《语言文字典》。其余均为部分出书。

2012年有10个典相继出书。约9000万字。《医药卫生典》、《法律典》、《文献目录典》均可全部完成。

2012年可全部编完的有《历史典》、《工业典》。

2013年9个典相继出书约1.8亿字。其中《经济典》、《生物典》、《历史典》、《天文典》、《地学典》、《理化典》、《工业典》均可全部出版。《民俗典》和《宗教典》可全部编完，并可出书。

2014年底，出书约1.8亿字。其中《农业典》4500万字、《政治典》4000万字、《数学典》1200万字、《历史地理典》2840万字、《交通运输典》1200万字、《艺术典》2500万字，均可编完，全部出书。

2015年《军事典》4000万字，可编完编辑加工后全部出书。

以上24个典共约7.5亿字。在2015年可以全部完成。具体数字在编纂出版中仍会有所变动，大体上不会超过8亿字。

2011年2月22日

大典往事

——一篇报道的感慨

中华大典的老办公室搬了家，从北礼士路135号新华书店的仓库，三楼两间破旧的房子，搬到车公庄乙5号，鸿儒大厦6层，新装修的较好的半层楼，三百多平米的厅和几间房子，竟是焕然一新，有地毯，十来台电脑，家具一应具新，可算有点气派，和原来相比，应说是"鸟枪换炮"了。

在搬家后，我清理房间时，捡到了一张旧时的剪报，是《北京青年报》一位记者在2006年6月2日7版上对《中华大典》的报道。我是从头到现在始终做着大典，往事历历在目，回想起来，不禁凄然。没有钱，要作国家的最大文化的出版工程，何其难也，何其苦也。真算是自找苦吃。

《北京青年报》的记者名郑媛，信息是她从新闻出版总署和任继愈先生处获得的，真实可靠。我在感慨之余，将《北京青年报》的报道留下，以作纪念。她报道的题目是"专家九人辞世，资金一度艰难，《中华大典》守得云开"。她在文中说："昨天，记者从新闻出版总署获悉，从2006年起，中央财政将每年投入4000万元人民币用于《中华大典》的编纂，大典将于2009年基本完成，至2010年全部出齐。"

"据中华大典编纂委员会主任任继愈介绍，《中华大典》是1992年由国务院正式批准启动的，目的在于全面整理我国浩如烟海的古籍，抢救、保护和继承我国优秀的传统文化，该项目被列为国家级重点古籍整理项目。在近20年前，我国专家学者和出版工作者即开始酝酿筹组编纂和出版《中华大典》这项最大文化出版工程。《中华大典》内容包罗百科，涵纳儒家、诸子百家、佛道诸教，以及志书的优秀文献资料。全书类分为22个典，100多个分典，收书两万多种，约七八亿字，是《永乐大典》的两倍，《古今图书集成》的四倍，超过中国所有古代类书字数的总和。”

“不过，对于这个国家项目，以往采取的做法是由国家财政予以少量垫支款帮助，专家学者编纂，编辑出版的费用均由各地企事业性质的出版社承担。‘16 年来，大典办公室的办公经费无固定来源，从出版社借用垫支款中提留 4%，筹集 40 万元，中宣部、新闻出版总署拨款 6 年，共计 90 万元，另外筹集几十万元，总计 180 万元。平均每年使用办公费 11 万元左右。因此，办公室的工作人员外出办事尽量节省开支，不乘出租车而骑自行车。他们在很长的一段时间里，每人每月只补助 90 元，不够一人每月中午一餐的盒饭钱。’任继愈说，经费困难使得过去十几年来《大典》的编纂工作进展缓慢，目前正在编纂精校的大典只有 5000 万字。更重要的是，近些年来，参加《大典》工作的领军专家学者已谢世 9 位，成为编纂《大典》工作的重大损失。”

2008 年 12 月 20 日

附记：

1992 年 6 月 12 日中宣部任命任继愈先生为《中华大典》编委会主编。此前他还参与了试点工作。他于 2009 年 7 月 1 日去世。为《中华大典》奋斗了二十年。大典的编纂出版，2010 年并没有全部完成。参与编纂出版的专家去世已有近 20 人之多。看到和想到这些，使人格外难受，也令人十分伤感。

山朦胧，水朦胧，苏堤也朦胧

杭州人把入梅当作一件大事，每年六七月有二十来天是黄梅期，如果你是这时来到杭州，人们会无可奈何地告诉你：入梅了。细雨漾漾，烟雾浅淡，云天低垂，气候潮湿，这便是梅期的特色。用朦朦胧胧来概括它，是最恰切不过的了。苏轼把西湖比作西施，说它“淡妆浓抹总相宜”，不论什么时候，怎样打扮，总是美的，那么，在梅季的朦胧中呢？

这天，晚饭后，已是暮色茫茫，我和高纪言先生几乎同时说：“走！看西湖去。”

我们下榻在南高峰下的六通宾馆，离西湖有一段路。宾馆因六通寺而得名。寺早已被毁，尚留有遗址，在森林中，有古木，有清泉。宾馆离遗址不远，亦在森林中，出奇地幽静，此处似已远离尘世。宾馆旁有一棵千年古柏，有几株200年的樟树。这更衬出了宾馆的幽古。登南高峰疾行约40分钟。每天清晨总见一老妇登山，健步如飞，纪言问她，她说年已八十有五，看上去不过六旬。多年已习惯登山，每日采竹心一把，用山泉煮后当茶饮，清热解毒。是凡人，不似凡人。这森林，这绿色，这清泉，不断地攀登，给了她活力，给了她生命。六通，岂不诱人？

我和纪言从宾馆走出森林，走下山坡，踏上了西山路，沿路向北走去。路，在古树，在森林，在绿色中延伸，路的两边是淡淡的灯光，朦胧的绿荫，薄薄的轻雾，是在画中，人间，还是仙境？几声喇叭，才使你想起是在西湖之滨。

路边有一座小小的牌坊，隐约中在一副对联上辨出有“三岔口”、“十字坡”。啊！是了。记得盖叫天先生生前曾在西山造墓地，走近辨认，果然是盖叫天墓。一代名伶，在冥冥之中，享受“天堂”的乐趣。可见其生前的眼光，也算是身后的福分。

我们慢慢地走着，沿着宽宽的柏油路，沿着淡淡的灯光，沿着林丛，沿着朦胧的绿色，偶尔的有几栋林中的别墅，几声喇叭，几辆驰去的轿车，行人很少。我们享受着漫步的乐趣。好久，才走到“曲院风荷”。曾听说，这里是乾隆爷下江南时游乐憩息的场所。他兴致所至，题写了“曲院风荷”的匾额，以致后来成了西湖十景之一，人们跟着乾隆爷的脚后跟在这里游览。因为已经关门，我们无法进去，只好绕道而过。走过几步，便到了岳武穆庙前，也是苏堤的北端。虽然已经入夜，各个游览的景点都已关门，但这里却热闹非凡，街头的旅游品商店、小吃店、旅店都是灯火辉煌，照耀得街前街后一片通明。人虽然很多，却都带着悠闲的神情，挽手扶腰，踱着慢步，无目的地走着，或嬉笑，或细语，或东张西望，或出入商店。多为青年男女，双双对对，自然也不乏中老年人。细细听来，说辞中越语、吴语、粤语、川语、湘语……南腔北调，五花八门，看来多是来自各地的游客。谁不是慕杭州之名而来呢！也是，好不容易不远千里、万里来到这人间天堂，白天自不待言地要尽力游览，岂能放过，金宵一刻，天堂的夜色。无景可赏，便是一景。越是朦胧，越显可爱。

在诸多的游客中，也许有人在低咏林升的诗句：“山外青山楼外楼，西湖歌舞几时休。暖风熏得游人醉，直把杭州作汴州”。南宋君臣，偏安东南，醉心歌舞，忘却国难。林升愤然作出此诗，谴责南宋君臣，却也无意中道出了杭州暖风醉人的妙景。杭州历称临安，自从南宋建都之后，政治中心、经济中心、文化中心南移，才逐渐繁荣起来，无形中缔造了杭州。历史就是这样怪异，使人思忖万端。

我们信步走上苏堤。在树影中，灯光浅绿淡红，似明似暗，道路似有似无，随着树影延绵而去。男男女女，双双对对，三三两两，时隐时现，笑声软语，隐约可闻，清风淡雾，缥缈迷漾。我们一步又一步，踏着树影，跨过小桥，沿堤向南走去。大约走了苏堤的一半，已有些累乏。我们选了湖边的一块大石，面水而坐。微风带来一股清爽的凉意，吹得湖水泛起层层轻波，拍打着湖岸，发出轻微的声音，似一首对孩子的催眠曲，跳动有律，节奏分明。湖水暗淡，偶尔一艘机轮游船，带着点点灯火，向“三潭印月”驶去，“三潭印月”在朦胧中迎接了它。远处，湖水湖岸难以分辨，只有一片模糊的灯火。周围，云似山，山如云，云山难分。天际，月儿半圆，在迷漾中，月光隐约。

纪言说："我多次来过杭州，总是公务缠身，来去匆匆，没有游过西湖，今天总算游了！要不是《中华大典》，要不是开这个论证会，要不是我们共同漫步，那是游不成的。明年《中华大典·文学典》能出版，我还要痛痛快快地来游一回。我已七十有四，所求者何？只求给后人留下一点事业。"追忆不已，好一片老者之心！

我们沿着苏堤继续前行，夜深了，人稀了，月儿更加模糊了。我们还寻求什么呢？

在小桥上，立定四望。杭州是天堂，天堂在哪里？在脚下？在湖光中？在树影里？在远山间？在灯火里？一切都是那么朦胧，只有远处的宝俶塔，闪烁着灯光，那么明亮，也许，那便是杭州，那便是天堂。

1998年6月8日

于西湖之畔

一“点”也不让

评论图书的优劣，应该是有一说一，有二说二，是优评优，是劣评劣。连标点也不放过，求实为高。在对《魏晋南北朝文学分典》书稿的评审中，曾经发生这一桩趣事。

《魏晋南北朝文学分典》已于今年四月面世，这是中华大典文学典的一个分典，由扬州大学教授黄敬德主编，江苏凤凰出版社出版。洋洋洒洒500万言，十分风光和气派。此书系统地整理了古籍中有关魏晋南北朝时期文学发展状况的记载。全书不仅装帧精美，典雅大方，富有学术气，且资料丰富，系统全面，体例构建合理，详简得当，既整理了古代的学术成就，也体现了当代的学术水平，极有价值，堪称精品，可说是一部难得的好书。出版后引起了学界的强烈反响。

《魏晋南北朝文学分典》的质量，是从编纂书稿的过程中就认真抓起的，中间曾请傅璇琮等一批专家分次审定，根据他们的意见详作修改。任继愈先生还请了十多位专家专门召开审稿会评审。图书质量从书稿抓起，反复抓，直到出书为止。这种精神值得提倡，也颇为感人。

在一次书稿评审会上，北京大学教授周强、南京大学教授卞孝萱，为了一“点”，发生了小小的矛盾，几乎是各不相让。原稿中有一段话：“韦孟傅楚元王孙戊作四言诗讽王自此始李陵降匈奴苏武别河梁上作五言诗自此始”。这是叶寘《爱日斋丛钞》卷三上的一段注文。本是讲四言古诗、五言古诗从何时、何人开始，四言诗是从楚元王的老师韦孟写诗讽刺元王的孙子戊荒淫无道才开始，诗很长。如“肃肃我祖，国自豕韦”“邦事是废，逸游是娱”“务此鸟兽，忽此稼苗"都是其中诗句。五言诗是苏武在匈奴被扣19年,回汉时与李陵告别写作了四首诗,"昔为鸳与鸯,今为参与辰"。李陵投降了匈奴,作为叛将是无法回汉的,颇为伤感,他作了三首,"良时不再至,离别在须臾"。对上那段注文的标点中,一位说应点为"韦孟傅楚元王孙戊,作四言诗讽王自此始。李陵降匈奴,苏武别河梁上,作五言诗自此始"。一位说应点为"韦孟傅楚元王孙戊作,四言诗讽王自此始。李陵降匈奴,苏武别河梁上作,五言诗自此始"。标点是在"作"字之前还是在"作"字之后,两人都讲了各自的理,而且都言之有理。后经多方讨论和征求意见,才成了现在书上的模样。这虽然是一件小事,可见专家们审定书稿时,为保证质量,一"点"都不相让。这里我在简介和推荐这部优秀图书时,特别要宣扬的是周强、卞孝萱这种一点不让的认真态度和良好的学风,是很值得称道的。

2007年7月1日

《文学典》诞生记

这是别具一格的春节茶话会，清茶一杯，《中华大典·文学典》有关专家学者、出版者品饮清茶，漫话文学典。

《文学典》已出17册，4000万言，还有一个尾巴不久也即将完成。这样一套书，亘古未有，难怪使人们兴奋不已。

郁贤皓教授是最早参与《文学典》编纂的学者。他深沉稳健，谈起《文学典》，却激情满怀。他难忘当年启动时的困境。他说：《文学典》开始于20世纪80年代末，那时，我们谁也不知道怎样动手，试搞了两三年，才略有所知，想先搞出个样稿。隋唐文学专家多，力量强，从隋文学开始吧，真正动起手来，才发现隋文学文献资料太少，实在难搞，只好大海捞针，一个字一个字去找。对隋唐五代文学分典能否搞成，心里没有底。还是高老总了不起，他理念明晰，决心大，说搞不出来绝不善罢甘休，终于作出了样稿。后来各典就是照着样稿去作。

人们又谈起了请程千帆当主编的往事。《文学典》的主编应学养深厚，德高望重，富有亲和力。大家一致认为请程千帆出山。高纪言和卞孝萱先生到程先生家里相请，他委婉地谢绝了。过了几天他们又去，程先生仍不应承。又过了些日子，三顾茅庐，终于说动了程先生。但是，他说："我当个名誉主编吧！"这只是挂名而已。当他对中华大典有了进一步了解以后，他答应去掉"名誉"二字。他主动辞掉了文学馆馆长的职务："我一心一意搞大典吧！"他亲自"点兵"，组建了《文学典》的班子。他说："《文学典》要体现自己的特点，比起过去的类书，材料要更丰富，结构要更为合理。"这是他为《文学典》设置的目标并追求到临终。大家一致认为:没有程千帆就不可能有《文学典》。

卞孝萱先生回忆说,1989年5月28日我们在北京辽宁饭店开中华大典试点工作会,饭店只住了我们开会的9个人,江苏、上海、四川各3人。那时条件是很艰苦的,稿酬是千字18元,除掉资料费和差旅费,真正到专家手里的报酬千字只有几块钱。《文学典》先后有几百人参加工作,先生们始终如一,一步一个脚印,可谓“众志成城”,才走过了20个春秋。我从60多岁开始,现在已是86岁,奋斗了20年,现在仍不舍弃,还为《文学典》审稿,下决心要做到有始有终。

徐杰教授为卞先生的事迹所感动,他说:“《文学典》编纂了近二十年,精神感人,我对先生们怀有十分崇敬的心情,文学理论分典现在尚未全部完成,心存愧疚。我们的书稿现在由卞先生帮助审阅。他那么认真,对我们的书稿提出了许多问题,他耐心地对我们讲了一天,这种精神,实在使我们感动。”

蒋迪安、石启中、王建邦、王玉良这几位原来江苏省新闻出版局的正副局们,是《文学典》的后台和靠山,他们为《文学典》做了许多服务工作,可谓尽心尽力。蒋迪安承接了《文学典》,说江苏一定要把《文学典》搞好,他离休移交工作时,只嘱托了搞好《文学典》一件事。他的接任石启中,拍着胸脯说:“砸锅卖铁”也要支持《文学典》搞好、搞成。他们是这样说的,也是这样做的。

《文学典》的“精编精印”是由江苏省新华印刷厂、淮阴新华印刷厂承接的,他们不负众望,高超的排、印水准更使《文学典》获得了中国图书奖、中国印制奖。淮阴新华厂的冯厂长,谈起送样书进京的那一幕,难掩喜悦之情。1999年9月他们按时印出,次日立即开专车将《宋辽金元文学分典》的样书送往北京。刚把书放下,原大典工委会主任李彦喜笑颜开地喊道:“老伍,大典宝宝生出来了。”奋斗十多年终于有了成果,也解决了一些人的疑虑,怎能不使人高兴呢!大典办公室的人们抚摸着《文学典》,细细地翻阅,闻着它们散发的墨香,此情此景,令人难以忘怀。冯厂长说:“那时我们高兴极了。”这是大典的第一胎,谁不高兴呢!

这些面孔我太熟悉了,20年的交往,我们结下了深厚的情谊。我笑着说,我们用20年时间培育了一朵书中的奇花,它将放香几百年而不衰。《文学典》的功绩在于启动早,开创了奇花之冠,因为出版得早,《宋辽金元文学分典》1999年问世,给人以惊喜,它的形成,创造了许多经验,为后来者所效法,作者和编者团结协作，坚韧不拔，有所为而无所求，高风亮节，正如诸位所说，大家共同凝造了这种精神，《中华大典·文学典》是传世的，而这种精神，是最宝贵的精神遗产啊！

会上，大家异口同声，十分激动地说："中华大典是古籍整理的近八亿字的现代类书，是国家的重大文化工程。"将文学典报送给党中央领导时，2004 年 3 月 31 日温家宝总理批示："书已收到。感谢编纂人员的辛勤劳动。"一套书中央这么重视，这是了不起的事情。

我因要参加这个会，1 月 31 日下午到南京，欲急于赶回北京。会后，2 月 1 日下午 1 时 30 分冒着风雪驱车前往机场。抬眼望去，玄武湖、秦淮河、夫子庙在朦胧之中，南京城也已被雪花所掩盖，它逐渐在视野里消失。我登上飞机，等待着起飞，但雪越下越大，一小时，两小时……等了六个多小时。我从机窗望着迷濛的雪空，陷入深深的回忆和深思里。会上的一幕一幕，浮现在眼前。

会上，人们都十分赞扬大典编辑部的三位老先生。王玉良格外动情地说：高纪言已是 83 岁高龄，饶钦珩也 77 岁了，黄希坚是 75 岁。他们从 50 多岁奋斗起，20 年如一日，日日夜夜，兢兢业业，不求职称，不求待遇，不为名，不为利，不怕困难，不怕受委屈，不过安逸的家庭生活，却仍一心一意于大典，四方奔波，团结作者，不停奋斗。他们都是坐了 20 年的冷板凳，都重在奉献，有奉献精神。这种精神应该浓缩称为大典精神。这就是我们提倡的道德标准。王玉良话虽不多，但说得十分真诚感人。飞雪停止了，把我拉回到现实。夜空格外幽静，显得那么优美。

在等待近七个小时之后，晚 10 时飞机终于起飞。我回望南京，已是一片模糊。想着：斯人已去，大典犹存。程千帆已驾鹤西归，发起人之一的段文桂也已作古，上海市新闻出版局长袁是德早已不在人间，教育典的主编李国钧、医药卫生典的主编赵启勋，还有……这都是做出了重要贡献、值得深深怀念的人物，他们都走了。但是他们开创的事业还在继续。

夜空朦胧，飞机已高入云端，举目远望，我似乎看到了灯光灿烂的北京。

2008 年 2 月 4 日

《中国图书评论》2008 年 3 期

附记：

《中华大典·文学典》

1989年5月27日——29日试点工作会；1990年8月3日——8月5日二次试点会。

1989年9月12日——19日《隋唐五代文学典分典》试点编纂。

1992年9月21日——1992年12月29日整个《文学典》全面开始编纂。

1999年9月《宋辽金元文学分典》完成出书，2000年获得中国图书奖。

2008年12月《文学典》全部编完。

2009年5月样书最后一批送至北京，历时20年。

《先秦两汉文学分典》：800万字4册，编41人印1200套，2008年12月出版，每套2928元。

《魏晋南北朝文学分典》：500万字2册，编28人印1200套，2007年4月出版，每套1200元。

《隋唐五代文学分典》：1000万字4册，编89人印1600套，2000年12月出版，每套1800元。

《宋辽金元文学分典》：1200万字5册，编60人印1200套，1999年9月出版，每套1880元。

《明清文学分典》：1200万字5册，编49人印1200套，2005年出版，每套2550元。

《理论分典》：500万字2册，编49人印1200套，2008年12月出版，每套1460元。

《总　目》：200万字1册，编6人印1200套，2008年12月出版，每套690元。

共　计：5400万字23册，编322人计29200册，12508元，平均每册431元。

我爱《中华大典·文学典》

六十年中我读过很多书，许多书我都十分喜爱，目前我最爱的是《中华大典·文学典》。这是任继愈先生当总主编，程千帆先生当《文学典》主编的产品。他们的人品和学品都人人所敬仰。他们都已仙逝，却为我们留下了十分可贵的文化珍品。《中华大典》是国务院批准立项的“建国以后最大的文化出版工程”，近八亿字，是系统整理从先秦到清末各类典籍的现代类书。有极高的学术价值，积累价值，是继承弘扬中华民族优秀文化的好书。《文学典》是大典的一部分，24册，五千多万言。睹物思人，不仅使我倍增思念，更激发我对《文学典》的喜爱。

读《文学典》是一种享受。它是全国近百名著名专家智慧的结晶，阅读就是品析这些专家的智慧。

我首先尝到的，阅读是一种知识的享受。《文学典》给人展开了一个古代文学知识的辽阔领地。比如书中将历代作品梳理为“体类”207种就很有意思，汉代文学体类“柏梁体”，一般认为“柏梁体”是指汉武帝时举办柏梁宴，群臣参加宴会上每个人出一句七言的诗句，此后，人们认为七言诗自此始，将此称为“柏梁体”。但有人并不以然，《麈史》说，在此以前有七言诗，诗经《鄘风》中有“送我乎淇之上矣”，小雅中有“以宴乐嘉宾之心”，项籍有“力拔山兮气盖世”等等，以此否定“柏梁体”。清代文学“体类”中有“广陵派”。“广陵派”则是指作品“巧于言情”，“精于取境”。两种体类，一指作品起源，一指作品内容，各有特色。

其实，阅读也是一种学术的享受。因为《文学典》也是学术积累的结果，阅读给人以愉悦，自然也是精神上的享受。全书中将文学史上的各种“总集”加以汇集，共有288种，从古籍中梳理加以确认和选出，没有相当的学术水平，是难以做到的。这种工作，对后学者来说，是帮助极大的。不少专家认为，就《文学典》而言，其学术水准是足够完成一般研究生的课程了，也就是你如果是一位文学领域的研究生，只要读好和吸收《文学典》中的文献资料和学术见解就可以了，不必寻找其它参考书。可见其学术积累的丰厚。

阅读《文学典》也是一种美的享受。整个《文学典》选裁精当，语言文字都比较优美，读美文自然产生美感，自然有美的享受。全书难得的是“分论部分”，也就是诸多历代评论家，评作家的作品。《文学典》中收有历代作家7000余人，可谓对作家网罗已尽。其中设有分论的作家达1200余人。所引用的单篇作品、本事作家的评论资料有数万条。规模如此之大、数量如此之多、又如此集中，在历史上是没有的。对作家及其作品虽仁者见仁、智者见智，各人皆畅所欲言，但总体来讲，都出自善言，认真读来，使人感到充满美学思想，自然地形成了美的体系。

2009年8月8日

载《出版广角》

读《中华大典·文学典》

在中国几千年的文化长河中,文学是一条重要的支流。《中华大典·文学典》是这条支流里的巨舟,它载着读者在这条支流里研究欣赏着那跌宕不羁灿烂绚丽的美妙景色。

且看它有多大的规模。文学典从 1989 年 9 月 12 日《隋唐五代文学分典》开始试点编纂,到 2008 年 12 月《文学理论分典》编完,全部结束,恰好二十年。《文学典》的主编是程千帆先生,下分 6 个分典:董治安先生主编的《先秦两汉文学分典》,黄进德先生主编的《魏晋南北朝文学分典》,卞孝萱先生主编的《隋唐五代文学分典》,曾枣庄先生主编的《宋辽金元文学分典》,吴志达先生主编的《明清文学分典》,张伯伟先生主编的《文学理论分典》。总目录一册。洋洋大观 23 册,5400 万字。这是全国 280 位专家学者、出版家、编辑家奋斗 20 年所取得的巨大文化成果,这不值得祝贺和颂扬么!

《文学典》是一座文学史料的宝库。它整理了从先秦到 1911 年的全部有关文学的古文献史料,这是一个系统工程。它涵盖中国古代文学的各个方面。从全书中可以看出中国几千年文学的发展面貌和每个朝代、每一时期文学发展的不同内容,不同特点。它不仅总结和继承了中国几千年文学的精华,也为将来中国文学的发展提供了重要的借鉴。这是前人所未作,具有重要开创意义的文化盛事。

从这里可以看出《文学典》具有宝贵的学术价值。主编程千帆先生在序言中概括了中国文学的文化特征,说它具有鲜明的人文色彩和理性精神,具有强烈的教化色彩,其最重要的功能是抒情,最重要的表现手法是写意。中国文学是中华民族的心灵记录，在总体上具有情思宛转，意味隽永的艺术特征，在形式上具有独特之美。文学批评也有鲜明的民族特征。真像一首诗。《文学典》用丰富的文献资料，充分展现了这些特征。体现了中国文学几千年发展的脉络。显示了各种文学流派的学术观点和各种文学体裁的特色，它的学术价值是无可比拟的。

你慢慢地欣赏吧！《文学典》整理了中国文学史上的“总集”“体类”，应该说这是很大的贡献。从先秦开始，“总集”汇集有 288 种，对每种“总集”均有论述，从浩瀚的古籍中梳理，加以确认和选出，没有相当的学术修养和文献知识，是难以做到的。你看看这些像朵朵鲜花的总集内容。同样，整理“体类”部分，也有相当的难度。《文学典》共选“体类”207 种。这 207 种“体类”，真是五光十色、流光溢彩。以汉代“柏梁体”为例，什么是“柏梁体”，一般认为“柏梁体”是指汉武帝元鼎二年起柏梁台，元封三年诏群臣赴柏梁宴，并赋诗，武帝作“日月星辰和四时”七言诗，梁王以下和者 25 人，每人一句，此后，人们认为七言诗自此始，称此为“柏梁体”。但有人并不以为然。《泊水斋文钞》称：“昔人以七言始于柏梁，谬矣。‘夜如何其夜未央’，此与‘江有香草以兰’何如？余谓屈宋七言，真绝千古，后之作者，无复措手。”《闻见瓣香录》说：“高帝《大风歌》：‘大风起兮云飞扬，威加海内兮归故乡，安得猛士兮守四方’将名之为大风体乎？《易水歌》：‘风萧萧兮易水寒，壮士一去兮不复还。’将名之为易水体乎？”《麈史》说，在此以前已有七言诗。以此否定“柏梁体”。关于“柏梁体”的史料还很多，是很使研究者开眼界的。清代文学“体类”中的“广陵派”，则是指作品“巧于言情”，“精于取境”。两种体类，含义各不相同。可见“体类”的内容是十分丰富的。至于有不同的意见，允许共存。

在中国文学史上有多少作家，流传的关于他们的文献史料和作品是否准确，《文学典》作了认真细致准确的梳理。其广度、深度、准确度、可信度都堪称一流。全典搜集了 7000 多位作家的文献资料，这是比较系统全面的，是历史上所没有。所收史料广泛而准确。比如汉代有位名史岑的作家，历史上有将其作为两人，也有将其混为一者。《文学典》考证了《东观汉记》《史通》《通志》《后汉书》《博物志》《山堂肆考》《义门读书记》《隋书》《旧唐书》《玉海》《补后汉书》《文章流别派》《文心雕龙》《文选》《山谷集》《法帖刊误》《弇州四部稿》《弇州四部续稿》《清河书画舫》《书法正传》《淳化秘阁法帖考正》等二十种古籍，将所有记载比较，二十种古籍中记载各异，有些相互矛盾。经过比较，原来东汉有两个史岑，都是作家；一个字子孝，是沛国人，“王莽时为谒者”，著有《复神》、《说疾》；一个字孝山，“当何熹之时，作《出师颂》、《邓太后颂》。”两人生活时代相距百年。《后汉书》记载将两人混为一人，以致以讹传讹，实在是大错特错了。这一订正，恢复了两个史岑在中国文学史上的本来面目。如果说史岑是一朵花，经考证，变成了两朵并蒂莲。《文学典》功不可没。

《文学典》还有一个重要特点，它广泛地对作品进行了评论。全典设有“分论”专栏，“分论”就是专门评论作品的。将文学史上曾经被评论过的作家作品及有关文章全部集中，共搜集了 1200 多名作家的单篇作品，有诗赋及有关文章 32700 多篇。内容十分广泛，丰富多彩。有政治见解，有仕途生活，个人遭遇，旅游经历，亲朋聚散，是一幅上千年的广阔的社会图景，既包括自然风光，也包括人生历程的展示。诸多评论者对其内容广泛地进行了评论。将这些诗作揉碎辨析，使之花香万里，读它们不是享受么！评论者多是有影响的作家及专门的评论家。由于评论者所处的环境不同，遭遇、经历有别，文学修养，思想观念，政治见解，仕途地位有别，对生活的体会不同，结合自己的创作经验评论，所以，所评角度不一，对某一作家作品的看法往往也相异，同一作品看法不同，甚至相反。这就形成了对各类作品，各抒己见，百家争鸣，百花齐放。这也是各种文学流派形成的重要原因。比如对《昭明文选》，历来称颂很多，甚至以它为范本，但是苏东坡在《答刘沔都书曹》中说：“梁萧统集《文选》世以为工。以轼观之，拙于文而陋于识者，莫统若也。”他不同意通行的看法。不仅是对《文选》如此，还有对许多其他人的作品也莫不如此。这是另一家之言，也使人很开眼界。“分论”的内容也为我们了解当时的文艺发展状况，提供了重要资料。

280 位专家学者的辛劳，为我们展现了这一幅画卷。他们的功勋，使我们，也使后人永远铭记。

2009 年 10 月 23 日

《中国图书评论》

诚挚而深切的怀念

——记编纂出版《中华大典》的已故专家们

子在川上曰:逝者如斯夫！不舍昼夜。

为编纂《中华大典》献出生命最后时刻的人们,多么值得后人怀念！如果浩渺的宇宙真有天堂的话,他们的献身,一定取得了进入天堂的资格,也许会在天堂里俯视人间,看着和等待后人们不舍昼夜地完成这件中华文化出版史上的大事。

我仰望长天,似乎看到了他们那充满期待的眼神。看吧！那不是第一功臣段文桂么？还有,《中华大典》的总编辑任继愈;工委委员,《文学典》编辑部负责人,原江苏古籍出版社社长高纪言;《中华大典》编委会副主任,《文学典》的设计者程千帆;《文学典》的副主编卞孝萱;《医药卫生典》的主编兼《医学分典》主编赵立勋;《中华大典》编委会委员刘乃和;《中华大典》编委会副主任席泽宗等等。“出师未捷身先死,长使英雄泪满襟”。他们为造就《中华大典》做出了无私的奉献。我对他们满怀敬佩、感激、思念。

段文桂

他是巴蜀书社的社长,云南大理人,白族,据说是古大理国段氏王族的后裔。他从 1986 年开始酝酿、倡议、设计编纂《中华大典》起,直到 2004 年病逝,18 年里始终都为实现《中华大典》的梦想而奋斗。他那份自信、坚忍、激情,始终没有动摇过。我常常说:没有段文桂,就没有《中华大典》！这是肺腑之言。他是《中华大典》的第一功臣。

经过“文化大革命”的苦难，党的三中全会以后，老的出版工作者愿使出浑身解数，为祖国的文化复兴，为中华民族的文化发展做出最大的贡献。段文桂就是这样一个出色的老出版工作者。1986年，10多家古籍出版社社长在山东烟台开会时，段文桂倡议：我们应当联合起来，整理编纂出版一部古籍文献，以继承和弘扬中华民族的文化；这部古籍可以收集中国古代所有古籍文献，名叫《中华古代文献大典》。他的这一倡议，得到与会所有古籍出版社负责人的赞成。散会以后，他便开始积极活动，寻求各方面的参与和支持。1987年，他把10多家古籍出版社请到成都开会，进一步商讨《中华古代文献大典》的事。几经斟酌，会上改名为《中华大典》，推选了12家古籍出版社为发起者，并组成了《中华大典》筹备组，推举上海古籍出版社总编辑钱伯城为组长，段文桂为副组长。此后，段文桂便不遗余力地奔走呼号。他下决心要干成这件大事。

初期，他带着当时在巴蜀书社实习的历史博士、现在已成为巴蜀社社长的段志洪，到北京和全国许多地方活动，要求中央有关部门支持，请全国著名专家学者向中央呼吁。他和上海古籍出版社社长魏同贤约定，请老魏请时任党中央书记处书记芮杏文同志寻求支持。芮杏文同志听了汇报后，高兴地支持编纂《中华大典》。段文桂则千方百计去请求李鹏同志。他以筹备组的名义，起草了一封给李鹏总理的信，恳切陈词，要求总理支持。为了把这封信送到总理手中，他拜求熟人帮助，有时在中南海门口一等就是几个小时。信是1988年12月30日写的。过了5天，1988年1月4日，李鹏同志就有了明确的批示。据段志洪回忆，李鹏总理的批示老段见了以后高兴得手舞足蹈，情不自禁地大声说：李鹏总理同意了！李鹏总理同意了！我们的大典有希望了！那神情像个喜极的孩子。他不仅充满激情，也满怀信心。他总是把大典当成我们的，也就是自己的事情。

段文桂亲自到任继愈先生家里，邀请他当《中华大典》的总主编。他说，任老最合适，人品、学品都好，威望也高。任老同意后，他也是十分高兴地说：编纂有任老挂帅，在学术上，我们就万无一失了。

与此同时，他提出先搞试点，并主动提出大典编纂的初步计划，制定大典的实施方案、编纂体例等一系列文件，并邀请许多专家反复讨论，逐步完善，终于成了大家认可的可执行的正式文件。他和巴蜀书社的编辑们集中了各种字典的异体字 2 万多个，整理了有几千种书的通用书目，为《大典》的正式启动打下了扎实的基础。

《中华大典》编纂开始，动工就要钱，人们身无分文，怎么办？段文桂慷慨解囊，他说：没有钱巴蜀书社先出。他告诉大家，巴蜀书社在中国书店有一个账号。他和中国书店的经理沈望舒商妥，《中华大典》的人用钱，由巴蜀书社的账上支出。段文桂还再三向四川省政府申请，省里也给了一笔钱。开局是很艰难的，巴蜀书社带头出人、出力、出钱，这才顺利地迈开了《中华大典》编纂的第一步。

大典试点，只决定了 3 个社承担：上海古籍出版社、江苏古籍出版社、巴蜀书社。在《医药卫生典》、《法律典》、《文学典》、《历史典》、《教育典》中选几个分典实验。开始计划的是 21 个典，大部分并没有落实到单位。段文桂也是不辞劳苦地到处奔波，从四川，到陕西、山西、河南、山东、上海、北京，到处联络，落实任务。跑了一圈，他兴奋地对我说：陕西的三秦出版社要搞《宗教典》，河南中州古籍社要搞《政治典》，上海书店要搞《文献典》，湖南岳麓书社和山西、陕西几家出版社要抢着搞《艺术典》，如此等等。大部分典都有出版社搞的意向，算是有了“婆家”。

段文桂认为《医药卫生典》比较复杂，成都中医药大学有医学史人才，院长李明富也是一位出色的学者，特别是有教授赵立勋，为人为学都十分出色，段文桂自告奋勇，承担《医药卫生典》的编纂试点。从试点开始，他就马不停蹄、脚不停步地北京、成都两头跑，一心一意搞《大典》，十分认真地抓《医药卫生典》。他始终坚持质量第一，坚持要选择最好的版本。他说手抄容易出错，要影印，不能手抄；点校要认真，要准确，不能贻误读者。他和专家们配合十分默契。他试验的典，开始都比较顺利，进展很快。

为了大典，他太累了，而且年事已高，他病倒了，高血压、糖尿病、心脏病、哮喘……2002 年，我专程到成都看望他的时候，他躺在病床上，身体已经很虚弱，而床上到处都是书稿，他病中唯一惦记的是《中华大典》。他说话的声音很小，但神情仍然那么自信。他说：老伍，你放心，我的病会好的，我一定要把《医药卫生典》、《法律典》搞好。但他病却越来越重，心脏衰竭、肾衰竭。就这样，他度过了生命的最后时刻。

段文桂,生于1925年。2004年11月19日,奔天堂而去,时年80岁。

任继愈

他是《中华大典》的总主编。他是《中华大典》的旗帜,是一位国人尽知的著名学者、专家,中央文史研究馆馆员。他有相当的影响力、号召力、凝聚力。他从1988年接受《中华大典》总主编的聘任以来,直至2009年7月11日仙逝,20多年里,始终认真主持《中华大典》的编纂工作。他还亲自主编了《中华大典》24个典中的《哲学典》、《宗教典》。《哲学典》是《中华大典》中最先完成的一个典。

在他生命的最后20年里,几乎时刻都为《中华大典》的编纂而奋斗着。他身体不好,眼睛几乎失明,用放大镜才能看东西。从2006年起,发现身患绝症,但他始终没有放弃《中华大典》的编纂。他说,这是他生命中学术活动的最后两件大事之一。

任继愈从一开始就站在时代的高度来编纂《中华大典》。他在两次试点工作会上,在《大典》正式启动的会上,反复强调编纂《中华大典》的重要性、必要性和可行性。在1989年的第一次试点工作会上说:我们是具有高度文明和文化传统的民族,要多出有用、有价值的图书占领文化领域,以振奋民族精神。1990年在第二次试点工作会上他又说:国家稳定后,文化建设要跟上去。我们要为下一二代人积累资料,为学术高潮的到来,为文化建设的高潮打基础。准备工作做好,高潮就容易来。1992年他说:《中华大典》是在继承、弘扬我国类书优良传统的基础上,参照现代图书分类法进行编纂的巨型类书;是上自先秦,下迄"五四",我国古代典籍的资料总结。大典除了体例创新之外,资料搜集,要超过历代任何一部类书。为了创建新的,一定要继承旧的。他还说:现在大专院校任务不饱满,老先生不在第一线,可以多发挥作用。有可能,也有需要。有国家支持,有社会各界人士的支持,用现代化技术设备,发挥社会主义大协作优势,在版本选择、校勘标点、资料全精等方面,我们要超过古人所编的类书,使类书的发展在我们这一代达到一个新的水平。我们一定能编纂出一部无愧于时代的新型类书。他充满信心。

为了编好大典，他亲自点将，亲自选拔人才，招兵买马，组织了一个出色的班子。1992年刚开完大典工作会，他便亲自选人组建大典编委会的10人常委班子：程千帆、戴逸、席泽宗、葛剑雄、刘乃和、庞朴、李学勤、戚志芬、马继兴、任继愈。这些都是学界名家。他说，有了这个班子，就有希望。后来又不断作了些调整。1993年在《文学典》工作会上说：三军易得，一将难求。现在不仅是将，还有程老这样的帅在，我们很放心。这个编纂班子是令人信得过的。在全面铺开之后，他特别邀请柯俊、吴文俊、傅熹年参加编委会，为副主编。他说：没有这样一批著名的专家帮助，《中华大典》的自然科学典就不能保证质量。他对院士吴征镒愿作《生物典》的主编十分高兴。他说："他是我在西南联大时的同学，他人品好，学问出色。我一定要去参加他们的编纂会。他肯出马，《生物典》一定能做好。"2007年6月7日，他专门给大典办写信推荐柴剑虹。他说：柴剑虹似可进编委，他能力、学识都有功底，看稿也仔细。他还为大典的编纂出版树立了一个榜样。《文学典》全部完成后，2009年3月12日，他说："《文学典》是启动最早的一个典，创造了很多经验，给后来其他典开了个好头，能善始善终。"他盛赞编纂处主任高纪言，说高纪言"树立了大家学习的榜样，他的工作令人敬佩。谦虚谨慎、从善如流、举一反三，把后半生全献给了《文学典》"。是啊！要编纂成《大典》必须有出色的人才。

任继愈从试点开始，就到处奔波，从北京到南京、上海、成都、武汉，对《大典》的编纂，抓得很细、很实。研讨框架、普查资料、论证样稿、版本校勘等等，他总是真心倾听专家学者的意见，也认真发表自己的见解。1992年4月，他到上海参加论证《历史典》《教育典》的会。他说：编辑班子很强，现在的框架很好，符合传统的东西；还说，编时一定要考虑检索方便，资料搜集时限要往上推，不要往下延，现代化的东西别多弄。1992年10月，他又到成都参加论证《医药卫生典》《法律典》的会。他肯定了学者们的做法，但提出吸收编纂学者要宽一点，要吸收北京、南京的专家。要抓紧，争取快一点。1994年，又参加《语言文字典》的讨论会。他说：《语言文字典》的框架可以，几个分典较为清楚，交叉重复少。和别的典比较，有许多优势，人力集中，主编选得好，使人放心，书稿能反映出国家水平。1996年在南京讨论《文学典》的书稿。他说：看了样稿，心里有底了，达到了出版水平。拿出来可以立得住，内容充实，比较可信。还说架子弄好以后，精力要放在减少差错上。重复问题要好好掌握，尤其是典内重复。引书格式、标点、版本、卷次、异体字，不要弄错，要规范化。尤其是少用复杂的标点，少用问号、惊叹号，多用逗号、句号。在后来的多次样稿讨论、书稿审定中，他一再强调，一定要坚持质量第一，留给后人一部出色的古籍文献资料。还反复提出：资料要“竭泽而渔”，体现“全”字。“小家要全，大家要精”。要搜集不同学派的资料，体现历史上学术派别的争鸣。2008 年他认为《文学理论分典》在美学思想中选用了老子《道德经》中的第一章第一句“道可道，非常道……”选得不准，特给我打电话，说老子的美学思想是在第二章，应换上第二章第一条。在 2003 年 12 月 24 日给大典办的信中，也充分体现了他的编纂思想，原信说：“《大典》办公室：转来高纪言同志关于《大典・清三》问题的下限信。谨提出我的意见，供高纪言同志参考。《大典》启动时，《文学典》起了带头试点的作用，《文学典》开创了一些好经验。《文学典》首先提出选材的标准，‘大家取精，小家求全’，也是后来几个典共同认同的标准，遵守不渝。‘大家取精’为了避免冗长、重复，方便了检索；‘小家求全’是怕漏掉有价值的资料。在浩如烟海的原始资料中，我们编选者选材时只是举手之劳，一旦漏掉，后来人找材料犹如大海捞针般麻烦。来函所列举的清末民初几位作者和他们的著作如果不被选入《大典・清三》，将会漏掉有价值的资料，给使用《大典》的检索者、研究者带来不便，这是我们编纂《大典》应当避免的。以辛亥革命为下限，可能作品尚未完成，可能只有半部或三分之一部。我们《大典》规定下限为辛亥，这是从中国全部文化状况考虑的，为现代及今后的读者着想，古代的材料比较分散，古文字不易读。辛亥以后，材料易得，《文学典》所反映的是文学发展流变和时代文学思潮。这一点，程千帆先生的《文学典・序》中已明确指出过：‘……长达数千年的创作中，经历了漫长的发展历程。’程先生规定的原则有深意存焉，我们予以充分的重视。从选材可以显示出作家的作品随着时代、社会的变革而发展。这一点是《丛书综录》《清人别集》所不能反映的。程千帆先生说的‘个别地方有点不一致是可以的’，是为了防止重要材料因未选而被遗漏。来函所举的这几位作者，辛亥以后，都受到重视，重视程度甚至超过辛亥以前。我们还是按照作品出版年代划分，不要照顾全书而向后延伸下限。如果每一个典都严格遵守这个原则，诸典，特别是文、史、哲、教育几个典，汇集一起，就更能反映清末民初我国学术界变化至深且巨的实况，功莫大焉。”每个典的终审会，他都参加，而且有明确的意见，直到2008年6月30日，终审《教育典》的书稿时，他还参加，早退一会儿，还特别留言：“永湛、伍杰两位同志：全部稿子，我分别抽看了一部分(原稿今天全部带来，请交与魏同贤及出版社)。这部分书稿，与已出版的几个典比较，基本上达到要求，可以在专家提出意见的基础上，加以改进，(举一反三，)我初步认为可以通过。修改后，正式出版。我遵医嘱，魏同贤发言后请假先退席。麻烦你们费神主持！拜托，拜托！”

直到2009年2月，他在医院里还关心着《政治典》的框架，给大典办公室的几位同志写信说：“《政治典》的主编对《大典》的理解还未进入角色，只是罗列了一些事件、人物，与‘辞海’差不多。条目不少，但对中国的五千年，特别是秦汉统一以后的中国政治的实质并未了解。材料多，只是一部‘辞典’，有些条目辞书上都有，我们又何必重复？总的纲领是多民族统一大国，这一事实与(五千多年国情)结合不紧，比如‘科举’‘九品中正’是什么关系？中外关系方面地位变化，以鸦片战争为界限，从此中国的性质从天朝变成半殖民地。比如香港、澳门，原是广东的小渔村，被英国等割去后，才有了政治、政府建制，那是英国的、葡国的，不是中国的。收回香港、澳门是新中国的事，建议以中国历史发展的阶段为纲，横断切面。先秦为一大段，秦汉以后为另一大段，大段以后再为若干小的段落，这样，《政治典》是中国历史实际的缩影。然后再讲各种制度，才有着落。世界列国，中国秦汉毫无了解，外国与中国的往来，也是明以后才逐渐增加。先请编者理一理中国历史，适量参看已出版的《教育典》《历史地理典》及我国史书记载与外国的交往，然后再立框架。不是条目越多质量越好，而从历史发展的实际情况，中国中央政府如何探索管理这个多民族的大国越来越完备，而人民的权利越来越小，才造成从一个几千年的多民族大国，沦为半殖民地的地位。条目，随时代发展，才有改变，变法以至改朝换代、治乱交替的局面。总之，框架要重新构建，彻底根据五千年的国情，才能编成高质量的成品。先设字数，不可能有几分材料，说几分话。此意见供《政治典》主编参考。”

他对质量的要求，并不只是一句空话，而是从自己做起，以身垂范。他说：

“《哲学典》一定要高质量，我主持搞的不能有损名誉，我搞的作品，一贯都讲质量。要将原稿、出版社的意见和《哲学典》的报告都印给编委会常委，讨论怎么办，讨论了再定。《哲学典》怎么处理好质量问题，要找几个人通读一遍，花几个月功夫。总之，有问题就解决。”他常说，质量不能放松。顾炎武曾说，作前人之未作，后人之不可无。要避免低水平的重复建设。代表国家水平，为国增光，为学术负责。文化产品不是用金钱能衡量的。《哲学典》一直到他认为已经合乎质量要求了，才批准出版。

任继愈从 1988 年直到 2009 年 7 月 11 日去世，20 多年的时间里在《中华大典》这块园地里默默地辛勤耕耘，不论在顺境或逆境中，都无怨无悔。上世纪 80 年代推举他为总主编时，没有给他一分钱的报酬，他不推卸地担当起了总主编的责任。21 世纪初国家投资了一些钱，应该给他一些报酬，他仍然不要。大典办给了他一张补助卡，开始他不明就里，收下了。后来给他讲明可以取补贴工资，他一听笑了，说：“我不要。”将卡退回了办公室说：“放在那儿吧。”一放就是十年，他始终没有取一分钱。要他要报酬难呀！大典工作委员会是《中华大典》的领导机构，主任开始是中宣部的一位副部长，中宣部和新闻出版总署请他当工委会副主任，他又是笑着说：“官我就不当了，我当我的主编吧！”硬是辞掉了工委会副主任的职务。名利“于我如浮云”！

任先生一定在天堂里等待见到修成的《中华大典》。

高纪言

一片秋色，天高云淡，清风徐来，碧树、蓝天。树丛中摇曳着几片淡红的树叶，美不胜收。这是南京中山陵的秋色。宾馆君子兰厅里，几十位学者，正预审《中华大典·文学典·理论分典》的书稿。主持预审会的是高纪言先生。

高纪言不是一般人物，他是原江苏古籍出版社的社长，中国有史以来最大的类书《中华大典》的创始人之一、《文学典》编辑部主任，现年 84 岁。他亲自策划组织专家编纂《文学典》，从 1988 年起投入大典编纂出版事业，至 2008 年，已足足 20 年了，何其不易。更为悲壮的是，本来《文学典》的主编是文学家程千帆先生，不幸，程先生于 2000 年 6 月去世。以后，关于《文学典》的编纂出版事宜，均由高纪言奔波谋划了。《中华大典》收古籍2万多种，8亿字。《文学典》是其中一个典，只有5500万字。它是先秦至1911年关于文学的古汉文文献的整理汇集。分《先秦两汉文学分典》《魏晋南北朝文学分典》《隋唐五代文学分典》《宋辽金元文学分典》《明清文学分典》《文学理论分典》。工程巨大，极其艰难。高纪言并未因程千帆先生的仙逝而却步，他坚决勇往直前，经常奔走于南京、济南、武汉、成都之间，真诚地团结参加编纂的学者，动之以情，说之以理。他面对人生，笑对大典，在省新闻出版局、出版集团的支持下，与他们几位同事一起，克服一道又一道难题，迈过一道又一道坎坷，有挨骂、有批评、有委屈、有无限的烦恼、有争吵的痛苦，但都闯过去了，终于取得了现在的成果，《文学典》完成了。

在《文学典》今年将要全部出版的时候，他身体不适，经检查为恶性肿瘤，直肠癌，已经扩散，已是晚期。他只好动手术、化疗、住院治疗。但是，他仍坚持《文学典》的编纂出版的扫尾工作。他说："我这二十年几乎为它而生，为它而奋斗，不画上圆满的句号，怎能瞑目？"这次的预审会是《文学典》的最后一次预审会了，他以重病之身，坚决从医院到宾馆参加会议。医生体谅他的心情，说："他一心惦记的是《中华大典》。心里只有大典，这是他的精神支柱，不让他参加会，对他是最大的打击，他会十分伤心的。为了他的身体，为了满足他的心愿，让他参加这次会！"可以看出他的身体羸弱，有些疲惫。他坐在主席座位上，看着这些共同奋斗的专家。多么熟悉的面孔啊！他兴奋。点点头，他断断续续地轻声说："感谢大家……欢迎大家……来参加……这最后……一个分典的……预审会，希望……专家们认真……发表意见……以便……修改，为编好……画上圆满……句号。"他还想多说，看来力气不够了。他脸上浮现了一丝浅浅的笑意。看来，他心理上得到了满足，他高兴自己坚持的事业即将有圆满的结果。

窗外，层林依旧，和谐，静谧。在室内，先是短暂的沉寂。专家们心情沉重。过了片刻，大家才认真地讨论起来，热烈地发言。主编之一的许结先生，有些激动。他悄悄地对我说："这会实在令人感动，感动中带着几分悲壮。"

会后，将高纪言送回医院，继续治疗。

我回北京前到医院看望他，告诉他我要走了，希望他保重，好好治疗。我看着那吊瓶中的液体，一滴一滴浸入他的体内，多少往事涌上心头。临来南京前，《中华大典》的总主编任继愈先生对我说："你告诉高纪言，我十分惦记他，惦记他的病情。在几位老人中，对《中华大典》，他最努力，最勤恳，奋斗不止，20 年如一日，坚持不懈，他劳苦功高，是大典的功臣。"

我记得高纪言许多次对我说过的话。在北京，他说过："在中国文化史上有修类书的传统，一般是三百年左右修一次，不是每个人都能遇上这三百年一次的文化大事的。能遇上，是机遇，也是缘分。"在南京，他说过，自己"是发起人之一，发起了就一定要带头干好。有人说我们干不好，搞不成，我们一定要搞成功，搞好。不蒸馒头也要争口气"；还说，"《文学典》是试典，总要试出样子，不能试不下去，半途而废。"在杭州，他说过："人总该给后人留下点事业。"可见大典对他心灵的震撼有多大，有多深。

《中华大典》最困难的时候是没有经济来源，没有钱，他从不言弃。他说再大的困难也要挺过去。幸亏省出版集团给了支持。他从南京出差到北京，又是在夜间。为了省钱他舍不得买卧铺，通宵坐着硬座到北京，已是七十多岁的老人。我难受的责问他："你不要命么?！为什么坐硬座来?"他没有解释，只是笑笑说，以后不坐了。我明白，在《中华大典》的编纂出版史上，发起人中，没有四川巴蜀书社的社长段文桂带头奔波，就没有《中华大典》；没有高纪言，没有编大典的实践经验，没有他带头试点，真正最先做出了样子，也没有《中华大典》，他是《中华大典》的勇于实践者。

液体仍一滴滴地流入他的体内，他平静地躺在床上，我轻声地说："老高，你好好治疗，我要走了。"他挣扎着，想坐起来。我按着他，抚摸着他消瘦的手说："别动了，你躺着，你要保重。大家一定会把《文学典》搞好，搞完。"他激动地看着我。我注视着他，他眼里滚动着泪花。"老伍，你放心。我要讲的，都对你讲了；大典完成了，一定要开一个学术研讨会，让大家都知道大典的重要意义，对大典要多宣传。对治疗我一定勇敢面对。"我点头称是，仍默默地望着他。他的女儿高鲁站在旁边看着我们。我离开病房时，那恋恋不舍的神情，使我终身难以忘怀。

高鲁坚持送我下楼，临别时，她说："伍老，你放心，大典是爸爸的生命，是他后半生的追求，我们懂。"她有些呜咽，控制不了自己的感情，眼泪哗哗地往外流。

是啊！要我放心，放心什么呢？是将完成的《文学典》，还是老高的身体？是他的生命？我默默地离开了医院，思潮起伏，心里有说不出的难受。

回到北京，过了几天，江苏古籍社原办公室主任饶钦珩打电话告诉我，《文学典·先秦两汉文学分典》的样书已经印出来了，我们赶紧送给高纪言，并一页页翻给他看。他看着它，没有说一句话，接着紧紧抱在怀里，他笑了，他流泪了。可以听出，老饶也十分激动。她也默默辛勤地为大典付出了二十个春秋的心血。

老高啊！此时，你是激动！是喜悦！你全部的感情，在这一笑一哭的刹那间都袒露无遗了。

是啊！人生几何！生命能为人类留下一点痕迹，这不是最高意境的追求么！

高纪言于2008年11月30日去世，享年84岁。《中华大典》总编任继愈说："他将后半生贡献给了《中华大典》，他是大家学习的榜样。"为《大典》树立了这么一个唯一的榜样，可见任老对他评价之高。可以说他是《大典》园地里最认真实干的实践家。如果说有"大典精神"的话，它是"谦虚谨慎，从善如流，扎实认真，质量领头，埋头苦干，举一反三，善始善终，决不放弃"。高纪言用自己的行动创造了"大典精神"。

高纪言最大的心愿是一定要编纂出版好《文学典》。他去世时《文学典》已全部付印。他从1986年起和段文桂、魏同贤等古籍出版社社长策划了《中华大典》，直到2008年11月30日，一刻也不停息地为《文学典》而辛勤奋斗，历尽艰辛，终于实现了他后半生的追求。在他的病床上，摆着已经出版的《文学典》。高纪言将《文学典》带到了天国。高纪言和《文学典》将共同永存。

程千帆

程千帆是《中华大典》编纂委员会副主任，兼《文学典》主编。他是国务院古籍整理出版规划小组顾问，南京大学中文系博士生导师，是全国著名的文学家。

从1989年9月12日在南京召开的《中华大典·文学典》试点工作会议上，全国众多著名专家推举他为《文学典》的主编，直至2000年6月3日仙逝，享年88岁，他在11年的时间里，全心全意为编纂出版《文学典》而奋斗。

他亲自主持试点《隋唐五代文学分典》和《宋辽金元文学分典》。从编纂《文学典》的总体思想，到审查、修改《文学典》的框架和样稿，他都精心思考，提出了重要的修改意见。

《中华大典·宋辽金元文学分典》是《中华大典》中最先出书的一个分典，为后续各典的出书做出了榜样，起了示范作用，对影响和推动后续各典出书起了很大作用。程千帆为《中华大典》，特别是《文学典》的编纂出版，做出了重要贡献。

有一次我陪北京电视台的记者专程到他家采访的时候，他十分高兴，态度十分诚恳谦和。他较为详细地谈了他编纂《中华大典》的思路。他说：中国历代都有修类书的传统，"盛世修典"，政治稳定、经济繁荣时，学界都呼吁修典。一般是百年左右修一次。现在，我们正逢盛世，出版界提出修典，全国学界响应，中央支持，条件比任何朝代都好。大典这是超越历代类书的文化工程，能参加这一工程是件幸事。出于责任感、荣誉感，出于对党、对社会主义的热爱，所以愿意承担起这副担子。今天，我们要下决心做好，要超越前代的所有类书，如《永乐大典》《古今图书集成》，这才能体现我们时代的优越性。而且，更重要的是把编纂大典和培养人才结合起来，不光是出一部书，还要培养人，培养队伍，出一批人才。

出好书，出人才，这是程千帆参与大典编纂追求的目标。他知道，好书是要出色的人才编的。他首先是找人，成立《文学典》的编纂班子。他说：我一生什么书都编过，就是没有编过类书。这次是个考验，一定要找第一流的学者编好，编得出色。编书关键是人。我要依靠我的子弟兵和好朋友干好这件事。他亲自点将，组织了《文学典》的班子，后来他谦虚地说，自己尽的"绵薄之力"最重要的是聘请了各分典的主编。他们在学术界都享有盛名，是当代第一流的学者，是主持各个领域的专家，对各分典的内容又都各有专精。他们都符合我要求的条件：有很强的热爱祖国传统文化的事业心和责任感，愿意投身这项巨大文化工程；有丰富的文献知识积累；有所在单位领导的支持和邀约的同行的合作；有优良的学术品德，能够真正做到荀子所讲的"以仁心说，以公心辨，以学心听”；以大局为重，不斤斤计较个人得失。这5个条件是很高的。他举例为什么选卞孝萱当《隋唐五代文学分典》的主编，他说卞先生早年师从范文澜，在中国科学院近代史所是范先生的助手，精通隋唐文献，又有很强的责任心和事业心。还举曾枣庄为例：他是《宋辽金元文学分典》的主编，他是《全宋文》的主编，不仅精通文献，编《全宋文》就用电脑操作，专门的知识加上先进传播技术，进展就很快。还说：“为找到一位《明清文学分典》的主编，我盘算了两年才下决心。”他们都是十分出色的学者，让他们当主编使人很放心。

在试点中，为了体现《文学典》的特点，从讨论框架到审定样稿，他都特别认真仔细，他没有完全按整个大典的框架。其他各典，特别是自然科学的典，都是按该学科的结构，以学科分类编纂材料。他主编《文学典》则是按时代编纂，以作家出生的先后排列，以时代统作家，以作家统资料。分典以时代为纲，作家为目，还规定不收作品。这是他的胆识和见地。是否设《文学理论分典》也经过几次反复。开始他和大家认为古代文学方面极少纯理论著作，大典包罗万象，能进入其中的重要材料很少，觉得这些材料难以自成体系。程千帆和大家商量，觉得此分典似可取消，于是取消了《文学理论分典》。可是，经过普查后，发现了一些新资料，遇到了一起新问题，就是一些理论资料并不涉及对作家、作品、总集、体类的具体评析，是抽象的理论观点，这些观点无法归入现有的分典。而这些理论又是中国文学发展长河中的重要遗产，是不能舍弃的。程千帆又和大家商量，一致认为还是必须恢复《文学理论分典》。终于又设立了《文学理论分典》。可见，程千帆和大家十分认真地研究了《文学典》的实际情况，得出了切合实际又有特点的结论。

程千帆不仅认真抓了试点，他对《文学典》所有分典的进展都抓得很紧，都无一例外地付出了大量心血，费尽了心思，提出了很多有创建性的意见，这对提高书稿质量起了极大的作用。比如讨论《隋唐五代文学分典》书稿时，提出：“一级纬目宜宽不宜窄，宜粗不宜细”，选资料“尽量做到应有尽有，应无尽无”，“把错、漏减少到最低限度”，“选择好底本，做好校勘，注明篇卷”，“大家求精，小家求全”，文献浩如烟海，“要突出精与全的矛盾统一。做到科学性、谨严性、丰富性”，“尽可能地少误少漏”，“宁可少漏，不可多误。漏了，只是给人以不太充实、不太完善的知识；错了，就传播了不正确的知识”等等。讨论《宋辽金元文学分典》的书稿时提出“要组织一个战斗力很强的班子，要有极强的责任感，一定要把错字减少到国家规定的限度以内。如果不能做到这一点，那就只能是废品。二者必居其一，没有中间道路可走”。说“《中华大典》超过前代类书，有具体要求：一是时间跨度绵长，所收材料直到清末。二是内容丰富，21 个典几乎包括了见于今存古籍的大部分重要资料。三是分类尽可能采取了现当代的科学结构。四是编排细密，所有材料都能归入合理的部类。五是检索方便”。很具体，并非空论。论证《魏晋南北朝文学分典》《文学理论分典》时，他说，他们选出两个分典中具有代表性的部分资料，《魏晋南北朝文学分典》选了“体类”中的“建安七子”，“作家”类中的“嵇康”，“总集”中的《玉台新咏》；《文学理论分典》选了“骚赋论部”“诗论部”“戏曲论部”“小说论部”的部分条目。经目、纬目都有，便于领导、专家了解全貌。请领导和专家们全面审阅，对各方面的问题毫不留情地批评，帮助他们把错误减少到最小程度。程千帆胸怀豁达、态度诚恳，请大家帮助把关，以保证质量。

1999 年 9 月，1200 万字、全套 5 册《宋辽金元文学分典》送到北京的时候，大典工委主任李彦惊喜地大叫“大典宝宝生出来了”。

近 8 亿字的《中华大典》第一个分典终于与世人见面了，这是大典的第一胎、头生子，谁不高兴呢！谁不激动呢！这是出版界、学术界共同努力的成果，这是集体心血的结晶。但是，这里最高兴的恐怕是程千帆了。因为他是《文学典》的主编，这个“头胎儿”是在他的呵护下出生的。1999 年 10 月 28 日中宣部、新闻出版署在北京人民大会堂开座谈会，庆祝《宋辽金元文学分典》出版时，程千帆因病没有到北京出席，但仍作了简短的书面发言。随后 1999 年 12 月 22 日在苏州开的《宋辽金元文学分典》总结会，他带病参加。会上程千帆十分高兴，满怀激情地说《宋辽金元文学分典》的出版，是学术界给国庆的隆重献礼，这是全国学术界对党和祖国的热爱的体现。还赞扬出品十分精美，内容丰富，质量精美。内容和精度都超过前人，他为达到自己初设的目标激动不已。

这时，他的病情已经比较严重。在去世前 20 天，2000 年 5 月 13 日，还以带病之身，参加了《魏晋南北朝文学分典》《文学理论分典》的样稿论证会。会上，他动情地说：“我深切地体会到，我们能参加这个伟大的事业，既是十分光荣的，也是十分幸运的。因为我们躬逢盛世，才得到了如此优越的条件。已经取得的成绩，绝不是可以骄傲的理由，只能是更加努力工作的动力。”这是他最后的遗言，充分表现了他对大典的无限眷恋和对未来的殷切希望。

20天以后他便与世长辞了。学界禁不住哀痛之情。大典工委、编委悲痛地哀悼程千帆先生：“程千帆先生热心祖国文化建设事业，不顾年高多病，积极倡议和推动这项事业，亲自担任《中华大典》编委会副主任和《文学典》主编，带领许多专家学者，殚精竭虑，艰苦奋斗，孜孜不倦，认真负责，使《文学典·宋辽金元文学分典》在国庆前夕第一批出书，向新中国成立50周年献礼，为编纂出版《中华大典》的工程做出了重要贡献。程千帆先生对于继承和弘扬中华民族优秀传统文化所表现出来的使命感、责任感，及严谨治学的学风，将铭记在我们的心中。”

程千帆千古。好一个可爱、可敬的学界长者，和我们永别了！

卞孝萱

卞孝萱先生有一件事，使我永远难忘。我曾在很多场所对大家讲过这件事，这是出于我对他真心的敬佩。

卞孝萱是试点《隋唐五代文学分典》的主编。确定他当主编不久，我和赵含坤先生出差到南京，决定到他家看看。开始卞先生有些犹豫，稍停了停，说：“请吧！我欢迎。”这是一个初夏的下午，我和赵含坤进到他的家门不禁大吃一惊。原来他正忙得一头汗水，全神贯注地摆弄着资料，所以有点犹豫。他家房子不大，也很简单朴实，家里除了书，还是书。这时见他家地上、床上、冰箱内外、桌椅上到处都铺满了《文学典》的资料，原来他正忙着将资料分类。他见我们来了，带着几分歉意，笑了笑说：“这是普查中收集的资料，将它们分分类，好使用。”他认为最重要的资料，已经摆进了冰箱。我们没有想到卞先生如此认真，又那么细心。这样的事怎么会忘记呢！十多年后，当《隋唐五代文学分典》已经编成出版，再提起这件事的时候，他笑着说：“你们想象不到，那时两手空空，要编出这么一套大书，压力多大，多着急呀！”

卞孝萱先生是1989年9月12日《文学典》在南京开试点工作会时被推选为《文学典·隋唐五代文学分典》的主编的。全分典900多万字。他接受这任务后，就夜以继日地拼命干这件事。

一年后，卞孝萱向大典办汇报，说一年来制定了总体规划，组建了编纂班子，成立了编纂委员会，并对《隋唐五代文学分典》的框架作了具体的、系统的论证，还编出了10万字的样稿。他们做了许多开创性的工作。在这次汇报会上，他侃侃而谈，已经不是两手空空，而是胸有成竹。他信心十足地说："你们请放心，在今后的有生之年，将尽一切力量为《文学典》的编纂任务奋斗到底。一定把它做好，做得出色。"

卞孝萱一步一个脚印地往前赶，到1994年时，已经取得了相当的成绩。总主编任继愈高度赞扬，认为这样做下去，没有问题，能达到出版水平。卞孝萱也很高兴。他在工委、编委的审稿会上说："随着编写工作不断深入，我愈来愈感到担子重，能力低。《中华大典》是文化建设的伟大工程，海内外人士都注视着它。《隋唐五代文学分典》虽说只有近1000万字，但因为要首先拿出来，所以同《中华大典》有极大的关系。出版后社会上认为好或比较好，以后的工作就顺利了；如果认为不好，大典的形象就会败坏，就会带来难以弥补的损失。这近1000万字的成败关系到7亿多字的成败，为此我们战战兢兢，如履薄冰。任老的肯定，使我们感愧交加。我们虽已做了大量工作，但剩下的工作量还相当大。我们绝不偷懒，力争赶快拿出来。质量和速度相比较，质量第一，速度次之，但绝不拖延时间。《中华大典》是千秋大业，我们一定全力以赴。"卞孝萱下了决心要尽最大的努力把这件千秋大事干好干快，干得出色。他是这样想的，也是这样一步步做的。听了他的讲话，看了他的行动，我们也都比较放心了。

在卞孝萱先生这一班人马的努力下，《隋唐五代文学分典》的编纂工作，进展比较顺利，取得了较好的成绩。1995年9月，他利用到湖北武汉大学讲学的机会，还向《语言文字典》的同仁们介绍了自己的编纂经验。他说《文学典》在确定框架过程中碰到了两大问题，即收不收作品，资料是按文体分还是按时代分。他们都按《文学典》的实际和特点处理了。他特别强调要牢牢抓住三个环节：多查资料、认真分类编排和准确校勘。这三个环节对保证质量极为重要。他们做得特别认真，可以说一丝不苟。他特别强调《中华大典》是前无古人、后无来者的大事业，没有奉献精神是办不了的，所以一定要讲奉献。他的介绍很好，给《语言文字典》的先生们以很大的启发和鼓舞。

经过几年的艰苦努力，他们终于完成了编纂任务。2000 年 12 月，《隋唐五代文学分典》正式出版了。卞孝萱和大家完成了这件大事，喜不自胜。他们拿《文学典》和《古今图书集成》比较，他说：《集成》的“总论”只收书 82 种，《文学典》的“论述”收书千种以上；《集成》收唐五代文学家只有 414 人，《隋唐五代文学分典》收录作家近 2000 人；《集成》收文学家的资料少，一般每人只有几百字，少者只有几十个字，而《隋唐五代文学分典》收作家的资料，十分丰富，有作家传记、纪事、著录、艺文、杂录等等；《集成》收文学家，因资料少，往往是几个文学家附在一人之下，《隋唐五代文学分典》则是一人一目，做到“大家求精，小家求全”；《集成》只设了南唐、五代两卷，《隋唐五代文学分典》设了后梁、后唐、后晋、后汉、后周、前蜀、吴、南唐、后蜀、南汉、楚、吴越、闽等，头绪清楚，内容丰富。从质量和数量看，都是《集成》无法比拟的。卞孝萱自豪地说：“本分典出书后，有博士生导师向海外博士生推荐。各地研究生请求我帮助他们复印有关内容，供他们撰写学位论文的很多。”的确，这并不是夸大，卞孝萱在编纂中费尽了心血，运用了全部智慧，下决心要让这套书超过前人。他们对《文学典》的结构，进行过反复讨论，使之完善合理，又突出特点。普查资料，十分广泛深入，许多稀有资料都在普查中挖掘出来了，仅《隋唐五代文学分典》就引用古籍 2000 多种。普查后又认真试编了样稿，经多次论证，才得以确定。校对也十分严格，不仅 4 位副主编分工校对，主编卞孝萱也亲自校对全部稿子。南京没有书，还到外地寻找版本校对。真是用心良苦。他们取得了满意的成果。

照说，《隋唐五代文学分典》完成之后，卞孝萱就可以高枕无忧庆功了，但是，他仍然十分关心整个《文学典》的编纂。《文学理论分典》比较滞后，不好找出色的把关编辑，高纪言找到卞孝萱请他把《文学理论分典》的关，当它的特约编辑。他毫不犹豫地答应了，还说：“把好《文学典》的关，我有责任，义不容辞。”他认真仔细地审读、编辑，一字不漏地审查，《文学理论分典》能圆满地完成，有他的一份功劳。在 2008 年出版的《文学理论分典》的版权页上赫然标明“特邀责任编辑：卞孝萱”。这里要说的是，在《中华大典》编纂委员会中有编委卞孝萱，在《中华大典・文学典》编纂委员会中有副主编卞孝萱。他不仅是《隋唐五代文学分典》的主编，亲自和大家编纂了《隋唐五代文学分典》全部书稿，为了保证《文学典》的质量，他又作了《文学理论分典》的责编，真不愧是名家学者的君子风范。

卞孝萱用了 20 年时间，出色地完成了《中华大典·文学典》的任务，为《文学典》做出了重要贡献。

卞孝萱是南京大学中文系教授、博士生导师。生于 1924 年，去世于 2009 年 11 月，享年 85 岁。

永别了，卞孝萱先生！但他的音容笑貌却时常浮现在我的眼前，我将永远铭记他。

赵立勋

赵立勋接触《中华大典》是 1987 年。最早，巴蜀书社社长段文桂找到成都中医学院院长李明富商议编纂《中华大典·医药卫生典》时，李明富积极推荐赵立勋。他们三人可谓志同道合，都愿为《医药卫生典》出力。在《中华大典》尚未试点之前，1988 年春天，他们就已经先行一步，在酝酿编纂《医药卫生典》了。李明富、赵立勋是最早参与编纂《医药卫生典》的专家。

赵立勋是成都中医药大学古籍所所长、教授、医学史专家。1987 年，赵立勋得知全国十几家古籍出版社倡议，全国几百位专家学者响应，准备编纂一部囊括古代文献的特大新型类书时，异常兴奋。以他自己的经历，深感十分必要。他说："古典文献浩如烟海，中医文献是其重要组成部分，虽经历代不断整理，但由于数量众多，散乱严重，为我们保存和利用这些文献带来极大困难。若能下大力气广搜博采，分类编排，使之熔为一炉，不但方便今人使用，且能传之久远。这无疑是中华学术界之一大幸事。亦是中医界之一大幸事。"平常赵立勋并不多言，显得深沉含蓄，而且为人和蔼，做事为学都特别认真。这时，他主动请缨，要求参加大典试点工作。段文桂、李明富都十分高兴地请他参加。

赵立勋从参加《中华大典》的工作，就是试点《医学分典》的主持人。后来又正式成为《医药卫生典》的主编之一，是《医学分典》的主编。在他的主持下，试点《医学分典》进行了大量工作。从 1988 年至 1991 年的两年多时间，先后制定了《医学分典》的编纂方案，工作实施细则，汇集了引用书目。在充分掌握医学资料的基础上，编出了《医学分典·儿科部》等部的30多万字的样稿。在第一次全国试点工作会上，他作了系统发言，讲了试点工作的经验和各项组织工作，并提出要“精心设计、精心施工、字斟句酌、一丝不苟”。他们的经验给试点单位提供了有力的帮助，坚定了大家的信心。

1990年，赵立勋被聘任为《医药卫生典》主编兼《医学分典》主编。1991年4月，《医学分典》在成都召开了论证会，会上赵立勋就试点工作向大会作了汇报，他讲了自己在试点中，特别是在编纂样稿中遇到的许多问题。会议请了全国20多位著名的中医药学专家，他们对赵立勋的发言进行了讨论，并提出了许多意见。赵立勋认真听取后，对样稿进行了认真修改。

为了保证《医学典》的编纂质量，赵立勋主持举办了参加大典工作人员的培训班。他亲自讲课，组织讨论。讲了编纂大典的意义、总则、通则、体例结构、引用图书，大到原则问题、经纬的设置，小到标点符号，他都细致地讲述。培训合格，发给学员聘书，再全面进入编纂。按部就班，一丝不苟。赵立勋主持下的许许多多的工作，为《医学典》的正式编纂，打下了极为有利的基础。《医学典》情况复杂，资料极多，也比较杂乱。能够顺利地展开，与赵立勋所做的准备工作有极大的关系，他为《医学典》的编纂，做了开创性的工作。

赵立勋从正式聘任为《医药卫生典》主编、《医学分典》主编之后，为了全力以赴编纂《大典》，他坚决辞去了研究所所长的职务，全身心地编纂《大典》。他四处奔走，到处呼吁，宣传编纂大典的重大意义，争取各级领导的支持。他精心和认真挑选人才，组织了一支结构合理、年富力强的编纂队伍。他身先士卒，废寝忘食，完成了大量实际编纂工作；他学风朴实，言必有据，严格把好学术关；他谦虚谨慎，虚怀若谷，认真听取各方意见，反复修改稿件；他淡泊名利，不计报酬，兢兢业业地工作，默默无闻地奉献。

在编纂大典的几年中，他每天总是第一个来到资料室，最后一个离开，一坐就是半天。资料室夏天像蒸笼，冬天像冰窟。他说：“寒暑假期间没有干扰，最能提高工作效率。”冬天，带上暖手器、暖脚炉；夏天，吹着电风扇，坚守他的阵地。几年未休过寒暑假，也从不提加班费。在当今市场经济条件下，风气所致，驰猎名利，竞逐荣华，一切按报酬的多寡来决定付出。赵立勋同志与此形成了鲜明的对照，他想的是怎么将有限的编纂经费用于完成此项任务，怎样为研究所的发展积累资料、培养人才，怎样为社会主义的文化事业贡献最大的力量，体现出一个普通知识分子报效祖国的拳拳之心，一个共产党员全心全意为人民服务的崇高精神。这一切正是值得我们今天大力倡导和弘扬的时代精神。

1995年，《医学分典》的编纂，用赵立勋同志的话来说是"进入了冲刺阶段"，全体编纂人员加倍努力，工作取得了很大进展。但赵立勋同志却因劳累过度，身体日渐消瘦，精神愈来愈差。同志们无不关切地劝他注意休息，单位领导也多次催促他去医院检查。他似乎意识到自己疾病的严重，害怕一进医院则不能再坚持工作，总是淡淡地说："等完成了大典工作，我再到医院去彻底治疗。"

1995年10月，赵立勋同志的病情进一步加重，常感腹部疼痛，饮食难进，夜不成眠。正值《医药卫生典》《法律典》编委会将在成都召开会议，审定部分初稿。他强忍病痛，认真准备会议材料。在会上，他作了《医学分典·通论总部》初稿的情况介绍，听取了与会专家对初稿的意见，并在会议期间找有关专家进一步征求意见。直到会议结束前最后一天的晚上，他终于支持不住倒下了。经医院检查，确认为胃癌，并已广泛转移。

住院期间，同志们怀着沉重的心情前去探望，赵立勋同志却显得十分坦然。他已知道自己时日无多，总是关心着大典工作的进展，关心着年轻同志的成长，关心着中医文献事业的兴衰。他说："没有料到我的疾病发展这样快，我本想至少还有三五年时间，唯一的遗憾是没有能完成大典这项工作。"他勉励青年同志说："不要受时风的影响，一定要增强信心，守住中医文献研究这块阵地。"他在最后的日子里，尽他最大的所能，对《医学分典》的工作提出了安排意见，并要求将《通论总部》初稿的修改意见交他审阅。1996年3月30日，赵立勋同志溘然长逝。在他的枕边，仍然放着《通论总部》初稿的修改意见。赵立勋同志带着对党和人民的忠诚，带着一生的正直，带着渊博的学识，也带着一份遗憾，永远地离开了这个世界。但他不仅为大典留下了丰硕的学术成果，也为《医药卫生典》树立了光辉的典范。赵立勋从1988年开始《医学分典》的试点，到1996年去世，用了9年时间。他披肝沥胆，鞠躬尽瘁，一心一意为《大典》，使《医学分典》初具规模，开创了《医药卫生典》的成功之路。

他的精神永远鼓舞着编纂《中华大典》的人们。

刘乃和

因为《中华大典》的事，与刘乃和先生有所接触。任继愈先生对刘先生比较了解。他介绍说，刘先生为人很好，人品、学品都比较出色，并推荐她为《中华大典》编委会常委。这使得我们有了接近的机缘。

刘乃和先生从1991年4月参与大典的试点工作，1992年9月被聘为《中华大典》编委会常委，1998年5月16日去世。在7年多的时间里，为《中华大典》呕心沥血、尽心尽力，将自己的智慧投入到大典的事业中，为大典的早期工作做出了重要贡献。

刘先生自从参与大典工作后，就十分认真负责。记得1991年，大典编纂初期，将大典一些文件送给季羡林、邓广铭、刘乃和等先生征求意见。她看得很认真，看完以后，对编纂《中华大典》提了很多重要的意见，她说："大典是一套新型类书，也是一套巨型类书，编这套书的确能够弘扬民族文化，这一点是应充分肯定的，是非常有意义的事情。总则做得非常好，很仔细，很认真，考虑很周到，设计较全面。看得出来是从试点实践经验中得出来的，不是空想的，是实际的。"她认真思考后，提出了十点建议，比如，说总则有的地方规定得过于死，过于细。例如引书办法，如《史记》，有的可以引列传，有的可以不引列传，不一定统得太死，引书格式在一个典统一就行了。要有收有放，一套书是得统一，但也不一定统得很死。她还说："关于学科资料交叉问题，即分类问题，有重合的内容，可用'参见'例，但各典、分典必须及时通告，使大家心里有数，不能有遗漏，也不能有矛盾。"她这些意见非常好。她强调要充分认识编大典的重要意义，但也不能统得太死，要有一点灵活性，要给主编一些自主权。

对版本问题，她说："近现代的整理本一般不作为版本依据是不对的。如现在二十四史、《资治通鉴》最好的版本就是中华书局校点本，古籍整理成果现代的比从前的好，认为只有古书好，是不对的。现在有现在的成果，我们为什么不用呢？前人已做了工作了，现在要去从头搞，这是重复劳动。另外，现在已经有人指出的错误，而我们不知道，还在承袭古本中的错误，这就影响了大典的质量。"她主张充分利用现代的学术成果。

她特别强调质量，无论如何不能有硬伤。她说："审稿是一个很重要的问题，总则中关于审稿的程序部分写得很好。编纂这样大一部书，绝对不出错是不可能的，但要保证绝对没有硬伤。"

对她的意见，我们十分尊重，在后来的文件修改中，都认真地吸收了。

有一次常委会上，她在发言中认真地说："中国的类书，一般是300年左右修一次，因此，我们的《中华大典》，一定要保证它的生命力，要坚持质量第一，要保证能流传300年。"后来，"大典要管300年"就成了我们工作中的座右铭。"管300年"，这是刘先生的希望，也是她对大典质量的要求，也是她对《大典》的贡献，我们至今还念念不忘，十分感谢她。

随着大典编纂工作的进展，刘乃和对大典的意见和建议，也由一般论述到针对典的特点逐步深入。1992年，她与吴泽等8位专家论证《中国历史编年分典》，除了肯定原稿的独创性和特点之外，还针对实际情况，提出了6条很好的建议。这对《编年分典》的质量很有好处。到1994年12月，在编委会常委会上，讨论《隋唐五代文学分典》的书稿时，她除了赞扬它的"总的质量高"之外，还针对性地提出"选书覆盖面要广，简繁字的转换要特别注意，引书要核对，不能错漏，标点要一致、统一，格式要统一"，含蓄地指出了不足。到1997年2月，在常委会上评审《宋辽金元文学分典》的样稿时，则十分肯定全书的优点，她说："本书出人意料，没有想到这么好。宏伟，壮观空前。可以肯定，过去的类书没有这么好，是我们时代的好书。材料全，《古今图书集成》没法比，它没有出处，是无根之学，无本之学，且错字多。（本书）眉目清楚，集中这么多材料，功德无量。点校精，装帧美，样式典雅，精美，好，好，好，好！稀世奇珍，是永垂不朽的东西，引人入胜，使用方便。"她给予了这个分典高度的评价。她的这些评价都是仔细阅读原稿、原书之后，经过自己认真思索概括得出的结论，充分表现了她为学的谨慎认真。

刘先生为人谦和，生活十分简朴，一生勤奋不已。她十分爱书，在她的两间住室里，没有什么奢侈品，只有书，除了各类古籍图书，还是古籍图书，存书、读书是她重要的生活内容。她的精神十分感人。

我和赵含坤先生曾多次去她家商量大典的事情。刘先生住院期间，我们去看望她。她十分高兴，还念念不忘《中华大典》，一再询问进展情况，并再次讲了她希望大典编得出色的愿望。我们内心十分感谢她对大典的关怀。

刘先生离开我们已经十多年了，但我们仍深深地怀念她，愿她在天国快乐地安息。

席泽宗

席泽宗先生也是一位很值得怀念的老专家。他是中国科学院院士、国际科学史研究院院士，是著名的自然科学史专家。他对《中华大典》虽不如以上那几位先生专注，将生命的重要部分付给了《中华大典》，但是，他对《中华大典》也有很大的贡献。当他驾鹤西归的时候，也还是念念不忘《中华大典》。

席泽宗 1992 年 9 月被聘为《中华大典》编纂委员会副主编，并参加了 1992 年 9 月《中华大典》的正式工作会。从此，他便参与了《中华大典》的工作。特别是在有关自然科学各典的组织队伍、框架设置、经纬目分类、审定书稿等等方面，他都尽心尽力地做了许多工作。他的功绩是不可磨灭的。

席泽宗很关心《中华大典》的总体布局，在常委会上要求作些调整。第一次是提出取消原设的《伦理社会民俗人口妇女族谱典》，内容太多，太复杂，可改为《社会学典》。第二次提出将《数学物理化学典》分开为《数学典》《物理化学典》。他的意见基本上都被采纳了，这使得各典的分布更为合理。

在大典最困难的时候，他不是冷眼旁观，而是积极想办法。他向大典工委写信，请工委向中央呼吁。他还和任继愈、戴逸联名给温家宝总理写信，反映经费困难，请求中央支持。

他对大典的每一点成就都十分高兴。1997 年，审定《宋辽金元文学分典》时，他赞扬“书确实好，是很好的工具书，收入资料全，经纬目条理清楚。研究文学史的人，有这么一本书就很好”。他肯定成绩的同时，也坦率地指出：有些资料收得太多，横排、竖排比较乱，书脊也不太好，前言中不要提“著名”专家，把“著名”二字去掉等等。

《中华大典》正式出书是 1999 年 9 月，这是第一次出书。10 月 28 日在人民大会堂开座谈会时，刘云山等中央领导同志讲了话，肯定了大典的成绩。席泽宗赞扬《中华大典》是一项跨世纪的伟大文化工程。完成之后，有了这么一部书，无论研究中国文化的哪一方面，都可以从中找到他所需要的材料。为后人做奠基石，是我们的光荣任务。他特别就《医学卫生典》的成就说：内容实在丰富，引用古籍的种数和成书规模，均超过历代所有医学类书。他为《大典》的每一点成就而高兴。

周强，北京大学教授，是《中华大典·哲学典·诸子百家分典》的主编，他出色地完成了《诸子百家分典》的编纂任务。在编纂中他尽心尽力，付出了大量心血，保证了《诸子百家分典》的质量。

拜美东，中国社会科学院自然史所所长，博士生导师、研究员，自然史专家，聘为《中华大典》编委会委员。

李国钧，华东师范大学教授、博士生导师，曾任《中华大典·教育典》主编。

方诗铭，上海社科院历史所研究员，曾任《中华大典·历史典·编年分典》主编。

这些专家虽然不幸早逝，但在他们承担大典工作的时候，无不特别珍视这一事业，无不尽职尽责，为大典拼搏不止。

大典是一项重大的国家文化出版工程，也是一项集专家学者集体智慧和心血的事业，它是集体劳动的成果。在我们欣赏大典这一成果的时候，无法忘怀那些曾为之付出生命的智者。但愿逝者在天国里能感到我们对他们的怀念。大典如今虽还没有画上完美的句号，但人们还在继续奋斗着。

2011 年 7 月 21 日

（载重庆出版社出版的《千山远　万水长》一书）

刘禹锡与朗州

——读《中华大典》随笔

我是常德人。常德是古代的朗州。读了《中华大典》，里面有许多关于朗州的记载，我稍微梳理了一下，觉得挺有意义。

常德与唐代大诗人刘禹锡曾经有过密切的关系。他为常德做出过贡献。

刘禹锡(772—842)，字梦得。他不是常德人，是彭城人，自言祖籍中山。贞元九年(793)举进士。为什么会与常德有关？唐德宗时他参与王叔文的改革，反对宦官专政、藩镇割据。改革失败，参加改革的有八人被贬谪到京外为司马，史称八司马案。具体是柳宗元贬永州司马，刘禹锡贬朗州司马，韦执谊贬崖州司马，韩泰贬虔州司马，陈谏贬台州司马，程异贬郴州司马，韩晔贬饶州司马，凌准贬连州司马。另外，王伾贬开州司马，王叔文贬渝州司户。刘禹锡是唐永贞元年(805)被贬出京赴朗州的。元和九年(814)召他回京，元和十年(815)回到京城，前后10年时间。司马是古时的官职，但各个朝代作用不同。隋唐时，司马为州郡的佐官，4至6品不等，协助刺史管理州事，实际上并无具体职事，比较闲散。此职多用以安置贬谪官员。刘禹锡被贬朗州司马，就属于这种情况。

朗州，原为武陵郡。汉高祖时设郡，治所在义陵县(溆浦南)，东汉时郡治移至临沅县(今常德市南)，隋朝初将武陵郡改为武陵县。隋文帝开皇九年(589)改为朗州，开皇十六年(596)改为嵩州。隋炀帝大业初复为武陵郡。唐高祖武德四年(621)又改为朗州。唐玄宗天宝初又改为武陵郡。唐肃宗乾元初又恢复为朗州。北宋真宗大中祥符五年(1012)改为鼎州。治所在武陵县(今常德市)。南宋孝宗乾道元年(1165)，仍为鼎州。元世祖忽必烈至元十四年(1277)改为常德路。元顺帝至正二十四年(1364)改为常德府。明、清仍为常德府。民国三年(1914)废常德府,改为常德县。多次反复,改来改去。总之,隋朝以后,朗州就是常德了。

屈原在《涉江》中吟诵"朝发枉渚兮,夕宿辰阳","枉渚"就是枉水,属常德市;辰阳是辰州,是现在的辰溪。不知屈原当时用的什么交通工具,一天能走200多公里。也许是一种艺术夸张。在历史上,武陵郡、朗州、鼎州、嵩州,常德府管辖范围略有不同,先后均在沅水、澧水流域,有时包括黔、川、鄂一部分地区。境内有史称之武陵蛮、五溪蛮(指雄溪、樠溪、辰溪、酉溪、午溪),是少数民族的总称。据传,是槃瓠种落后裔的少数民族,与土、苗、瑶、侗、仡佬等族,均有渊源。

刘禹锡是中唐有名诗人,历来对他评介甚高。《新唐书》《旧唐书》中都有他的传记,有对他的评价。历代文人如苏东坡、白居易、范仲淹、王安石、黄庭坚、刘克庄、胡应麟等对他的作品均有评论,说他"高才绝学",是"天下奇才","体意精密,涉道非浅","诗豪者也。其锋森然,少敢当者也","深于哀怨,《骚》之余脉","元和以后,诗人之全集,刘禹锡为第一","一往情深,寄言无限,随物感兴,调笑而成","宾客无体不备,蔚为大家,绝句中之山海也","诗以意为主,有骨气","有诗豪之目。其诗气赅古今,词总华实,运用似无甚过人,却都惬人意,语语可歌,真才情之最豪者","大历以后七律,刘柳格调最优。梦得诗多杰作"。

刘禹锡被贬朗州后,因朗州"地居西南夷,土风僻陋,举目殊俗,无可与言者","积岁在湘澧间,郁悒不怡","唯以文章吟咏,陶冶情性"(《旧唐书·刘禹锡传》)。在隋唐时期,朗州(常德)是比较偏僻的蛮夷之地。他只能从事文事。这一时期,他写了大量的好作品。据《载酒园诗话又编》称:"梦得佳作,多在郎、连、夔、和时作。"受谪之时,出了许多好作品。

刘禹锡在朗州的文、词、歌赋约60多篇。其中重要内容是因贬谪而愤懑,发泄对阻碍破坏永贞改革的宦官、当政官僚的讽刺和不满。当然也有其他内容。历代文人多有议评,在评议中,既指出了他的政治内容,思想倾向,也肯定了他的艺术特色,文学上的重要成就。《刘禹锡文集》中卷一的几篇赋,历代评论《谪九年赋》"终是愤懑之词,且含希冀之想,万不能与屈原同调"。评《何卜赋》,认为是“满怀牢骚,本欲尽情一泄。顾如《氓》之诗,终属内歉,知亦无可解,篇末归之于道,然终不如柳州倾吐之一本于血诚”。有的只从艺术上评论,如评《楚望赋》说“刘梦得善造语。水禽嬉戏,引吭伸翮。纷惊而决起,拾彩翠于沙砾,亦妙语也”。对《伤往赋》则说“文极哀哽,到底词胜于情”。在《望赋》中,则认为他“此作有望阙之思”。这些评论,都很中肯。

除了这几篇赋外,在许多诗中,也都发泄了他对现实的不满。对《汉寿城春望》,评论很深切,说“田中牧竖烧刍狗,陌上行人看石麟”,“无限苍凉,无限感慨”,指出“当长安得路之人,看开花宴之候,而迁客所居,望惟野草连天,荒祠古墓,则其地之恶,遇之穷,何如哉?又‘望春’二字,作者之旨趣自见”。“先写春时,后以荒祠古墓写望字,中四皆祠墓景,分人物两项,尚是常语;七接‘东瀛变’,连上六句,不寻常矣。结句亦是去国之恨,寄托言外。今日为遥客所历,安知他日不为要津乎?幻想最妙,然亦是无可奈何语”。评得极为客观、深刻。在《白鹭儿》中说:“白鹭儿,最高格,毛衣新成雪不敌,众禽喧呼独凝寂。孤眼芊芊草,久立潺潺石。前山正无云,飞去人遥碧。”这是以白鹭喻永贞革新中被革的首领人物王叔文,说他是战士形象,品格高尚,如坚石独立激流,以至将展翅飞入苍穹。比喻十分生动。《萋兮吟》中说:“天涯浮云生,争蔽日月光。穷巷秋风起,先摧兰蕙芳。万货列旗亭,恣心注明珰。名高毁所集,言巧智难防。勿谓行大道,斯须成太行。莫吟萋兮什,徒使君子伤。”比喻王叔文像诗经中讲的巷伯一样。被人陷害,是被摧残的香草兰蕙。在《飞鸢操》中,批判那些谗害革新的人,会像飞鸢一样,被“游童挟弹一麾肘,臆碎羽分人不悲”,折翅而亡。在《百舌吟》中喻害人丑类,巧舌如簧,甜言蜜语,取悦于人,到处钻营。这些人终究将是“南方朱鸟一朝见,索漠无言蒿下飞”,下场十分可悲。《聚蚊谣》中,写那些危害新政的人像蚊子一样,“沉沉夏夜兰堂开,飞蚊伺暗声如雷。嘈然歘起初骇听,殷殷若自南山来。喧腾鼓舞喜昏黑,昧者不分听者惑。露花滴沥月上天,利嘴迎人着不得。我躯七尺尔如芒,我孤尔众能我伤。天生有时不可遏,为尔设幄潜匡床。清商一来秋日晓,羞尔微形饲丹鸟”,像害人的蚊子一样,秋天“饲丹鸟”。评得是非分明,寄意巧妙,含意深微。他回到长安时,心情极为兴奋,写了《元和甲午岁诏书尽征江湘逐客余自武陵赴京宿于都亭有怀续来诸君子》:“雷雨江山起卧龙,武陵樵客蹑仙踪。十年楚水枫林下,今夜初闻长乐钟。”“都亭”是长安城外的驿站。他想到10年被贬生涯，无限感慨，写了这首诗。这是他贬朗州后被召回长安的一首总结性的诗。自喻“卧龙”(诸葛亮)，后又被起用。虽有感慨，却也为被贬10年后终于又能听到皇宫中的钟声而兴奋。他以为万事都从此顺利了。进长安后，元和十年又写了一首诗——在讽喻诗中，最为流传，影响最大的《元和十年自朗州承诏至京戏看花诸君子》：“紫陌红尘拂面来，无人不道看花回。玄都观里桃千树，尽是刘郎去后栽。”元和九年召他回京，十年二月回到长安。这首诗，是他回长安后所作。他这种得意的借喻讽刺，被对手诬为怨愤，不数日，再次被贬连州，又过他的贬谪生活了。是何等的不公！

刘禹锡在朗州还写了许多好诗文。这些诗文，多是情谊交往、感时寄意之作。《学阮公体三首》，被评“蔚然有光，真不愧阮”。《登司马错古城》，被评“实而不俚”。评《董氏武陵集记》：“宾客论诗，精于论文，以宾客诗胜于文也。起数语，字字如镔铁铸成，不能易也。”评《秦娘歌并引》：“谱新声之凄奏，七言此其选矣。”评《酬元九侍御赠璧竹鞭长句》：“南金东箭为二美，今故以竹鞭比金。”“竹长于巴山冰雪深处。五、六句实写鞭之质，推尊切。结亦祝归期。”简短有力，十分深刻。评《上杜司徒书》：“文不激不随，近情近性，中间尤多见道之言，想久居谪所，积而有所悟耳。”评《寄朗州温右史曹长》：“‘城边流水桃花过，帘外春风杜若香’，措辞命意，不切其他，即切其人，或切其事与景，真八面皆锋。”评《哭吕温公》云：“‘遗草一函归太史，旅填三尺近要离’，雄浑老苍，沉着痛快，小家数不能及也。”评《早春对雪奉寄澧州元郎中》：“新赐鱼书墨未干，贤人暂屈远人安。朝驱旌旆行时令，夜见星辰忆旧官。梅蕊覆阶铃阁暖，雪峰当户戟枝寒。宁知楚客思公子，北望长吟澧有兰”，“反用谪居意，更深于慰”。评《游桃源一百韵》：“武陵桃源，秦人避世于此，至东晋始闻于人间。陶渊明作记，且为之诗，详矣。其后作者相继……(刘禹锡)争有新意，各相雄长”，“其诗铺写宏富，词意华美，略与元、白长律相似。”除了以上这些，刘禹锡在朗州还写了《桃源行》《采菱行》《畬田歌》《竞渡曲》《步出武陵东亭临江寓望》《武陵北亭记》《阳山庙观赛神》《武陵书怀五十韵》《秋词两首》《望洞庭》《伤桃源薛道士》《八月十五日夜桃源玩月》《和董庶中古散调词赠尹果毅》《答杨八敬之绝句》《晚岁登武陵城顾望水陆怅然的作》等等。文学形式多种多样，歌颂的人物众多，有各类人士，内容丰富多彩，质量很高，多为人们传颂。

刘禹锡在朗州，除了创作了大量优质诗文，还创作了《竹枝词》。竹枝词，原先是一种民间通俗文艺形式，以竹枝击鼓，且歌且舞，而得名，称为“蛮俗”“夷歌”“俚词”等等，流传在武陵一带，并不为人们重视，在文艺领域也没有地位。最早是顾况在一首诗中，提出了“竹枝”二字，原诗是：“帝子苍梧不复归，洞庭叶下荆云飞。巴人夜唱竹枝后，肠断晓猿声渐稀。”据《新唐书》《旧唐书》记载，《竹枝词》为刘禹锡创作。“朗州接夜郎诸夷，风俗陋甚，家喜巫鬼，每祠，歌竹枝，鼓吹裴回，其声伧伫。禹锡谓屈原居沅湘间作九歌，使楚人以迎送神，乃传其声，作竹枝辞十余篇，于是，武陵夷俚悉歌之。”“蛮俗好巫，每淫祠鼓舞，必歌俚辞，禹锡可从事于其间，乃依骚人之作，为新辞以教巫祝，故武陵洞溪间夷歌率多禹锡之辞也。”讲述了刘禹锡开创《竹枝词》的起源、客观条件和发展过程及其发展的原因。刘禹锡的功绩，在利用民间竹枝的旧形式，创造新体，创作新词，成七言绝句，咏风土人情及民间生活情趣。文人学士受其影响极大，群起仿效，并将其引入唐诗杂体，将其乐列入乐府之清平乐，取得了极大的成就。黄庭坚评论说：“刘梦得《竹枝歌》九章，词意高妙，元和间诚可以独步。道风俗而不俚，追古昔而不愧。”黄庭坚认为《竹枝词》是元和间所作。其中特别是二首：“杨柳青青江水平，闻郎江上唱歌声。东边日出西边雨，道是无晴却有晴。”“楚水巴山江雨多，巴人能唱本乡歌。今朝北客思归去，回入纥那披绿罗。”这就是新、旧《唐书》中所说十余首竹枝词中的两首。元和间，刘禹锡一直在朗州，可见刘禹锡的竹枝歌是创作于朗州。这种形式，像一股清风，吹入文坛，逐渐影响至全国。以至东西南北，各个地区均有许多文人竞写《竹枝词》。从唐代到明清时期，全国竹枝词已发展到25000多首，在诗词歌赋等文艺形式中，仅次于唐诗。这一成就，是历代文人中难以比拟的。

我认为刘禹锡对朗州来说，是一笔很可贵的文化财富。

2012年5月30日

悼念魏同贤同志

上海古籍出版社并转魏同贤同志夫人：

惊闻魏同贤同志因病于2015年6月23日去世，中华大典办公室表示沉痛的哀悼。

魏同贤同志是编纂《中华大典》的发起人和编纂大典筹备组的成员之一。启动初期，他和几位古籍出版社的领导多方奔走，多方呼吁，取得了较好的效果。大典工委会成立后，他是工委会委员，曾担任大典办公室副主任。编纂工作开始试点时，他带头组织学者在《教育典》《历史典》试点，取得不少经验。《中华大典》的编纂工作全面展开后，他一直十分支持，不断努力工作。总之，他为《中华大典》的编纂工作做出了重要贡献。他的去世，是中国古籍出版界和《中华大典》的重要损失。

《中华大典》办公室

2015年6月25日

诗二首

咏《中华大典》

登马扬鞭第一程，
转眼又见满园春。
笑谈耕途无穷事，
你说何处无艰辛。

临别诗

大典好工程，
鏖战廿八春。
万事难言里，
奈何悠悠情。

2015 年 12 月 30 日

讲话文牍

在《医药卫生典·医学分典》论证会上的讲话(摘要)

4 月 13 日,《中华大典·医学分典》论证会在成都中医学院召开。

《中华大典》试点工作领导小组组长伍杰同志代表中央宣传部领导讲话。他再次强调了编纂《大典》的深远历史意义和重大现实意义,是中央的战略决策。我国自古以来都有“盛世修典”的传统,这是国家文明昌盛的标志。把中华民族数千年灿烂的古代文化介绍到世界上去,也是我国人民对世界文化所做出的重大贡献。党中央和国务院对于编纂《大典》非常重视,寄予了殷切的希望。他勉励与会的专家学者要以对中华民族负责的态度,对党中央、对国务院负责的精神,坚持不懈,认真搞好《大典》的试点工作。只能搞好,不能搞坏。编纂《大典》的人员要下定决心,抱着只许成功、不能失败的历史责任感,一定要搞好中央交给我们的历史重任。这是我们这一代人的无上光荣。伍杰同志还指出,两年多来成都中医学院同巴蜀书社密切配合,组织了全院的学术骨干力量,群策群力,共同攻关,在不太长的时间内,制定了《医学分典》的编纂方案、《医学分典》引用书目表、《医学分典》编纂工作实施细则、《医学分典》异体字处理表,并编写出“总论部”“内科部”“儿科部”样稿约三十万字。这些工作是有水平的,成功的,为试点工作打下了坚实的基础,摸索了前进的道路。现在应该及时总结经验教训,在此基础上邀请全国中医界的专家学者共同论证《医学分典》试点工作的成绩和缺失,以便把试点工作推进一步,为全国开展《大典》的编纂工作奠定基础。

伍杰同志代表中宣部领导同志向不辞辛劳应邀出席论证会的全国中医界的专家学者表示感谢,并希望专家学者们在会上本着“知无不言,言无不尽”的精神，直言不讳地研讨论证，以便把《医学分典》的编纂方案制定得科学合理，把《工作实施细则》编制得切实可行，把引用书目的范围、版本讨论得详尽周到。

伍杰同志致闭幕词还说，这次论证会开得很有意义，很有必要。通过这次论证会，无论就《中华大典》的体例结构以及《医学分典》的编纂进程，起着很大的推进作用。他表示，这次会后返京，一定把会议的情况向中央宣传部、新闻出版署领导及《大典》工委会领导汇报，以取得中央领导的支持。

1991 年 4 月 13 日

在全国图书馆馆长会上的讲话

同志们：

过去和图书馆长联系不多，这次能和大家在沈阳一起开会，十分高兴。这次会是由中共中央宣传部、国家教委、文化部、新闻出版署联合召开的。时间很短，只有一天，内容集中，着重解决一个问题，就是商量在编纂《中华大典》中如何使用全国藏书单位的图书资料问题。为了解决这个问题，中宣部、文化部、国家教委等九个部委下发了《〈中华大典〉使用全国各藏书单位资料的通知》。文件大家都看见了，现在的问题是要进一步具体化，要落到实处。

现在全党全国人民正在学习小平同志南方谈话的精神，要进一步开放，胆子更大一些，步子更快一些，要把建设有中国特色的社会主义事业搞得更好。在有中国特色的社会主义事业中，有中国特色的社会主义文化是一个重要组成部分，《中华大典》是属于建设有中国特色社会主义文化的内容。所以，我们要认真学习小平同志的讲话精神，把我们的会议开好。这次会议虽然时间只有一天，但是十分重要，对编纂《中华大典》来说，关系着它的生死存亡，质量高低。俗话说，"巧妇难为无米之炊"，没有好的原料，无法生产出好的产品。鲁迅曾经说过，自己吃的是草，挤出来的是奶，当然这只是一种形象的比喻，他用自己创造性的劳动，谱写了不朽的作品。但是，编纂《中华大典》与创作一般的文学作品不同，它要以史料为依据、作基础，如果没有好的版本的典籍，《中华大典》的质量就成了一句空话。因此，我们要求这次会议提高认识，统一思想，在图书资料使用问题上取得共识，顺利地贯彻"九部"通知精神，为《中华大典》的编纂打下坚实的基础。

有些同志可能对《中华大典》的事并不很清楚，我简略地介绍一下：《中华大典》是在胡绳、钱伟长、吕叔湘等300多名全国有名的专家学者倡议下，李鹏同志亲自过问，再次指示，各古籍出版社各级努力，由中宣部、新闻出版署牵头，经国务院批准立项，在各部委支持下办起来的一件大的文化工程。李鹏同志1989年1月4日第一次批示："这是一件大事，请李铁映同志组织研究一下，我国当前财力物力有无可能，然后再提交讨论。"同年6月28日又作了第二次批示："请铁映同志继续关心此事。"后来新闻出版署为编纂《中华大典》向国务院写了专题报告。在李鹏同志关心下，国务院批复了新闻出版署的报告，同意《中华大典》立项，并借支一定经费。国务院批复中指出："由于编纂《中华大典》是我国建国以来最大的一项文化工程，内容广泛，编辑周期长，涉及的部门和专业很多，为加强领导和协调工作，要尽快成立《中华大典》编纂出版工作委员会。""各地区各部门应对这项工作给予支持，团结合作，以国家利益为重，以事业为重，树立全局观念，共同做好《中华大典》的编纂工作。各大专院校、图书馆、研究院所、出版社等单位，要密切配合，发扬社会主义大协作精神，特别是对于自身所藏的各类文史资料，只要是编纂工作的需要，都要积极支持并给予优惠服务，要坚决防止'囤积居奇，漫天要价'等庸俗现象影响编辑工作。"

从以上批示可以看出，对《中华大典》的编纂工作，李鹏同志是十分重视的。国务院，中央和国务院的有关部委积极认真地贯彻了李鹏同志的批示，并不断地按李鹏同志批示的精神抓落实工作。国务院、李鹏同志、李铁映同志、诸多有名学者之所以这么重视《中华大典》的编纂工作，因为这是一项十分重要的大文化工程，也是新中国成立以来最大的文化工程，办成这件事，有十分重要的意义，有利于当代，也有利于后世。中华民族有五千年的悠久历史，创造了光辉的文明。五千年中形成了中华民族的优秀文化，为人类文明做出了卓越的贡献。在这悠久的岁月中，我国产生了浩如烟海的文化典籍，这是中华民族的极为宝贵的文化遗产。为发扬和继承祖国的优秀文化，历代都有编纂类书的传统，唐代有《艺文类聚》，宋代有《太平御览》、《册府元龟》，明代有《永乐大典》，至清代，编纂了集我国类书之大成的《古今图书集成》，这些类书在历史上的每个时期都发挥了它们应有的作用。但是，这些类书因受历史条件的限制，究竟太久远，太古老了，已远远不能适应和满足当代科学研究和实际工作的需要。近几年来,经过全国各地许多专家学者论证,认为必须编纂一部新的类书,对我国历史上的文化典籍及其整理成果,用现代的科学方法进行一次带资料性的总结,是十分必要的。这部类书虽是资料性的整理总结,但是,必须集中华民族文化之精华,必须有时代特色,必须保证质量,胜过历代类书,必须有科学性,便于检索,便于科学研究和一般学者知识分子的实际应用。编一部类书,是继承和弘扬祖国传统优秀文化的需要,也是建设有中国特色的社会主义主化的需要。编纂成一部大的新型类书,既体现了社会主义制度的优越性,是一项巨大的文化工程,只有我们社会主义时代才能完成;也能体现我们当代的学术水平,反映了我们当代学者要求总结、继承和弘扬祖国文化的迫切心情,也能体现全国学者、文化学术单位团结协作的精神。现在编纂这一部类书有很好的条件,有可能编好。因为,中央领导重视,财政上有所支持,社会环境安定,政治稳定,经济繁荣。大批学识渊博的老专家仍然健在,有一批修典的积极分子和骨干,有出版部门的积极努力,有各文化单位的积极支持,有利条件很多。当然也有不少困难,经费、人力、物力都不充裕。但是,只要同心协力,困难是能够克服的,一部新的高质量的类书是能够编纂得很好的。

在贯彻落实李鹏同志的批示和国务院的批复中,这几年抓了三方面的工作:

第一是建立了领导工作机构。经过中宣部、新闻出版署批准,已组成了以李彦同志为首的工作委员会,以任继愈先生为首的编纂委员会。工委会由李彦同志任主任,副主任有刘杲,任继愈,文化部、国家教委、财政部、科委一位副部长,还有伍杰;委员目前只吸收了文化、教育、财务、文献、出版部门的有关领导同志和古籍出版社的负责同志参加,共 40 多人,以后再视工作需要逐步适当补充。编纂委员会由任继愈先生主编,副主编有戴逸、席泽宗、程千帆等专家;委员吸收了一些典的负责人和有学术成就的专家,和部分古籍出版社的编辑专家,目前约 60 人。如工作需要,今后还可适当扩大。工委会的主要任务是负责《中华大典》编纂出版发行工作的领导、规划、协调;制定和监督各项重要规章制度的执行;资金的筹集、分配和管理。编纂业务方面的重要工作,工委会委托大典编纂委员会全面负责,依靠专家学者去做。整个编纂出版工作在中宣部和新闻出版署的领导下进行,有关大典的工作的重大问题,由工委会及时向中宣部、新闻出版署请示。工委会和编委会下设有办公室,负责日常工作,早已开始办公。主任由伍杰兼任,副主任有赵含坤、段文桂、魏同贤等同志。

第二,进行了《大典》的总体设计。经过长期酝酿,反复论证,初步确定《大典》的框架,规模为 21 个典,88 个分典,收入古籍 2 万多种,约 7 亿字。拟收入的品种和预计成书的字数,均将超过《永乐大典》、《四库全书》的总和。共分《哲学典》《政治典》《法律典》《文化教育体育典》《文学典》《历史典》《其他社会科学典》《天文地学典》《医药卫生典》《工业典》《文献目录典》《宗教典》《军事典》《经济典》《语言文字典》《艺术典》《历史地理典》《数学物理化学典》《生物学典》《农业水利典》《交通典》。

第三,进行了试点工作。从 1988 年起开始试点,由中宣部等有关部门的领导干部和有关古籍出版社的负责人组成大典工作试点领导小组,伍杰为组长。在北京、四川等地先后召开了试点工作会议。由四川、上海、江苏 3 家古籍出版社进行《历史典》《文学典》《教育典》《法律典》《医药卫生典》或分典的试点。经过 4 年多的试点,已经取得了一定的经验。如制定了总体规划等一批文件,对收书范围、版本体例等问题都基本上取得了共识;3 家出版社已拿出了样稿;组织和团结了一大批专家学者为编纂《大典》努力奉献。这些工作都为下步的工作开展打下了有利的基础。

现在准备在试点的基础上逐步推开,不仅在这 3 个出版社将 5 个分典的试点搞好,还要将 3 个社担负的其他分典的编纂工作开展起来,因为工程浩大,国家人力、财力、物力也有限,不可能同时铺开,只能逐步展开,分批进行。除了这 3 个出版社以外,还准备选择一些领导力量、编织力量都比较强的出版社,学术水平比较高的地方,开展一些新的典的编纂工作。一批一批、一步一步推开,这是一项长期的工作。为此,我们将在 9 月上旬,在北京召开《中华大典》工作会议,会上除了总结几年的试点工作,还要进一步讨论安排布置下一步的工作问题。

下一步遇到的第一个问题就是图书资料问题。没有对古籍的普查,没有优秀版本的典籍,《大典》工作就寸步难行。这次开馆长会就是贯彻九部委的通知,解决好开步走的第一道难关。

国务院的批复、九个部委的通知，对全国藏书单位的要求，对编纂《大典》如何使用图书资料是十分明确的，总的精神是要求各方面都充分认识办好全国这一大的文化工程的重要意义，大家都要以大局为重，要有全局观念，充分发扬社会主义的大协作精神，对《大典》所需图书，有关藏书单位要积极提供，对查阅、复制要给予方便，当然不是漫天查阅。查阅前，查阅单位要提出具体计划，开列查书范围、查阅时间等等；查阅后要将查阅结果，如书目、版本、用途详细记载，报告藏书单位，而且，查阅和复制时要按藏书单位的有关规定办理。查阅、复制时要互相通气，共同协商，取得共识，使《大典》的编纂工作能顺利进行。

我们相信各藏书单位对《大典》的编纂工作是积极支持的，但是，你们也确有自己的难处，也有许多必要的担心，这是可以理解的。因此我们一定要互相理解，互相支持。藏书单位的担心，大体上有3个方面：第一，担心损坏古籍；第二，怕查阅、复印后作为其他用途；第三，担心不给报酬，费人费力白花劳动。藏书单位比较清贫，收点费是应该的；想把古籍保存好更是应该支持。当然，首先是保护好。共同努力保护好，保护好的才能继承。但是《中华大典》又必须编，只要编，就必须应用这些典籍。因此，这就要有一个两全其美的办法，既保护好了古籍，藏书单位有所收益，又不影响《大典》的编纂工作。但是大家也应认识到保护古籍的目的是为了更好地应用，如果永不应用，也就失去了保护保存古籍的价值。至于那种以为奇货可居，更是不允许的。那样，不仅影响《大典》的编纂工作，也会影响古籍更好地发挥作用。至于经济报酬，藏书单位要一些是合理的，但我们确有困难，国家财力有限，不可能拿出许多钱，给了一点钱也十分不够，所以一是要有，二是不可能高。只能按照九部委的精神办理。一方面要考虑到藏书单位的清苦，对复印一些典籍给予一定的报酬，以尊重藏书单位的权益；但是，另一方面要从实际与可能出发。这次编纂《大典》，经费困难很大，国家只是给予一定的借支款项，5年之后就要还账，光凭这点借支款项是大大不够的，古籍出版社本身经济就十分困难，无力承受过重的经济负担。因此，藏书单位和用书单位一定要提倡团结合作，互相理解、互相支持、提倡奉献精神，为了这一巨大的文化工程，每个单位都要乐于做奉献，出版部门、藏书单位都要有这种精神。不能有创收思想，不能作为创收事业。

这里,我们向藏书单位提出四点要求:第一,要认识编纂《大典》的重要性、必要性、可行性,积极支持,提供方便。第二,只能按九部委文件规定索取经济报酬:查阅古籍不付报酬;复印古籍,宋元善本、孤本、抄本,每页付酬不超过3元;其他古籍每页不超过1元。第三,所藏珍稀版本,要自觉地、主动地提供,不要故意隐藏不让使用。希望大家能出以公心,服从大局,为《大典》的编纂工作做出贡献。这样,不仅当代读者会感谢你们,后代子孙也会感谢你们。否则,因为版本、资料不全而编得质量低劣,当代和后世都会指责我们,指责的不仅是编纂者,也一定有藏书单位。

当然,一方面是藏书单位要无私地提供图书典籍资料,另一方面,使用单位也要十分尊重藏书单位的权益。这里,我们也向使用藏书的单位提出四点要求:第一,查阅、复印古籍时要十分爱护,特别是对珍本、善本、孤本、抄本更应珍惜,不能污损,如有污损要赔偿。第二,查阅、复印的古籍资料只能用于《大典》,不能以编纂《大典》之名扩大查阅和复印范围。查阅、复印的资料,不能作为他用。第三,查阅、复印典籍时要遵照藏书单位的规定办理。第四,查阅、复印典籍要抓紧时间,要及时结束。

最后,我再说一遍,编纂《中华大典》是一项巨大的文化工程,是我们的共同事业,关系着继承和发扬祖国优秀文化的传统,也关系着建设有中国特色的社会主义文化,是建设社会主义文明,是建设有中国特色社会主义的需要,也是我们中华民族的需要,不是一家之事,也不是一家能办之事,是出版界的大事,是文化界的大事。正因为如此,中央才这样重视。因此,我们要按照中央的要求,都同心协力,共同努力来办。因此,每一个与这一事业有关的单位和个人都应该为编纂好《大典》做出自己的独特贡献。每个单位、每个人担负的任务不同,贡献的内容也各异。对藏书单位来说,最重要的贡献就是无私地提供图书资料。但愿这次会后,藏书单位的同志们能上下一心,为编纂《大典》尽自己最大的努力,使我们这一宏伟的文化工程能顺利进行,使一部高质量的新型类书能早日和读者见面。

1992年8月19日

在《医药卫生典》编委会成立和工作大会上的讲话

同志们：

今天《医药卫生典》编委会正式成立，同时开工作会。这是一个重要的会，希望这次会开得成功。请专家学者在一起正式研究《医药卫生典》的工作在试点的基础上如何进一步开展好，这很好，也很及时。有些专家几年来一直参加这一工作，做出了很大的贡献，我们十分感谢。有些专家可能是初次参加这样的会，对《中华大典》的整个情况可能不十分清楚，为了使大家好进一步研讨问题，我再简单地介绍一些情况。

《中华大典》是党中央关心，国务院直接批准立项，由中宣部、新闻出版署具体落实的一项国家文化出版工程。整个工程7亿多字，分21个典，92个分典。这一工程意义十分重要。我们的祖先给我们积累和传下了无数文化典籍。这些典籍是中华民族智慧的结晶，是取之不尽、用之不竭的宝藏。党中央多次指出，要建设有中国特色的社会主义，必须继承和弘扬中华民族的优秀文化传统，振奋爱国主义精神，提高全民族的文化素质。《中华大典》这一工程的完成，对继承和弘扬中华民族的优秀文化，对当前的两个文明建设，对子孙后代都有十分重大的意义。各位专家学者有幸参加这一工作，是十分光荣的，子孙后代将铭记诸位的劳绩。

《中华大典》最先是由一些古籍出版社的同志——巴蜀书社的段文桂、上海古籍的魏同贤、江苏古籍的高纪言等同志率先建议，由胡乔木、冯友兰、梁漱溟、周谷城、胡绳、钱学森、钱伟长、周培源、赵朴初、任继愈、吕叔湘等300多位全国有名的专家学者倡议办起来的。从一开始，党中央、国务院对这一工程就十分重视。1989 年 1 月 4 日李鹏总理在《中华大典》编纂筹备组的报告上批示:“这是一件大事,请李铁映同志组织研究一下,我国当前财力物力有无可能,然后再提交讨论。”李铁映同志 1 月 4 日批示给国务院副秘书长刘忠德同志:“请忠德同志先商有关部门,提出意见。”刘忠德同志 1 月 7 日批给了新闻出版署:“请新闻出版署商财政部等有关部门提出意见。”李鹏同志 1989 年 6 月 28 日又在《中华大典》编纂筹备组的另一项报告中批示:“请铁映同志继续关心此事。”李铁映同志 6 月 28 日也又一次批示:“请忠德同志告诉新闻出版署继续抓紧办。”新闻出版署遵照李鹏、李铁映同志批示的精神,1990 年 5 月 12 日向国务院正式写了《关于编纂〈中华大典〉及其经费问题的请示》报告。国务院于 1990 年 8 月 29 日正式批示给新闻出版署,同意新闻出版署的报告,将这一工程立项。批示中还说:“由于编纂《中华大典》是我国建国以来最大的一项文化出版工程,内容广泛,编辑周期长,涉及部门和专业很多,为加强领导和协调工作,要尽快成立《中华大典》编纂出版工作委员会。”还指出:“要集中一批专家和学者,充分依靠和发挥他们在编纂工作中的积极作用,特别是要得到老一辈有声望的专家和学者的指导和支持,依靠他们把好编辑工作的质量关。”“各地区、各部门应对这项工程给予支持,团结合作,以国家利益为重,以事业为重,树立全局观念,共同做好《中华大典》的编纂工作。”同时,财政部还借支了一部分经费,支持这一工程。中宣部、新闻出版署按照党中央和国务院的批示,1992 年 9 月在北京召开了《中华大典》工作和编纂会议。会上正式成立了《中华大典》工作委员会、《中华大典》编纂工作委员会。工委会由中宣部副部长李彦同志担任主任;编委会由任继愈同志担任主任。会上还讨论审定了《中华大典》的框架、结构、体例,通过了几个重要规章制度等文件,交流了试点工作经验,商定了会后的工作。会议得到党中央的关心,开得很成功。江泽民同志于会前 1992 年 9 月 18 日为《中华大典》题了词:“同心同德,群策群力,认真编好中华大典,为建设有中国特色的社会主义服务。”李鹏同志也于 1992 年 9 月 6 日题词:“继承和弘扬民族优秀传统文化。”李瑞环同志于 1992 年 9 月 8 日委托《中华大典》工作委员会负责人转达他的希望:“编纂《中华大典》是建国以来最大的一项文化出版工程,对于保护祖国珍贵文化典籍,弘扬中华民族优秀文化,促进社会主义精神文明建设,具有重要意义,希望有关方面和专家学者，齐心协力，密切配合，精益求精，圆满地完成这项光荣而繁重的历史任务。”李铁映同志于1992年8月28日在请他出席《中华大典》工作和编纂会议的报告上批示：“我积极支持此项工程，盼告编纂组，届时不在京，很抱歉。”

在这一工作的进行中，党中央和国务院的领导同志，有以上一系列的批示和题词。对一项出版工程，党中央、国务院如此关心，如此重视和支持，三位党中央常委、一位政治局委员反复抓，这在出版史上是没有的。这对我们是极大的鼓励和鞭策。如果做不好这一工作，不能出高质量的产品，就无法向党中央、国务院交代，会愧对党，愧对国家，愧对人民。这么好的条件都没有把工作做好，更是愧对子孙后代。

现在我们开展这一工作，已经有很多有利的条件，已经打下了好的基础。一是党中央、国务院重视；二是1992年9月开了正式的工作会议，有明确的方针、任务和奋斗目标；三是有几年试点工作的经验。这里要特别讲一讲几年的试点工作。1988年就开始试点了。1988年5月就成立试点领导小组，由有关部门的领导同志和几个古籍出版社的领导组成，伍杰任组长。几年中扎扎实实地做了许多工作，决定由四川、上海、江苏三家古籍出版社对《医药卫生典》《历史典》《文学典》《法律典》《体育教育典》中的5个分典进行试验。先后在北京、四川、上海等地召开了几次试点工作会议，对试点工作进行了研究讨论，并对整个工程进行了多次论证。广泛征求了专家学者的意见，先后发表意见的和参加论证会的有中央和北京等17个省市的领导同志，全国著名的专家学者，他们对《中华大典》的编纂原则、框架、结构，版本选择，校点体例，材料取舍，人员组成，发表了许多重要意见。按照他们的意见，对原来的设想进行了调整，对一些文件进行了反复修改。各有关方面对试点工作都很支持。试点工作进行得比较顺利。巴蜀书社、上海古籍、江苏古籍在上面没有给任何经费的情况下，作出了大量精力、人力、物力的投入，这是十分难得的。在几年的试点工作中，我们有所体会，也积累了一些经验。首先是要加强领导，团结合作。在各级党委领导下，真正依靠有关专家、学者、藏书单位、出版社通力合作，才能做好《大典》的编纂工作。其次是要建立精干的领导班子，要有一支骨干队伍。大家心甘情愿为这一工程拼搏。第三是要有明确的指导思想和要求。坚持质量第一，有计划有步骤地开展工作。严格按照已有文件精神办事。第四是参加工作的单位和个人都要有贡献精神。为了继承和发扬祖国优秀传统文化，要乐于奉献，共同努力把这件事情办好。这些经验对我们下步做好工作仍然是有益的，可以借鉴的。

《中华大典》工作和编纂会议开了已整整一年，这一年中几家出版社的同志和参加《中华大典》工作的专家学者做了大量工作，取得了不小的成绩，使人很高兴。但是，应该看到还有更多的工作、更大的目标、更艰巨的任务需要我们去奋斗。

《医药卫生典》在试点过程中，成都中医学院的专家们做了大量工作，为整个典的展开打下了好的基础。你们做出了贡献，应该感谢你们。现在新的奋斗目标正等待着我们。希望在这次会后，参加《大典》工作的单位和学者、专家，能更好地集中精力，认真抓这件事，能比较快地拿出高质量的有国家水平的成果。据江苏的同志说，《文学典》的《隋唐五代分典》工作进展比较快，明年将拿出成稿，后年出书。果真如此，是值得庆贺的。当然，将来还要看质量的高低，还要经得起各种考验，要得到社会的、学术界的公认，公认是反映了中华民族优秀文化，是国家级水平的《中华大典》。我们期待着。

1993 年 9 月 20 日

在《历史地理典》工作会上的讲话

今天开会研究《中华大典·历史地理典》的启动问题,我很高兴。李彦、任继愈、刘杲同志对这次会都很重视,对《历史地理典》的铺开,十分关心。我代表《中华大典》工委会,也代表他们对这次会表示祝贺。

这次会十分重要,要把能解决的问题都认真讨论,统一思想,统一认识,解决实际问题,达到统一行动的目的,为今后工作打下好的基础。

《中华大典》是党中央关心、重视,国务院直接批准立项,由中宣部、新闻出版署具体落实的一项国家文化出版工程,也是建国以来最大的一项文化出版工程。整个工程7亿多字,有21个典,96个分典,预计10年左右完成。这一工程意义重大。我们的祖先给我们积累和留下了无数文化典籍。这些典籍是中华民族智慧的结晶,是取之不尽,用之不竭的宝藏。党中央多次指出,要建设有中国特色的社会主义,必须继承和弘扬中华民族的优秀文化,振奋爱国主义精神,提高全民族的文化素质。《中华大典》这一重大文化工程的完成,对继承和弘扬中华民族的优秀文化,对国际文化交流,对推动科学文化的发展,对整个文明建设,对子孙后代都有十分重大的意义。各位专家学者有幸参加这一工作,是十分光荣的,子孙后代将铭记这一代学人为他们留下的劳绩。

《中华大典》是由几个古籍出版社的几位负责人率先建议,由胡乔木、冯友兰、梁漱溟、周谷城、胡绳、钱学森、钱伟长、周培源、赵朴初、任继愈、吕叔湘等300多位全国有名的专家学者倡议办起来的。从一开始,党中央、国务院对这一工程就十分重视。1989年1月4日李鹏总理在《中华大典》编纂筹备组的报告上批示:“这是一件大事,请李铁映同志组织研究一下,我国当前财力物力有无可能，然后再提交讨论。”李铁映同志1月4日批文给国务院副秘书长刘忠德：“请忠德同志先协商有关部门，提出意见。”李鹏同志于1989年6月28日又在《中华大典》编纂筹备组的另一报告上批文：“请铁映同志继续关心此事。”李铁映同志6月28日又一次批示：“请忠德同志告诉新闻出版署继续抓紧办。”后来江泽民同志于会前1992年9月18日为《中华大典》题了词：“同心同德，群策群力，认真编好中华大典，为建设有中国特色的社会主义服务。”李鹏同志也于1992年9月6日题词：“继承和弘扬民族优秀传统文化。”李瑞环同志于1992年9月8日委托《中华大典》工作委员会负责人转达他的希望：“编纂《中华大典》是建国以来最大的一项文化出版工程，对于保护祖国珍贵文化典籍，弘扬中华民族优秀文化，促进社会主义精神文明建设，具有重要意义，希望有关方面和专家学者，齐心协力，密切配合，精益求精，圆满地完成这项光荣而繁重的历史任务。”

新闻出版署根据中央、国务院批示，和财政部等有关部门商议后，于1990年5月12日向国务院正式写了《关于编纂〈中华大典〉及其经费问题的请示》报告。国务院于1990年8月29日正式批示给新闻出版署，同意新闻出版署的报告，将这一工程立项。批示中还说：“由于编纂《中华大典》是我国建国以来最大的一项文化出版工程，内容广泛，编辑周期长，涉及的部门和专业很多，为加强领导和协调工作，要尽快成立《中华大典》编纂出版工作委员会。”还指出：“要集中一批专家和学者，充分依靠和发挥他们在编纂工作中的积极作用，特别要得到老一辈有声望的专家和学者的指导和支持，依靠他们把好编辑工作的质量关。”“各地区、各部门应对这项工作给予支持，团结合作，以国家利益为重，以事业为重，树立全局观念，共同做好《中华大典》的编纂工作。”同时，财政部同意借支1800万元，5年后逐渐归还，支持这一工程。

一项文化工作，党中央3个常委，总书总、总理亲自过问，亲自批示和题词，充分体现了党中央和国务院的重视和关心。这样的事，过去几乎没有过的。党和国家领导人指示精神要求我们：第一，充分认识这件事情的重大意义。是建国以来最大的文化出版工程，是为了保护祖国珍贵文化典籍，继承和弘扬中华民族优秀传统文化，为建设有中国特色的社会主义服务。第二，一定要圆满地完成这一光荣任务。也就是要认认真真地把这件事办好。第三，要充分依靠专家，充分调动各方面的积极性，同心同德，群策群力去办这件事情。第四，质量第一。高标准，严要求，精益求精地完成这一任务。这些指示精神，对我们是极大的鼓舞和鞭策。

中宣部、新闻出版署按照党中央和国务院的指示精神，1992 年 9 月在北京召开了《中华大典》工作和编纂会议。会上正式成立了《中华大典》工作委员会，《中华大典》编纂工作委员会。工委会由中宣部副部长李彦同志担任主任。编纂工作委员会由任继愈同志担任主任。会上还讨论审定了《中华大典》的框架、结构、体例，通过了几个重要规章制度等文件，交流了试点工作经验，商定了会后的工作。大家一致表示，一定按照党中央要求完成这一任务。如果做不好这一工作，不能出高质量的产品，就无法向党中央、国务院交代，会愧对于党、愧对于国家、愧对于人民。这么好的条件都没有把工作做好，更是愧对子孙后代。

会后。《中华大典》的编纂工作已逐步铺开。现在已经上马的有《文学典》《医药卫生典》《法律典》《历史典》《教育体育典》《语言文字典》。《历史地理典》是第七个。前面几个典的编纂工作，进展顺利。《文学典》的《隋唐五代分典》的收稿已全部编完，正在审定，即将付印，明年国庆全部出书。《医药卫生典》等典，后年开始出书。除了这几个典之外，还有《军事典》，正在酝酿，准备上马。

经过 1988 年 5 月至 1992 年 9 月的试点，经过《文学典》《医药卫生典》等 5 个点的几年实践，已经取得了相当的实际工作经验。首先是要加强领导。有关的各级领导，特别是承担这一工作的出版局、出版社，要充分认识这一工作的重要意义，要十分重视自己承担的任务，要始终抓紧抓好，不能松懈，不能前紧后松，在财力、人力、物力上，要给这一工程以支持和保证。其次，要建立精干的领导班子，要有一支骨干队伍，要有一批喜爱干这一事业的人员，扎扎实实地去拼搏。要抓紧时间，要抢速度，不能拖拉，要按时完成任务。第三，坚持质量第一。质量是全书的生命线。不能凑合，不能马虎，要拿出高水平、高质量的作品，要使当代学人心服口服，让当代后代都无可非议。第四，真心诚意地依靠专家，团结合作，充分调动各方面的积极性。专家学者的劳动是完成这一工程的基础和保证。编纂工作要完全信任专家，依靠专家，由专家做主，出版社要充分做好组织协调工作，服务工作，团结好各个方面的力量，做好这一工作。第五，要提倡奉献精神。钱不多，事要办。参加工作的同仁，不要一切向钱看。为了继承和弘扬祖国的优秀传统文化，为了子孙后代了解我们，总要有一些人付出一些代价。因此，我们要乐于为此做出些奉献。

这些经验是很宝贵的，我们希望参加《历史地理典》的同志能吸取这些经验。《历史地理典》工委、编委讨论过几次，曾考虑给上海古籍出版社承担，后来决定给浙江古籍出版社，成立了以邹逸麟、葛剑雄为首的编委会，承担这一任务，还有陈桥驿先生的帮助，我们都很高兴，也很放心。从这一段我们接触的情况来看，搞好《历史地理典》的有利条件很多，首先是浙江省委、省委宣传部、省新闻出版局对这件事情很重视，很关心，人力、物力、财力方面都给了支持。领导机关的重视和支持，是《历史地理典》顺利开展的保证。其次，有一批高水平的专家学者干这件事情。葛剑雄先生对这件事情，一贯十分热心、积极。现在有邹逸麟先生、葛剑雄先生，还有陈桥驿先生，这些名家上马，这是很有利的条件。你们准备 3 年编成全部书稿，这很好。希望 1999 年能全部出版。第三，经过了较长时间的酝酿和准备，思想准备比较充分。浙江古籍出版社的同志，特别是肖欣桥同志很积极热心，很愿意干好这件事情，有决心把这件事情干好。第四，有前面几个典的经验可以借鉴。应该说天时、地利、人和你们都占了。当然也有困难，最大的困难是经费紧张。物价越涨越高，相对地，《大典》的经费就显得越来越少了。因此，一是提倡奉献，二是多方想办法。不能因为经费少影响工作。要保证必要的条件，没有适当的报酬，工作是难于开展的。希望省里、局里支持，我们也想办法集资。我们希望从这次会后，《历史地理典》的工作，能迅速铺开，抓紧进行，希望你们做出编纂计划，也就是时间表，报给工委、编委。我们还是那几句话：第一，希望大家积极认真办这件事，中间不要停顿。第二，以质量第一，做出高水平的书稿。第三，抓时间，抓进度，抓出成果。质量和进度是我们最关心的。我们希望早日见成果。

祝会议成功！祝《历史地理典》的工作顺利进行，取得成功！

1994 年 10 月 7 日

关于到成都、武汉等地调查情况的简报

李彦、任老、刘杲同志：

3月2日至11日，伍杰同志借版协在重庆开会的机会，顺路到成都、重庆、武汉等地，会见了与《大典》工作有关的省新闻出版局，出版社的领导及编纂人员，查看了几个典的工作情况。现将情况简报如下：

（一）在成都两天，走了五个单位。

（1）会见了省局李局长及巴蜀书社黄社长。他们对大典工作很重视、很支持，局长亲自挂帅，每年给《中华大典》四川编纂处拨款40万元，去年还购买了七台电脑，社里安排了房子专作电脑排版用的机房，使他们的工作进展比较顺利。伍杰同志代表大典工委、编委的领导对他们表示感谢，并希望他们继续关心、支持《大典》的工作。

（2）与四川编纂处的同志进行了座谈，并参观了他们的电脑机房。编纂处段志洪同志谈了《医药卫生典》与《法律典》的进展情况。《医学分典》今年国庆节前有3个总部可以出书：《儿科总部》，230万字，出一本书，现已经过二校，还要再改再校，拟今年六七月付印，9月出书，印2000册；《基础理论总部》，250万字，出一本书，最近即可排出，校改后，7月开印，9月出书；《针灸推拿总部》，500万字，出两本书，书稿已完成，正在复看，有的还要作修改，已排出80万字，尽量争取7月开印，9月出书。其他各总部都在积极准备，陆续出稿。《卫生学分典》8个总部，4个在北京，4个在昆明。北京的4个总部，今年年底审完稿交出版社。昆明的4个总部启动较晚，明后年才能交稿。分典准备将两地的编纂人员合在一起开个会进行交流。《药学分典》工作进展比较顺利，分典共 1700 万字，今年年底能交稿，明年可全部交齐。

《法律典》在北京的两个分典计划今年交稿，今年或明年开始出书。《刑法分典》700 万字，今年 3 月底交稿，如书稿审查合格，争取今年出书。《诉讼法分典》补充材料后，已交出部分书稿，但出版社审查，认为书稿还需进一步修改补充，出书可能要安排在明年。

（3）到成都中医药大学看望了《医学分典》的主编、副主编及部分编纂人员，对他们辛勤的工作表示感谢和慰问。分典的主编、副主编表示，编纂工作中一定注意保证质量，还要加快进度。17 个总部，每个总部都有一个班子，经常研究工作。有的编纂人员流动性大，经常有出国的，分典规定，编纂人员出国，要经主编同意。

（4）在四川大学会见了曾枣庄教授，他谈了《宋元文学分典》的进展情况。分典共分 5 册出版，各册书稿经最后精校陆续向出版社交出，今年 3 月份交第二册书稿，4 月份交第一、三、四册书稿，5 月份交第五册书稿，今年 9 月份国庆节前出书。曾枣庄 4 月份要到日本去，7 月份回国，对出书没什么影响。他提出《大典》正式出书后，还可出许多副产品，应考虑一下。

（5）在成都体育学院与周西宽院长及分典主编、副主编等有关人员进行了座谈。《体育分典》分三个阶段工作，第一段普查，第二段搜集专著资料，第三段编纂。第二段工作中碰到一些困难，1997 年的任务只完成 70%。目前武艺、养生、气功的专著资料搜集差不多了，唯棋牌资料有些困难，有的残破不全，有的复制太贵，还差 4 本未找到，他们准备再到上海、昆明等地去查找。经费上国家体委资助 8 万元，解决了一些问题，大约还差 5 万元。第三段的工作，查专著与编纂准备穿插进行。《近代体育总部》《总论总部》资料不多，是否可取消？《养生总部》、《武艺总部》、今年可拿出书稿。其他的明年可以完成。

（二）在重庆主要是参加版协的会议。《法律典》的《理论分典》是由在重庆的西南政法大学编纂的，本想到学校去了解一下情况，但经联系，分典负责人已调动工作，未能找到。

（三）在武汉开了一个座谈会，邱久钦局长、刘鼎华社长、《语言文字典》负责人宛志文及典的主编、副主编等人参加了会议。《语言文字典》的工作，省局及省出版社都很重视，经费等条件都给予保证。外部条件很好，但典的工作自已没抓起来。工作还没正式开始时，省里就每个分典给15万元启动费，共拨60万元。4个分典中，工作进展较好的湖北大学的《文字分典》，学校成立了领导小组，副校长挂帅，给予了优惠的政策，减免了编纂人员的部分教学任务，有8位编纂人员已到位，还有1位也参加了工作。他们对资料的线索已搞清楚，有一部分需到外省市去查找。今年暑假，分典可拿出样稿进行论证。武汉大学负责编纂《音韵分典》校领导也很重视，现人员班子基本搭起来，已有五六人到位，年底可争取到8个人，但编纂工作还未正式开展。学校里科研项目多，一般都不愿参加多人合作的大项目，而愿个人单搞小项目，因此分典的工作开展，有一定困难。武汉大学原分工还负责编纂《语法修辞分典》，因对该分典是否具备独立设分典的条件有不同看法，目前对此还正在研究中。华中师范大学负责编纂《训诂分典》，分典的编纂班子至今未搭起来。在这次会上，刘鼎华社长对此提出了批评。

在座谈会上，伍杰同志最后说：这次来武汉，第一是感谢各方面同志对《语言文字典》工作的关心、支持和努力；第二是来促进，希望工作能抓得更紧、更实一些。典的编纂工作，一讲质量，二讲进度。还没动起来的，要先动起来，再讲质量，如果还没有动，就谈不到质量问题；已经动起来的，要先讲质量再讲进度。有的学校，如果承担不了不愿搞，请说清楚，可否考虑把任务交出来，我们好另找别的学校、别的单位，因为你的力量、水平都不行，我们只好另找。如果不愿交出来，那就一定要搞起来，不能停在那里不动。从1994年开会到现在，已经耽误4年了，现在还不动，不能再耽误4年吧！我把丑话说在前头。

中华大典办公室　伍杰

1998年3月16日

在《历史地理典》工作会上的讲话(提纲)

工委、编委派我来参加会,又一次有机会和大家一起讨论《中华大典》工作,十分高兴。

两委派我来一是感谢,二是拜托,三是和大家一起商讨《历史地理典》如何高质量高速度完成。

感谢省、局、社、梁平波、马守良、肖欣桥及专家学者。拜托继续抓紧、抓好、保质、保时、保量完成。

李彦、任继愈、刘杲本来要来,因有事来不了,要我代表他们问候大家。

一、首先传达他们的意见

来前分别请示了他们,他们讲了许多意见,归纳起来:

第一,对这次会非常重视,也寄予了很大的希望,希望能开好。这是很好的时机,中宣部宣传工作会、三中全会才开过,中央十分重视精神文明建设,要把《历史地理典》作为精神文明建设的重要内容抓好。希望开成进一步的动员会。

第二,充分肯定这几年的成绩。尽管进度不快,还是要看到成绩,要鼓劲,气可鼓而不可泄。当然也要看到不足。

第三,充分看到有利条件:时机好,题目集中,资料集中,人员集中,省、部、局、社都支持、重视。有一批有水平的专家学者,葛剑雄年富力强,有水平。只要认真下决心抓,很快可以见成效。

第四,抓实,少讲空话,多做实事。人员落实,思想落实,时间落实,措施落实。抓力度、抓进度、抓措施，排出时间表。任老特别讲到请葛先生用心、用力集中抓、别拖延，快出书，出好书。

第五，质量、进度并举。质量是首位，进度是中心，不要再耽误时机。

当然有困难，但大家同心协力克服，只要把书高质量地编出来了，待遇总还可以进一步得到一些改善。没有进度，没有质量，书出不来，何谈待遇?!

二、通报各典情况

已开的典进展比较顺利，还准备开一些典。今年国庆节前后开始出书，明后年大批量出书。已开的典有《医药卫生典》、《文学典》、《法律典》、《历史典》、《语言文字典》、《历史地理典》、《教育体育典》。还有《林业典》将开，《交通运输典》批准了开典，还没有行动。还有些典在酝酿。

这些典进度最快的是《文学典》、《医药卫生典》。《文学典》的《宋辽金元分典》，1200 万字，稿子已全部作好，校对了四五遍，七八月开印，国庆见书。《隋唐五代分典》，书稿除中唐外都在排印，明年可出版全分典。

《医药卫生典》，国庆节时可出版《儿科总部》、《理论总部》，计 500 万字。其余 15 个总部，今年年底全部交稿。

《法律典》，6 个分典，《刑法分典》、《诉讼法分典》由政法大学承担，书稿已全部完成，计 1200 万字。其余 4 个分典，已大部掌握了资料。

《历史典》，5000 万字。《理论分典》较快，今年能交稿。《编年分典》、《人物分典》、《纪事分典》北京、上海两地结合来搞。《编年分典》较快，许沛藻先生的 300 万字已搞出来。

《教育体育典》，《教育》两个分典，普查工作今年完成，资料已在整理，《体育分典》明年全部完成。

今年出书约 2000 万字，明年可出 3000 万到 4000 万字，完成书稿约 5000 万字。

三、到四川、湖北、重庆、北京、江苏等地后的体会和感受

1. 对这一项大工程，各级领导都非常重视和支持。四川省委、省局都重视。局长李正培，作为局里抓的局长工程，钱和设备，都给得及时。中医学院、

体育学院、研究所都作为重点工作来抓，算科研成果，计工作量，安排人员、时间。四川成立了《中华大典》编纂处专抓《大典》工作。江苏由省局直接抓编、印、发，书稿已经编出来，局里组织人审稿。每年给 80 万元补贴，为出书一共给 400 万元。湖北省局、社作为重点，及时给钱。专家说，不是没钱，是怪我们自己没有很好搞。

2. 有一批热爱大典、愿献身的专家。专家作为事业来抓，认真，到了拼命的程度。《医药卫生典》的赵立勋，临去世前还说，遗憾没有搞完《中华大典》，精神感人至深。曾枣庄先生动员全所人来干。程千帆八十多岁了，他说："什么工作我都不接了，大典这件事我要搞完。"川大古籍所的几位学者，不但站得高，也看大处，看得远。他们说搞这个项目，培养了人，也可开发更多的项目副产品。他们不在乎钱的多少，因为这是一种十分有意义的事。段文桂、高纪言、段志洪、黄希坚、饶钦珩，他们都是组织编《大典》的骨干，是拼命干事的人才。

3. 要有坚持不懈的精神，不畏困难，不怕曲折，甚至因坚持质量和进度而得罪人。《医药卫生典》有两位副主编抓得不得力，换了人。有一位到处申说，我们只好耐心说服。江苏对一名著名学者交稿后，发现资料庞杂，动员他砍了小半，坚持保证质量。

4. 善于团结协作，相互支持，相互理解，不是相互埋怨。巴蜀书社与中医研究院，与政法学院，江苏大典编辑部与程千帆、卞孝萱等学者，经常沟通，达成共识。

5. 有适当的奖励政策，荣誉的、物资的。巴蜀书社坚持多劳多得，有些人工作好，量也大，收益也多一些。

四、对这次会要认识意义重大，对《历史地理典》的希望

1. 要认识重大意义。国务院直接批的重点工程。中宣部抓的"九五"重点。是新中国成立后最大的文化出版工程。党中央有三个常委介入，江泽民、李鹏都题词批示。规模大，时间长，内容厚重、丰富。对现在，对将来都有用。新类书，继承弘扬民族优秀传统文化，保护文化典籍。为精神文明建设的重要内容之一，为建设有中国特色的社会主义服务。能参加这一工作，更多是一种

光荣，不能用钱来衡量。

2. 坚持质量。质量是《大典》的生命，是得以存在流传的价值所在。有质量才有价值，价值是存在于质量上的。硬件、软件在质量上都要经得起后世子孙的检验。质量要多讲，讲在出版之前，完工后再讲就来不及了，经不起返工。特别是校对，硬伤不能有。目前在资料上问题多。

3. 努力抓进度，快速前进。将质量速度统一起来。已经四年了，如果再不抓紧，会遭人耻笑，也损伤各位学者的名声，别人会问“为什么出不来”，我们无法作答。这次会议要排出个切实可行的进度表，具体切实，不要落空。

4. 齐心协力抓好这一工程。因为《中华大典》走到一起来了，这是一种缘分。把主要精力集中一段时间，光靠业余不行。这个班子是大典各种班子中最年富力强的了，总不能说越年富力强越比别人慢吧？表现出年富力强的活力！

5. 交叉重复。完全不交叉不可能，要尽量避免。各典内统一安排，典外协商。各有侧重，给别人留条生路。

6. 待遇问题，大家关心。原规定的报酬已给，现在又提可能为时早了一点，集中抓出些成果再说。只能较快较好地把这个项目完成好，终归会有所改善。但要说明，钱可赚的门路很多，但《中华大典》的工程不多，全国只有这么一个，古往今来只有这么一个，今后恐怕也会少有，要珍惜这一机缘。

1998 年 6 月 5 日

在《文学典·宋辽金元文学分典》第一册审稿会上的发言

到目前为止,《文学典》还是《大典》的独生子,所以看到《宋辽金元文学分典》第一册已经可以付印了,十分高兴。上次会后,曾枣庄先生和他的编纂班子对我们提的意见很重视,认真对待每一条意见,这真正是对质量负责,是个学风问题,也是对事业的态度问题,很令人敬佩!程老,这样高龄还这样认真,老专家的风范使我敬佩!这里要特别说明的是,江苏省出版局特别关注质量,局的主要负责人和分管局长亲自抓,提要求。我们很感谢!

分给我的部分清样,我看过了,手头没有多少书,只用上古版的《容斋随笔》核对了几条,发现一处,1027页上17行"国"有误。……我同意付印

1998年9月22日

关于申请《中华大典》办公经费的报告

中宣部出版局并报刘云山、龚心瀚同志：

你们好！

目前,《大典》办公经费十分困难,现报告如下,请审核,并望给予支持。

《中华大典》是我国建国以来最大的一项文化出版工程,是一部规模宏大、学术性很强的大型工具书。全书7亿多字,质量要求严格,编纂周期长,涉及的部门和专业很多。《大典》工作委员会、编纂委员会统筹、组织、最终定稿、协调等任务复杂艰巨。

《大典》两委会没有设置专职委员,各项决定、活动、联络、编辑经费管理和大量日常工作,均要通过《大典》办公室实施。办公室由5位离退休的老同志组成,他们认真负责地进行工作。但今年的办公经费至今没有着落,《大典》办公室面临难以工作的局面,今后几年更是难以为继。《大典》工程急需一笔较为稳定的必要的办公经费及较固定的基本来源。

《中华大典》是经国务院批准立项,由中宣部和新闻出版署进行组织和领导,于1992年9月成立《大典》工委会和编委会而启动的。江泽民同志和李鹏、李瑞环等同志分别作了重要题词和批示,给予极大鼓舞。自1992年以来,《大典》两委会先后批准10个典启动编纂工作,占有《大典》22个典的45%,占全书7亿字的49%。依靠在学术上卓有成就的资深学者任继愈、程千帆、戴逸、席泽宗等和全国有关学者的艰辛努力,编纂工作取得了大的进展。今年可开始出书近2000万字,明后年进入较大规模出书阶段,每年可出书3000万至5000万字,到2006年,已启动的典可全部完成。因此,当前亟须加强对这项系统工程的领导力度,及时解决出现的各种问题。

过去,《大典》办公费用一直严重不足,主要来源有二:一是新闻出版署拨款,1992年至1995年共拨款24万元,1998年拨款4万元。二是由财政部为了编纂《大典》专项无息拨借给新闻出版署,再由署转借给有关出版社的国家财政垫支款中,提留4%作为《大典》的办公费,共提留了45万元。近几年来由于未能开动新典,已无提留来源。

《大典》两委会成立以来,各项收入为87.9万元,办公费用支出为87.7万元,包括办公用房租金,审稿会议费,专家审稿费,差旅费和资料、简报印刷费,长途电话费,邮资费以及劳务补贴等。加上1989年至1991年试点期间的花费,总计为121.5万元。收入小于支出,不足部分如1989年至1991年的几次会议费用;早期的三年办公用房租金等,至今尚由出版社垫支着。《大典》办公费用的开支,坚持精打细算、厉行节俭,过着"苦日子"。《大典》编委会、工委会的领导、委员都是不付报酬的。办公室几位离退休老同志的劳务补贴,只相当于每天的午餐费用及公交月票费用等。这些年来所有经费的收支状况,均有详细的账目。

由于受到办公费用的限制,《大典》两委会需要做一些事情没有能够进行。例如自1992年召开《大典》工作、编纂会议以来,至今尚未开过两委会全体委员会议(或者邀请分居全国的部分委员参加的两委主任扩大会);有些两委领导应该参加的多数均在外地举行的书稿论证、审定会议,由于缺少差旅费,无法前去参加;《大典》启动以后一直被学者要求召开的资料普查和编纂工作经验交流会不能召开;到大多数分散在外地的出版社、典编委会督促检查工作受到限制,等等。这都不利于保证编纂质量。

由于《大典》步入陆续出书阶段,今后的工作量和开支比前几年势必增大。根据精算,每年需要办公费用约20多万元。(今年首次出书时,我们拟召开一次工委、编委全体会议,或主任扩大会议。首次出书时需要进行适当的宣传,召开发布会,这些费用未计算在内。)

考虑到领导机关经费紧缩和困难,我们将尽力节约,压缩开支,能够暂缓的事延后去做。为使《大典》工作能够基本上正常进行,我们请求中宣部、新闻出版署共同给予支持。在今后5年中,每年至少拨给《大典》办公费用15万元。其中新闻出版署每年拨给8万元，中宣部每年拨给7万元。虽然数额仍然不足，但有这样一笔办公经费，才能在关键时期使《大典》实现出书任务有一个基本的条件。

恳望部领导和出版局对《大典》工程予以更大的关注和支持。我们将另向新闻出版署报送增加办公经费的报告。

特此报告。请审示。

中华大典工委会　李彦　刘杲　伍杰

1999年3月24日

关于出版发行《中华大典》和在京举行座谈会的请示报告

中共中央宣传部　国家新闻出版署并报关根同志：

我国集历代类书之大成的《中华大典》，经过十年艰辛努力，即将开始出版发行。其中，《文学典·宋辽金元文学分典》(1200万字)、《医药卫生典·医学分典》的《基础理论总部》、《儿科总部》(共800万字)，将于今年9月面世，向建国50周年献礼。

《中华大典》是国务院批准立项，由中央宣传部和新闻出版署组织和领导的我国建国以来最大的一项文化出版工作。它对我国历代浩如烟海的汉文古籍，进行全面、系统的分类整理，是一部学术性很强、资料极其丰富的巨型工具书。全书分为22个典，共7亿多字。预计今后五年左右将完成其中10个典的编纂出版工作。这是我国历史上继《太平御览》、《永乐大典》、《古今图书集成》等类书之后，由当代学者编纂的最大的类书，其规模相当于《四库全书》。

《中华大典》的编纂出版，将为学术界专家学者以及愿意了解和研究中国古代优秀传统文化的广大人士，提供重要的服务，同时对于保护和弘扬中华民族优秀传统文化、促进社会主义精神文明建设，是难能可贵的基础性工程，具有长远意义。编纂《中华大典》得到了海内外许多著名学者钱钟书教授、李约瑟博士等的赞同和支持。可以说是跨世纪中国古籍整理工作的一件大事，中国学术界的一件盛事。

党和国家领导同志十分关怀和重视编纂《中华大典》，在这项工程启动时分别作了重要题词和批示。江泽民同志的题词是:"同心同德,群策群力,认真编好中华大典,为建设有中国特色的社会主义服务。"李鹏同志多次批示要求抓紧办理,并题词:"继承和弘扬民族优秀传统文化"。李瑞环同志批示说:"希望有关方面和专家学者齐心协力,密切配合,精益求精,圆满地完成这项光荣而繁重的历史任务。"中央领导同志的题词和指示给予编者和出版工作者极大鼓舞。

《中华大典》由任继愈同志担任编纂委员会主任。从一开始编纂工作即依靠资深学者程千帆、戴逸、席泽宗、张晋藩、邹逸麟、朱祖延、马继兴、余瀛鳌、李国钧等和全国有关学者来做。这一批年逾古稀的专家和许多中青年专业工作者及古籍出版工作者,怀着高度责任感,在质量要求严格、工作量巨大,而经费严重不足,人力、资料等条件十分困难的情况下,发扬奉献精神、敬业精神,不计报酬和年迈多病,辛勤耕耘,其情景及精神十分感人,是这件工程能够进行的根本保证。

在第一批书即将出版发行之际,为了回报党和国家的关怀和支持,介绍《中华大典》的内容及意义,感谢学者的贡献,我们拟于今年10月上中旬,同江苏省新闻出版局,四川省新闻出版局联合在京举行《中华大典》出版发行座谈会(或称"首发式")。现将具体计划报告如下:

一、拟于1999年10月上中旬,在人民大会堂或中央宣传部多功能厅举行《中华大典》出版发行座谈会。

二、出版发行会的规模限在100人之内,邀请中央领导同志、知名专家学者、部分编委委员、宣传新闻出版部门领导同志和新闻记者出席。

三、座谈会请刘云山同志主持。会上由编者、出版者介绍《中华大典》编纂出版情况,领导同志讲话,专家学者发言,并表彰为编纂出版工作做出重要贡献的专家学者和有关人员。时间为一个半小时。

四、恳请李鹏、李岚清、丁关根等同志接见参加座谈会同志和摄影纪念;恳请关根同志出席座谈会并讲话。

五、请人民日报、新华社、中央广播电台、中央电视台等重要新闻单位给予支持,作适当报道。

六、请中宣部大力支持,如同意此报告,请转报中央办公厅,以恳请中央领导同志出席有关活动。

此外，为了进一步搞好编纂工作，我们拟在《中华大典》首批出版发行之际，举行大典部分在京编委委员座谈会，总结交流经验，讨论今后编纂计划。

特此报告，望予支持，并请审批。

中华大典工作委员会
主　任　李彦
副主任　刘杲　伍杰
1999 年 9 月 13 日

李彦、刘杲、伍杰就《中华大典》编纂出版工作问题致信石宗源同志

石宗源同志：

你好！

《中华大典》编纂出版工作，当前面临经济方面的几个迫切问题，急需向中宣部和出版署的领导汇报，以求得协调和解决。否则，这项重要文化出版工程将可能终止，形成严重的后果。

新闻出版署于1990年5月向国务院报送了《关于编纂〈中华大典〉及其经费问题的请示》，国务院于当年8月正式批复同意，并作了重要指示。江泽民总书记于1992年亲自题词，要求认真编好《中华大典》。李鹏同志、李瑞环同志分别题词和批示、李铁映同志也作了批示。

中央宣传部和新闻出版署重视这件工作，确定直接领导和办理。1991年决定由我们三个人和其他几位有关中央部门的负责同志担任《大典》工作委员会的主任和副主任，具体组织实施《中华大典》编纂出版工程，并组成了《中华大典》办公室。我们三个人是：李彦，当时为中宣部副部长，分工管理出版等方面工作；刘杲，当时为新闻出版署副署长、党组副书记；伍杰，当时为中宣部出版局局长。

这几年来，在各有关部门的大力支持和一大批专家学者的艰苦努力下，尽管编纂工作繁重的程度超过预期，但是总的来说进展还算比较顺利，已于去年10月开始出书，到今年底出书可达三千万字，前景是看好的。现在21世纪即将到来，要更好地贯彻“三个代表”的要求，《大典》的工作应当更加抓紧。可是遇到一些新的情况，经济方面发生问题，非《大典》工委会本身所能解决，急需

得到中宣部和新闻出版署领导的指示和支持。为此，我们请求先分别向中央宣传部和新闻出版署领导同志作一汇报，以便进行酝酿。然后，请部、署领导同志和其他有关领导同志尽早联合召开一次会议，听取汇报和讨论，对几个问题提出原则性指示意见。龚心瀚同志也建议这样办理。

现将几份材料送去，请阅，并请在繁忙的工作中安排时间，听取汇报。十分感谢。

致以

敬礼！

李彦 伍杰 刘杲

2000年12月7日

关于《中华大典》当前几个迫切问题的报告

——伍杰同志的汇报提纲

我受工委几位领导的委托，将《中华大典》的情况向部、署领导作一简要汇报。

《中华大典》编纂工作自 1992 年启动以来，已经取得了较好的进展。

党中央、国务院十分重视和关怀《大典》编纂出版工程。经中宣部、新闻出版署研究同意，1990 年 5 月新闻出版署将此项工程呈报国务院审批。国务院于同年 8 月批复同意，指示“要尽快成立《中华大典》编纂出版工作委员会”，并设立办公室。并要求“各地区、各部门应对这项工作给予支持，团结合作，以国家利益为重，以事业为重，树立全局观念，共同做好《中华大典》的编纂工作”。

江泽民总书记和李鹏、李瑞环等中央领导同志曾先后为《大典》工作题词。江总书记 1992 年题词是“同心同德，群策群力，认真编好中华大典，为建设有中国特色的社会主义服务”，对《大典》提出了殷切希望和重要指导方针。

财政部根据国务院的要求，从 1990 年开始，到 1995 年为止，每年提供无息垫支款 300 万元，六年共提供 1800 万元周转经费。此款由新闻出版署代为管理，委托《大典》编纂出版工作委员会统一使用。财政部于 1991 年 12 月批复同意新闻出版署所报《〈中华大典〉编纂工作财务管理办法》。

《中华大典》“是我国建国以来最大的一项文化出版工程”，是运用我国历代汉文古籍和现代科学分类方法编纂的一部大型工具书，它分解收录汉文古代典籍 2 万多种，7 亿多字，设 22 个典，全书约 400 册。

《中华大典》编纂工作于 1992 年启动，1998 年开始出书。按照有步骤前进的方针，《文学典·宋辽金元文学分典》(1200 万字)和《医药卫生典·医学分典》的两个总部(570 万字)于 1999 年出版发行。2000 年又出版了《文学典·隋唐五代文学分典》(1000 万字)。今年《文学典》、《医药卫生分典》将继续出书。

1999 年 10 月,中宣部、新闻出版署在《文学典》和《医药卫生典》开始出版发行后,在人民大会堂联合举行《中华大典》工作座谈会。李岚清和丁关根同志十分关心,关根同志会前对如何开好这次座谈会作了具体指示,会上传达了他们向参加编纂工作的专家学者及工作人员表示敬意和感谢。刘云山、于友先同志发表了重要讲话。最近,关根同志在送给他审阅《隋唐五代文学分典》的信上批示:书已收到,代为致谢。如有困难,根据情况,给予适当支持。这体现了领导的重视和关心。

为了继续做好《大典》的编纂出版工作,总的来说,当前急需解决的问题有:1.各级有关领导部门需要更加重视和关心《大典》的工作,加强领导,给予有力的支持。2.《大典》经费十分困难,达到寸步难行的地步,已成为阻碍《大典》工作前进的要害,解决经济问题迫在眉睫。3.有关省市新闻出版局和大典办公室,需要对已启动典编纂出版工作加强力度,加快进度。

近日新闻出版署按照上级规定,将原委托中国华融信托投资公司进行的贷款业务,改由华夏银行办理,并通知大典办公室向华夏银行办理借款业务转移手续。办公室在进行这项工作时,遇到几个重要的经济方面的问题,亟须向中宣部和新闻出版署的领导汇报,以求得到协调和解决。现将我们的几点想法汇报如下:

一、要求按照有关规定,续签延长借款期限和出书期限的合同

国务院为支持《中华大典》编纂出版工程,指示财政部实行财政策借款,由新闻出版署代管,自 1990 年至 1995 年,每年借款 300 万元,共计 1800 万元。财政部 1995 年将这笔借款全部拨齐,《大典》目前已借到 1080 万元。贷款时设想《大典》1994 年开始出书,1999 年第四季度起向财政策部还款,每年还 300 万元,至 2004 年第四季度,共计还清 1800 万元。

《大典》编纂出版工作自启动以来,得到了学术造诣很深的著名学者、各有关省的宣传部、出版局,有关出版社和一大批年轻的专业学者大力支持,他们

坚持使命感和责任感,发扬奉献精神,克服了重重困难。但是几年来的实践证明,虽然经过努力,启动时预期的 1994 年开始出书、1996 年开始陆续归还借款,是做不到的,需要延长出书时间和还款时间。1993 年正式着手编纂以来,进展快的《文学典》和《医药卫生典》于 1999 年开始出书(共 12 册,2770 万字),比原计划推迟了 5 年,预计到 2005 年前后出齐(共 40 册,1 亿字)。启动较晚的《历史典》、《法律典》、《教育体育典》、《历史地理典》、《语言文字典》、《哲学典》等,力争于 2002 年或 2003 年起陆续出书,2006 年前后陆续完成。各出版社于去年又一次检查了出版进度,力争 2007 年起陆续归还借给每个典的 120 万元。还有一个原因,每个典的字数和耗资都大,所属各分典不能一次性出齐,所得书款还需要投入到继续出书中去。

几年来,在编纂和出版《大典》的实践中,我们对编纂此书的重要意义愈来愈加深了认识,但同时愈来愈认识到我们对工程的难度,对其复杂性、艰巨性及所需时间、经费,原先都估计不足。因此出书时间和开始还款时间都与原先预计有所不同。《中华大典》是中国文化历史上最大的一部类书,所属各个典,例如《文学典》,在文学典籍方面是最大规模的独立的一部大辞书。历史学家戴逸先生去年 10 月参加审稿时说:号称我国第一类书的《古今图书集成》,其文学部分总共 700 余万字,收录的初唐作家约 50 人,盛唐作家约 80 人。而《文学典》仅《隋唐五代文学分典》这一个部分就有 1000 万字,收录初唐作家 250 人,盛唐作家 340 人,人数相当于前者 4 到 5 倍之多,字数多得更多。戴逸还说,送审的书稿资料丰富齐全,分类科学清楚,选录得当切题,从搜集材料、选择、整理到编排,都付出了艰辛的劳动,其奉献精神,令人敬佩。戴逸先生这个评价,从一个侧面反映出工程规模和工作量之大,难度之大。《大典》工程进度不能按照原先预期的日期实现,另一个重要原因是《大典》经费极为短缺。现在每启动一个典,借给承担出版任务的出版社 120 万元,只相当于所需经费的 1/4 到 1/6,其余经费都由省出版局和出版社承担,这个负担是不轻的。尤其是投入之后收回时间慢,周转时间长,主要是收到社会效益。现仍按照过去划定每千字付给编纂费 18 元,与目前通行的每千字 30 元相差很多。去掉其中包括的资料查阅、复制、编纂、点校、编辑、校对等费用,落到编纂者手中的很少,每千字只有几元钱。此种状况已无法继续。如按 30 元/千字计算,以 5000 万字的《文学典》为例，要付稿费 150 万元。书稿正式交到出版社之后，为了保证质量，一般要经过 6 道审校修改，每千字需付 8 元至 10 元，约付 40 万至 50 万元。在这之前，《文学典》下属各个分典样稿排印、论证以及会议费等，一般在 10 万元左右，6 个分典需费用 60 万元。以上三项合计达 260 万元。加上印刷、纸张等费用，需要投入 500 至 600 万元。

同我国已经或正在编辑出版的几部大书比较，他们的条件都比我们好。特别是经费问题尤显突出，而双方的出版进度则相差无几。《大百科全书》共 1.2 亿字(《大典》目前启动的 8 个典完成后即达 2.95 亿字，此外还有 14 个典没有启动)，财政拨款 8000 万元，编纂历时 15 年，还专门批准成立“中国大百科全书出版社”，给予编制和建成大楼。《美术分类全集》从 1988 年启动，已进行 12 年，还需五六年才能完成，财政一次性拨款 800 万元，新闻出版署每年还另拨款 100 万元，总量已达到 2000 万元。《汉语大词典》共 5000 万字，历时 19 年，由 5 省 1 市共同承担费用，数额难于计算。《中华大典》和这几部大书相比，国家财政投入实在是太少。由于经费制约，《大典》编纂出版工作步履艰难。

此次向华夏银行办理借款业务的移交工作，遇到的首要突出问题是，各出版社的借款均已到期，如果立即还款，不但由于大量借款已转化为初级文稿和稿酬，无款可还，而且势必使当前编纂和出版工作停止甚至瘫痪，其后果和影响将是很大的。因此，我们要求，按照财政部批准的有关规定，续签延长借款使用期限的合同。这个要求有章可循，而且符合实际情况。

财政部 1991 年 12 月 6 日正式行文新闻出版署，批准了《〈中华大典〉编纂工作财务管理办法》〔91〕财文字第 778 号，目前仍按此办法执行。其中第八条的全文规定是：“还款期限一般为二至四年。如用款单位确需延长借款使用期限，必须报经《大典》编纂出版工作委员会批准，并续签借款合同。”因此，我们要求，此次经中宣部、新闻出版署同意之后，按照这份文件的有关规定延长出书时间和还款时间，续签合同。具体做法是，建议由中宣部、新闻出版署、《大典》人员共同组成小组，在原先借款合同的基础上，对有关出版社的《大典》编纂工作，逐个进行认真审核，要求积极、最大努力地做好《大典》出版工作，从实情况出发，按管理办法续签借款合同，包括续签出书时间。强调省新闻出版局、出版社严格按照续签合同办事，并定期对其进行检查。将进行审核和续签的情况，由《大典》报中宣部、新闻出版署审示。经审定后，由部、署转报财政部。

关于这个问题，我们曾于 1999 年 2 月份及这之前，数次作过专门请示和提出建议，但未得到答复，当前亟须明确。

此次向银行转移借款手续遇到的另一个问题是重新寻找经济实体作为担保单位。原先的借贷合同由省、市出版局担保，他们的信用和经济实力可靠，不会使贷款流失，现在则遇到困难。国家对《大典》的垫支款是一项重大文化工程的投资，是精神文明建设的组成部分，不同于一般商业贷款，不是单纯企业行为，周转时间长，回收时间慢，所以企业不愿承担。为了解决这个难题，我们建议，老事老办法，请中宣部和新闻出版署给予协调和支持，由有关省、市出版局经过必要的手续继续担保。最近，接到新闻出版署计财司的电话，说《大典》借款债权由华融暂时转到署里，我们非常赞成这样做，希望今后按此办理。

二、关于外借 150 万元及归还问题

从《大典》启动之初，便遇到经费严重不足的多方压力。当时市场兴起不久，出现多种真假商机，误信借出两个月后便可本利一起收回，有利于增加经费。大典办公室于 1993 年从江苏古籍出版社抽出 150 万元借给河北省一家国际旅行社，之后，多次极力催还不成，于 1995 年 3 月向石家庄中级人民法院提出起诉，1996 年 10 月法院作出判决："被告以海口市阿波罗凯旋俱乐部中的股金（含财产）偿还。"

关于调出了 150 万元，江苏古籍出版社多次提出，既已被抽走，他们不能承担，应从他们的借款中扣除。这次重新办理借款手续，此事更成为必须解决的问题。我们就这件事，过去陆续以口头和文字形式向新闻出版署和财政部文教司作了汇报和检讨。这件事情违反了"专款专用"原则，是我们的错误，是一个深刻的教训。这笔欠款应由我们承担。如果仍向江苏方面扣除，势必在编纂出版工作方面产生严重问题。我们经过多次商议的意见是，在这次变更业务代理关系时，将 150 万元从江苏借款中划出，暂挂在新闻出版署账上，由大典办公室负责偿还（我们曾建议直接挂在大典办公室的账上，但银行不同意）。这里还涉及偿还150万元近3年的利息问题，我们建议免掉。

从目前情况看，逐步收回这项外借款是可能的，主要根据是：（一）我们有由法院判决的200平方米抵押楼房的所有权，地处海口市较为繁华的临街地段，可以在适宜的时候变卖，收回部分借款。（二）将抵押楼房出租。经报新闻出版署同意，于1998年将这200平方米楼房租给了广东发展银行海口营业部，租期8年，每年租金7万元，扣除税收，共计可收回40多万元。1998年、1999年和2000年所收房租已由大典办公室全数上交新闻出版署。（三）《大典》经费由新闻出版署存储银行的利息，除已付出的《大典》办公费外，尚余7万多元，计财司同意划归偿还借款。（四）外借款第一个月的利息4.5万元，现挂在《大典》的账上，也划归偿还借款。

恳望中宣部和新闻出版署领导对此事作出指示和协调。此事已无法再拖延解决，否则将使《大典》工程遇到极大困难。

三、关于《大典》办公室经费问题

《大典》工作委员会和编纂委员会没有设置专职委员，国务院关于编纂《中华大典》问题的批复中指示："中华大典办公室应由新闻出版署牵头组成。"《大典》办公室要办理许多日常工作，任务重。办公室由5名离退休的老同志组成，他们认真负责，但经费一直困难，后来发展到必要的办公用房租金、电话费、审稿会议费、出差费、资料简报印制费及邮寄费等，无钱支付。1999年3月，李彦、刘杲、伍杰同志专题报告刘云山、龚心瀚、于友先、于永湛同志，申请给《大典》拨付必需的经费和解决较稳定的经费来源。此事得到了上述领导同志的支持。中宣部从1999年起，每年从事业费中拨款7万元给《大典》办公室，先拨5年。新闻出版署1999年拨款8万元，2000年拨款7万元，但年前告诉《大典》办公室，这些款项是从存放在银行的《大典》拨款利息中拨付的，并说由于存款已借出和归还财政部，从2001年起不再拨给。实际上，新闻出版署没有专门拨付办公费。这种状况将使《大典》办公经费没有最低程度的保证，2001年将陷入无法立足的困境。

我们认为，经中央批准和指示，《大典》是在中宣部、新闻出版署直接领导下进行的重要工程，目前已经到了陆续出书的关键时刻，所需办公经费数量不多，国务院又批复由新闻出版署牵头组成办公室，因此，我们要求新闻出版署仍按 1999 年请示报告所申请的，参照中宣部的做法，每年拨给办公室 8 万元经费。至于《大典》办公室三年之后所需经费，由于《大典》工程仍在继续进行，届时将另行专题报送中宣部、出版署审批。

四、新闻出版署近日向财政部归还了《大典》现存 600 万元之后，产生难以解决的重要问题

新闻出版署计财司在 2000 年 10 月 8 日给《大典》办公室的函中说，“计财司存《中华大典》720 万元，已按照财政部文件和审计署决定归还财政部 600 万元，专款结存 120 万元”。复函中所提财政部文件，其内容已在本请示报告的第一部分当中引用。所提审计署决定，是指“审计署关于新闻出版署 1999 年度预算执行情况的审计决定”（2000 年 6 月）当中，在所作 8 项审计决定中第 2 条，作为其中一部分提出以下内容：“根据财政部《对〈关于申请编纂《中华大典》经费的报告〉的复函》（财文字〔1990〕792 号），你署应将《中华大典》专款按规定归还财政部。”

《大典》对已归还 600 万元的情况，是不知道的。审计署 2000 年 6 月审计决定中说：“本决定自送达之日起生效。如果对本决定不服，可以在收到本决定之日起 60 日内，向我署申请复议。”我们由于不知道这个决定，也没能够向审计署申请复议。

我们近日对这件事情进行了商议，认为积极还款的态度是好的，但相应产生了新的严重困难：第一，存在计财司的 720 万元，按照规定是开户新典的经费。现将其中 600 万元作为已启动各典的逾期借款，没有续签借款合同，而按照“财务管理办法”中所说，由新闻出版署负责每年向财政部归还借款 300 万元，“如到期不还，逐年抵扣事业费”办法归还财政部，致使尚未启动的 10 多个典的经费没有着落，开启工作势必停顿。这将面临经国务院批准的出版计划今后怎么办的问题。第二，原“财务管理办法”规定，由 1999 年第四季度起开始向财政部还款，但《大典》于 1997 年 11 月 12 日、1998 年 9 月 10 日和 1999 年 2 月 24 日，先后三次向财政部、新闻出版署写出关于《大典》编纂情况及请示缓期还款的详细请示报告，一直没有得到答复，这次却被扣掉 600 万元。此

外,财政部批准的“财务管理办法”第一条当中规定:“《大典》从 1994 年开始出版以后,用款单位向我署有计划地归还财政借款,我署用收回的借款继续周转垫支编纂工作所需经费。从 1996 年起至 1999 年止,每年垫支 300 万元,共计 1200 万元。”按照这个精神,扣还 600 万元之后,需要考虑继续拨回垫支经费。第三,前段期间由于外借 150 万元的错误被冻结了尚未贷出的 720 元拨款;近期又将其中大部分(600 万元)退还财政部;2000 年 11 月底新闻出版署计财司又通知《大典》办公室说,要准备归还 2001 年度借款 300 万元,并说,由于银行里只剩下 120 万元,还要考虑向出版社抽回部分借款。这些经济情况集中在一起,使《大典》的经费真是到了山穷水尽的地步。如果没有明确的措施,《大典》工程必将瘫痪和终结。

这次汇报,我们以急切心情希望中宣部、新闻出版署及各有关司局的领导同志,从出版《大典》的重要意义出发,对这项工作更加给予支持,作出明确指示。古往今来,凡属重要的文化出版工程都需要必要的经济投入作为保证。十五届五中全会决议,强调了这个问题。我们觉得,首先需要延长借款和出书的期限。这个问题解决了,其他都较容易解决。其次是向财政部申请退还 600 万元,专款专用到开动新典上面去。或者请求财政部另拨一笔财政借款,以资周转。再次,请求同意把外借 150 万元转挂到出版署账上,由《大典》办公室负责偿还。此外,还有其他几个问题需要解决,例如《大典》办公室的经费问题,借款保证单位问题。

历史上的重大类书,三四百年修纂一次。从清代编修《古今图书集成》到现在已经 290 多年。盛世修典,适逢其时。《中华大典》是建国以来以及三百年来的最大规模的类书和文化出版工程。目前虽然存在着一些较严重的经济困难,但并非不能解决。我们相信领导上只要更加重视和理解,关注投入,群策群力,是能够得到解决的。

特此汇报。不妥之处,请指正。

2001 年 4 月 12 日

李彦、刘杲、伍杰同志关于恳请中央领导同志听取《中华大典》工作汇报的请示

宗源、从军同志并请核报
岚清、关根同志：

在中宣部、新闻出版总署的领导下，经过近十年的努力，《中华大典》部分分典已开始陆续出版发行，学术界反应良好。《大典》计划出版22个典，目前启动了较重要的9个典，占《大典》计划出版总数7亿字的44%。其余各典因缺乏经费，编纂和出版工作尚未进行。根据关根同志指示精神，今年4月，中宣部、新闻出版总署联合召开《大典》工作汇报会，研究了有关问题，认为《大典》工作非常重要，一定要坚持搞好。目前有些措施正在落实。但经费问题不是宣传系统单独部门能够解决，需财政部根据中央和国务院的指示精神办理，因此，恳请岚清、关根同志近期听取一次《大典》工作汇报，给予指示。

《中华大典》经国务院批准立项，列入国家重点古籍整理项目，是建国以来最大的一项文出版工程，其规模远远超过同类性质的三百多年前明代的《永乐大典》。《中华大典》启动之时，财政部根据国务院指示，通过新闻出版署借给《大典》1080万元。这笔资金为《大典》的启动和部分典的编纂出版，发挥了重要作用。目前贷款期限已到，按照原先安排应该还款。但使用借款的各出版社，已将其中大部分转换成资料和书稿，他们自身也投入了资金，仍不敷应用，要求目前偿还存在较大困难。如硬性收回，将使《大典》工作中途停顿甚至前功尽弃。建议对上述借款，按照财政部关于《大典》使用经费的规定，准许申请续签延长贷款期限和出书期限的合同，暂不归还。

从编纂出版工作实践看，《大典》工程量之大、难度之高、周期之长、耗费之

多，都远远超过原来预想。国务院当初所借资金仅为《大典》所需费用很小部分，难以承担《大典》巨大的工作量。同时也证明，由国家借贷少量经费、经过滚动方式解决《大典》经费的方法，虽经多方努力仍不能解决问题。因此，建议仿照《中国大百科全书》、《中国美术全集》和《汉语大词典》等经费运作办法，由国家短期贷款改为国家拨款或以国家拨款为主，由《大典》工委会根据实际需要，提出经费总预算方案，报国务院和财政部审批后，由财政部分年逐个拨付。同时，继续积极争取各地政府和出版部门的经费支持，严格加强对资金的使用和管理，厉行节约。

岚清、关根同志一直关心支持《大典》工作。在目前遇到的自身难以克服的困难时，我们恳切希望岚清、关根同志能够在百忙之中挤出时间，听取汇报，给予指示。我们一定按照江总书记关于"同心同德，群策群力，认真编好《中华大典》，为建设有中国特色的社会主义服务"和中央领导同志做好《中华大典》的编纂工作的指示精神，进一步发扬艰苦奋斗和努力奉献的精神，增强信心，做好工作，不辜负中央的信任。

知名学者任继愈（国家国书馆馆长）、戴逸（中国历史学会原会长）、席泽宗（中国科学院、国际科学史研究院院士），不顾年老体弱，一直亲自主持《大典》编纂工作。《大典》另一位编委会副主任、88岁高龄的程千帆先生（中国古代文史学家）去年逝世前几天，还在主持《文学典》的编纂工作会议，精神感人。任继愈等3位同志近日给《大典》工委会写了信，现一并送去，请阅。

特此报告。妥否，请指示。

中华大典工作委员会

主　任：李彦（中宣部原副部长）

副主任：刘杲（新闻出版署原副署长）

伍杰（中宣部出版局原局长）

2001年9月30日

南京行情况汇报

中华大典办公室并李彦、永湛、继愈同志：

我于3月25日出差南京，督促《文学典》的活动，现将情况汇报如下：

1. 拜访了江苏出版集团的领导班子。见到了董事长石启中、新调来的副董事长陈海燕(准备接任石启中之职)、吴小平，代表工委、编委感谢他们以往对《大典》的支持与关注，并请他们继续支持。他们表示一定一如过去做好《大典》的工作。事后陈海燕表示，这么重要的工作，过去不了解，现在要多了解，向高纪言要了有关《大典》的资料。

2. 请《理论分典》的张伯伟、徐杰开会，商讨分典的进程。我说我是来作《文学典》的扫尾工作，想和他们商量如何结尾为好。他们比较认真，汇报了情况，目前，全部资料已经搜齐，正着手编纂。已有90万字已经编好，近日将交《大典》编辑部。张伯伟表示，近期他不再出国，不再外出开会，集中力量编《理论分典》。他承担的200万字，7月交稿。徐杰也表示积极努力完成。预计今年下半年可以发排。

3.《明清分典》进展顺利。明一、二找到印厂已看到样书。清一、二、三，已校三次，初定4月20日以前送北京审定，力争5月初印出，5月10日左右将书全部送至北京。

4.《魏晋南北朝分典》稍有延后。我与黄敬德主编联系，他说正在加紧编纂，7月能全部交稿。预计年底能出书。

5. 我到南京新华印刷厂、淮阴新华印刷厂看望了厂长、中层干部，承担《大典》印制的车间干部和工人，除感谢他们的支持外，希望他们能按时、保质、保量地印好。他们态度十分友好,表示一定不辜负我们的希望,出色地完成这一任务。

6. 代表工委、编委看望了蒋迪委、王建邦、王玉良等对《大典》做出过贡献的老同志,感谢他们过去对《大典》的支持。

7. 与文学编辑部的5位同志开会,肯定他们的辛勤劳动,感谢他们的支持,请他们作最后的努力,出好成果。他们汇报了进展情况。总的说,进展状况良好,预计年底能全部完稿,明年上半年全部出书,力争在北京或南京开庆功会。

伍杰

2005年4月4日

在《明清文学分典》座谈会上的发言

《中华大典·文学典·明清文学分典》胜利完成了，这是一件喜事，开这个会，十分必要。我受《中华大典》工委会、编委会的委派，代表工委、编委，代表任继愈先生参加今天的会议。《明清分典》这个座谈会，实际上也是一个学术交流会，一个总结会，一个庆功会。交流多年编纂中的学术心得，总结学者们多年的辛劳成就，庆祝大家多年辛劳取得的丰硕成果。作为工委、编委的主要负责人之一，我非常高兴。

《中华大典》是建国后最大的文化出版工程，做好这一工程有十分重要的意义。这对继承弘扬中华民族的传统文化，对促进文学史、思想史研究，对推动学术发展，对促进当前社会主义先进文化建设都有重要作用。

所以，中央是很重视的，对这一工程，先后有6个常委、2个政治局委员、1个国务委员题过词和批示过：有温家宝、李长春、江泽民、李鹏、李瑞环、李岚清、刘云山、李铁映、陈至立。对一套古籍，这么多领导人关心，是前所未有的。武汉大学和武大的学者能参加这一工程，可以说十分光荣。现在成功地画了一个圆满的句号，值得好好庆贺。

在这里，我代表工委、编委真诚地感谢大家。首先要感谢各位专家、学者、编辑部的先生们多年付出艰辛劳动。还要感谢武大和文学院的领导对《中华大典》的高度重视和支持。在《明清分典》最困难的时候，校党委和行政领导、文学院的领导、科研部门的先生们，给予了大力支持，帮助解决了许多困难，使得《明清分典》能顺利进行，使得这一工程能圆满地结束。

这里要特别讲一讲我们的学者、专家。十年辛苦不寻常。学者专家们的精神是十分感人的。我曾到吴志达先生家中访问过，他家室内几乎都是书稿。他和大家日夜紧张，艰苦奋斗，付出极大，所得劳动报酬极微，不计名利，不计报酬。学者专家们的这种精神是十分感人的。在几次审稿会上，北京的专家们善意地提出了许多意见，《明清分典》的专家学者，都虚心倾听，认真吸收。本着精益求精的精神，坚持精编精校，宁愿推迟出书时间，也要把质量放在第一位。在这方面，江苏出版集团很重视和支持，江苏《中华大典·文学典》编辑部的几位老同志，也是功不可没。他们经常奔走于大典办、编纂学者、审读专家之间协调关系，坚持质量，在编者、编辑部、审读专家的共同努力下，使得《明清分典》能高质量地出版。《大典》工委、编委是很满意的。在我们开这个会的时候，这套书正送往胡锦涛、温家宝诸位党中央领导人的手中，正送往中宣部、新闻出版总署领导人的手中。这也是对大家成绩的肯定。学者们也应以此为自豪，感到慰藉。

《明清分典》在整个《文学典》中，占有重要的位置。它是几个大分典之一，有1200万字，占总字数的22%，容量大，字数多，分量重。它涵盖的时代与我们最近，所以与我们的距离较小。其资料较以前各分典更为丰富，其成果有总结性。对当前适用性更强，其学术价值更为人们所重视和关注。对继承、传播和弘扬中华民族文化，推动祖国的社会主义先进文化建设，都有重要的现实作用，都将产生重要影响。它的价值是不言而喻的。请诸位先生记住，当代学者，以后的学人，不但要应用你们的成果，而且会铭记你们的功绩。因此，我再一次衷心地祝贺你们的成功，感谢你们的劳作。

2005年10月20日

在《中华大典·语言文字典》领导小组会上的发言

昨天参加了《明清分典》庆功会，今天参加《语言文字典》的领导小组会，十分高兴，对《语言文字典》的情况有了进一步的了解。1994年8月正式启动，已经11年了，做了大量工作，取得了不小的成绩：有一个分典接近出书；两个分典资料已普查完毕，进入编纂阶段。有了这样的基础，一两年时间就会陆续出书。特别值得高兴的是，出版集团决心抓紧这一工程，力争快出书，出好书。我很受鼓舞。预祝你们的成功。

《中华大典》是建国后最大文化出版工程，国家对这一工程很重视。温家宝、李长春、刘云山、陈至立等中央领导，2004年收到送去的样书后先后作了重要批示：2004年3月31日温家宝同志批示："书已收到。谢谢编纂人员的辛勤劳动。"李长春同志4月9日批示："宗源同志：盛世修典乃德政也，望继续抓好。"刘云山同志6月11日批示："祝贺《大典》编纂取得的可喜成效，感谢参与编校工作各位专家学者付出的辛勤劳动。作为跨世纪出版工程，一定要精心编印，精益求精，使其成为超越前人、无愧后人的精品工程。请转达对继愈老和工委、编委同志们的问候。"4月2日陈至立同志批示："宗源同志：此事记得曾谈起过，不知与财政部协商的结果如何？望告。若已落实，请您将结果告李彦、任继愈等同志。若问题尚未解决，也请将具体情况告进玉同志或我。"6月11日中宣部主管出版工作的副部长在简报上批示："《中华大典》是世纪工程，民族工程，国家工程，求严、求真、求精、求实。要向专家学者表示感谢。"这一系列批示，不仅肯定了《中华大典》的重要意义，还提出了精编精校、精益求精的编纂要求，也对参与工作的专家学者给予了高度评价，并感谢他们为中华民族，为国家做出的贡献。对这些指示，工委和编委正在工作中认真贯彻落实。

目前，从已启动的8个典的情况看，进展基本上是顺利的，8个典的总字数约占整个《中华大典》总字数的一半。《文学典》最好最快，5500万字，已出书4000万字，其余书稿也已编完，预计明年年底可全部出齐。《哲学典》是任老亲自抓的，2000年启动，进展很好。书稿已全部编完，印厂已全部排完，正在编校中，预计明年能全部出书。在8个典中，他们启动最晚，用了不到5年时间即全部完成，进度是最快的。其他各典进度不一，多少都有成果，多则出几种书，少则出一两种。《语言文字典》接近出书，也作出了很大成绩。

对湖北承担的《语言文字典》，有利条件是很多的：第一，上面给了一些钱，有钱；第二，有编纂《汉语大字典》的基础，有经验；第三，出版力量雄厚，人才很多，有人；第四，有专业班子，宛志文等同志，十分努力；第五，专家学者有积极性，如舒怀先生自己背着书包跑北京，查资料，做好很多工作。这些都是十分难得的。

由于人员流动大，变化快，承担单位也几经变化，这些有利条件没有得到一直地充分地发挥。省里开始是十分重视的，给《大典》大力支持，帮助解决了许多困难。中间还请教育部副部长、工委副主任朱新钧来湖北指导。这时工程已转到教育出版社，因各大学有困难，我们到每个大学做工作，各大学都作出了承诺。这都对工作有所推动，但进展还不够快。现在又有了好时机，就是出版集团决心亲自过问，亲自抓，下决心抓好这一工程，我想这次一定会抓得十分出色。

现在，在这个好时机到来时刻，我提出几点建议：第一，请认真学习中央领导同志一系列重要批示，认真贯彻和落实这些指示精神，抓紧、抓精、抓实、抓好、抓出成效。第二，希望各方面都重视《中华大典》，真正当成一项国家的文化工程来抓。集团、出版社、编纂的专家学者，各尽其责，同心协力，抓好这件事，千万别再拖下去。都做到超越前人，无愧后人。有脸见江东父老，有脸向历史交代。第三，对大学和专家学者提出一点要求。武大吴志达先生等学者带头完成了《明清分典》，他克服了许多困难，昨天会上全国专家学者充满敬佩之情。我们希望各位专家能像吴志达等先生一样，把《大典》当一件大事来抓，把精力放在《大典》身上，快出成果，出好成果。学校领导也能认真抓，像武大一样为立项创造些条件。第四，一定要有一个有能力、真办事、会办事、愿意办事的工作班子，经常不懈地抓这件事，千万别间断，别放弃自信。而且要认真做好协调工作，帮助专家学者解决一些实际困难，协调好学校与专家之间、出版社与学校之间、出版社与专家之间的关系。第五，订出一个切实可行的规划，保质保时，定期高质量快出成果，为湖北出版界、学界争取荣誉，为学校、为出版社争取荣誉。希望《明清分典》式的庆功会能在武大、湖北大学、华中师范学院召开。

2005 年 10 月 21 日

听取《文学典》编辑部汇报进展情况时的讲话

伍杰同志在听取汇报后作了讲话。他说:(1)编辑部同志们的工作是辛苦、努力和认真的,越到后期越认真。没有他们认真的工作,《文学典》是出不来的,因此,我们要感谢他们,奖励他们。同时我们也要感谢支持《大典》工作的省新闻出版局、省出版集团和省出版总社的领导同志们。(2)现在看《文学典》编辑工作越抓越细,我们强调抓质量,没想到抓到用字上了。研究版本,才有抓字问题。编辑工作越仔细深入,越能保证质量。编辑部的同志们不是只从原则上讲抓质量,而是采用了一套有效的具体做法。(3)对抓进度,看来编辑部一天也未放松,效果也不错。有些分典编纂进度不快,原因是多方面的,责任并不完全在编辑部。我们希望一如既往,抓好质量,也要抓紧进度。

2006 年 3 月 28 日

总结经验，坚持质量第一，加快编纂出版进度

——在经验交流会上发言（提纲）

伍杰按：从现在起，我已不是《中华大典》工委会常务副主任。整个《中华大典》已不由中宣部主持，已转由国家新闻出版总署主持。我只是被聘为大典办副主任，做些具体工作。因为我是《中华大典》工程的发起人之一，对《大典》付出了大量心血，有感情，从大局出发，为国家利益，才愿帮助继续干这一工程。赵含坤同志是一位十分出色的编辑家、出版家。开始是我请他来《中华大典》工作的，是《大典》办公室常务副主任。现在是一般工作人员。他一贯兢兢业业，为《大典》全心全意地工作，精神十分感人。崔望云同志也是我请他来《中华大典》工作的，他是一位老同志，理论修养较深，二十多年一心一意为《大典》工作。我们三人都来自中宣部，又都是好朋友，相处甚好。后面还有些我在《大典》的讲话，审稿意见、有关文章，为了留一点纪念，我舍不得丢掉。如有机会，我将继续出版这些内容。有些意见，很不准确，有重复，甚至是错的。总之，可留给出版家、有关专家学者参考，指正。

（一）《中华大典》的初步发展

《中华大典》这一巨大的文化出版工程，经过5年多的酝酿准备，从1987年到1992年，总算一切都准备就绪。1992年9月9日召开了《中华大典》的工作会议。会议的召开，就意味着《中华大典》的正式启动。可以说前面5年是序曲，从1992年9月起，这出文化出版大戏才正式开幕。

这次工作会上，正式决定《中华大典》编纂21个典、92个分典，荟萃古籍2万种，64500万字。由先试点的5个典正式开始编纂。《文学典》由程千帆先生兼任主编，《历史典》由戴逸先生兼任主编，《教育体育典》由华东师大教授李

国钧任主编,《医药卫生典》由中国中医研究院院长傅世垣任第一主编,《法律典》由中国政法大学校长张晋藩任主编。后来又有《语言文字典》(主编朱祖延)、《历史地理典》(主编邹逸麟)、《哲学典》(主编任继愈)、《林业典》(主编张均成)先后启动。这样,正式启动的典共有9个。

老百姓常说:早起开门七件事,油盐柴米酱醋茶。东西南北生活习惯不同,对生活的七件事,要求不一,但总的要求是一致的:必须有钱。编书和生活也有共同之外。出版大书也要有经济基础。编纂《中华大典》正式开始以后,遇到重要问题是:要有钱编,要有人编,要有水平编。开始,我们对编纂的难度估计不足,对所需的经费估计不足,对能找到的支持资源也估计不足,对出书时间和卖书回款的可能更估计不足。总之是过于乐观。由于上面讲的四个估计不足,便带来了以后的许多困难和问题。几年中,我们虽然尽力拼搏,也取得了很大的成绩,但成绩并不理想,进展很不如人意,计划未能完成。本来预计五六年时间,到1998年就能完成这一工程,可是直到14年后仍然相差很远。我作为开始就参与的工作人员,不能不十分汗颜。

中央是重视的,财政部是支持的,中宣部、新闻出版署是关心的,成绩令人不满意,当然是办事人员有责任。

开步走是要拿出经费,给编纂者以报酬,给出版者以出版经费。财政部借给了1800万元,如果按21个典平均每个典的经费只有85万多元,编纂出版1亿字只有300万元,100万字只有3万元,这当然不够。如何分配呢?瞻前顾后,工委决定每个启动的典,一次性借给120万元,完成之后必须偿还,并由各出版社的主管单位担保,既是借款,还要向银行交纳利息。至于稿酬,每千字定为18元,还包括资料复印费在内。如果除去资料费,编纂者所得的报酬千字大概只有几块钱,可谓微乎其微了。先后让先启动的7个典借了1080万元,后来因为还款的时间已到,要向国家还款,后启动的《林业典》、《哲学典》已无钱可借,只好向他们讲清,如果你们有志于出大书,只有靠你们自己筹钱了。云南教育的何学惠社长,十分执着,她说:"这样的大书、好书,再困难我们也要出版。"当时没有给他们一分钱,他们也坚持要承担这一项目,精神感人。专家们看重奉献,很少怨言,精神也极为感人。程千帆先生说,他靠的是子弟兵,临逝世时还惦记着《大典》。再加上高纪言的百折不回,出版集团原董事长石启忠曾说，砸锅卖铁也要出好《大典》，所以《文学典》始终进展较快。段文桂、赵立勋也是临终时还攥着书稿。他们为《中华大典》做出了贡献，为《中华大典》的出版者、编纂者、工作人员树立了榜样。有他们的精神，何愁编纂出版不了《大典》!

除了钱，就是人力。老专家体弱的多，中年专家很忙，待遇又差，确实比较困难。但尽管如此，大家还是在不断努力。9 个典共有 37 个分典，32600 万字。他们在编修的道路上稳步地慢慢地前进着。《文学典》有 6 个分典，最先给出了成果的是曾枣庄主编的《宋辽金元文学分典》，有 1200 万字。这头一胎与读者见面，大大鼓舞了士气。在人民大会堂召开了庆功式的座谈会。引起了学术界、出版界、新闻界的震动。党和国家领导人也高度赞许。给了它应有的荣誉，获得了中国图书奖，实在是使参与这一工程的人激动不已。直到完成它 10 年后，今年补发稿酬时，主编卞孝萱、曾枣庄仍感慨万千地说：我们讲奉献，早努力，早完成，《大典》工委、编委仍牢记我们，言而有信，使我十分感动。除了《文学典》，《医药卫生典》、《历史地理典》也先后出版了一些书。到 2005 年止，共出版了 5300 万字。这是 13 年中中国出版人、学者凝结的文化结晶。看着它们，使人思绪万端。

回顾起来，这 9 个典所走的道路，虽然有失误，但应该说也取得不小的成绩：

首先，它开通了一条路。这条路告诉我们，专家学者和出版人是愿意干这件大事的，路走得通，能走出成绩。可以说，在行走中积累了宝贵的经验。

第二，制定了一系列的文件、规章制度，在干的过程中完善了编纂出版的程序、方式、方法。“不以规矩，不能成方圆”，不能随意各干各的，要有统一的行动纲领和规则。

第三，出了一批众所瞩目的好书。有的专家说：“这套书好，要管 300 年。”有的专家说：“我带研究宋辽金元文学的研究生，有《宋辽金元文学分典》就够用了，不必找其他的参考资料。”

第四，也培养了一批严肃认真、讲究高质量的编类书的专家。在老专家学者的带领下，可谓新人辈出。前 9 个典中，先后参加的专家学者，有 200 多人。

（二）共同行走的启示

从9个典的编纂出版中能看出许多共性的内容，使人有所体会。可以说这是大家共同创造的经验，是大家共同创造的财富，也希望今后能成为新启动的各典的共同财富。这9个典成书的一般步骤是：组织班子、设置框架、普查资料、书写样稿、分类整理、认真点较、编纂成稿、专家评审。这里提醒大家，要特别注意几点：

首先，各典都认为必须有一个尽职尽责的好主编。他乐于干这件事，虽然很忙，但能挤出时间，也一定要挤出时间，把编《大典》当成主业之一，不是当副业。他必须有水平，有威望，学术上能领衔，能披挂上阵，愿自己动手，能调动和团结专家学者，善于听取和吸纳各种意见。总之，会领头，会把关，会选材取舍，会判断是非，审阅定夺。

第二，要有一帮充分认识编纂出版《中华大典》的重要性和乐于参加这一工程的人马。不只讲报酬，更要讲奉献；不只看眼前，更要看长远。他们愿意沉寂于一时，因为编《大典》眼前并不轰轰烈烈，也许鲜为人知，但是，修成之后，惠及学林、泽及子孙。后人将会追思这些做出贡献的前辈，也就是说将流芳百世，如陈梦雷、纪昀等修《古今图书集成》和《四库全书》，对他们在文化积累中的功绩，学人谁不追思？对《中华大典》必须充分认识到这是一项最大的文化出版工程，是一个国家项目，是代表国家的重大文化精品事业，是继承弘扬中华民族优秀文化的创举，意义重大。参加者要有责任感、使命感、荣誉感、自豪感。修这种书是一种意境较高的追求。中国有修类书的传统，从《皇览》开始，大体上约300年修一次类书。古代最近最大的一次修类书就是《古今图书集成》了，陈梦雷主编，它始于康熙四十年（1701），成于康熙四十五年（1706），重修《集成》于雍正四年（1726）。前后修了25年。距今近300年。规模很大，全书10000卷，32个典，约1亿6000万字。陈梦雷和他的同仁能干成这件事是了不起的，尽管此书有许多不足，后人仍然受益不浅，仍然纪念他们。人生几何，在一生中能遇到300年修一次的类书，参加国家这样大的文化工程，这是他学术生涯中的大事，这不是每个学者都能遇到的，这是一件幸事，怎不令人高兴呢？大家应珍惜这样的机缘。

第三，要坚持质量第一，把质量放在首位。所谓质量，一般说来，应是版本可靠，选材精当，分类准确，标点无误，印制精美，学术上是高水平的。质量高，使用者放心，才对得起党和国家的重视，才对得起当代读者，才对得起后人。《古今图书集成》学者不愿照搬使用，只作参考，和它的质量有关。我们不能作《古今图书集成》第二，要有勇气和决心超过《古今图书集成》。

第四，坚持运行的科学措施。9个典在运行中曾遇到各种各样的问题，但都在实践中得到合理的解决。

比如普查资料。大家一致认为要广查精收，查的面要广，录用要精。收集和录用是两个概念。有的典的经验，收集和录用是三比二，收集资料，可用率三分之二。录用太宽易杂，会离主题太远。太窄易漏收精髓。《文学典》提出"小家要全，大家要精"，对其他典也适用。其他典如加以补充，则是"古代求全，晚清求精"，晚清资料极多，量不可过大。外国人写的关于中国的著作应分别情况处理：1911年前久住中国、用中文书写的著作，或1911年前已译成中文的著作，可根据需要适当采用；用外文书写，1911年以后翻译成中文的作品，一般不采用。各典采用资料的下限时间为1911年，如有特殊需要必须突破时限，要经过总主编批准，不要随意扩大资料的录入范围。

又如版本选择。不能"拾到篮子就是菜"，随便采用。对版本要选择，要比较，要核对。要使用当时公认的好版本，有条件可多用珍本、善本，总之是优秀可靠可信的版本。《大典》的通用书目只有1206种，数量有限，使用不限于此。当代整理的学术成果、优秀出版社出版的古籍本，可以采用，但必须尽量核对原版。

关于经纬目的合理安排。经纬目的合理安排，涉及内容的组合，资料的取舍。《大典》的经目有明确规定：典、分典、总部、分部等5到6级。纬目可设7到9级。纬目的设置要看经目的情况，要看普查资料的情况。分典、总部都可以根据情况，决定设不设纬目，设几级纬目，有则设之，无则不设。

关于点校。点校是保证书稿质量的关键步骤。出错不仅易闹出笑话，且贻误后人。一定要有高度责任心来点校。校，是校版本、校文字的讹、误、脱、漏、衍，校资料高低，校不必要的繁杂和重复等等。点是断句，准确合理地断句。点准，不违原意。断句准比较难，易有分歧，必须仔细商量斟酌。"韦孟傅楚元王孙戊作四言诗讽王自此始李陵降匈奴苏武别河梁上作五言诗自此始"，这是叶釐《爱日斋丛钞》中的一段注文。其中两个"作"字是断在上面还是断在下面，专家至今意见不一。可见断句之难。标点我们提出多用句号、逗号，不用分号、惊叹号、问号，少用其他号。

关于引书格式。《大典》早有规定，9 个典编纂中，曾有一点变化，最后一致认为，以四级为妥：作者名、书名、卷数、篇名。有些是几编几卷的，要标明哪编、哪卷。总之，要有利于读者查找原著。

关于异体字的处理。异体字比较复杂，不必强求统一，可根据不同的情况处理。《文学典》曾根据普查情况，列出异体字 153 个。其中又分成四种情况：有 68 个字可视为异体字；41 个字字典上可查到，但不通行；5 个字从音义上可归为异体字；49 个字字形不同，已列入异体字表。在处理时，分别三种情况：一种是必须统一的异体字，目录、标题、条目、索引、书眉上必须统一字形。第二是可酌情处理的异体字。在同一页，标题、条目、书目可酌情统一。古人手写字形，如难认，字典也查不到，可酌情改为通行字体。第三种是可不改的异体字，正文中不涉及条目、索引，也不影响对上下文的理解，可照原稿，不必统一。不认识的字，只能保留原样，不必改动。

交叉重复问题。典之间，要互相沟通协调，尽量少交叉，避免大的重复，提倡自觉让道。但根据内容的需要，少量重复是允许的。分典之间，力争不重复，一个分典之内，不允许重复。

9 个典已有较长时间的实践，特别是《文学典》，正反两方面的经验都比较丰富。我们出了许多简报，这些经验，大家可以好好阅读参考，也可以在今后编纂出版中择可用者、适用者用之。这次请了有丰富经验的专家学者、总编，对这些问题，都可能涉及，请大家认真参考吸纳。

（三）新里程的飞跃

在 9 个典的编纂过程中，曾遇到很大的困难。李彦、刘杲和我，都先后退出现职，成了离退休干部，又还要干这件事，经费奇缺，困难是可以想见的。无奈之下，当时工委和编委商量，决心将已经启动的 9 个典千方百计编完编好，后面的 10 多个典等将来后人再编。这一意见正式反映到中宣部、新闻出版总署后，他们的意见一致：不同意这样，《中华大典》不能中断。于是 2001 年 9 月 30 日，当时的工委主任李彦，工委副主任刘杲、伍杰三人，写了一封信给新闻出版总署署长石宗源、宣传部主管出版的副部长李从军并报岚清、丁关根同志，汇报了《中华大典》的发展情况和遇到的困难，同时附上了任继愈、戴逸、席泽宗等几位编委正副主任给工委的信，请求中央支持帮助。关根同志很快就有了批示，批给了当时国务院副秘书长高强，请他支持。高强同志也很快批给了财政部，财政部也积极支持，请新闻出版总署重新论证，需作出要经费的计划。从此，《中华大典》有了新的转机。

2002年，中宣部出经费，由新闻出版总署邀请全国100多名著名专家，重新对《中华大典》进行论证，论证后向财政部提出了请求国家投资拨款的计划。提出编8亿多字，经费9.9亿元。此后经过反复协商、论证，直到2006年，终于有了结果，由国家投资补贴2亿元继续编纂《中华大典》。这里有一个重大的转变，由原来的少量垫支款(借款)改为国家拨款补贴，使得经费有了可靠保证。于是2006年5月30日正式召开了《中华大典》的工作会议，陈至立同志在会上作了重要讲话。会议开得很成功，到会的同志受到了极大的鼓舞，会后采取了一系列的重要措施。

首先，加强了对编纂出版《中华大典》领导。重新组织任命了工委成员。由新闻出版总署署长龙新民、财政部长金人庆任工委会主任，副署长于永湛任工委会常务副主任兼办公室主任，并由他亲自抓常务工作。中宣部、财政部、教育部、文化部、中国科学院、军事学院等几位部(院)领导任副主任。吸收各地宣传部门、出版集团及出版社负责人，组成了49人的工作委员会。这使《中华大典》在组织上有了坚强的保证。同时调整了编纂委员会，任继愈继续任编委主编，席泽宗、戴逸继续任副主编，还请了柯俊、吴文俊、傅熹年任副主编，吸收了各典主编和有名的学者专家，组成了有42名专家参加的编纂委员会，大大增强了编委会的实力，这将强有力地保证《中华大典》的编纂质量。

第二，认真贯彻中央指示，努力实现《大典》工作会议的指导思想。党中央和国务院领导同志十分重视《大典》的编纂工作，多次对《大典》作了题词和批示。在这次《大典》工作会议召开之前，中共中央政治局委员、书记处书记、中宣部部长刘云山指出，《中华大典》是文化建设和出版工作的重要工程，对弘扬中华民族的优秀文化，促进中国先进文化建设，促进出版事业繁荣，具有重要意义，一定要高度重视，切实加强领导，加大投入，加快进度，把《中华大典》的编纂出版工作抓紧抓好。国务委员陈至立在此次会议的讲话中强调，编纂出版《中华大典》是当今中国经济文化繁荣昌盛的重要标志，既是继承和弘扬中华民族优秀传统文化、振奋民族精神的需要，也是建设中国特色社会主义先进文化的需要，促进社会主义物质文明、政治文明和精神文明建设，构建社会主义和谐社会的需要，具有重大的现实意义和深远的历史意义。

今年以来，《中华大典》还被列为国家文化发展纲要的重点出版工程项目，新闻出版总署已列为"十一五"国家重大工程出版规划之首。

这些指示和决定，指出了编纂出版《中华大典》的重大历史意义和现实意义，对我国文化出版工作建设的重要性，使我们从政治的高度提高了对编纂出版《大典》的认识，从现实的角度加深了对编纂出版《大典》的理解。这就促使参与编纂出版《大典》的专家学者和编纂出版的工作者，深刻体会到推动编纂好《大典》的荣誉感和责任感，决心使这些指示和决定的精神化作动力，搞好《大典》的编纂出版工作。

第三，经费按时到位。财政部按计划分批及时将经费拨付给《中华大典》，《大典》工委会及时组织了合理的分配。这使得《大典》的编纂出版在经济上有了可靠的保证，解除了后顾之忧。这也进一步调动各方面的积极性。

第四，争取各方面的有力支持。总署、教育部、科技部联合下文，请各高等院校及科研单位重视和支持。全国有 80 多所高等院校的学者参加这一项目，文件规定，工作内容为科研成果，编纂要计算为正常的工作量。根据国务院批示，立项为国家项目，下达了立项书，发给了聘书。这样使学者们能安心地积极地参加编纂工作。

第五，及时沟通信息，交流经验。组织印发了历来的文件规章制度、历史上的简报。新编了几十期简报。召开了各种会议。促使各个新启动的典及时了解《大典》编纂的各方面信息、经验、要求、办法和有关规定。这有力地推动了各典的前进。

这里要特别提出编纂专家与编辑的关系，两者的共同目标是高质量的《中华大典》。编纂者是基础，编辑是桥梁，缺一不可，但又是矛盾的统一，从结合开始，就有矛盾，在矛盾中和谐统一，才能达到理想境界。从已取得优异效果的几个典看，容易产生矛盾的一些内容，有框架结构体例、引书格式、选材多少、容量大小、内容是否重复、资料是否准确、版本优劣、文字讹误等等。编纂者是从浩如烟海的古籍资料中选择自己认为最好的最可靠的资料，放在最适当的位置，组成自己最满意的书稿。编辑则要看看这书稿是否妥帖，是否符合《大典》的要求，是否达到了出版水平。不是你编纂，我就出版，而是要把好出版关。《文学典》、《历史典》、《法律典》的编辑工作，都是经过多次反复，才取得了较好的效果。编辑工作是出书的最后一道关口，决不能马虎潦草。编纂者和编辑，都可能出错，两者常产生矛盾。解决矛盾只有在求高质量，坚持真理，尊重学术的原则下，互相沟通，互相尊重，互相理解，互相宽容。对原稿，编辑不能随便改动，有改动，一定要告诉编者，征求编者的意见；对编辑的修改，编纂者一定要虚心冷静地对待，双方切磋，校对原著，求得统一。万一有不能统一时，提交《大典》编委会议定。总之，和谐相处，共同追求同一目标。在这一方面，《文学典》的高纪言先生，是我们的典范。他作为编辑把好出版关时和专家的关系处理得十分出色。《中华大典》的编辑应该向他学习。

到现在为止，已经取得了不小的成绩，有了较大的发展。经过调整，《大典》已由原来的 21 个调整为 24 个，分典由原来的 92 个调整为 114 个，字数控制在 8 亿字之内。原来的《数理化典》和《天文地学典》，根据专家的建议分为《数学典》和《理化典》、《天文典》、《地学典》，二分为四。原来的《其他社会科学典》，比较繁杂，概念不太清楚，改为《民俗典》。增加了《林业典》。字数也由原来的 6.55 亿字调整为 7.5 亿字。

这 24 个典中，原来的 9 个典运转正常，《文学典》、《哲学典》编纂工作已按时全部完成，将全部出书。《医学卫生典》、《历史地理典》已部分出书，《历史典》、《法律典》、《林业典》、《语言文字典》、《教育体育典》都已编出许多书稿，明年将有不少分典出书。新启动的 15 个典，主编已全部确定。除《生物典》、《军事典》外，又有 13 个典签署了三方协议。加上原来的 9 个典，共有 22 个典有了正式协议，使得编纂出版的合作有了法律保证。

其他各典有 11 个典正在做的工作是三件事：1. 制定编纂框架、体例、工作计划，有几个典已经做完，交给了《大典》办公室。2. 编纂样稿，原定今年年底编出 10 万到 20 万字的样稿交大典办，由《大典》办组织审查论证。少数尚未完成。3. 开始普查资料。只有 4 个典由于客观原因，还在搭班子，组织人马。总的工作，进行有序，比较正常。

(四)明年以后的设想

明年是关键的一年,也是繁忙的一年。要继续贯彻2006年《中华大典》工作会议精神。在精选精编的原则下,坚持质量第一,力争进度,求得总体推进。

首先抓好出书。上半年完成《文学典》、《哲学典》的出版。两典共计8500万字。其中5000万字本应是2006年的出书任务。因编委会和专家们终审后,提出了许多修改意见。本着质量第一的原则,修改后,明年上半年才能出书。《医药卫生典》的本草图谱和人物总部共计620万字,明年上半年力争出书。《法律典》的《诉讼法分典》400万字,明年下半年可以出书。《历史典》的《史学理论分典》620万字,明年能出书。以上共计11400万字。

第二,抓好书稿终审。明年有几个典的书稿能进入终审。《法律典·刑法分典》可完成700万字;《医药卫生典》的眼科总部200万字,内科、妇科900万字可进入终审;《林业典》一个分典300万字,可进入终审。明年可进入终审的书稿共约2100万字。对可进入终审的书稿,一是坚持质量,二是抓进度。必须不断检查,督促。

第三,抓好15个典、81个分典的框架、体例、工作计划。现在只有4个典有体例框架,因此要抓紧督催,争取早日交齐,以便进行研讨、平衡。

第四,样稿评审。在签订协议过程中,大典办已一再向出版社和编纂专家讲清楚,请他们在2006年底前交10万到20万字的最终样稿。样稿交来后请编委会组织有关专家评审,确定是否符合《中华大典》的规定,达到了《中华大典》的编纂水平。

为了达到以上工作的要求,除了大典办经常保持联系,经常沟通情况、交流经验外,还必须召开一些会:一,5月可召开一次典的主编会,交流经验,协调进度,商讨编纂中遇到的困难和问题。二,10月可召开一次分典主编会,交流经验,交流工作计划,解决交叉重复等问题。三,开几次样稿评审会、书稿终审会、专题座谈会。何时开、具体内容,需视工作进展情况而定。

这虽是大典办提出的要求,但是要所有参加编纂工作的专家学者和出版社的同志共同努力,共同奋斗。

我们经过较为认真地考虑和核算,对一个典进行了安排。根据这几年的经验,2500万字以下规模小的典30个月内可以完成;3000万字以上的大规模的典3年可以完成。一个典组织队伍、制定框架的工作计划,2个月就可以了;普查、选录资料、分类整理,要12到14个月;标点5到6个月;最后梳理、复查、交书稿3到4个月;编辑工作因是交叉式滚动式进行,5到6个月就可以了;终审修改正式出书,5到6个月:这样要30到36个月。各典情况不同,资料的多少难易有别,人员的水平有别,付出劳动的程度有别,成稿先后会有所不同。我们希望质量第一,力争进度,要快一点儿。

对整个《大典》我们测算一下,尽量控制在7.5亿字之内。现在已出版5000万字,明年即2007年可出版5000万字,2008年争取出版1亿字,2009年争取出版2.8亿字,这样2009年可出版4.8亿字,占7.5亿字的65%,2010年出版2.7亿字,占总字数的35%。也就是说,在2009年时65%以上能完成出书任务,2010年10月前能全部完成出版。那时将是约350册到400册成书。

任务是艰巨的,让我们共同努力,为这一重大文化出版工程,做出贡献,使之早日完成。使它像一道宏伟的书墙,一座真正的文化丰碑摆在世人的面前。

2006年12月22日

在《生物典·动物分典》启动会上的发言

今天生物界的专家们相聚共同商讨《动物分典》的编纂问题，这是我国有史以来的一件重要事情，是一件很有意义的好事，有极重要的历史价值、学术价值、文化价值。我代表中华大典工作委员会、编纂委员会参加这个会，表示热烈的祝贺，也提出殷切的希望。

《中华大典》是党中央6位常委均有题词、批示，国务院批准立项的“建国以来最大的一项文化出版工程”，近8亿字，是国家项目。新闻出版总署、教育部、中国科学院联合下文中称“《中华大典》是国务院批准的重大文化出版工程，是国家‘十一五’时期文化发展规划纲要的重要项目。”“是以古文献汇编的形式，用现代科学分类方法，编纂出版的中国历代汉文古籍的一部新型类书。”对它的性质和规模，讲得十分明白。

2007年1月27日至29日《生物典》在云南昆明召开了编纂出版工作启动会，大典工委常务副主任于永湛同志向各参加单位和专家颁发了立项书和聘书。很多话，我们当时在那个会上都讲了，现在也只是重复讲讲。《动物分典》是《生物典》的重要内容，今天能正式启动，我十分高兴。

《动物分典》和《生物典》的其他两个分典一样，有许多特点、有许多有利条件、也有许多困难。比如专家阵容强大，科学院支持，所里重视；但是古今动物文献史料，没有人系统整理过；对生物的研究重当代、轻古代；经费，当今研究较多，对古史研究经费较少；人员、现代科学家多，古史研究家少等等。所以，要编纂出高质量的《动物分典》，需要各方面共同努力才能做到。当然，我相信一定能做到。这里，我提出三点希望。

首先是对编纂中华大典要统一认识、统一思想。认识到这是一件前无古人，后少来者的文化大事，是国家当今的重要文化出版项目，参加是光荣的。要前对得起古人、后对得起后世，上对得起国家，下对得起读者。一定要努力做好这件事，要无愧于心。历史上修类书大体上约300年一次，不是每个单位、每个人都能遇到的。修好了有专家说要管300年。认识到重要性、必要性；自觉认真去干这一工程。

第二要坚持质量第一。所谓质量，指内容质量、学术质量、点校质量、印制质量。是统一的完美的精品。比如选材：版本要好，要可靠，不能是书商的盗版书，要有原版不能转引。古代要全，近代要精。小家要全，大家要精。搜集资料要广，使用资料要精、要准。该选的要选入，不该选的不要选入。

第三，统一体例、格式规范。按大典统一规定。5－6级经目，8－9级纬目，引书格式三极，作者、书名、卷次等要统一。

在这里，首先要感谢中国科学院的帮助和支持。感谢承担任务的北京动物研究所，昆明动物所、云南植物所、中科院植物所、自然史所等单位和各位专家、学者，感谢云南教育出版社的先生们。我们期待着这一工程的顺利进展。

2007年4月11日

在《语言文字典·音韵分典·叶音部》审稿会上的发言

《叶音部》是《中华大典·音韵分典》的一个部。《中华大典》是国务院批准的国家项目,是国家文化发展纲要的重点文化工程,有很重要的历史意义,现实意义,也有国际意义。有很大的文化价值,也很有学术价值。叶音部作为其组成部分,其意义自然不容忽视。

音韵分典已作了很长时间,已经取得了一定成果,但仍需努力。这次审定《叶音部》的样稿,可以看出编纂者十分认真,十分努力,作了许多工作,内容很丰富。但从资料看,要更加精选、宽选、准选,可以更精细些,按统一标准,按规范要求,按点校规定作得更好一些。希望能在保证质量的前提下,早出成果。

叶(协)音说是宋朝吴棫后流行起来的,明清大为发展。清代刘维谦才更为系统化。对叶音始终有两种不同的意见。在书稿中对不同的两种意见的文献反映不够。

《题解》部分简单了一些,似可再补充些材料。对叶音历来有两种意见,似可适当增加一些。钱大昕在《潜研堂文集》中,讲到对叶音的解释,但他在《六书音乐表序》中,对叶音基本上是否定的,他说:"故惟百篇之音为最善,而昧者乃执隋唐之韵以读古经,有所龃龉,屡变其音以相从,谓之叶韵,不惟无当于今音,而古音滋茫昧矣。"

《论说》中一些有代表性的人物如顾炎武、陈第、吴棫、刘维谦等都可各选一些,现在有些人的资料有,有些人的资料没有或者很少。

《论说》与《综述》界限难分。如21页刘维谦《毛诗叶音辩伪·凡例》,凡例放在综述里也可以。

《论说》中引书、格式、体例、均有不妥。书引号不统一，如史迁有的有引号，有的没有。引文段落间前后颠倒：第5页引《朱子语类》一大段文献，其实是三段组成，引用时前后颠倒了。而且上栏，倒数5行，“诗音韵问有了，可供处”问字应是间字。52页上栏第一行，“协意臆也”，臆字应是忆字；第四行“真行淡漠兮”的淡字应是澹字。有些标点不够准确。

《综述》前后体例不统一，50页——59页是大量引《诗经》、《史记》等著作原文，后面加几个字，以说明音韵，但60页宋王质以后则是先引说明文字，后面加一两句原著。前后体例完全不同。

《传记》中应选那些人物，似可斟酌。有些引文与主题无关，显得庞杂了一些。

2007年5月13日

积极推进《生物典》的开展

——在《生物典》编纂交流会上的讲话

一、《中华大典》是一部什么样的书?

文件明确:"古文献汇编的形式,用现代科学分类方法编纂出版的中国历代汉文古籍的一部新型类书。"是工具书。这里阐明了几个要素:1、收 1911 年以前古文献记载的资料;2、是汇编,不需现代学者对这些资料发表议论;3、是汉文字不是外文,不收少数民族文字;4、不是按古代类书经史子集来分类,是按现代科学分类,政经史哲等。共 24 个典即门类,116 个分典学科门类中的小类,约 8 亿字,是类书,但是现代类书,与古代类书不同。

中国历来有编类书的传统,原因是:1、统治者要表现文治武功的盛世;2、宫廷要学习;3、要继承古代文化为己用。大体上几百年编一次,各朝代都有其代表作。最早的类书是《皇览》,是公元 220 年－222 年魏文帝曹丕主持编修,主编是刘劭、王象等,刘劭是尚书郎相当于现在的部长,千余卷 800 万字,两年编成。唐高祖李渊要人编了《艺文类聚》,欧阳询等编纂,欧是学者,主要是文学作品。全书 100 卷,130 万字,3 年编成。宋代有 4 大类书:《文苑英华》、《太平御览》、《册府元龟》、《太平广记》。《太平广记》是宋太宗下令编,李昉等主编,引书 526 种,全书 500 卷,编了 2 年,有 289 万字;《文苑英华》也是李昉等奉宋太宗之命主编,编了 4 年,全书 1000 卷,519 万字;《太平御览》也是李昉等主编,编了 7 年,引书 1591 种,478 万字。《册府元龟》宋真宗下令编,是王钦若、杨亿等编,编了 8 年,1000 卷,916 万字。明成祖下令编《永乐大典》,3.7 亿字,解缙等编,编了 4 年,参加的有 3000 多人,收书 8 千种 22877 卷,11095

册。康熙、雍正下令编《古今图书集成》，有1.6亿字，陈梦雷等主编，1701－1725编了5年，到正式出版是25年。全书一万卷，引书352万种。其他还有很多类书。

《中华大典》与这些类书不同：1、古类书是原著汇集，按经史子集；《中华大典》是整理，摘录古籍资料，科学分类；2、阅读对象有差别，古类书多是供宫廷阅读，面窄，《中华大典》面对一般读者，面广；3、选书标准不一，古类书与朝廷无碍，《中华大典》宽，不同学派，不同观点均入选，有学术自由；4、古类书规模小，书写本，数量少，一般只有3、5套；《中华大典》则是印刷，数量多，应用面宽；5、古类书收书少，多者不过上千种，《中华大典》收书两万多种，达7－8亿字，规模宏大，内容丰富。

为什么有人提出编《中华大典》，这并非偶然，有它的必然性。这是国家经济、文化繁荣，发展的结果，是当代出版人、学者对中华文化的热爱，强烈要求继承弘扬中华文明，要求推进中华文明的结果。所以，有必然性。几百年修一次类书，有规律性。这是历史的要求。80年代末期19家古籍出版社的出版人，季羡林、张岱年等300多位全国知名学者有见如此，共同向国家呼吁，才得了国家和各个方面的响应和支持。国家的经济繁荣，也必然推动文化繁荣和发展。

历史上编大型类书，多是帝王挂帅，推动编纂，他们当成表现盛世的文化成果。我们现在是的的确确的盛世。所以，中央对修大典也是十分支持和重视。这也引起了各方面的关注，引起了强烈的反响。修大典1988年开始之后，党中央总书记江泽民、总理李鹏均有批示和题词，李鹏几次亲自抓这件事。后来有温家宝、李瑞环、李长春、李岚清等6位党中央常委和几位政治局委员、国家委员作了重要批示。国务院在正式文件中明确批示是"建国后最大的文化出版工程"。中央一直要求，对中华大典要精编精印。学者们也一直提出此书要管300年。可见其各方面的关心和重视。

为什么这么重视？1、因为是系统总结和继承中华民族的优秀文化。中华民族的古老文明在世界上是首屈一指的。可以说《大典》也有国际意义。2、进一步弘扬中华民族的古老文明，有利于丰富和推动现代文明；3、有利于提高当代的科学、文化水平；4、这更能充实当代先进文化的建设。工程浩大，意义深远。这一非凡的工程，吸引了广大学者，现在参加编纂的学者，分典主编以上的学者有 222 人，加上参与的其他学者，共约三千人。可见队伍宏大。可以说，参加这一工程，是一种机缘，更是一种荣誉。如果某一学人将他的聘书留给子孙后代，会熠熠生辉，会是难得的宝藏，将是难得的珍品。在《大典》上留名，也将永远流传后世，就像陈梦雷、李昉、解缙等名家一样。这是一件多么光彩的好事。

二、《中华大典》编纂的一般程序

《大典》从 1988 年开始，至今已取得了相当的成果，已出书近 6000 万字。今年将完成近一亿字。24 个典中有 9 个典进展较快，《文学典》、《哲学典》今年将全部完成。有 15 个典今年才先后启动，可能进展晚一些。但 3—4 年内要全部完成。2009 年基本完成，2010 年全部完成。《生物典》是 24 个典中的一个不太大的典，只有 1500 万字。前几天在《动物分典》的启动会上，我分析了有利和不利条件。“专家阵容强大，科学院支持，所里重视”加上参加者积极性高，但也有不利条件：“古今动物文献史料少，没有人系统整理过，对生物的研究，重当代、轻古代，人员中研究现代的科学家多，研究古生物的专家少；经费投入也是今多古少。”这就要求我们要充分发挥优长，克服不足。共同努力，才会取得优异的成果。

现在《生物典》已经全面铺开，根据我们十多年的经验，一个典编纂的全过程有它的规律性，有必须经过的几个步骤，我想《生物典》也不会例外。一般有几个步骤：

酝酿启动之后，是普查资料；整理出通用书目；编出样稿；将资料整理科学分类；认真点校；编纂成书稿；编辑整理加工；终审；公开出版。在每一步骤，每一环节，都有许多细致的工作要认真去作。

1. 质量第一。这一观念始终不能变。贯彻始终，放在第一位。质量主要是指学术质量，内容出色，高水平。当然也包括选材、版本、点校、编纂、印装等等。参加人员要有社会责任感，历史使命感、荣誉感，当成重要任务来抓，对得起祖国、人民，对得起历史和后人。作到问心无愧。不能马虎，要一丝不苟。充分认识编纂的艰巨性。选材难，校对准，保证质量难。

2. 编出通用书目。《大典》的通用书目只有1206种，这远远不够，各典要根据专业情况，对古籍多方搜罗，编出适用的书目，以供编纂者使用。

3. 认真普查。普查是对资料摸底，这是编好的基础。查的面要广，范围要宽，内容要全，版本要好。对资料“竭泽而渔”，“一网打尽”。作到不漏、不错、不偏、不易、不累、不杂，切中主题，保证重点。普查的资料不等于引用资料。普查的多，录用的少。一般3∶2。查通用书目、专业书目，专家各找门路。我们也提供支持。《续修四库全书》、《四库全书》、爱如生数字化平台，有古籍一万种，提供作者使用。可能要查几百种，上千种。查要广，收要精，古代全，清代精，收原版，不收转引书。资料要复印，50字以下的可以手抄，但要校对，无误、无讹。要运用用现代学术成果，古籍整理本。用名社出版的书，不用杂牌书，更不能用盗版书。总之是善本、珍本、优秀本。

4. 按统一规定的体例编纂，经纬目设置，点校要求、引书格式、版面安排、用料等等都是有统一规定。有些典作得很不规范。要按规范处理，不要自作主张。我们的规定有不规范的可提出意见，再研究解决。

5. 框架、样稿认真作好。框架已出了许多简报，可供参考。但每典各有特点，有不同内容。样稿规定为10—20万字，按成书要求作。样稿作出后送大典工委、编委，请专家审定。

6. 点校要准确。点，一般用句号、逗号，不用“——”“?”“!”号，少用其他号。用已点校的成果，要认真核对原版。有些典的书稿中，点得很乱，错误极多。校是与原著相符。

7. 科学分类。经目、纬目要清楚，经目一般是5级，必要时可延至6级。纬目是内容，可有8—9级，有则设、无则不设，不必凑数。经纬目的内容要理清楚，界线要明明白白，不要混淆含糊。

8. 引书格式。这是固定的，每条资料都要标明作者、书名、卷次、版本。一般是三级。引书的内容要认真校核，不能张冠李戴，产生讹误。

9. 重复与交叉。各典都是独立存在，有自己的收书范围，一般力求不重复，但有些略有交叉，也不能避免。总的要求是典之间如有需要可有少许重复，但是尽量少重复和交叉。一个典之内不允许重复，分典之内更不能有重复。

10. 资料排列要有序、不能杂乱。同样内容按时代先后。不同内容要分清纲目，不能混杂交错。

11. 编辑加工。这是一道重要工序。作者、编辑要经常沟通，互相尊重、互相理解、互相帮助。

《生物典》的普查工作已经全面铺开，我希望在这样好的形势下，大家要很好地利用有利条件，抓紧工作，使《生物典》能像《哲学典》一样，奋起直追，迎头赶上，在保证质量第一的前提下，取得更快更好的进展。

12. 要用现代古籍整理成果，但用时要核对原版，以免有误。特别是对原有类书的使用，要选择，要核对原著。

13. 对注释文字的引用要有选择。不能一概引用，也不能一概不用。

2007 年 5 月 22 日

在《林业典》启动会上的发言

参加《林业典》的新的启动会，十分高兴。

林业在人们的生活中，在国家的经济建设中越来越显得重要。《中华大典·林业典》的编纂，也就显得越来越重要了。林业是一门新的综合科学。和其他典有不同的内容和特点。编纂《林业典》可以系统地归类整理林业的汉文历史古籍，可以使人们进一步认识林业在历史变迁和社会发展中的重要地位，可以更加认识现在林业在生态环境建设，在国民经济中的突出作用。可见《林业典》的编纂是十分重要，能单独立典是十分必要的。

对编纂《中华大典·林业典》国家林业局十分重视，1998 年 8 月就向《中华大典》工委会、编委会申请立项。1998 年 9 月 1 日中华大典工委会、编委会开会审议通过了立项申请，从批准立项到现在已经有 8 年多了。由于种种原因进展并不理想。去年中华大典重新全面启动后，林业总局仍坚持原来申请，要求《林业典》继续编纂出版，我们是十分支持的。现在看来，《林业典》的编纂有很多有利条件：首先是国家林业局十分重视和支持，组织了专门班子，拨给了专项经费，调整了编纂学者和领军人物，从组织上和经费上都有了保证。其次是组织了一支强而有力的编纂队伍，他们愿意积极认真热情地干好这一件大事。第三，《林业典》有比较好的基础，功底比较扎实，通用书目、框架、资料都已有了比较好的准备；第四，已有一个分典的经验。熊大桐先生作的近三百万字的《森林培育与管理分典》已基本完成，这为后面的工作，作出了样子。当然也应看到不利条件：1、资料很多，比较难选；2、与《农业典》等典交叉多，容易重复，需要主动避免和让路；3、第一线的专家工作大多很忙，很紧张，集中时间较难。

这里我提出一点要求：第一、所有参加编纂出版的人们充分认识到作这一工作的重要意义，这是一项重大的国家工程，对继承传扬中华民族文化，对当前科学研究，对先进文化建设都十分重要。这一工程国务院批示是建国以来最大的文化出版工程，参加这一工程是光荣的；第二，大家都要把质量放在第一位，保证质量；第三、充分认识编纂《林业典》的艰巨性，编好、出版好是很难的；第四、这是一个国家项目，希望大家挤出相当的时间，认真作这件事，不能当作副业来作，要当成主业之一。认真作好，要对得起国家和广大读者，对得起子孙后代。

我们希望各方面积极努力，化不利为有利，在保证质量的前提下，顺利、圆满地完成这一历史任务。

2007 年 5 月 25 日

关于解决交叉重复问题

这次会是专题工作会，开一天半，主要解决各典之间的交叉重复问题。如有时间，再议论一下各典最近的进展情况和有关问题。工委主任经中宣部、总署批准，已由柳斌杰担任。这次会他因有事不能参加。永湛同志因出差，也不能参加这次会，他向大家问好。

编委会主任任继愈先生讲话。

解决交叉重复问题的办法是根据大典的原则要求，相互沟通，自由交换意见，取得共识。如有重大分歧，再进行讨论，由大典工委、编委审定。

24个典已普遍展开，最近各典先后提出有许多内容相互交叉重复，希望能协商解决。我们认为这样的要求是合理的。交叉重复问题，不很好解决，可能使有的典内容庞杂，且体例不统一，引用资料不规范，大典的质量难以保证。为了保证大典的质量，要坚决贯彻中央领导"精编精印"的指示，坚持质量第一的原则，认真解决交叉重复问题。

有几个方面的问题请大家考虑：

一、为保持本典相对的独立性、完整性，典与典之间，如有需要允许有少量交叉重复。分典之间，允许有个别交叉。总部以下，不允许有交叉重复。

二、经目中，各典、分典、总部、部、分部之间，完全一样的名目，应调整、改动，不应完全相同。相近相似的纬目，内容也要有所区别。

三、各典之间相关相近内容，应各有侧重。如：园林建筑，在《农业典》、《工业典》、《艺术典》、《林业典》、《历史地理典》中都有；农民战争，在《军事典》、《历史典》、《政治典》中都有；冶炼，在《工业典》、《理化典》、《宗教典》中都有；法规，在《法律典》、《政治典》、《军事典》、《经济典》、《林业典》中都有；动植物，在《农业典》、《生物典》、《林业典》、《医药典》中都有；气象灾害，在《农业典》、《地学典》、《历史地理典》中都有；气候，在《生物典》、《农业典》、《历史地理典》、《地学典》中都有；方言俗语，在《民俗典》、《语言文字典》中都有。此外，还有一些内容各典之间也有交叉重复。据《军事典》主编反映，《军事典》与《工业典》、《交通运输典》、《政治典》、《历史典》、《法律典》、《历史地理典》有交叉；据《工业典》主编反映，《工业典》与《艺术典》、《军事典》、《理化典》、《农业典》、《历史地理典》有交叉；据《天文典》主编反映，《天文典》与《数学典》、《地理典》、《地学典》、《宗教典》、《艺术典》、《哲学典》有交叉；据《林业典》主编反映，《林业典》与《农业典》、《医药卫生典》、《生物典》、《宗教典》、《工业典》有交叉；据《农业典》主编反映，《农业典》与《经济典》、《林业典》、《生物典》有交叉；据《经济典》反映，《经济典》与《农业典》、《工业典》有交叉。24 个典中，除文献典没有重复交叉外，23 个典都有不同程度的交叉重复，只是有的多，有的少而已。可见涉及的面比较宽广，因此，各典之间要相互沟通、协商，求得合理解决。不仅名目要避免重复，内容也要各有侧重，注意“边界”，只收与本专业关系密切的资料，体现本典的特点。影响到其他典，要主动“让路”。

四、总论、论说、综述、人物、记事等纬目，力求只选与本典有关内容，不要太宽、太泛、避免与其他典重复。

会议开法：今天上午讨论任老讲话，各典之间互相沟通，对口交流，自由交换意见。下午讨论，提出解决交叉重复问题的有关难点。如有必要可分小组讨论。明天上午进一步讨论，重点发言，座谈各典进展情况，小结。

2007 年 6 月 29 日

在《中华大典》工作会议上的讲话

这次会开得很好,很成功。时间很短,很紧凑,效果显著。会议不是上面说了算,而是大家说了算。共同的问题,共同讨论,共同出主意,和谐协商,共同解决问题。在协商沟通中,大家的态度认真、细致、深入、谦和。这是因为大家有一个共同的目标:保证《中华大典》的质量,保证《中华大典》有传世价值。解决交叉重复,不是敷衍应景之作,而是保证质量的重要举措。这次会很重要的。

这次会达到了我们的目的。有四点收获:

第一,广泛交流了信息,交流了经验,沟通了思想,增加了理解,促进了队伍的和谐。

第二,交叉重复问题,沟通顺利,绝大部分问题,得到了合理的解决,为各典顺利编纂出版创造了有利条件。角度、特点不同。

第三,为今后沟通,开辟了有利渠道,打开了各典之间的交往之门。

第四,通过沟通,增强了大家的整体意识,认识到都在编纂出版大典,都是其中一员,大典的好坏、优劣,与每人都关系极大,一荣俱荣、一损俱损,后人评论时赞誉和谴责人人有份。因此,一定把质量放在第一位,要用好的版本,要用优秀出版社出版的现代学术成果,数字化的东西也可以用,但一定要与原版对照。校对要认真,所引用的资料与原版勘对,要校对无误。

希望我们谨记这次会,记住这四点收获。

这次会后如何行动。我建议:

第一,在所有编纂人员中认真传达这次会议情况,传达任老讲话精神,传达所有框架中存在的交叉重复情况及其危害，解决这一问题的必要性。

第二，在讨论的基础上，从本学科的实际情况出发，按大典要求对框架进行一次认真地修改。在保证学科的整体性前提下，做到典之间少交叉重复，分典之间只允许个别重复；分典之内不重复。“种好自家田，少种他人地”。各自守住自己的“边界”。

第三，框架中请大家把经纬目分清楚。经目是题目。分为典、分典、总部、部、分部等 5－6 级；纬目内容，是题解、论说、综述、传记、记事、著录、艺文、杂录、图表等。纬目设在总部还是部，或是分部、要看典的情况。有则设，无则不设。不宜分得过细。不要将经目和纬目搞得混淆。

第四，大部分典都在普查，查要宽，收材料要多，选得要精，精选精编。林业典从 2400 万字中选 1200 万，这是很好的。在普查中编出样稿 15－20 万字。所谓样稿就是这一部分的成稿，待印稿，编好后送工委、编委审查。

第五，这次沟通中还没有解决的问题，下面再继续沟通。有哪些问题，需要大典定夺的，请大家不断反映，我们再讨论并帮助解决。这次有几个问题还要不断讨论的：如气象灾害、物候、本草、园林、兵器制造、战例、军事人物等，请大家想想如何划分。

大典办公室是为大家服务的，请大家多联系，多提些需要支持、大家帮助的合理要求。我们能作到的一定尽力帮助。在资料支持上，我们有几套大书，有《四库全书》、《续修四库全书》，爱如生的万种古籍资料，大家可以来看，可以免费印资料。

2007 年 6 月 30 日

在《中华大典》编纂出版工作会上的小结

讲四点意见：

一、这次会很重要也开得很好

柳斌杰同志说今年是“三年攻坚战”的第一年。这次会就是攻坚战的动员会。柳斌杰、任老、于永湛同志讲话都有重要、丰富、切合实际的内容。恰如其分的总结了去年工作，中肯地提出了今年的任务，对编纂学者、出版者提出了殷切的希望。通过议论对他们的讲话都有了共同的理解，达成了共识。都决心把《中华大典》又好又快地完成，所以，会议是成功的。

会议不仅明确了任务，还广泛地交流了经验，会上9家发言，《哲学典》、《文学典》、《文献目录典》、《理化典》、《林业典》、《生物典》、《数学典》都讲了很好的经验。都有可取之处。预审、普查、过细的编辑工作、保证质量的措施等都讲得生动、具体、可供借鉴。会上多方面地沟通了信息。也研究了今年完成任务的方法。对面临的形势，有了统一的认识，对完成任务的紧迫性也有了一致的看法。《中华大典》虽然已取得不小的成绩，有了阶段性成果，但仍然面临许多困难。“革命尚未成功，同志仍需努力”。

二、充分认识完成任务的艰巨性

2008年的任务，一是要完成3000万字的出书任务；二是要为2009年至2010年基本完成任务打下坚实的基础。

陈至立同志2006年5月30日讲话中提出“争取在2009年新中国成立60

周年时基本完成《中华大典》的编纂出版工作，至十一五规划末期，全面完成《中华大典》的各项工作任务”，这是她代表中央对我们的要求。

龙新民同志代表总署说：“2009 年国庆 60 周年时，出书 80%，2010 年全部完成出版工作。”

大典办公室与各典的协议一般签于 2006 年 5－12 月之间，协议中规定，24 个月开始交正式书稿，30 个月内正式书稿全部交完，也就是今年 5－12 月部分交稿；全部交稿均在 2008 年 11 月－2009 年 6 月。2009 年 9 月为全部出书时间。

这是总体要求，任务很紧，大家自己衡量有几家能作到，几家作不到，为什么？

至于今年的任务，永湛同志在报告中明确提出，《文学典》出版 1230 万字，加上总索引 200 万字，共计 1500 万字，《医药卫生典》出版 600 万字，《历史典》出版 620 万字，《历史地理典》出版 450 万字，《语言文字典》、《林业典》、《教育体育典》等均有出书任务。今年的任务谁家不能完成呢？只要有一家靠不住，则会影响整个任务的完成。

可以看出，任务是很紧迫的。为此，要请专家们、出版家们打好“攻坚战”。怎么打好“攻坚战”，我考虑可以分为四步走：第一步，真正重视，必须重视的原因，柳斌杰、于永湛同志都已讲得很充分，我不再重复。第二步，“主力以赴”。这是任老提出的。要求全力以赴难以作到，但在一段时间内“主力以赴”是完全必要的。要集中精力，集中时间编纂。第三步，质量第一。要求又好又快。所谓质量是全面的，既包括学术质量，也包括点校印制等方面的技术质量。这是统一的，不能割裂。不是凑数，是高水平。第四步，要勇于和善于扫除难点和障碍。突出的困难和问题要集中力量突破，不能绕道走。这里还要特别提出的是现在发展不平衡。我们希望动劲不大的典，短期内一定要切实拿出行动计划。拖下去不动不行。老是按兵不动，闷着、拖着，这将影响大局，是很不好的。

三、关于审读样稿的几个问题

审读了 4 份样稿：1、《理化典》的《金属化学总部》的样稿；2、《文献目录典》的《文献学分典》和《古籍目录分典》的样稿；3、《语言文字典》的《文字理论总部》的样稿;4、《历史地理典》的《著作总部》的样稿。都在15—20万字之间。我们分两种形式进行了审读,一种请一批专家先审阅,再开会共同讨论;一种是请专家个别审阅,在原稿上批改,并写出审读意见。两种审读形式效果都很好。我们已将审读结果出了一期简报,同时将全部审读意见连同原稿印发给大家了。专家对样稿的审读,很认真、细致、负责。这些意见很有借鉴作用。希望参与编纂的专家、学者、出版社的编辑,认真地看看这些资料,以避免自己再走弯路。

总的来说:4份样稿编纂专家都是认真作的,因学科不同,各有侧重、各有特点。作的过程中都取得了相当的经验,但编辑工作都不够细致,有的出版社对样稿没有作编辑工作,因此,使样稿比较粗放。

去年初,大典办就向各典提出,在普查资料的同时请作出15—20万字的样稿,但到现在为止,只收到这4份,大部分典并没有作。现在再提醒大家,五月份前请抓紧作好。作样稿的目的是作出一个出书的标准,使所有参与大典工作的先生们,包括编纂者和编辑,都有所遵循。对样稿的要求早已告诉大家,要有代表性,要达到出书标准。表现其体例的完整、内容的准确、校勘标点无误,总体质量要好。

从现在的样稿中反映出有几个问题:1、应选的资料没有选入,如历史地理典有专家提出:《汉书·地理志》、《西域志》、《异域志》、《吴郡志》都是比较重要的著作,它们的资料没有。2、引书格式不符合大典的规定:我再重申,引书格式一般是三级,作者、书名、卷次,也有两级或四级的。有的样稿中很不全。3、内容重复较多,大典规定,一个分典之内不允许重复。典之间根据学科需要可以有少量的重复。现在不应有的重复太多。4、错、讹字太多。5、标点不准确。6、体例不统一。7、资料缺乏甄别,未核对原著。8、文献资料排列秩序颠倒、混乱、分类不合理。这些都影响了质量。

四、要有一批合格的古籍编辑力量

每典要有2—3个完全从事《大典》工作的编辑,是专职,不是兼职,不是有稿才来,无稿不来。要有时间熟悉了解大典的情况,掌握业务。从事《大典》编辑工作的编辑待遇不能低于社里其他编辑。以一个典2000万字而言,一个编辑一年如编出合格的150万字，要16、17个编辑干一年，工作量很大。而且，从事编《大典》不是编一般图书，难度很大。所以，编辑任务十分艰巨。出版社领导应有所认识，要重视配备编《大典》的编辑。大典编辑的条件：一，要熟悉《中华大典》是什么书。对《大典》的一切文件、体例格式、各类规范章程要熟读。要了解《大典》的简报信息。二，要有古籍版本知识。起码要了解通用书目内容。还可了解一些与专业有关的古籍。三，对古籍会标点、校勘。四，能鉴别书稿优劣，协助作者把好质量关。五，有从事古籍编辑的经验，一定要有正式编辑的职称，最好是副高以上。除了本社经常有一批专职编辑外，还要聘请一批社会上的古籍编辑。不能因为编辑工作跟不上，影响出版。

编辑只要有出色的成就，就是编辑家，也是专家，不要妄自菲薄。作者和编辑是一对矛盾统一的合作者，互相理解、互相支持、互相督促。有人说编纂学者管学术质量，编辑管技术质量。我不同意这种说法。质量是统一的，都要管，都有责任，是学者专家和编辑共同保证书稿的质量。

五、会上大家还提出了一些建议和问题

1. 希望纬目要略有调整和变通，以适合学科特点。现在的规定，总的是合理的，不必变。但有的典有特殊性，可作点微调，请将方案上报。

2. 下限时间规定为1911年，有的要求突破。我们认为这只能按原来规定，不要突破，以免破坏统一体例。

3. 几个典提出交叉重复问题。原来已有明确规定，分典之内，一般不要重复，典之间如从学科特点出发，确实需要交叉，可以允许少量重复。请大家多互相沟通。

4. 有专家提出要对原文献加注释说明性文字。因为《大典》是集文献的类书，是用原文献资料说话，编者不必在文献中加注或说明。否则，易破坏体例。

5. 收集图片中因原画不清，有人提出应容许再画。原图不清可以少收。如照原图另画，就是现代作品，不宜这样。

6. 引书问题。原来已规定，多用逗号、句号，如用引号，按国家颁发的标准引用。其他“号”如何用，请各典自己酌定。

7. 对经费问题，大家提了许多建议。对编纂报酬在协议中已有明确规

定，千字60元（包括工作经费），另外出版社给一点启动费。目前仍只能照此执行。有些建议涉及多方面的问题，只好从长计议

2008年7月28日

在《先秦两汉文学分典》书稿预审会上的讲话

讲四点意见：

一、大典工委、编委派我和赵含坤同志来参加《先秦两汉文学分典》的书稿预审会。同时邀请了新闻界的3位负责同志参加。我们认为这次会议很重要。文学典从1989年试点开始，每次书稿在大典工委编委终审前，请专家先进行预审，根据专家们的预审意见修改，最后向工委、编委报批出版。20年来已形成了这一好的制度，这也是好的学术风气。对保证文学典的高质量，起了极为重要的作用。这一作法一直为大典工委、编委所肯定，并不断向其他典推广。现在文学典将最终全部完成，这对中华大典来说，是一件大事，也是一件喜事。任老、于永湛同志本想参加这次会，任老身体不适，永湛同志因为走不开。他们要我们代表他们感谢编纂学者、审读学者和参加文学典工作的其他同志的辛勤劳动。

二、传达一下我们临行前任老讲的三点意见。他说：第一，文学典班子力量很强，先秦两汉文学典的班子很强，是信得过的，他很放心。第二，书稿他翻阅了，抽读了，质量不错，可以放行，根据专家们的预审意见，举一反三修改后报批出版。第三，高纪言同志身体有病，请他多保重，他20年如一日，艰辛奋斗，终于将最后完成文学典，他劳苦功高。这三点意见，大典办公室的同志，完全赞成。还有饶钦珩、黄希坚和聘请的其他编辑同志都作了许多工作。

三、请出版社、编委会认真对待专家们提出的意见。专家们的意见是认真、中肯、善意的，大典办的同志看了书稿也提出了一些意见，现在一并交给先秦两汉文学分典编委会。综合大家意见，大体有几方面的内容：1，对书稿的成就基本上是肯定的;认为编纂认真负责,有深厚的学养和出色的专业水平,编纂出的质量,符合大典的要求,达到了出版水平。2,还有需要补充的地方,如个别内容需要调整,条目错漏、重复,引书格式不标准,缺作者姓名、点校不准确等等。

四、我们希望会后编纂学者和出版社认真肯定成绩,认真梳理意见,认真举一反三地修补,坚持质量第一,希望能在较短时间内完成修补工作,力争三个月内出版,使全书与读者见面。

这里我顺便说一下,上次审稿会上,王济民教授要我们向山东大学校长谈对大典要重视,待遇要解决。会后我们又认真与教育部商量,问题总算解决了。前几天,教育部已直接向大学下文,解决大家提的那些问题。王教授可能知道了;大典与清史项目同为国家项目,专家的劳动成果,工作量都按国家项目的计算,研究经费不收管理费,等等。这对大典和专家学者都比较有利。虽然晚了一点,总算解决了,向大家通报一下。

2008 年 2 月 25 日

在《文学理论分典》书稿预审会上的讲话

这次专家学者们对《文学理论分典》书稿的预审会开得很好。《文学理论分典》是《文学典》的“关门典”，是即将完成的《文学典》最后一个分典。大典总主编任继愈嘱我转达：《文学典》主编程千帆先生对该典提出的立意很有创见，框架设计可以。文学理论的史料十分丰富，希望《文学理论分典》编出中国文学理论的特色。今天与会的专家学者在基本肯定框架的基础上，善意地提出了许多需要认真改进书稿的意见。希望编纂者和编辑出版者最后要全力以赴，通读书稿，举一反三，改正差错，消灭“硬伤”，为《文学理论分典》圆满地画上一个句号。

2008年10月11日

在南京、上海、杭州调研的报告

为落实2009年大典工作计划，促进各典保证质量加快出书，对下月召开片会预作准备，2月17日至24日，伍杰和崔望云连来带去共7天，对南京、上海和杭州三地有关的典和出版社进行了逐个摸底调研。随同去南京的还有为解决各自典编辑和排版工作的《林业典》副主编严耕和北京同心出版社总编室主任王小云等三人。我们这次到上海复旦、交大、华东师大和上海社科院等处，同教育、历史、历史地理、交通运输、天文等典，上海古籍出版社、南京凤凰出版社、杭州西泠印社等出版社和江苏新华印刷厂凤凰制版等单位负责人见面，进行了交谈。这次调研工作设想力求较前有所改进，努力争取在"直接、深入、具体"三点上有所突破：一是直接找包括分典主编在内的编纂班子和包括责编在内的出版社编辑班子参加的会议面对面交谈；二是深入地展开面谈，同参加谈话人员之间，有听取汇报，有相互交锋，也有不同意见和取得圆满的共同协议；三是具体地当场查看书稿和修订稿并当面提出意见和要求。

通过这次调研，总的看来有不少典和出版社在保证质量上下了不少功夫（如西泠印社），在编纂进度上也有了一些成效（如历史典），但仍然存在程度不同的问题。与各典和出版社共开了8次会，现将有关情况简报如下。

《历史地理典》，葛剑雄说，总论分典已交出版社210万字，方志总部最近还要交100万字。当场请来主编方志的巴兆祥，他表示9月份可全部完稿。另外人文分典今年主要是交稿。伍杰算了时间，要求总论分典500万字今年5月一定要完稿，年前一定要出书。

《交通运输典》，葛剑雄已交出版社80万字书稿。作为样稿，交大出版社正在加工。

《历史典》，虞万里汇报说，截至目前，已完成编年分典先秦两汉、魏晋南北朝、元、明、清等部分的500万字书稿，3月1日上交后，将开始必要的抽查，一个月后，书稿全部交齐，预计今年10月完成。另外纪事和人物两个分典也开始交稿。伍杰提出希望这两个分典今年年底编完初稿，同时要求今年再出几本书。熊月之等提出，他们现在是分段操作，齐头并进。今年参与该典工作人员的考核内容，就是看编《大典》的情况。但我们有一大困难，编纂稿费太少。别的典是一千字60元，北京退给我们的书稿不能用，我们是另起炉灶，每千字只有40元，这不公平，编纂人员有意见。这笔编纂费，希望大典能予以解决。

《教育典》，伍杰向典主编和出版社负责人明确传达了大典两委提出修改意见。在同上海古籍出版社开会时，王兴康认为引书标注确实不符合规定，他们表示已编好的第一册书，出版社也负有一定责任，愿由出版社组织人员修改并重新制版(可能要加5—6万元)。但孙培青及两个分典主编则反映强烈，不同意修改，强调他们是最早启动的典，也应按文学典等引书标注格式(伍杰说，此典虽批准早启动，但至今仍未出版一本书，比如你们早已出书，则当别论)。另外，其他9册书稿，已经编好，原负责编这部分的编纂人员或已调走，或已干其他工作，如全部重新修改，费工太大，表示不接受修改意见，他们说要向大典两委直接报告。

《天文典》，江晓原说，历法分典样稿已寄交重庆出版社，天文分典的样稿3月份也将交出版社。天文典三个分典的资料已基本收齐，现在等历法分典样稿审定后，有了样本，即开始分类、标点等编纂工作，全典书稿将于明年完成。伍杰提出，三个分典齐头并进人力不足，是否可以先集中编出历法分典，希望今年底先把历法分典搞出来。江晓原说，计划可作修改。

杭州西泠印社出版社，江兴祐说，历史地理典交来的书稿，出版社是随来随加工，已收到书稿责编已基本编完，现在的问题是葛剑雄交稿太慢，迟迟交不来稿，供稿跟不上看稿，稿不全，出版社无法编排。只要交稿能跟得上，今年总论分典出书没问题。经协商，总论分典7月份交齐书稿500万字，年内出书。此外，人文分典也要交一部分书稿。伍杰表示关于书稿大典办要催，出版社也要直接催巴兆祥交稿。经抽查检阅出版社两个年轻责编的修改稿，质量不错，伍杰对他们表示满意并予以鼓励。

江苏凤凰出版社，伍杰要求召开责编会，随同来出版社的林业典副主编严耕也参加了会并交了带来的56万字书稿。姜小青社长同五位责编到场，他们首先对书稿提出不少意见。伍杰说熊大桐编纂的一个分典书稿已交出版社一个多月了，询问责编究竟看了多少稿。主要责编卞歧竟然回答不出，后来才说没有看。这表明他们并未开始认真看稿。伍杰对此表示不满并提出批评，要求出版社责编4月份编完早已交给出版社的书稿。这个典要尽早出版。

江苏新华印刷厂凤凰制版，召开了正副社长和总调度等参加的会，这次专程到南京的同心出版社总编室主任王小云等三人参加会议，当面研究确定了民俗典的口头民俗分典，交由江苏凤凰制版。制版方面表示大力支持，出版社也感到满意。现场交付的部分书稿，将在4月份制版完毕，同时也请南京方面帮助解决校对问题。

2009年2月24日

在印刷厂报送《文学典》样书会议上的讲话

今天的会，是一件重要的喜事。《文学典》全部完工了。大典办，编辑部、淮阴新华印刷厂三家共同座谈，谈完成后的心情。《文学典》是《中华大典》五个试点之一最早出书，现在终于完成，令人高兴，也令人感慨万千。

一、《文学典》的编纂出版，历尽艰辛，终于全部完成，6 个分典，23 册，5400 万字，洋洋大观，善始善终。这 316 位学者，这近百名出版家，编辑家约 300 多人，是 20 年共同奋斗的重要成果，值得祝贺。

二、《文学典》的出版，要感谢江苏省委、省委宣传部、省出版局、省新闻出版集团，特别是几位老同志，蒋迪安、石启忠、王玉良、王建帮等。大家重视、支持，在最困难的时候，原集团董事长，代表集团表示"砸锅卖铁"也要支持搞好大典。他们是靠山，这对稳定民心、鼓舞士气，起了很好的作用。

三、以高纪言为首的编辑部，以程千帆为首的编委会，扛起一切困难，勤奋敬业，决心把这一工程干好。他们的愿望终于完成，但他们已经仙逝，后人会永远记住他们，大典办也十分怀念他们。

四、参加工作的专家学者的精神十分感人。除程千帆先生始终为之奋斗外，还有卞孝萱、曾枣庄、黄敬德、董治安、吴志达等先生，他们为学、为人的精神都感人至深。高纪言依靠、团结专家学者，尊重他们，才有这样的结果。

五、《文学典》的编纂出版过程，起到了很好的影响作用。作为大典的先行典，创造了好的经验，是各典的学习榜样，他们的经验起到了引路作用，如预审制已为不少典所效法，他们的几次获大奖，也鼓舞了各典的士气，使之在困难时不动摇。文学典的学风好。为保证大典完成做出了贡献。如"一字不让"就很好。印刷厂为我们贡献了力量，文学典的这种精神我们一定要很好地传扬。

任老表扬《文学典》，“《文学典》是启动最早的一个典，创造了很多经验，给后来其他典开了一个好头，能善始善终。出版社高纪言树立了大家学习的榜样，对他的工作，令人敬佩，他对大典办的配合得力，从善如流，举一反三，把后半生全献给了《文学典》。”这是很高的评价，值得参加《中华大典》工作的人们学习。

2009 年 5 月 13 日

在《政治典》启动会上的讲话(提纲)

一、学者们充满信心

先讲几句开场白。

走进河北师范大学,走近政治典的编纂学者们,有一种激情和精神感染着我。你们有一种十分可贵的追求,追求崇高的精神,追求荣誉,追求政治典事业的成就。这比金钱更重要。你们追求的是中华大典是一项伟大的国家文化项目,是国务院批准的国家最大的文化工程。修这类书300年才有一次,你们为能赶上修这次类书而荣耀,而骄傲。留名后世,泽及后人,比什么都重要,都珍贵。你们为自己编纂的政治典在中国"皇家"出版社——中国最有名的出版社人民出版社出版而万分高兴。这不仅能提高你们自己的学术地位,也能提高学校的品位,这是莫大的光荣。你们都是整理古籍的能手,又有热爱《中华大典》事业的追求,而且已有许多成就。河北师范大学杨寄林,董文斌,温玉春,安徽大学周怀宇,张金锐,南开大学柏华,鲁东大学李炳泉,河南大学苗书梅诸位先生,及你们的同仁37位学者,在河北师大,安徽大学,南开大学,河南大学的领导重视、支持下,一定会做出出色的成就。启动是良好的开端,你们已经起了很好的第一步。我预祝你们编纂《政治典》的成功。

政治典启动是2006年12月,是聘请张海鹏先生为主编,他太忙了。经协商才决定换主编。经各方推荐,认为河北师范大学教授杨寄林先生最合适。他为人、为学都很好。于2008年,请他接任张海鹏先生,为《政治典》主编。他接任之后,工作认真努力。已取得不小成绩。河北师大很重视很支持,乐于承担这一国家项目。政治典有6个分典,4000千万字。现在分典主编已落实,队伍已组织好。有5所大学承担6个分典任务,河北师大承担两个分典,分典主编为杨寄林,董文斌,鲁东大学承担一个分典,主编是李炳泉,安徽大学承担一个分典,主编是周怀宇、张金锐,河南大学承担一个分典,主编是苗书梅,南开大学承担一个分典,主编是柏桦。

5所大学承担政治典6个分典的任务,有利条件很多:1、各有特点,各有专长,取长补短,互相沟通交流,互补作用大。2、新人多,大典吸引力大,有竞争,进取心强,责任心大,可能完成得更好、更快。3、奋斗目标明确。2009年8月交样稿。2010年交全部初稿。学者们决心"全力以赴,投入编纂"。4、杨先生制定了一系列文件,很仔细,可遵循,很好。如何操作,各类问题,如何处理,规定很细致。今年元月制出后,已有4—5个月,想来已多次交流。杨先生他本人已作过文献典,已有相当经验。5、队伍自愿结合,规定的责、权、利透明度高,是一支自愿自觉干好《政治典》的队伍。

但也有困难:

1. 各位专家,时间紧,任务重,质量要求高,难度大。
2. 有些学者对大典文件,对要求,不熟悉。
3. 有些学者对大典没有感性知识,没有实战经验。

二、这是一个国家项目,能参加,有很大的荣誉

《中华大典》是现代类书:继承了古代类书的传统,又有现代科学的要求,有重要意义;工程浩大,近8亿字;有积累价值,实用价值,国际交流价值。有利当代,有益后人。

这一工程国家很重视,国务院有批示;是建国后的最大的文化出版工程,中共中央政治局有6个常委,4位政治局委员、国务委员有批示、题词、讲话,充分肯定这一项目,并再三阐述其重大意义。

我国有修类书的传统,一般几百年修一次,最早修的有名的类书有《皇览》。《皇览》由刘劭、王象主编,后来有《文苑英华》《玉平御览》李昉主编,《册府元龟》王钦若、杨亿主编,《永乐大典》是解缙主编,《古今图书集成》是陈梦雷主编。《古今图书集成》是最后一部大类书,距今已近300年。300年一次修

类书,流传300年。我们既要吸收古代修类书的经验,又要按现代科学内容和方法来修。更接近现在的学术现实。

对一个学者来说,最重要的是学术名声,"赚金山,可欢乐于一时,出大书,有用于万代"。他的名声可流传万代。这是十分崇高的荣誉。总之,修《政治典》意义重大,能够参加,是有机缘,实属不易,我们应当珍惜。

三、《中华大典》已取得阶段性成果

启动于1988年,至今已20年。已出版的书,国内外影响很大;学界、读者均认可。

全书近8亿字,24个典,116个分典。24典均已启动。已完成1.3亿字,今年可完成近2亿字。文学典、哲学典8500万字,医药典、历史典、历史地理典均已出一部分书。林业、语言文字、法律、民俗、经济等典今年都将部分出书。按协议,明年将大部完成。

四、吸收已作各典经验

已经先行的典,创造了许多宝贵的经验,应认真吸取。他们的主要经验有4条:

1. 主管者重视、支持;2. 有出色的好的主编;3. 有一支高水平、稳定的队伍;4. 有认真的重视的出版社,社里有出色的古籍编辑。

编辑、学者的互相支持,融为一体,互相理解、配合、宽容,共同为高质量的大典努力十分重要,要使大家明白一荣俱荣、一损俱损的道理。

五、对《政治典》的要求

在你们将讨论的文件中,都已提出,文件是很好的。我昨天才拿到,只是翻阅了一下,有些地方请你们注意。如123页,太笼统;128页,引用书可加上方志,引书格式应明确为三至五级:作者、书名、卷次。当然也有例外。137页,六步走别分得太死,有些可以同时操作。144页,要求总部交引用书目,当然也可以,可否以分典为单位,最后交总书目更好。147页,对原文别自己发挥,添加,因为是文献整理,不是学术专著。请注意重复、交叉。150、153页涉及外蒙、朝鲜要小心谨慎。154 页农民起义可否不标题目,只引用事件。所有分典题目一样,内容如何体现特点,如何避免交叉、重复。请考虑。

对《政治典》来说,抓住几个环节;1. 树立质量第一的思想,高质量完成;2. 认真学习大典一系列文件,统一思想、统一认识;3. 进入实战前,一定要掌握实际操作方法,当然也可边作边熟悉;4. 务必坚持集中精力,在一段时间里全力以赴。

目前主要是开步走,认认真真地开展普查。普查是编好典的基础,没有好基础,谈不上其他。普查中,收资料要广、博,先泛后窄,先粗后精,“竭泽而渔”,大家精,小家全,采用资料率一般为 2/3,普查后,与使用的一般是三取其二。一般程序:普查,框架,样稿,分类,分清经、纬目,点校,齐清定后,送出版社进行编辑加工,审稿,工委、编委审查通过后,下通知书出书。

2009 年 5 月 15 日

在《军事典·军事制度分典》编纂部署会议上的讲话(提纲)

《军事典》共4000万字,为分6个分典。西安政治学院承担《军事制度分典》的编纂工作,有900万字。作为大典的工作人员,对你们承担这一国家重大项目表示感谢。

《军事典》是《中华大典》最后启动的一个典。4月15日,我到医院看望总主编任继愈先生,向他汇报了《军事典》近期将启动的情况,他听后十分高兴。他说:"《军事典》能启动,落实了,很好。我们的24个典最后都动起来了。我国有几千年的历史,《军事典》有我们的特色,是一个闪光点,要搞好,搞好了谁都比不上。可否将《孙子兵法》放在典的前面,作为总的,下面再分其他。"他还提出,"编纂要结合各国战例,如一次世界大战,二次世界大战来考虑。编纂《军事典》要为我们建设成为一个强国服务。在军事上我们要成为强国。"这是《中华大典》总主编任继愈先生对《军事典》的思考,我们应该贯彻他的讲话精神。

《军事典》虽然最后一个启动,但是它有许多优势:军委重视,军委是靠山;军科院的领导重视,策划和组织了强有力的班子,经费上也有投入,军科院是保证。西安政治学院、南京政治学院、军事博物馆的领导也都重视,共同组织了年轻力壮的队伍。军队办事,有军事体制的优势,所以,我们很放心。《军事典》可以说是在竞争中前进,和其他23个典竞争,《军事典》内部6个分典竞争,力争超前,看谁作得最好,质量高,作得最快。大典办公室,一定很好地支持大家,为《军事典》服好务。我想,《军事制度分典》以致整个《军事典》将会作出优异的成绩。

《中华大典》是我国重大文化出版工程，是建国以来最大的汉文古籍整理工程，系统地分类整理从先秦到清末（1911年）期间的社会科学和自然科学方面的古籍。中国古籍大约有12万余种，从中选录出约8亿字，分为文、史、哲、政、经、天、地、生、数、理、化等24个典，116个分典。对《中华大典》，党中央、国务院十分重视，江泽民、李鹏、温家宝等6位中央常委予以题词、批示，国务院正式批准立项。学界很重视，胡乔木、钱钟书、季羡林、张岱年等300多位国家顶级学者向国家建议编纂此书。现在参加编纂的学者约3000多人都是当代著名学者。这部书让文献说话，不是当代学者的著作。大典是一部现代类书。中国历来有编类书的传统，从魏晋的《皇览》开始，大体上几百年编一次，有名的类书有《太平御览》、《文苑英华》等。时代距离最近的一部类书是《古今图书集成》，出书已近300年。古代类书多为皇家牵头，由著名学者编纂。我们编大典的目的和意义，主要是总结继承弘扬中华民族的优秀文化，为当代科学研究和社会主义建设服务，为国际文化交流，为子孙后代的继承服务。有历史意义，有现实意义，对未来有益。专家们说，这部书管300年。参加这一工程是一种荣耀，传之后世、留名千古。

《中华大典》从1988年起经过4年的试点，才进入正式编纂。经过多方论证，初步确定为21个典，后增加为24个典。4000万字以上的较大的典有10个，约4.5亿字，有文学、医药卫生、历史、法律、经济、工业、农业、政治、军事、历史地理等典。中等的典每个典2000至3000万字的典，有7个，约1.8亿字，有教育、艺术、民俗、语言文字、文献目录、哲学、宗教等典。较小的典，1500万字以下，有7个，共约9000万字，如林业、生物、数学、理化、地学、天文、交通运输等典。大典现已取得阶段性成果：24个典全部启动；已出版2个典，即《文学典》和《哲学典》；有3个典也已部分出书，如历史、历史地理、医药卫生等典。

今年将计划出书约6000万字，其中有林业、语言文字、法律、天文、民俗、艺术、经济、宗教等典。如今年出书计划完成，到今年为止将有14个典出书近2亿字。已出版的书，国内外学界反响强烈，曾获得多种国家奖项，如国家图书奖、国家印刷奖等。

除已出书的以外，现在正在普查、分类、编辑、校点的书稿，约3亿字。如加上已出版和将出版的，共约5亿字。

各典在编纂中已取得了丰富的经验：

1. 出版社积极主动，善于团结专家学者，善于为学者服务。如《文学典》编辑部负责人高纪言同志，总主编任继愈先生对他的工作特别满意。还有原巴蜀书社社长段文桂同志，出版《哲学典》的云南教育出版社等，都很好。

2. 充分调动专家学者的积极性。队伍稳定，一段时间内专家要主力以赴编纂大典，重视大典。如《文学典》主编程千帆，还有赵启勋诸先生，大典启动至今，已有数位专家在为大典工作期间不幸逝世，我们充满敬意，深切怀念他们。

3. 有一批出色的典主编和各分典主编。他们不仅学识高深，人品优秀，并认真负责，对编大典富于热忱。

4. 主管部门重视。如国家林业局、国家气象局等许多中央单位都将编大典同本学科的学科建设融为一体，单位领导都出任本典编纂工作的领导。

对《军事制度分典》，总的希望是又好又快地超越其他分典。当然这要看我们自己的努力程度。编纂一个分典，一般的步骤是：一，熟悉大典的文件，真正领会文件的精神；二，调整、补充好本分典的框架；三，认真作出样稿；四，认真普查资料，普查是基础；五，科学分类，按现代科学分类；六，认真标点；七，切实校勘，核对版本；八，作出符合出版要求的“齐、清、定”的书稿，交给出版社编辑加工。

你们现正在开始普查，这是良好的开端。有些问题从开始就要十分注意，比如：1. 参与编纂工作的专家学者要统一认识，统一思想，认识到这是一件前无古人，后少来者的文化出版大事，是国家的重要文化出版项目。要前对得起古人，后对得起后世；上对得起国家，下对得起读者。认识到编大典的重要性、必要性，自觉认真地干好这一工程。2. 始终坚持质量第一。质量，指内容质量，学术质量，点校质量，印刷质量等，要求全书是一流的完美的精品。如选材，版本要好、可靠，不能选盗版书，一定要选原版资料，也不能转引。要作到“古代要全，近代要精”，“小家求全，大家求精”，“搜集资料要广，使用材料要精、要准”，“先广、博、泛，后窄”，“先粗后精”，“竭泽而渔”。普查资料的采用率一般为2/3。3. 统一体例，格式规范，要遵守大典规定。妥善、科学、准确地处理好经目和纬目。经目六级是题目，纬目九级是内容。引书标注格式，一般是二级：作者、书名、卷次，也可以五、六级。对先秦资料、二十四史，不必标注作者，其他均要标明。4. 队伍要比较稳定，几年时间一直干这件事。集中时间、精力，全力以赴。

同时在编纂工作中，请注意以下有关问题：

1. 可用现代学术成果，现代学者的整理本。

2. 资料要注意下限时间，只用1911年以前的资料。

3. 对注释文字，要注意选择，只用与主题有关的注释，要有选择，不必全用。

4. 注意避免交叉重复，分典内不能重复。

5. 资料排列在一个小题之内，按时间顺序排列。

6. 少用类书，《古今图书集成》等类书，只可作线索。按线索寻找原版，如无原版，类书上的资料才可引用。

2009年7月1日

在《军事典·战争战例分典》启动会上的讲话

今天参加军博的《军事典·战争战例分典》的启动会,非常高兴。启动是开始,开始之后是逐渐发展,大动,最后是胜利完成。启动是胜利的开始,所以,令人高兴。我代表大典办公室表示祝贺。

岳成驰先生在电话中说,要我讲讲《中华大典》的情况。我先简单地向大家作点介绍。《中华大典》是国务院批准编纂的一部现代新型类书,是一项重大文化出版工程,已被列为十一五国家发展纲要的重点出版工程项目。按国务院的批示:"是新中国成立以来最大的一项文化出版工程。"党和国家都很重视,党中央先后有江泽民、李鹏、李瑞环、李岚清、温家宝、李长春6位常委作了批示。有丁关根、刘云山、李铁映、陈至立4位政治局委员、国务委员批示和讲话。在中国,除了毛选、邓选,没有一部书被中央这么多领导关注和重视。可见其分量之重。

《中华大典》是"古文献汇编的形式,用现代科学分类方法编纂出版的中国历代汉文古籍的一部新型类书",是工具书。这里有几个要素:1. 收1911年以前古文献记载的资料;2. 是汇编,不需要现代学者对这些资料发表议论;3. 是汉文字不是外文,不收少数民族文字;4. 不是按古代类书经史子集来分类,是按现代科学分类,政经史哲等。共24个典即门类,116个分典学科门类中的小类,约8亿字,是类书,但是现代类书,与古代类书不同。

中国历来有编类书的传统,原因是:1. 统治者要表现文治武功的盛世;2. 皇家及重要官员要学习;3. 要继承古代文化为己用。大体上几百年编一次,各朝代都有其代表作。最早的类书是《皇览》,是公元220年－222年魏文帝曹丕主持编修，主编是刘劭、王象等，刘劭是尚书郎相当于现在的部长，千余卷，800万字，两年编成。唐高祖李渊令人编了《艺文类聚》，欧阳询等编纂，欧阳询是学者，主要是文学作品。全书100卷，130万字，3年编成。宋代有4大类书：《太平广记》是宋太宗下令编，李昉等主编，全书500卷，有289万字，编了2年；《文苑英华》也是李昉等奉宋太宗之命主编，全书1000卷，591万字，编了4年；《太平御览》也是李昉等主编，1000卷，478万字编了7年。《册府元龟》是宋真宗令编，是王钦若、杨亿等编，1000卷，916万字，编了8年。明成祖下令编《永乐大典》，解缙等编，3.7亿字，11095册，编了4年。康熙、雍正下令编《古今图书集成》，陈梦雷等主编，有1.6亿字，全书一万卷，公元1701年—1725年，编了5年，到正式出版是1725年。其他还有很多类书。

《中华大典》与这些类书不同：1. 古类书是原著汇集，按经史子集；《中华大典》是整理，摘录古籍资料，科学分类；2. 阅读对象有差别，古类书多是供宫廷阅读，面窄，《中华大典》面对一般读者，面广；3. 选书标准不一，古类书与朝廷无碍，《中华大典》收书宽，不同学派，不同观点均入选，有学术自由；4. 古类书规模小，书写本，数量少，一般只有三五套；《中华大典》则是印刷，数量多，应用面宽；5. 古类书收书少，多者不过上千种，《中华大典》收书两万多种，达7—8亿字，规模宏大，内容丰富。

编《中华大典》，并非偶然，有它的必然性。是国家经济、文化繁荣发展的结果，是当代出版人、学者对中华文化的热爱，强烈要求继承弘扬中华文明，要求推进中华文明的结果。所以，有必然性。几百年修一次类书，有规律性。这是历史要求。

为什么这么重视？1. 因为是系统总结和继承中华民族的优秀文化。中华民族的古老文明在世界上是首屈一指的。可以说《中华大典》也有国际意义。2. 进一步弘扬中华民族的古老文明，有利于丰富和推动现代文明；3. 有利于推动当代的科学、文化水平；4. 这更充实当代先进文化的建设。可见，我们编大典的目的和意义，主要是总结继承弘扬中华民族的优秀文化，为当代科学研究和社会主义建设服务，为国际文化交流服务，为子孙后代的继承服务。有历史意义，有现实意义，对未来有益。这一非凡的工程，吸引了广大学者，现在参加编纂的学者，分典主编以上的学者有222人，加上参与的其他学者，共有几千人。文学典已经完成,参加的学者有 280 人,可见队伍宏大。可以说,参加这一工程,是一种机缘,更是一种荣誉。如果某一学人将他的聘书留给子孙后代,会熠熠生辉,会是难得的宝藏,将是难得的珍品。在《大典》上留名,也将永远流传后世,就像陈梦雷、李昉、解缙等名家一样。这是一件十分光彩的好事。

《中华大典》从 1988 年起经过 4 年的试点,才正式进入编纂。经过多方论证,最终确定为 24 个典。4000 万字以上的较大的典有 10 个,约 4.5 亿字,有文学、医药卫生、历史、法律、经济、工业、农业、政治、军事、历史地理等典。中等的典每个典 2000 至 3000 万字的典有 7 个,约 1.8 亿字,有教育、艺术、民俗、语言文字、文献目录、哲学、宗教等典。较小的典,1500 万字以下的典有 7 个,共约 9000 万字,有林业、生物、数学、理化、地学、天文、交通运输等典。

《中华大典》的工作已取得阶段性的成果,整个工作,已进入中、晚期,不是才开始,为什么这样评价,这是有理由的,主要表现在以下几个方面:

1. 24 个典已全部启动。已有 3 个典已完成或即将完成,他们是《哲学典》《文学典》《林业典》。3 个典已部分出书,《历史典》《医药卫生典》《历史地理典》。现在已有约 6000 万字的书稿在出版社,正在加工,等待终审、出书。它们是《林业典》《法律典》《医药卫生典》《民俗典》《宗教典》《历史地理典》《教育典》《历史典》《语言文字典》。一共有 116 个分典,没有动起来的只有 5%,即 8 个分典;已完成或即将完成的分典有近 30 个。其他 80 个分典都在紧张地编纂。2. 绝大部分的典、分典参加编纂的学者都有了相当的经历。有丰富的经验。3. 已有一批现成的成书可借鉴和参考。4. 有一套规范的、现成的文件。对问题如何处理,大多有办法,不是无所适从。

《军事典》虽启动晚一点,但军委很重视,军科院的领导也很重视。军科院已经搞了一个很好的通用书目,这是重要的准备工作。军队做事,是有规矩的,讲信用的,我相信成稿不会太晚。《战争战例分典》可能也不会例外,但根据我的经验,我觉得你们可能遇到几个困难和问题。第一,要认真建立一支稳定可战的队伍,这比较难。这支队伍要安于干好这件事,在一定时期内,要以作大典为主业。他们熟悉古军事文献;对古汉语也比较熟悉,能断句、标点,作风比较细致认真。第二,要认真寻找比较好的版本,对网上下载的东西要小心,一定要核对原著,否则后患无穷。第三。广泛搜集资料,现在的通用兵书书目是主要的，但不是全部，史志里面也有相当多的军事记载，一般说来，搜集的资料可用率在50%左右，如果以为搜到的资料都能全部用上，那就错了，会使搜集者失望。资料越多，选择余地大，编好典的可能性越大。第四，对资料认真分类，对纬目的使用要准确。分类不准，对好的资料使用不当，不仅会浪费资料，还会影响质量。其他还有些要注意的问题，这里就不多说了。

我希望《战争战例分典》启动之后在刘继贤副院长的领导下，第一，坚持质量；第二，加快速度；第三，有一支坚强实战的队伍，努力奋斗，早日完成任务。

2009 年 11 月 13 日

在北京第一次片会上的发言

今年计划分片开几个会，这样可以更深入地沟通情况，交流经验，研究些问题。第一次1月14日在北京召开，有六个典参加，军事、政治、农业、数学、理化、地学；第二次也在北京，也是六个典，经济、工业、文献目录、民俗、林业、艺术；第三次在上海，有五个典，历史、历史地理、教育、交通、天文。参加会议的有典的主编及部分分典主编，有关编纂专家和承担出版任务的出版社负责人。这次会上沟通了情况，交流了经验，研究了今年的打算，很有收获。

一、整个大典工程已进入十分紧张的阶段，从编纂工作来讲已进入中后期。原来说今年全部完成，可能有困难，能大部编纂完就不错了。我们已经取得了不小的成绩，有了比较丰富的经验，也有一些教训。但是，不管怎么说，作为国务院直接批准的"全国最大的文化出版工程"，作为国家《十一五文化发展规划纲要》的重大文化出版工程项目，各典虽然进度不一，经验有多有少，教训有大有小，但是，大典顺利完成是没有问题的。

目前，24个典已全部启动，先后调整了4个典的领导班子（政治、农业、地学、历史）。去年出版750万字，累积已出书近1.3亿字。14个典到去年为止，已编成书稿1.1亿字，这为今年出书打下了基础。

但也有几个突出问题。1.进展不平衡，3000万字以上的典13个，只有文学典、哲学典两个典完成。军事、政治、农业三个典有1.2亿字，才进入普查。2000—2500万字的典4个，无一完成，只有语言文字典今年六月能完成。1800万字以下的小典有7个，林业典初稿已经完成，数学典、理化典很差，相去甚远；2.编纂质量不佳，返工多，终审后退稿多，《历史地理典》就是其中之一。去年终审3部书稿，只有1部通过；3.编辑力量不足，编辑工作已成工作的瓶颈；4.排印不理想。

二、今年的总要求。

坚持质量、力求速度，抓编纂，抓编辑，抓审稿，抓出书。深入分典，分层次，分类型，全面有序推进，力求完成书稿1.5亿字，加上去年已完成书稿1.1亿字，则共有2.6亿字书稿在出版社，现在已出书近1.3亿字，这样，今年已出书1.3亿字加上2.6亿字书稿，则共有4亿字书和稿在出版社，这就占了《中华大典》总字数的一半多了。总之，要求今年在坚持质量第一，保证质量的前提下，出书1亿字。凤凰出版社已报名“接二连三”，决心林业典紧接文学典出版。但愿有“连三续四”的典。在林业典后面是谁呢？请大家斟酌。教育典行不行？语言文学典行不行？历史典行不行？

三、抓紧编纂，迎头赶上。

一个典质量高低，进度快慢，关键在主编，一个分典的质量高低，进度快慢，关键在分典主编。任老，程千帆先生是典主编的典范；曾枣庄，卞孝萱是分典主编的榜样。还有一批学者十分认真，努力。动物分典的主编王祖望先生，宗教典的李申先生，经济典的宁可先生，工业典的魏明孔先生，语言文学典的宗福邦先生，林业典的熊大桐先生，他们尽心尽力地为大典操劳，已经做出了不小的成绩，使人感佩。白化文先生作为典的主编，帮助分典看稿、改稿、定稿，是十分认真的。这些先生共同的特点是认真，坚持不懈地编纂大典。我们非常感谢。希望今天参加会议的先生们，能吸取他们的经验。

农业典和政治典换了主编，进度受一定影响，这是可以理解的。政治典的杨寄林先生，农业典主编穆祥桐先生，他们表示要把时间赶回来，十分认真，都在认真赶上去，使人感动。数学典、理化典是有潜力的，但努力不够，进展极慢，他们表示要认真往前赶。

对这6个典的希望：1. 充分认识大典的分量，真正把大典当成国家重大文化工程来作。这是国家项目，作得好才对得起国家，对得起读者，对得起古人，今人，后人。不认真作，作得不好，会有愧终生。也要认识到，要作好是有难度的，选才难，分类难，标点难，编好难；2. 主编要认真负责，真正对国家项目负责，集中人力、时间、精力来做，在一定时间内全力以赴，别拖整个典后腿，现在有些典有拖后腿的趋势;3. 请认真订出今年计划,明年如何完成;4. 坚持质量第一,按大典已有规定办事,要好中求快,快中保好;5. 编纂学者与出版社、与编辑多沟通,合作。

对大典办来说,我们要加强与分典的联系;到典、分典去看编纂情况,编辑情况。加强个别交流;必要时组织些经验交流。

四、编辑工作要到位。

目前,编辑工作已成整个工程的瓶颈。编辑,可以说一少、二水平有待提高,有的学者说,他接触的编辑,水平根本不行。我们对编辑的要求是:1. 敬业,喜爱大典工作;2. 对大典有基本的了解;3. 能做古汉语加工工作;4. 认真作大典的编辑工作,精力在大典工作上。一个典最少要有三个合格编辑,现在有的社书稿没有加工就去排版,这是不允许的,要先编辑加工,认为可以出版后,再送工厂排版,否则会给工厂和学者增加许多困难。出版社收到书稿后,按合同要求,3 个月内必须编好,编不好必须有交代,讲明原因,提出改进办法。向大典办送样稿及终审书稿,要符合送审的要求。终审书稿,样稿必须有目录、前言,项目齐全,样稿要有代表性,使审读者能看出全貌。大典办审稿后,出版社对审稿意见必须条条有交代,特别是要作到"举一反三",进行最后的通审通读。编辑是把书前的最后一道关,希望把关把好。

五、作好印制出版。各出版社自己找合适的排版和印刷单位,大典办不指定单位,但标准要按大典规定的统一标准。我们要求,一是好,二是快。纸质、数字化均可,谁好谁快就用谁,大典办没有指定只能要谁干。否则误了事谁也负责不起。

六、大典办,认真作好服务协调工作。

1. 不断检查编纂、编辑情况,及早发现问题,及早纠正;

2. 协调承担任务的各方面之间的关系,协调编纂、编辑、印刷等各方的关系;

3. 个别深入有关编纂印制单位,了解情况;

4. 及时组织专家学者审阅样稿、书稿;

5. 协助各典解决困难。

2010 年 1 月 14 日

在上海片会上的发言

今年用开片会的办法，总结去年的工作，研究今年的计划。这样可以更深入的沟通情况，交流经验，研究些问题。第一次片会，1月14日在北京召开，有6个典参加，军事典，农业典，政治典，数学典，理化典，地学典；第二次1月15日在北京召开，也是6个典，有经济典，工业典，文献目录典，民俗典，林业典，艺术典。今天是第三次片会，有5个典参加，历史典，教育典，天文典，历史地理典，交通运输典。每次参加会的有担任各典主编的编纂专家和一两位助手；有承担出版任务的出版社的出版家，编辑家。前两次会上沟通了情况，交流了经验，研究了今年的打算，各方面的专家学者，都感到很有收获。通过会议，我们深有体会，有几点想法。

一、整个大典工程，已进入十分紧张的阶段

从编纂工作来讲，已进入中后期。原来规划整个工程今年全部完成，现在看来有困难，只能作到大部分编纂完，还不是出版完。但是，尽管如此，我们已经取得了不小的成绩，积累了比较丰富的经验，也认识了一些教训。不过不管怎么说，作为国务院直接批准的新中国成立后“全国最大的文化出版工程”，作为国家《十一五文化发展规划纲要》的重大文化出版工程项目，经过多年的奋斗，目前各典虽然进度不一，经验有多有少，教训有大有小，大典工程顺利完成是没有问题的。

目前，24个典已全部启动。领导班子作了完善的调整，农业典，政治典，地理典，历史地理典重新聘任了主编。去年出书750万字，累积已出版近1.3

亿字，这为今年出版打下了有利基础。

但目前也存在几个突出问题：

1. 进展很不平衡，已完成的只有 2 个典，今年书稿可完成的有 7 个典，3 亿多字，有几个典比较差：交通运输典，数学典，理化典，历史地理典。天文典。

2. 编纂质量不理想，返工多，终审后退稿多。去年终审 3 部书稿，只有一部通过。法律典刑法分典，历史地理典总论分典均未通过。

3. 编辑力量不足，已成瓶颈。

4. 排印不理想。

二、今年的总要求

必须坚持质量，力求速度。要抓紧编纂，抓好编辑，抓住审读，抓对排版出书。要深入分典，分层次，分类型，全面有序推进。力求完成书稿 1.5 亿字，加上去年已完成的书稿 1.1 亿字，则共有 2.6 亿字书稿在出版社。现在已出书 1.3 亿字，两者共有 3.9 亿字，努努力就有 4 亿字。要求今年在坚持质量的前提下，出书一亿字。

凤凰出版社的老总，在《文学典》的座谈会上肯定地表态，要在《文学典》后接着出版《林业典》，说要“接二连三”。如果《林业典》是第三个出版的典，第四是谁？“继四续五”是谁？请大家加以斟酌。《教育典》行不行？《历史典》行不行。我们等着看“继四”，也盼望“续五”。希望今年越来越顺利，越来越好，越来越快。

三、抓紧编纂

未完成诸典，希望迎头赶上。

一个典质量高低，进度快慢，关键在主编，一个分典的质量高低，进度快慢，关键在分典主编。任老，程千帆先生是典主编的典范；曾枣庄，卞孝萱兄是分典主编的榜样，还有动物分典的主编王祖望先生，宗教典的李申先生，经济典的宁可先生，工业典的魏明孔先生，语言文学典的宗福邦先生，林业典的熊大桐先生，民俗典的白化文先生，他们共同的特点是认真把大典当成重要的事情来作，编大典坚持不懈，学术上毫不马虎，认真抓质量，积极求速度，取得了相当的成果。希望各典的先生们,吸取他们的经验。农业典、政治典因为换主编,进度慢了一些,但是,杨寄林先生与穆祥桐先生,正迎头赶上,说要把耽误的时间赶回来,他们的精神是很感人的。他不推诿,不埋怨,不拖沓,值得我们学习。数学典、理化典,是有潜力的,他们努力不够,速度极慢,这次,会上他们表示,一定认真往前赶,下半年要见好的成效。

对今天参加会的5个典,质量、进度参差不齐,但我还是提出一些希望。

1. 充分认识大典的分量,真正把大典当成国家重大文化工程来作,作成标志性项目,鼓舞今人,吸引后人,对得起国家,无愧于学林。同时认识其难度。作好大典确非易事,找资料不易,恰如其分地安排资料也难。

2. 主编要带头认真负责,真正对这一国家项目负责,集中人力,集中精力,在一定时间内全力以赴,不能只是指挥指导,要亲自动手作。希望不要拖了整个大典的后腿,现在有些典有拖后腿的趋势,比如《交通运输典》、《历史地理典》就使人担心,葛先生工作太繁重了,太忙了,我们希望能集中一些。

3. 请各典订出今年的行动计划。今年作到那些,明年如何全部完成?不能再往后拖。

4. 坚持质量第一,按已有文件规定办事,规范化。不能自行其是。

5. 编纂学者,出版社多互相沟通,合作好,协调好,同舟共济。争取好的结果。

大典办一是努力给大家服好务,加强与典、分典、出版社的联系。二是我们准备经常到各典、各分典去了解些编纂情况,加强对口交流,个别交流。三是有针对性组织点经验交流会。

四、编辑工作要到位

目前,编辑工作已成整个工程的瓶颈。编辑一少,二水平有待提高。有的学者对有的编辑的工作不满意见,说编辑水平不行。编纂学者是专家,好的编辑也是专家。相互结合才能出好作品。我们要求大典的编辑:1. 敬业,喜爱大典工作;2. 对大典有基本了解;3. 能作古汉语的加工工作;4. 认真作大典的编辑工作。一个典一定要有2—3个合格的编辑。现在有的出版社没有对书稿加工就去排版,排了版再要作者审阅的,这是不合理的,给学者增加许多困难。

出版社收到学者的书稿后,3 个月之内必须加工好,编好;编不好必须有交待,讲明原因,提出下步改进办法。

向大典办送样稿,终审书稿要规正,样稿必须有目录,各方面都有一些,20 万字左右,有代表性,使审读者看出全貌,是一个小麻雀。书稿前言后记等都要全。一份全稿,20 份专家审读稿。

大典办组织终审后,出版社、专家对审稿意见,必须条条有交待,特别是“举一反三”,要通读通改。编辑是把出版的最后一道关,要把好这一关。

五、作好印制出版

自己找印刷者,要求是一好二快。谁能做到就找谁,大典办没有限制,否则误事,误事了谁也负不了责任。

六、大典办作好服务协调工作

1. 认真服好务,随时听取各方面的意见。
2. 不断深入检查,督促编纂、编辑工作,及早发现问题,及早纠正。
3. 协调好编纂、编辑、印刷之间的关系。
4. 及时组织专家审阅样稿样书。
5. 协助各典解决困难。

2010 年 1 月 20 日

在《农业典》工作会上的发言

《农业典》开会商量一下工作。

一、大典办为什么单独开一个典的工作会。我们已经开了三个片会了，一个宗教典的会，参加会的共 18 个典了。后面还有几个典，要再开会研究。片会就是原来每年开的每年典的工作会。为什么《农业典》要单独开一个会。有两个原因；第一，主编李根蟠先生，再三请辞，坚持不当《农业典》的主编了。他说，他有更多的事情要干，还推荐穆祥桐先生接任主编，请他接着干。后来他又写了一封信，说无法再干下去。大典办接受他的意见，为了不误工作，只好另换主编，聘请穆祥桐先生任《农业典》的主编。第二，《农业典》是个大典，在整个《中华大典》中举足轻重。《农业典》启动三年来进展不大，再拖下去，将影响这个国家项目，大典工程将无法向国家交代。

《农业典》不是另起炉灶，是修补炉灶，加火升温。请穆祥桐先生领着编纂学者继续好好干下去，干出成绩来。大典办坚决支持。《农业典》有几个分典这两年作了一些基础工作，我们十分感谢。我们希望这次会总结前段的经验教训，在穆先生和各位专家学者的努力下，在河南大学出版社的努力下，做好做快，取得更大的成果。

二、当前编纂出和出版好《农业典》有许多有利条件。有了前一时期的经验教训，可为我们作借鉴，这是十分宝贵的。其次，我们有一支好编纂出版队伍。各位专家、学者、出版家、编辑家都愿为编好出版好《农业典》作出贡献。大家对编好《农业典》有统一的认识。都知道这是党中央、国务院十分重视的重大文化项目，国务院有明确的批示，也是“十一五”国家文化纲要的重大项目，也是新闻出版总署的标志性工程。参加这一工程，是一种荣誉，也将载入史册，流传后世。中国历来以农业立国，几千年来，农业有丰富的文献史料，除《齐民要术》等专著外，正式的农书，农政全书，正史中的农事记载等等，都有丰富的农业资料。农业文献资料可能是各门学科中最丰富的了。这是我们编纂的极为有利的条件。当然，在丰富的资料中也要精选。总之，中国以农立国，有几千年的悠久历史，很有特点。我们有责任编纂出有特色的农业大典。正因为这样，也增加了难度，资料广泛、丰富，选起来工作量大，选准也比较难，编好更为不易。

三、编纂要求，请赵含坤先生再讲一讲。总主编任继愈老先生历来对大典编纂有很多好的想法，赵先生再传达一下。同时，我们在最早的试点工作中制定了一系列文件，这是编纂好、出版好大典的依据，请大家认真阅读，依照文件要求编纂出版。大家还有什么问题，请随时提出。

四、《农业典》由于客观原因，已经滞后了，我们希望通过这次会，能更好地统一思想，努力行动，迎头赶上。因此，请各分典主编，根据自己的情况，作出较为详细的工作计划，使《农业典》的编纂出版工作，一步一步地前进。

2010 年 1 月 27 日

在《地学典》第一次工作会上的讲话

这次会意味着《地学典》已进入一个新的阶段。十分感谢中国地质大学(武汉)对这次会议的筹备。在此之前《地学典》已经取得了一定的成绩,主要是《气象分典》进展得比较好,已经普查结束,进入分类编纂,今年可全部完成。《海洋分典》已有了编纂结构框架。《地质分典》,《测绘分典》,《自然地理分典》原来没有真正落实,真正行动起来,现在完全落实了。有几个单位,中国地质大学、武汉大学、武汉测绘学院、西南大学地理科学院、中国海洋学院,承担编纂任务,热心于《地学典》的编纂工作。你们是有远见的,这几个方面的历史文献,没有系统地整理过,这是个开创性的工作,也是地学学科建设,有重要意义。我代表中华大典工委会感谢大家,也预祝大家的成功。大家一定会取得很好的成就。

为什么编修《中华大典》?《中华大典》是一部什么样的典籍?想来大家都已经明确,在酝酿过程中,杨希之社长,李盛强先生已经和专家们多次进行了交流。我再简单地说几句。《中华大典》是一部古籍整理的汉文字现代类书。国家重视,规模巨大,意义深远。党中央有6位常委都有批示和题词,国务院直接批准立项,是新中国成立后全国最大的文化出版工程,约八亿字,是国家《十一五文化发展纲要》的重大文化出版工程。对继承弘扬中华民族的优秀文化,对国际文化交流,对促进当代的科学研究,先进文化的发展和进步都有重要意义。中国历史上皇家历来有修类书的传统,最早的类书是《皇览》,最晚的大型类书是《古今图书集成》,大体上是三百年左右修一次。我们现在正是盛世,“盛世修典”,正是编纂《中华大典》的好时机,各大学和专家们能身逢这件几百年一次的盛事,也是一种机缘,既光荣也难得,名字也将久远流传后世,也就是常说的"留名青史",所以能参与这一工作,不是支持和写作其他任何一种书所能比拟的。

整个《中华大典》近几年进展比较顺利。一共24个典,116个分典,约8亿字。现在24个典已全部启动。《文学典》和《哲学典》已全部完成。部分出书的有《医药卫生典》、《历史典》、《历史地理典》。已出书近1.3亿字。今年计划出书1亿字。今年计划,出书和交稿共可达4亿多字。今年可能全部出书和部分出书的除《医药卫生典》、《历史典》,《历史地理典》外,还有《林业典》、《法律典》、《语言文字典》、《教育典》、《民俗典》、《宗教典》、《艺术典》、《经济典》、《工业典》、《文献目录典》、《天文典》等。明年将会有更好的进展。可以说形势喜人,形势逼人。对有些典可能会有相当的促进力。我们希望共同努力,共同进步。但各典启动有先有后,不可能步调完全一致,允许有些差距。

对一个分典来说,编纂有一定的要求,有一般程序,也就是要有步骤地进行。

第一,组织建立队伍。

编纂大典,首先是要组织建立一支有水平、稳定的队伍。这支队伍必须有一个责任心很强,懂得古代专业文献的主编。他能在一段时间内全力以赴编纂大典,不仅能认真审稿,还要自己能动手编纂。除了有一位好主编,还要有一个通力合作的团队。这个团队人员要稳定,要少变动。大家要认真学习编纂的有关文件和各种规定,认识编纂大典的重要意义,特别是要树立质量第一的观念,始终坚持质量第一。还要有本专业的古代文献知识。要明确编纂大典的具体操作要求和编纂的具体方法。

第二,要熟悉书目,普查资料。

这是重要的一步,是整个编纂工作的基础。

作好框架。框架是编纂的指南。是大的分类。框架之内,首先是经目,经目有典、分典、总部、部、分部。必要时可延长一、二级,这是内容大的方面的划分。也是题目。其次是纬目,有9个方面:题解、论说、综述、传记、纪事、著录、艺文、杂录、图表。这是具体内容的细分。9种内容,有则设,无则不设。

作好样稿,样稿是书稿的缩影。20万字左右。抽选的内容要有代表性。是一个"小麻雀"肝胆俱全,从样稿能看出书稿的全貌。

广收引用书目。和本典有关的各种古籍尽量搜集。《中华大典》要引用20000多种古籍的资料。大典的通用书目只有1206种，这远远不够。各典还应有专用书目，还有二十五史、地方志，与专业有关的其他各种书目，特别是一些珍稀版本，更要搜集。《军事典》收了引用书两千多种，《林业典》发动全国林业部门找林业古籍，《气象分典》请全国气象部门查地方志对气象的记录。这些经验都是可用的。

普查资料十分重要。对引用书目要普遍查阅。有关内容要影印留存备用，或者是录下，录的是校对任务重。查法有两种，一种联合通查，一种是根据自己需要单查。

普查范围宽，内容要多，初采要泛，多采精用。大典要求“竭泽而渔”、“一网打尽”，“大家要精”，“小家要全”，“古代要多，清代要精”。不累不杂，切中主题，保证重点。充分表现不同学术观点。

资料收集时，注意标目：作者、书名、卷次、版本、时间、朝代，下限时间是清末（1911年12月31日）。跨越1911年的人物如王国维等看文章写成时间。

外国人用中文写的资料文献一般不收，特殊的可少收。如利玛窦、李约瑟等。中国人用外文写的不收。只收汉文字，少数民族文字不收，1911年以前已翻译成汉文的可收。

第三，准确标点，认真校勘。

这是编纂学者的重要工作。也是保证学术质量的重要方面。

标点不是技术工作，是学术工作。准确断句，不违原意。一般只用逗号、句号，少用分号、引号，不用惊叹号、问号、破折号、省略号。双引号、书名号要统一规范，不能有的用，有的不用。最常犯的是不准确，前后不统一。

校勘也原著对照。不用二手资料，类书上的资料少用。可以用今人学术成果，但不能滥用。用名家的，名社的，准确的。不管用谁的，要和原版核对。网上的东西可用，但网上的东西一般错误较多，要核对原版。交出版社的书稿要纸制本。最好是原著影印的东西。总之，要保证准确，保证质量。

第四，科学分类，排序正确。

分类，经目指总部、部、分部等内容的划分不错，资料应分在那个总部、部、分部。更多的是指纬目的分类，指9个纬目中分得准确，论说、综述是容易混淆的,论说重点在论,综述重点在述,一个是理,一个是事。古人写文章并不是按我们现在的要求写的,往往是一篇文章,一段文字什么都有,采集时要选择,只选择你们要的那部分。选择一段,选择几句,不要选全篇文章,一般不要选大段文章,有些不符合要求的话可以加【略】字省去,紧接着引用,但意思要一致,要连贯。一段的文章不要分成两段,两段的文章不要拼成一段,可以加又字,另起一段。

排序:一个小标题之内,按成书年代先后排序,不是按书写的事迹先后或原作者先后排序。如果有特殊情况,以类分时,可暗分,即留一行空格以示有别。

注文,原注不必全用,只用与内容紧密结合的注文,无关内容的注释不必选用,注释文字比原文小半号。要与原文有别。

标目的格式要有朝代,作者姓名,书名、卷次,或文章名,以便读者查找。先秦文章,二十四史可以不标作者。其他一律标作者。如何标法,前后体例要一致,不能全书前后不一致。标卷次,不能用十、百、千、万,只能用○－九的汉文字。如二十一卷只能标二一卷,三百五十九卷只能标三五九卷。

交叉重复要注意,一个分典之内,资料使用不能交叉重复,不能前后反复引用。分典之间根据需要可有极少量重复。

编成书稿。书稿务必齐、清、定,分期分批交给出版社作编辑加工。

这次会开得很好,最后我再讲几点要求和建议。

第一,我们一定要充分认识参与编纂的重大意义、深远意义和现实意义。编典和地学各门学科建设相结合,系统地整理地学文献,有开创意义。要认识对学科建设的重要性。

第二,马上组织好一支高水平的编纂队伍。主编,编纂学者要真正到位,要稳,在一定时期全力以赴。

第三,各分典进度不一,可根据本分典的情况,作出行动计划。立即进入阵地,开始编纂工作,两年之内又好又快地完成编纂工作。

第四,坚持质量第一。所谓质量,是指内容全不全,选材好不好,学术水平高不高,版本好不好,点校准不准,引书格式是否规范,印装形式好不好等。质量是一个整理概念,高质量才能成为传世之作。

这是一个大的国家文化工程,我们有缘相聚,很不容易。希望各有关方面高度重视，共同协作，共同努力，相互支持，出色完成这一工程。

谢谢！

2010 年 3 月 11 日于武汉

在《军事典》骨干培训会上的讲话

听了李德义同志的讲话，感到军事典很有希望，军事典的领导和专家学者，办事很认真。《工作条例汇编》中的几个文件，通用书目都编得很好。

军事典的同志要我来讲一讲普查开始后的具体操作问题。讲一讲各典操作中的经验教训。3 月 11 日我到武汉中国地质大学讲了《地学典》编纂中的一些具体问题，如何解决。现在我把主要内容再讲一讲。

对一个分典来说，编纂有一定的要求，有一般程序，也就是要有步骤地进行。

第一，组织建立队伍。

编纂大典，首先是要组织建立一支有水平、稳定的队伍。这支队伍必须有一个责任心很强，懂得古代专业文献的主编。从编纂角度讲是主编负责制。框架、分类、版本、点校、书稿，都是他最后审定。书稿也是他最后签字。他能在一段时间内全力以赴编纂大典，不仅能认真审稿，还要自己能动手编纂。除了有一位好主编，还要有一个通力合作的团队。这个团队人员要稳定，要少变动。大家要认真学习编纂的有关文件和各种规定，认识编纂大典的重要意义。大典办先后制定了 9 个条例，有 80 条，155 款，142 项规定。要认真学习这些文件，掌握编纂大典的要求。特别是要树立质量第一的观念，始终坚持质量第一。除此还要有本专业的古代文献知识。要明确编纂大典的具体操作要求和编纂的具体方法。

第二，要熟悉引用书目，认真普查资料。

这是重要的一步，也是关键的一步。是整个编纂工作的基础。

作好框架。框架是编纂的指南。是大的分类。框架之内，首先是经目，经目有典、分典、总部、部、分部。必要时可延长一二级，这是内容大的方面的划分。也是题目。其次是纬目，有9个方面；题解、论说、综述、传记、纪事、著录、艺文、杂录、图表。这是具体内容的细分。9种内容，有则设，无则不设。体例一致，规范，不能自乱体例。

作好样稿，样稿是书稿的缩影。20万字左右。抽选的内容要有代表性。经目、纬目的内容，如论述、记事、艺文等内容都有一些，代表各个方面。总起来是一个“小麻雀”，各部分都有，肝胆俱全，从样稿能看出书稿的面貌。

广收引用书目。和本典有关的各种古籍尽量搜集。《中华大典》要引用20000多种古籍的资料。大典的通用书目只有1206种，这远远不够。各典还应有专用书目，还有二十五史、地方志，与专业有关的其他各种书目。选好的版本，作到不滥不漏。特别是一些珍稀版本，更要搜集。你们《军事典》已收了引用书两千多种，《林业典》发动全国林业部门找林业古籍，《气象分典》请全国气象部门查地方志对气象的记录。这些经验都是可用的。找书目、框架、作样稿不必截然分开，可同时进行。

普查资料十分重要。按框架收书目，按书目普遍查阅。初选的内容要影印，影印的东西剪下来，一条一条粘在稿纸上。以备选用分类。不管是剪贴的稿子，还是录入稿，都要与原著校对，做到准确无误。普查办法有两种，一种是联合通查，几个分典联合一起查，一种是根据自己的需要单独普查。

普查范围要宽，内容要多，初采要泛，多采精用。大典要求“竭泽而渔”，“一网打尽”，“大家要精”，“小家要全”，“古代要多，清代要精”，选材适当。不累、不杂，切中主题，保证重点。充分表现不同学派的学术观点。

资料收集时，注意标目：朝代、作者、书名、卷次、文名、何种版本。时间的下限是清末(1911年12月31日)。跨越1911年的人物如王国维等看文章写成时间。跨学科人物的收录，以本典学科的内容为主，其他少收。

外国人用中文写的资料文献一般不收，特殊的可少收，如利玛窦、李约瑟等。中国人用外文写的不收。只收汉文字，少数民族文字的资料不收，但少数民族的汉文资料要收。1911年以前已翻译成汉文的可收。

普查、收资料、用资料是3个概念。查多收少，用精。收和用的资料一般是 1:1 至 3:1。收的多,用是三分之一至一半。

第三,准确标点,认真校勘。

这是编纂学者的重要工作。也是保证学术质量的重要方面。

标点不是技术工作,是学术工作。准确断句,要不违原意。一般只用逗号、句号,少用分号、引号,不用惊叹号、问号、破折号、省略号。双引号、书名号用时要统一规范,不能有的用,有的不用。最常犯的是不准确,前后不统一。

校勘是指引用资料与原著对照。应收原著的一手资料,不用二手资料。类书可作线索,便于查原著,类书上的资料如无原著可查的可直接引用。可以多用今人的学术成果,但不能滥用。用名家的,名社的,准确的。不管用谁的,都要和原版核对。网上的东西可用,但网上的东西一般错误较多,要核对原版。交出版社的书稿要纸质本。最好是原著影印的东西。总之,要保证准确,保证质量。多影印原件,50 字以下资料可以手抄,但校对者要签字。

第四,科学分类,排序正确。

分类,经目指总部、部、分部等内容的划分不错,资料应分在那个总部、部、分部。分类更多的是指纬目,指 9 个纬目中资料分到那个纬目名下。要分得准确,论说、综述是容易混淆的,论说重点在论,综述重点在述,一个是理,一个是事。其他纬目也都各有特点。古人写文章并不是按我们现在的要求写的,往往是一篇文章,一段文字什么都有,所以采集时要选择,只选择你要的那部分。选择一段,选择几句,不要笼统地选全篇文章,什么内容都有,与纬目的要求不符。一般不要选大段文章,有些不符合要求的话可以加【略】字省去,紧接着引用,但意思要一致,要连贯。一段的文章不要分成两段,两段的文章不要拼成一段,可以加又字,另起一段。

排序:一个小标题之内,按成书年代先后排序,不是按书写的事迹先后或原作者生年先后排序。如果有特殊情况,以类分时,可暗分,即留一行空格以示有别。排序错乱,是经常出现的差错,要避免。

注文。要有选择地引用,原注不必全用,只用与内容紧密结合的注文,与内容无关的注释不必选用,注释文字比原文小半号。要与原文有别。

标目的格式要有朝代,作者姓名,书名,卷次,或文章名,以便读者查找。先秦文章,二十四史可以不标作者。其他一律要标作者。如何标法,前后体例要一致，不能全书前后不一致。标卷次，不能用十、百、千、万，只能用〇一九的汉文字。如二十一卷只能标二一卷，三百五十九卷只能标三五九卷。

交叉重复要注意，一个分典之内，资料使用不能交叉重复，不能前后反复引用。分典之间根据需要可有极少量的重复。典之间根据需要可以有少量的重复。不管哪种重复，都是根据内容需要，不是为了凑字数。

编成书稿。书稿务必齐、清、定。分期分批交给出版社作编辑加工工作。书稿编成后还有大量的重要的编辑工作要作，编纂学者、编辑要经常互相沟通，互补差错，求得书稿的整体完美。

编辑工作的繁重，另作别论，这里就不讲了。

2010年3月29日

在重庆片会上的发言

有机会在重庆开会，很高兴，尤其是在你们学校，这是第一次，十分难得，也很感谢你们。

这是第四次会，北京两次，上海一次，重庆这一次。将近20个典的主编、分典主编、出版社负责人，有100多人。这几次会与以前不同的是分典主编都参加，大家在一起沟通对话，交流经验，讨论问题解决困难，修订计划，继续前进，求得《大典》又好又快的早日完成。

这些会的开法不是上面讲，下面听，是大家都讲，共同讨论。一个分典一个分典的讲。讲情况、讲进度、讲经验，讲困难、讲问题。这样透明度更大。

一、回头来看，这三次片会，收获很大

1. 沟通了情况，对每个典的现状有了进一步了解。

2. 交流了经验。各典情况不同，经验不一样，都取得了成功的经验。

3. 进一步鼓舞了信心。在一步步前进。离完成任务的目标越来越近。有已完成的，有将完成的，有努力争取完成的，有必须努力力求加快跟上的。

4. 明确了奋斗目标和要克服的困难，克服困难的办法。“不比不知道，一比吓一跳。”

5. 知道了任务仍然很重要。不努力完不成，上马不易，下马更难，只有挥鞭再向前。

二、《中华大典》的编纂出版已经取得了阶段性成果

已经完成的有《文学典》《哲学典》。还有《历史典》《医学卫生典》《历史地

理典》的部分分典。共约1.3亿字。

今年可交全部书稿的有《林业典》《语言文字典》《教育典》。

今年还可交12—14个分典书稿，有历史地理典总论分典；民俗典的口头民俗分典；天文典的历法分典；法律典的刑法分典和诉讼法分典；医药卫生典的医学分典；经济典的经济思想分典、财政赋税分典、综合分典、土地制度分典；工业典的陶瓷分典、近代工业分典、矿冶分典。还可能有增减，有些分典还争取今年发稿。这些典和分典今年共将交稿1.3亿多字。

今年争取正式出版约6000万字。加上已出的1.3亿字，这样可达1.9亿多字。还有一批正作的书稿。成果是令人高兴的，可喜的。能取得这样的成果，有几条基本经验：

1. 各领导部门、主管部门的重视、支持。江苏出版集团、云南出版集团、国家科委、教育部、国家林业局、国家气象局、上海社科院，他们下文，在财力、人力、物力上大力支持。武汉大学、湖北大学、华南师大、北京林业大学、都是校长过问，抓这件事。

2. 有一个出色的主编。任老自己编《哲学典》，程千帆亲自抓《文学典》，周少川、熊月之，宁可先生等等，这些学者都很好。

3. 有一支稳定的、认真做事的专家学者队伍。王祖望、王娟、周少川带领了一批用心办事的人，他们都是在“一段时间，全力以赴”。

4. 出版社认真，编纂出版融为一体，编辑早参与，有编辑队伍，有班子，专人。云南教育社、凤凰出版社的何学会和高纪言都是这样做的典范。

三、正面临严峻的考验

按协议今年要全部完成。但现在只完成了两个典，《林业典》今年可能完成。也只有3个典。因此有几大难题和考验：

1. 大部分典完不成，协议难以实现。

2. 今年计划出版6000万字，必须抓紧。

3. 有几个典很后进：军事、政治、农业难以赶上。

4. 有几个典进展极慢，《地学典》《历史地理典》《交通典》《法律典》《艺术典》。

5. 有的典,正遇到质量的麻烦。

6. 如何为明年出书打下基础。

四、要认识进度慢,质量保证难的原因

1. 专家手头项目多,任务重,没时间作《大典》,主编责任心比较差;

2. 嫌报酬低,有人不愿做大典;

3. 没有固定的队伍,找人难;

4. 对困难原来估计不足,作起来以后才知不易。

现在要更认真仔细地做工作,使大家更加认识重要意义。国家项目,十一五重大文化工程。要有国家观念,责任感。

希望专家学者讲诚信:"民无信不立","与朋友交,言而有信","人而无信不知其可也"。

机会难得,要有荣誉感。修《大典》历史上是300年一次,修一次管300年。这是难得的机遇。

要有紧迫感。有科研意义,推动当前学术发展,也有国际文化交流的需要。

五、坚持质量第一

操作要符合文件规定,符合质量要求。

大多数专家学者,出版社很重视质量,文学、哲学、历史等典的质量都不错,多次获国家奖,学界普遍叫好,希望各典能这样,但存在不容忽视的问题。

学术质量有问题。内容不精不全,用版本不好,用盗版、电子版,对整理本不校对,简繁体字混用,交稿不齐清定。印厂无法排。引书格式不规范,不按规定,校点不准,排版不准,前后不统一,随便找资料堆积,只求量,不求质。不普查,随便找几本书,不选择,大量抄录。出版社不把关等等。

原因:

1. 有的主编,尤其是分典主编,不重视质量,随便交稿,应付差事,不重视自己的学术名声。要就是这样的稿子,要不就没有。态度不友好,使印厂为难,认为编辑、印厂都低人一等。这是不允许的。"不以规矩不能成方圆"。

2. 有的编纂者，学术修养欠缺，不了解大典怎么作，随便作，不认真。

3. 有的编者对文献，对学科不熟悉，以致选材困难，选材不当。

4. 主编没有认真审读，改正。

5. 出版社的编辑不负责任，只求快，不求好。

因此要再次强调：

1. 坚持质量第一，思想观念要明确，不能随便应付了事。

2. 按大典文件规定编纂，不能自行创作，有问题多请示。

3. 认真普查，认真精选，在普查基础上，选录，普查，广收、精选、认真分类。不能“拣到篮子就是菜”“竭泽而渔”，“大家要精，小家要全”，“古代要全，清代要精”。

每位学者、出版者，都要重视自己的学术名声，使学术名声扬于后世，不要被一些编纂错误，将自己的学术名声钉在后世的耻辱柱上，遭人唾骂。

六、加强编辑力量，把好质量关，编辑出版好《中华大典》

总主编任继愈先生为我们树立了一个出版者，编纂者的优秀榜样——高纪言先生。任老在文学典理论分典的开印报告上批了一段话：“《文学典》是大典中启动最早的一个典，创造了很多经验，给后来的其他典开了个好头，能善始善终，出版社高纪言同志树立了大家学习的榜样，对他的工作，令人佩服。他对大典办的配合，谦虚，从善如流，举一反三，把后半生命付给了文学典。”2009年3月12日高纪言已经去世，但他留给出版者编纂者的财富是永恒的。他后半生献给大典，善于团结专家学者，始终如一，敬业爱业，坚持高质量高标准，为人谦虚谨慎，从善如流。都值得我们很好学习。文学典理论分典，通读通改了三四次，校对了10次，越到最后，他们越讲究质量，这就是“善始善终”。如果说作者是书籍的妈妈，编辑就是书籍的保姆。对《中华大典》来说，编辑尤其重要。编辑是出好大典的最后一道关口，他们要把好最后一道关口。因此，对大典编辑的要求应是认真、细致、严谨、负责，及时处理好书稿。在编辑加工把关方面文学典、哲学典、历史典理论分典都作得很好。巴蜀的段志洪，早期对法律典的把关，也是很好的。魏同贤、李学颖编辑历史理论分典时，加工也非常出色。今年有大量书稿要交到出版社。交稿不等于出书，还要认真加工；

不交稿，不等于平安无事，要力争作者交稿。这就要求出版社有足够的符合要求的古籍编辑。以前我们提出每社每典要有三个合格的古籍编辑。做到不耽误书稿出书为原则，书稿到手，三个月编完，这是协议上规定的原则，是出版社遵守的协议。

目前有几个典最大的矛盾是编辑跟不上，数量、质量都不理想。新找的编辑要进行培训，使之懂得大典是怎样一部书，要认真学习大典的文件、规章、制度。

编辑要作加工的实际工作，不能自己不加工，随便将原稿退给作者。引书格式，版本核对，条目排列顺序，标点的审核都是编辑要把关的。不能因小毛病退稿。当然如果书稿质量太差，也不是不可退稿。

2010 年 4 月 2 日

在《数学典》工作会上的讲话

《数学典》能开这次会议，我十分高兴。我代表大典办祝贺。

讲三点意见。

一、老树发新枝，开新花，预祝这新枝更优美，新花更鲜艳。因为《数学典》于 2006 年 9 月 30 日郭书春签的协议，已有 3 年 7 个月了。正好是按原规定完成全典的时间。始终因为有别的项目，没有完全真正的动起来。现在真动起来了，所以令人高兴。

《数学典》有很多优势。第一，有一个学识、能力、人品很好的主编，郭书春先生，他是不动则已，一动惊人。“三年不鸣，一鸣惊人”。我是这么看的。第二，队伍人强马壮，只要真心投入，会很快见效果。第三，编纂条例弄得很好、很细，认真研究了大典的所有文件，提得都很恰当，除个别地方可以做些修正外，一般都可用，说明准备工作算是充分的。第四，现在已是编纂工作的中后期，前面的许多典，已经作出了丰富的经验，《数学典》可以吸取。即要体现《数学典》的特色，又要尊重共同规律。体例统一。第五，文献资料相对集中，编纂学者作过这方面的整理工作，有经验。虽然不能说手到擒来，至少可以说，驾轻就熟。

不利条件是三条，第一，编纂学者科研、教学任务很多很重，与编大典争时间；第二，对有些人来说，大典是个新项目，没有作过，比较生疏。可能影响质量。第三，队伍比较分散，在几个地方，不能随时交流，可能有些困难。

因此，问题在如何扬长避短。我相信郭先生会指挥有方，取得好的效果。

二、时间紧迫，形势逼人。

按原计划，《大典》今年基本完成，明年全部完成。从《数学典》来看，可能有困难。

整个《中华大典》近几年进展比较顺利。一共24个典，116个分典，约8亿字。现在24个典已全部启动。《文学典》和《哲学典》已全部完成。部分出书的有《医药卫生典》《历史典》《历史地理典》。已出书近1.3亿字。今年计划出书1亿字。今年计划，出书和交稿共可达4亿多字。今年可能全部出书和部分出书的除《医药卫生典》《历史典》《历史地理典》外，还有《林业典》《法律典》《语言文字典》《教育典》《民俗典》《宗教典》《艺术典》《经济典》《工业典》《文献目录典》《天文典》等。将会有更好的进展。可以说形势喜人，形势逼人。对有些典可能会有相当的促进力。我们希望共同努力，共同进步。但各典启动有先有后，不可能步调完全一致，允许有些差距。

这里，我还要讲几句话：我们有修类书的传统，但修现代类书却是第一遭，所以有新义。《中华大典》是一部古籍整理的汉文字现代类书。国家重视，规模巨大，意义深远。党中央有6位常委都有批示和题词，国务院直接批准立项，是新中国成立后全国最大的文化出版工程，约八亿字，是国家《十一五文化发展纲要》的重大文化出版工程。对继承弘扬中华民族的优秀文化，对国际文化交流，对促进当代的科学研究，先进文化的发展和进步都有重要意义。中国历史上皇家历来有修类书的传统，最早的类书是《皇览》，最晚的大型类书是《古今图书集成》，大体上是三百年左右修一次。我们现在正是盛世，“盛世修典”，正是编纂《中华大典》的好时机，各大学和专家们能身逢这件几百年一次的盛事，也是一种机缘，既光荣也难得，名字也将久远流传后世，也就是常说的“留名青史”，所以能参与这一工作，不是编纂写作其他任何一种书所能比拟的。

三、对一个分典来说，编纂有一定的要求，有一般程序，也就是要有步骤地进行。

第一，组织建立队伍。

编纂大典，首先是要组织建立一支有水平、稳定的队伍。这支队伍必须有一个责任心强，懂得古代专业文献的主编。从编纂角度讲是主编负责制。框架、分类、版本、点校、书稿。都是他最后审定。书稿也他最后签字。他能在一段时间内全力以赴编纂大典，不仅能认真审稿，还要自己能动手编纂。除了有一位好主编，还要有一个通力合作的团队。这个团队人员要稳定，要少变动。大家要认真学习编纂的有关文件和各种规定，认识编纂大典的重要意义。大典办先后制定了9个条例，有80条，155款，142项规定。要认真学习这些文件，掌握编纂大典的要求。特别是要树立质量第一的观念，始终坚持质量第一。除此还要有本专业的古代文献知识。要明确编纂大典的具体操作要求和编纂的具体方法。

第二，要熟悉引用书目，认真普查资料。

这是重要的一步，也是关键的一步。是整个编纂工作的基础。

作好框架。框架是编纂的指南。是大的分类。框架之内，首先是经目，经目有典、分典、总部、部、分部。必要时可延长一、二级，这是内容大的方面的划分。也是题目。其次是纬目，有9个方面；题解、论说、综述、传记、纪事、著录、艺文、杂录、图表。这是具体内容的细分。9种内容，有则设，无则不设。体例一致，规范，不能自乱体例。

作好样稿，样稿是书稿的缩影。20万字左右。抽选的内容要有代表性。经目、纬目的内容，如论述、记事、艺文等内容都有一些，代表各个方面。总起来是一个“小麻雀”，各部分都有，肝胆俱全，从样稿能看出书稿的面貌。

广收引用书目。和本典有关的各种古籍尽量搜集。《中华大典》要引用20000多种古籍的资料。大典的通用书目只有1206种，这远远不够。各典还应有专用书目，还有二十五史、地方志，与专业有关的其他各种书目。选好的版本，做到不滥不漏。特别是一些珍稀版本，更要搜集。《军事典》收了引用书两千多种，《林业典》发动全国林业部门找林业古籍，《气象分典》请全国气象部门查地方志对气象的记录。这些经验都是可用的。找书目、框架、作样稿不必截然分开，可同时进行。

普查资料十分重要。按框架收书目，按书目普遍查阅。初选的内容要影印，影印的东西剪下来，一条一条粘在稿纸上。以备选用分类。不管是剪贴的稿子，还是录入稿，都要与原著校对，做到准确无误。普查办法有两种，一种是联合通查，几个分典联合一起查，一种是根据自己的需要单独普查。

普查范围要宽，内容要多，初采要泛，多采精用。大典要求“竭泽而渔”，

“一网打尽”,“大家要精”,“小家要全”,“古代要多,清代要精”,选材适当。不累、不杂,切中主题,保证重点。充分表现不同学派的学术观点。

资料收集时,注意标目:朝代、作者、书名、卷次、文名、何种版本。时间的下限是清末(1911 年 12 月 31 日)。跨越 1911 年的人物如王国维等看文章写成时间。跨学科人物的收录,以本典学科的内容为主,其他少收。

外国人用中文写的资料文献一般不收,特殊的可少收,如利玛窦、李约瑟等。中国人用外文写的不收。只收汉文字,少数民族文字的资料不收,但少数民族的汉文资料要收。1911 年前以前已翻译成汉文的可收。

普查、收资料、用资料是三个概念。查多收少,用精。收和用的资料一般是 1:1 至 3:1. 收的多,用是三分之一至一半。

第三,准确标点,认真校勘。

这是编纂学者的重要工作。也是保证学术质量的重要方面。

标点不是技术工作,是学术工作。准确断句,要不违原意。一般只用逗号、句号、少用分号、引号,不用惊叹号、破折号、省略号。双引号、书名号用时要统一规范,不能有的用,有的不用。最常犯的是不准确,前后不统一。

校勘是指引用资料与原著对照。应收原著的一手资料,不用二手资料。类书可作线索,便于查原著,类书上的资料如无原著可查的可直接引用。可以多用今人的学术成果,但不能滥用。用名家的,名社的,准确的。不管用谁的,要和原版核对。网上的东西可用,但网上的东西一般错误较多,要核对原版。交出版社的书稿要纸制本。最好是原著影印的东西。总之,要保证准确,保证质量。多影印原件,50 字以下资料可以手抄,但要校对者要签字。

第四,科学分类,排序正确。

分类,经目指总部、部、分部等内容的划分不错,资料应分在那个总部、部、分部。分类更多的是指纬目,指 9 个纬目中资料分到那个纬目名下。要分得准确,论说、综述是容易混淆的,论说重点在论,综述重点在述,一个是理,一个是事。其他纬目也都各有特点。数学典有点特殊情况,想在纬目中另立两个小题,这是可以的。古人写文章并不是按我们现在的要求写的,往往是一篇文章,一段文字什么都有,所以采集时要选择,只选择你要的那部分。选择一段,选择几句,不要笼统地选全篇文章,什么内容都有,与纬目的要求不符。一般不要选大段文章，有些不符合要求的话可以加【略】字省去，紧接着引用，但意思要一致，要连贯。一段的文章不要分成两段，两段的文章不要拼成一段，可以加又字，另起一段。

排序：一个小标题之内，按成书年代先后排序，不是按书写的事迹先后或原作者生年先后排序。如果有特殊情况，以类分时，可以采取暗分的办法，即留一行空格以示有别。排序错乱，是经常出现的差错，要避免。

注文。要有选择地引用，原注不必全用，只用与内容紧密结合的注文，与内容无关的注释不必选用，注释文字比原文小半号。要与原文有别。如果注文特别有价值不用原文，要另作一条标明出处。

标目的格式要有朝代，作者姓名，书名，卷次，或文章名，以便读者查找。先秦文章，二十四史可以不标作者。其他一律要标作者。如何标法，前后体例要一致，不能全书前后不一致。标卷次，不能用十、百、千、万，只能用〇至九的汉文字。如二十一卷只能标二一卷，三百五十九卷只能标三五九卷。

交叉重复要注意，一个分典之内，资料使用不能交叉重复，不能前后反复引用。分典之间根据需要可有极少量的重复。典之间根据需要可以有少量的重复。不管哪种重复，都是根据内容需要，不是为了凑字数。

编成书稿。书稿务必齐、清、定。分期分批交给出版社做编辑加工工作。有的典是按总部交出版社，这可行。一个分典一次交更好。书稿编成后还有大量的重要的编辑工作要作，编纂学者、编辑要经常互相沟通，互补差错，求得书稿的整体完美。

编辑工作的繁重，另作别论，这里就不讲了。

目前人们都在口诛笔伐学术滑坡，高喊学术打假。我们在这个时候，修好高质量的《数学典》，快点让读者见到《数学典》，有特殊意义。这向读者表明，我们的学术良心是高尚的，作大典是认真的。也就是一要好，二要快。在好的基础上快。使《数学典》能流传300年。我们一定不要留下遗憾，不背历史的骂名。

最后，祝大家成功！

2010年6月

在《林业典》《法律典》《民俗典》几个分典终审会上的讲话

这次是《中华大典》工委、编委联系扩大会，也是比较大型的书稿终审会。聘请了40多位专家学者，用了一个多月的时间，先后审读了《法律典》《民俗典》《林业典》三个典中的三个分典，共约1800万字书稿。由分散到集中，由集中到分散，反复审读。专家、学者们十分仔细认真，从对书稿的总体评价、质量高低、内容选择、版本优劣、经纬目设置、标目格式对错，标点断句准误、文字漏错讹等方面，各抒己见。提出了15份书面报告，约有1300条书面意见。胡双宝先生、段宝林先生、印嘉祐先生、赵含坤先生等都提出了50条以上意见，有的先生最多提出了100多条。充分反映了专家、学者们的责任心。我们对此十分感谢。

9月7日会议交流和审定《森林培育与管理分典》和《刑法分典》的书稿，8日是《口头民俗分典》的书稿。

一

1.《林业典》的历史

《林业典》启动已有10多年的历史。1997年12月30日国家林业部向《中华大典》工委、编委申请编纂《林业典》，1998年6月正式送交了《林业典》申请立项报告。报告中提出，"古代没有林业""林学"等名词，历代类书中均没有专门林业栏目，传统林业长期为农业之"附属"、"骈枝"，这是传统文化和古籍中的一大缺失。《中华大典》作为一项当代重大的科学文化建设工程，结合当前和未来林业和林学的发展现状与趋势，理应弥补历史上这一"缺欠"。

1998年9月1日两委主任会审议了《林业典》的申请报告，并提出了理由、框架和计划，认为从林业历史现状、未来的发展和林学的建设来看，编纂《林业典》是十分必要的，同意了国家林业局的报告。随后启动了《林业典》，并批准北京林业大学，南京林业大学具体操作。因为历史的原因，后来停顿了一段时间，但张均成、熊大桐等老一辈林史专家做出了贡献。他们是林业古籍系统整理的开创者，有开创之功。在《林业典》说明中讲到"《林业典》1998年立项编纂，工作基地设于北京林业大学林史研究室，由张均成教授负责。来自国内四所林业院校专家组成的编纂组经多次讨论，草拟了《林业典》编纂大纲，为后来者提供了重要基础。南京林业大学承担的《森林培育与管理分典》工作始终没有停止。十余年来，在国家林业局和南京林业大学的重视下，主编熊大桐先生呕心沥血，风雨无阻，带领工作人员辛苦耕耘，终得成果。"这就是历史，任何人也不能否认，在《森林培育与管理分典》的成书中，要有这一段话。国家林业局这样看，这样做是很有眼光的。大典办也是这样认为的。

《中华大典》2003年重新启动时，国家林业局仍积极坚持完成《林业典》的编纂任务，并聘请北京林业大学的校长尹伟伦为主编，严耕、熊大桐、罗炳良为副主编。《中华大典》两委会对此是同意的。

2.《林业典》的成就

《林业典》重新启动的协议是2006年9月1日签订的。当时定为5个分典，1500万字。老专家熊大桐先生继续奋斗。国家林业局高度重视，亲自主持抓这件事。贾治邦同志、杨继平先生和宣传中心的同志，大力支持。几位专家学者在尹校长的指挥下，丝毫没有放松。到现在为止，1500万字全部书稿已经完成，都在编辑排印。原来说今年全部出书，现在还在极力争取。

送终审的《森林培育与管理分典》是熊大桐先生奋斗了十几年的心血，这次专家、学者们都已经看见了。总的说，"资料宽泛，内容充实，体例大体符合大典要求，有林业特色"。专家们还说，"作者花了很大的精力，下了很大功夫，普查了大量古籍文献，资料丰富，分类基本符合要求，""成绩不小"，"内容基本符合终审定稿要求"，"简明扼要，大体符合要求"，"资料充实完备"，"框架、编排分类基本符合大典要求"。

3.目前，专家们提出的主要问题

专家们提出了700多条意见，既原则，也很具体，需调整修改，充实书稿，争取早日出版。有8个方面的问题，须认真解决。

1）经纬目设置要适当调整。第3页，“森林概念部”下设的“林木概念分部”可以取消。“禽类”，“兽类”可以取消。65页“森林培育总部”下的“森林培育类型部”可以取消，留下3个分部就可以了。1113页“禽类”可取消。1225页“兽类”可取消。

2）体例不规范，不统一，甚至混乱，同一条内有五六种标法。应是朝代、作者、人名、卷次或篇名。有的条目内容不全。

3）多设的纬目，如“汇考”请取消，内容分别插入其他纬目或另设纬目，如“纪事”。

4）空白“□”，有100多个，太多了，请核对原版补充。

5）“艺文”引诗文有些与主题无关，请精选，精摘，内容不要太多。在几个纬目中一字不差的全篇引用了扬子云的《羽猎赋》《长杨赋》，贾谊的《鹏鸟赋》，张华的《鷦鷯赋》。祢正平的《鹦鹉赋》，鲍明远的《舞鹤赋》，连注文也引用了。要精选精摘，这些赋的注文不必引用。

6）类书选用太多，没有引用原著，周鲁、张英、吴宝芝、方旭等等，有的几乎全文照抄，要尽量引用原著。如用无原著的类书，应加以选择。内容显得杂乱。有的地方有重复。

7）点校问题太多。该点不点，不该点的点了。错别字太多。漏衍讹误字也有。有的将作者张冠李戴。引文不准。版本、书名、人名、物名不准，要核对，使之准确。

8）正文和注释字号不应相同。字号有大有小。现在有的字号一样，有的不一样，混乱。有的用了简体字，应改正。

具体内容，见专家们提的具体意见。

4. 下步工作

第一，坚持质量第一，请出版社社长，编辑，作者严肃负责，认真仔细对待专家们所提意见，以出版社为主，责编负责，请熊先生帮助。西南师大出版社作《刑法分典》有三条经验：1）社领导重视，社长周安平有魄力，当大事抓；2）终审前请了两批专家十多人，对书稿梳理，赖长扬为首帮助主编增删资料，密切合作;3)经济投入。《刑法分典》1100 万字,他们还承担了《法理分典》约 600 万字,最近也将送终审。

第二,出版社要请 4—5 位编辑,请 4—5 位专家学者将大家所提意见,认真仔细梳理,分类,逐条处理。意见对的立刻改正,错的不改;可改可不改的,如不改会影响质量则改,反之则不改。请出版社与熊先生商定。

第三,对 200 多万字的书稿,举一反三,全部改定。

第四,用一个月至一个半月时间全部完成。

第五,修改完后向大典办写出详细的修改报告。请求开印。经大典办审定后,下达开印意见。

二

对《刑法分典》的书稿,大家畅所欲言地进行了沟通。此前,大典的专家们也与各方面的专家,和工委、编委的负责同志进行了商量。一致认为《刑法分典》书稿的质量是比较高的,已经达到了正式出版的水平,稍加修改即可正式出版。

《法律典》是 1993 年 9 月签订的出版协议。共 6 个分典,4000 万字。《刑法分典》是 6 个分典之一,定稿时是 110 万字,现在删改成了 80 万字。

从一九九三年启动以来,经过了几次大的反复,不断充实修改,到现在的书稿为止,有很大的进步,取得了很好的成绩。

专家们提出了 130 多条意见。以《总论总部》《修律总部》为例。共收取资料 514 条。其中先秦 73 条,两汉 29 条,三国 8 条。晋 6 条,隋 7 条,唐 93 条,宋 180 条,五代 14 条,元 17 条,明 32 条,清 55 条。遍布先秦和 10 个朝代,每个朝代都有资料,分布是合理的,反映了中国法律史的发展状况。改变了原来只偏重收"明实录"的不合理情况。

有一位编委常委老教授说:"这一部书稿是个人所看过大典书稿中的上乘书稿之一。因为其所引用之书,包括四部之书,基本都选取了较好的版本。所引之书也基本是有用并可靠之书,所以文字与标点错误甚少,时感读下去很流畅。"有一位专家说:"经纬目分类明晰,设置得当,体例结构合理","资料选录丰富,比较充实完备,准确,精当,能反映古代刑法文献的历史","校勘,断句妥当。”有专家说:“总体质量较好,框架体例清楚,得当,资料搜集广泛,选录准确,编辑、排印严谨规范,较少错讹”。“综合使用了古代类书和近代百科全书的编纂经验编纂”,是“古今有机的结合”。“体例结构设置,经纬目设计是合适的”。“版本是精刻精校本”。“断句、校勘准确”。总之“综合这些资料看,能较为全面深入地反映历朝历代各主要人物之刑事立法观念和事件,已达到在新时期的历史条件下编纂大型类书之目的和要求”。

总的来说,从框架、分类、体例、内容、版本、点校等方面,都是肯定的,质量比较好。但是也提出了一些问题:

1. 有的标法格式不统一,不规范;

2. 排序不符合大典规定;

3. 标点、断句有误;

4. 书名、人名、卷名不准确,有漏、衍、讹、误字。朝代有误;

5. 纬目“记事”请改为“纪事”;

6. 分类、论说、综述、纪事是可以分的。现在分得不够。但分起来很费事。

我认为:

第一、应充分肯定《刑法分典》的总体质量,十几年的奋斗,专家和主编的不断沟通和反复,有很好的成效。包括鱼宏亮等几位先生,也为取得这样的结果做出了贡献。我们十分感谢张晋藩、马建石、杨育棠等专家学者,感谢赖长扬及参加编辑的诸位先生。感谢巴蜀书社、西南师大出版社段志洪总编、周安平社长。特别指出的是段总编,十多年不放弃,孜孜以求。使《刑法典》能达到现在的水平。

第二、请你们最后一搏。在较为短的时间内一至二个月将大家提的各类意见,认真梳,并举一反三,对800万字梳理一遍,争取达到精品的程度。

第三、全部问题解决之后,写出请印报告,报大典办。审查后批准开印,争取11月正式出书。

三

昨天开了一天会,今天又开了半天。对3个分典的书稿进行了讨论。这两天会议开得很好。专家们对会议都作了认真准备，富有学术氛围，大家畅所欲言，各抒己见，这对保证大典的质量起了重要的作用。类似的会，以后还要开，希望被聘请的各个学科的专家，参加会的先生们，能作更加充分的准备。《林业典》《法律典》的意见昨天都分别说了，今天仅就《民俗典·口头民俗分典》的意见说一说。

整理民俗古籍，形成一个类书的典，这是一个开创性的事业，在古代类书中没有系统全面整理的“民俗”类书典籍，这次能整理出版《民俗典》，这将是一座里程碑式的书籍。

《民俗典》原《其他社会科学典》中的《民俗学分典》，是任继愈先生主张从《其他社会科学典》中分离出来的，当时任老提出的理由是，其他社会科学面太宽、太大，现有的几个分典没有完全包括。如加以扩充则太宽太多。而民俗学很有中国特色，也有久远的历史；资料虽分散一些，但很丰富，应立典。大典工委、编委同意任老的意见，设立了《民俗典》，代替原来的《其他社会科学典》。在任老的直接关怀指挥下，聘请了白化文先生为主编，制定了框架。设计《民俗典》2000 万字，下设四个分典，《口头民俗分典》《物质民俗分典》《风俗民俗分典》《地域民俗分典》，并确定了各分典的具体内容。可以说，《民俗典》是“老传统，新学科”，对延续和发展中华民族的文化有十分重要的意义。

这次送审的《口头民俗分典》，有 500 多万字，大体上包括了神话、故事传说、俗语、歌谣、谜语、戏曲说唱等方面的内容。其他民俗的内容，收入其他分典中，《地域民俗分典》可能在 10 月完成初稿，约 500 万字。

对《口头民俗分典》专家们在终审中提出了许多很好的意见，有 300 多条。老民俗专家段宝林教授提出了许多很中肯，富有建设性的意见。他说：“民俗是人民创造的文化，过去是被忽视的，但它却是民族文化的根本，对人民的物质生活与精神生活的改善，关系密切，影响巨大，因而非常重要，但过去研究的人很少，研究非常困难，《民俗典》之选编，非常不易。”他还说，“《口头民俗分典》的编纂是前所未有的新分类，其内容符合民俗学，民间口头文学等学科的要求，是过去所有类书所欠缺的，很有特点，也很有必要，其编排体例也符合规定”。专家们还说：“本稿收罗丰富，材料内容注意到正面具有批判性文章，标点大多数情况下也好，读来流畅。”“作者汇集了大量古代民俗方面的资料，按原定的框架体例和作者的理解，作了分类，取得了重要成果”。“资料选录完备，标注格式符合体例要求，点校、录排错误不多。”总之，专家们对书稿是肯定的，认为大体上反映了任老的设计和思想。总体上看，所收资料比较宽泛充实，反映了口头民俗内容的方方面面，具体资料均能切中主题，比较切实，校对也还好，配图也好，编辑工作比较到位，有特色。但专家们也提出了许多好的改进意见，希望能进一步改进。

第一、已成的框架似可略作调整。“自然部”内容太单薄，和口头民俗关系不大，可以取消。改为“神佛部”。“日月星辰分部”，“太古分部”，自然神分部之“综述”，合而为一，加以扩充，成为神佛部的“综论”，略加强一些理论色彩的资料。“自然神分部”不动，“体类”取消。将后面的“佛神仙部”的名字取消；其内容放在“自然神分部”后，在“异人分部前”。设“佛分部”“神分部”“仙分部”。“神分部”的“综述”改为“综论”。“体类”取消。各分部的“体类”均取消。因为“体类”不是“经目”，也不是“纬目”，不伦不类，取消为好。“综述”均改为“综论”。在“综论”中增加一些说理性资料：如《礼记》中“以养生送死，以事鬼神上帝，皆从其朔”，“故圣人参于天地并于鬼神，以治政也”，《中庸》“国家将兴，必有祯祥”，《墨子》“其为政乎天下也，兼而爱之，从而利之，率天下之万民以尚尊天事鬼，爱利万民”，《论语》“祭如在，祭神如神在”，均可作为综论。有些资料可从“杂家类”“小说家类”著作的序、跋论述中找到。二十四史的“艺文志”中也可选一些。再如东方朔的《海内十洲三岛记》，前蜀杜光产《墉城集仙录》，明王世贞的《皇明异典述》等。

第二、内容也可略作调整。吸收几类书中有分量的论述及实例。有些很没有分量和太简单的事例可去掉，如“俗语部·品行分部”“2104 页下栏《元·张国宾〈合汗衫〉》第二折：行不更名，坐不改姓。咱家陈虎的便是。‘这厢也无人，我平昔间做些不恰当的勾当’”。这就没有引用的必要，这是演戏时演员说的话，而且也没有反应出品行的问题。何必引用。

故事传说总部的“朕兆部”的“物兆分部”1308 页下栏“雨师云师”条，“梦兆部”1312 页下栏最后一条“相如将献赋”，1313 页上栏，倒数第 4 行“太元中”条。“俗语总部”“姓氏分部”2110 页上栏“初，纣有苏氏”条、2112 页下栏，第一行，一、两等条均可不要。所选资料可略加精选。有些资料可增选一些。如

《鬼董》一书中有些资料也可选入。

第三、条日中有10条来源不明。或为无中生有或为版本讹误。故事传说总部中有10条：

①399页下栏，倒数1行“宋·洪迈《夷坚丙志》卷一九《林灵素》”条。全书没有一九卷，也没有《林灵素》的内容。

②《物兆分部》的1294页下栏顺7行“唐·薛用弱《集异記·郑絪拜相》”原著中没有此条内容。

③1302页上栏“又支甲卷一《馀干县楼版》条”，原著中没有此条。

④1312页下栏“又蒋济字子通……《搜神记》卷十”中，没有此内容，不知是何版本。

⑤—⑥1315页上栏第一、第二条为“又佚文《高元裕》”、“又《孙氏》”在《集异記》中没有这二条内容。

⑦1320页下栏“又《唐·郎中梦寇准为相》”原书卷三中无此条内容。

⑧—⑨1320页下栏“又佚文《王元规》”、“又《杜紫微》”两条在“卷九中”均没有。

⑩1326页下栏又卷七《刘粲民官》条，在“《夷坚志》甲志卷七”中没有此条内容。这十条资料，请编纂者核查，来自何处？如无版本根据，请删去。

第四、漏、重有三条。

段宝林先生提了许多需要补充的内容，是很有价值的意见。还有：

①神话总部8页上栏顺11行“雌蜺便娟增挠兮，音乐”，应为“雌蜺便娟增挠兮，鸾鸟轩翥而翔飞”，漏掉了“鸾鸟轩翥而翔飞”一句。

②22页上栏倒数4行“多是架鸟”前面漏了“北望河曲”一句。

③1320页上栏“又韩侍中”条与下栏“又，韩稚圭萝手捧天”。内容完全一样，可去一条。

第五、还有一些其他错误，如标点、引文错字、错书、注文、正字不分大小字等，量不大。

刘家和先生，曹月堂先生，赵含坤先生都提得很具体，请改正。

神话总部7页上栏倒数7行：《山鬼》应为《国殇》，标错了；“错毂兮短兵接”，是“車错毂兮……”漏了一个“車”字。上栏倒数4行“首身离兮心不徵”，应为“首虽离兮……”,错了一字。上栏倒数 3 行“子魂魄兮为鬼雄”应为“魂毅兮”。下栏,顺 11 行“晨向风而”为“长乡风而”。下栏倒数第 6 行“排阊阖而望予”“望予”是“望子”。“撰余”为“挽余”。

8 页上栏,顺数 4—5 行“聊媮娱……自乐”为“聊偷……遥乐”。上栏顺 9 行“沛罔象而”为“沛罔　而”。

故事传说总部;390 页上栏《鬼谷子》条,顺 4 行“利,亦”为“栩亦”。下栏《徐福》条顺 2 行“数有鳥銜草”,“鳥”为“鸟”。顺 4 行“生不叢”为“不丛生”

391 页上栏倒数 6—7 行,“馀虽复浅识,备为先学”,为“余……具备先学”。

395 页上栏,倒数 7 行“面目赦皺”,“赦”为“赧”。下栏“又卷二四五引《幽明录》”。《幽明录》为《本博》。

395 页上栏顺 2 行“多在吉許”为“多在吉所”。下栏顺 10 行“何由背爻象而任心胸者乎”,应在“象”字后加“,”号。

396 页下栏,顺 10 行“可入通,道无能”。应为“可入通道,吾能”。顺 12 行“固欣喜,即”,为“固忻喜,即”。顺 13 行“於此”为“于此”。顺 16 行“有一物似猴而非,走出人共逐得。”为“有一物似猴,而飞走,众勇共逐得。”

396 页下栏倒数 6 行“郭璞每日为卦”,“每日”是“每自”。

1282 页上栏“段成式”条,无“前集”二字。

1295 页下栏,顺 11 行“令急召元宝。问之,元宝曰”。无“令”“问之”三字。顺 13 行“胡见月”,无“见”字。顺 15 行“其石遂为树枝阁之。”无“其石”二字。顺 18 行“特出於众。初受诏征辅公祏”。无“特”字,“祏”为“祐”字。顺 20 行,“祏”亦为“祐”字。

1301 页,下栏倒数 8 行,“如万宾行室中”。“室”为“空”。

1302 页上栏顺数 7 行,“为市游徼”。“徼”为“檄”。下栏《臨江二異》条中“予胥钱▲为守”。“▲”为“密”字。下栏顺 8 行“一物高数丈,蔪”,“蔪”为“蕲”。下栏倒数 6 行,“通判厅囓食”。“厅”为“庭”字。顺 5 行“而钱以言章韦”。为“钱以人言韦”。少了“而”“人”二字,多了一个“韦”字。下栏倒数 4 行“白犬正在谷堆上望外”无“谷”字。

1414 页下栏,“唐·薛用弱《集异記》卷二《张监》”条原书没有“卷二”。

1318 页下栏，倒数 5 行，“褷褷”，为“褷褷”；倒数 2 行“不利其人”，“人”字为“夫”字。

1319 页上栏，顺数 3 行“有一紫衣”。为“紫衣人”漏了一个“人”字。顺 5 行，“紫衣者亦甚如媿。”“如”字为“知”字。下栏顺 10 行“目诸官后”，“目”字为“视”字。下栏倒数 10 行“坐在人下泊滞者数十年”，“下泊”为“下洎”。倒数 3 行“学士群牧使”。“群”字为“郡”。倒数 2 行，“群”亦为“郡”。

1321 页上栏倒数 12 行“虽昭言时任司寇”。“昭”字为“吉”字。

1326 页，下栏顺 10 行“益首犯禁”，无“禁”字。

1334 页，下栏，“又支甲卷五《龚如梦》”应为“又《夷坚志》支甲卷五《龚如梦》。”

另外，《夷坚志》等书的条目中，最后有的有小字注文，有的又没有。小字注文没有意义，又不统一，不规范，似可取消，每段最后的小字注文似可不要。

俗语总部 2104 页上栏，倒数 3 行，“隋·颜之推《颜氏家训》卷下”。应为“北齐……”卷七。

第六、建议。1. 总的讲，编纂者和编辑是用心的，认真的，质量比较好，基本上达到了出版的水平。2. 框架和内容似可作些小的调整。3 对专家和大典办所提意见，希望认真梳理分析。对的接受，改正，不对的加以说明。4. 除审读的 30 万字外，希望对其他部分，编纂者和编辑，认真举一反三，再修改一遍。5. 我看用一两个月时间就可以作完，改正后再报告大典办请求开印。

2010 年 9 月 7 日—8 日

在《文献目录典》总部主编会上的讲话

能参加《文献目录典》的会很高兴。我讲一讲。

一、大典形势很好，进展比较快。已成书1.7亿多字，已成的书稿约有2亿多字。最近终审了《法律典》《林业典》《民俗典》的有关分典，都将修改后出书。还有几个典的分典，最近也将送大典办终审，还有《教育典》《语言文字典》《诉讼法分典》《法理分典》，《经济典》的《土地制度分典》，《医药卫生典》的《瘟病总部》，《宗教典》等，还有约4000多万字。明年将有更大的进展。明年将全部终审的典有《语言文字典》《教育典》《林业典》。不少分典，《卫生学分典》《历史地理总论分典》，《天文典》的《历法分典》，《地学典》的《气象分典》，《工业典》的《陶瓷分典》《近代工业分典》，《生物典》的《动物分典》，《艺术典》的《陶瓷分典》《戏曲分典》，《文献目录分典》的有关总部，《历史典》的有关分典，都将交终审稿。只剩下《军事典》《农业典》《政治典》《理化典》《数学典》《交通典》约一亿字稍慢一些。形势令人乐观。当然，仍有问题，主要是：1. 进度不整齐；2. 保证质量第一，还要作许多工作；3. 编纂力量，编辑力量，出版力量都还有差距。不可乐观。

但是我们要向前看，努力干，使劲奋斗。争取后年书稿能90%完成。

二、最近终审了三个典的有关分典，各有特色。

终审中专家们提出了11类问题约1300多条。现在讲讲可能对《文献目录典》有启发。

1. 框架经纬目不合理，不协调。如有一个典自己增设了纬目“汇考”“体类”，这似乎不太必要。另外，“艺文”引文太多。许多古赋，全文引用，其实可精选、删削，更切主题一些。

2. 版本使用不精、不准，不适当。

3. 内容所选资料过多或过少，还有错、漏、重。该选的未选，不该选的选了。

4. 文字错、漏、讹、衍、误很多。人名、书名、朝代不准确。

5. 标点、断句不准。

6. 正文、注释不妥，不分字号大小；内容缺乏精选。

7. 体例格式不统一，不全，不规范。

8. 空口框太多，没有核对原版填补。

9. 引用类书太多，太长。二手资料太多，缺乏精选。

10. “又”字、“略”字用法不妥。

11. 资料排序先后不妥帖有错。

对这些问题要分类梳理，分别处理。

三、终审这3个典的书稿后，反映了他们编纂后期的经验。

总结法律典的经验，有4条：

1. 领导认真负责、重视，把大典当大事来抓；

2. 坚持质量第一，绝不留下遗憾，西南师大出版社社长周安平有魄力，有决心，他说一定要搞好这一工程；

3. 终审前社里先预审，他们先后请了两批专家审阅，提前解决了问题。赖长扬，鱼宏亮等先生为此做出了贡献。主编、编辑、社领导三位一体，和谐共进，取得了很好的效果；

4. 出版社编纂后期，特别是在预审阶段增加了经济投入。

《法律典》的经验是有普遍意义的，在编纂后期都能这样，则各典都会取得好的效果。

四、听了一天多汇报和讨论，深有感触。广西师范大学出版社是个名社，有出好书的传统。和《文献目录典》的专家结合，是强强联合。《文献目录典》有一位好主编，头脑清楚、精明能干；有一个好团队，不仅兵强马壮，学养都很好，认真负责，踏实编纂《大典》，已经取得了不小成绩，前途大有希望，虽不能说指日可待，但编好《大典》是绝无问题。尽管这样，还是希望：

第一、有些在职专家，一定要抽一段时间，尽心尽力搞大典，其他先生也一定集中精力，全力以赴。做到时间有保证，质量高标准，出优质产品，你们总结的“不披头散发出嫁”，而是干干净净完美地，不留遗憾的嫁出去。这很好，也很生动。

第二、广西师大出版社的社长、《文献目录典》的主编一定要重视，认真把好关。

第三、特聘编辑、编纂专家，师大出版社的青年编辑要三位一体，结合起来，形成合力，共同拼搏。

第四、如有可能在必要时请专家预审，争取高质量。这样，社里要增加些投入。

希望社、编、纂、印，完美结合，和谐共进，实现大家搞好《文献目录典》的心愿。“三百年修一次典，此典必管三百年。”为此共同目标而奋斗。

2010 年 9 月 10 日

在《地学典》第二次工作会上的发言

大典办派我来参加会,我很高兴。去年 3 月 11 日《地学典》在武汉地质大学开了第一次工作会议,今天是开第二次工作会议,正好一年。回顾这一年的历程,很有意义。

《地学典》从文字上来讲是一个小典,只有 1000 万字,5 个分典,郑国光先生是典的主编,也是气象分典主编,地质分典主编是黄定华先生,海洋分典主编是曲金良先生,测绘分典主编是宁津生先生,自然地理分典主编是蓝勇先生。平均每个分典只有 200 万字。字数虽然不多,但有很多特点:第一,内容比较丰富,包括海陆空各个方面的资料,这是其他典所没有的;第二,历史上没有人编过这样内容齐全的类书,这就使人感到编这种类书的必要性和珍贵;第三,资料比较分散,无旧章可循,要从诸多古籍中寻找、梳理,难点更多;第四,编这种类书对当代科学的研究很有价值,现实意义极大;第五,这类人才、专家较少。学者们忙于当前的科研项目。目前人们的价值取向是名利双收,所以忙于当前较容易名利双收的东西,整理古籍文献易于坐冷板凳。总之,编起来有难度。难得诸位有识之专家有志于此。正因为如此,我们就更应编好。我们这一代学人不编,以后更难有人编。现在大家做的是前人没有人做,后人难以做的重要事情。意义不言自明。

《气象分典》经过几年努力,其他各分典经过一年的努力,都取得了相当的进展,走出了稳健的第一步。刚才大家在沟通汇报中,大都听到了各分典的具体情况。《气象分典》200 多万字,已经编纂完毕,再经过一番编辑加工,便可报大典终审,今年可以出书。这是《地学典》最快的分典了。其他各分典,进度虽不相同，但都在往前走，除了《气象分典》《海洋分典》走得快一些，其他分典都在普查中，取得了不少资料，这是值得高兴的。为了使大家走得更好，我提出几点建议：

1. “过河卒子，只能向前”。编《地学典》已迈出了第一步，紧接着是第二步，第三步……步步为营，不断前进，直至完成，不能退，不能拖。争取一两年内全部完成。请大家考虑，做出细致的计划，如何在一两年内完成，使辉煌的成果传之后世，这样才对得起前人，才能向后人交代。

参加的人员，一定要有时间作大典，希望单位领导重视，给以时间。要能在一段时间内，主力以作。

2. 各个分典一定要按大典颁发的文件编纂。统一体例，统一格式，统一要求。不能随心所欲。这是一部大书，连形式也要一样。因此，请大家要认真阅读我们下发的文件。

3. 各分典都正在普查，根据其他各典的经验，普查要广泛，涉及的古籍、资料要多，但选录要精。资料一定要切中主题，切中要害，不能离题万里。古代的资料求全，清代的求精。小家的求全、大家的求精。要保证质量。

4. 经纬目分明，分类要确切。普查之后，将辑录的资料，认真分类，认真选用或淘汰。五、六级经目，九级纬目，经目是题目，纬目是内容。纬目内容要分得清楚。

5. 标点、校勘要准确。可用现代已整理的学术成果。电子版的古籍本，用时一定要和原著校勘。断句要准确。

2011 年 3 月 15 日

在《地学典》工作会暨编委会成立大会上的讲话

今天是两家开两个会，非常重要，很有意义。地学典工作会，地学典编委会成立大会。重庆出版集团和地学典编委会两家联合召开。都是围绕《地学典》。从此地学典将会掀开新的一页，将会取得更大的发展。

《地学典》是《中华大典》24 个典中的一个。《中华大典》现在是国家出版基金项目，也就是大家经常说的国家项目，国家出钱，出版总署、中宣部、财政部等各部委管理。委托各省出版局、各地出版社，聘请各地专家学者编纂中华大典。由出版社联络编纂委员会。出版社根据国家基金办规定，限期完成。基金办、大典办、出版局、出版社多方签订了协议。

《中华大典》在国家领导下，全国出版界，全国有名的专家学者共同努力下，已经取得了很大的成绩。经多年奋斗，已出版了 2 亿字，加上在已编成在出版社的书稿，共 4 亿多字。如果加上编者手里的成稿 5 亿多字。《中华大典》现在初步估算，共 7 亿 3 千多万字。这可谓是一座文字长城。我们能在这座文字长城里添砖加瓦，不仅是历史责任，也是万世难求的光荣任务。

《中华大典》共 24 个典。《哲学典》《文学典》早已完成。《语言文字典》《林业典》《教育典》书稿已完成，交给了出版社，出版社正在加工。《法律典》《文献目录典》《医药卫生典》《历史典》《民俗典》《生物典》《历史地理典》《天文典》《地学典》均已取得了重要进展，今明两年会有惊人的成果。昨天上午《工业典》的主编魏明孔先生对我说，他们已编出近 3000 万字，其中《陶瓷分典》已经过出版社加工，报给大典办终审了。《经济典》也有一个分典已经编完。《艺术典》有两个分典基本上编完了。形势十分喜人。只有《军事典》《数学典》比较慢。出版总署要求的2015年《中华大典》要全部完成。这是可能实现的。

人们常说"天时地利人和"，这是中华民族文化的提炼。人们重视天时地利。天文地理是我们今天的题目。重庆出版集团承担了《天文典》《地学典》两个典的任务。他们十分重视。总编亲自过问，配备了两个专门的古籍编辑。他们工作很细、很认真，作出了不小的成绩。《天文典》是上海交通大学教授江晓原先生任主编1000万字，3个分典。《历法分典》250万字已经编完，并通过了《中华大典》的终审，不久可以正式出版。《天文分典》650万字，年底可全部交稿。《仪象分典》只有200多万字，计划今年底交稿。据江教授说:《天文典》明年可全部完成。《地学典》在郑国光同志的领导下，也作出了很大的成绩。特别是《气象分典》主编郑国光同志十分关心，不仅经济上大力支持，还亲自点兵组织队伍，这是十分难得的。在郑国光同志的指挥下，《气象分典》已全部编完，书稿已交给出版社，并已排出，今年能正式出书。我们感谢郑国光同志，感谢参加《气象分典》编纂工作的专家学者。毛耀顺先生是最早与我们联系的编纂学者，他为《气象分典》付出了很大的劳动。听说他病了，我衷心地祝愿他早日完全康复。

《地学典》除了《气象分典》已经完成之外，其他分典都取得了不小的成绩。我衷心地感谢这些先生们。我知道《地学典》学科比较多，包括海陆空，资料较分散，学者分布得也广，从事这项工作的专家们手头项目都比较多。编纂《地学典》难度很大。但是不管怎么说，《地学典》现在已经到了关键时刻。所以，我今天提出几点建议和要求。

第一，希望大家充分认识编纂这一国家项目的意义和难度。现在是《地学典》的爬坡阶段，要努力拼搏爬好坡。文天祥在过零丁洋时有一首诗说"留取丹心照汗青"，汗青是指历史。我说我们要为国家，为学界，为子孙后代留下一部出色的《地学典》，不要留下遗憾，这种百载难遇的机缘不要错过。为历史留下痕迹，这也是汗青。大家的名字都印在《地学典》上，将扬名后世，要名不虚传。请各位斟酌奋斗。

第二，从各分典的实际出发，订出可以切实实现的计划。2015年前真正出色完成。不要瞻前顾后，不要左顾右盼，只顾自己奋斗。利用现有条件，想法前进。从出版社来看，也一直在帮助大家创造好的条件。

第三，请大家注意编纂难点，克服编纂难点。按照编纂条例，编出符合规定的《地学典》。根据我的经验，进展到现在这个程度，分典的难点是：1.分类。这里包括经纬目分类。经目4—6级问题不大，主要是纬目。9个纬目，有则设，无则不设。每个纬目都有特定的内容，对内容都要对号入座，不能乱分。传记就是传记，著录就是著录。总之，分类要准确。2.体例。标目格式要符合规定。一般是：朝代、作者姓名、书名、卷次、文名等。先秦作品、二十四史是不必标明作者的。一般著作先要标明朝代和作者的。3.作者顺序排列。在一个小题之内，按朝代先后排序，不能错乱。4.点校。标点准确。可利用正式出版社整理的成果。但没有整理的版本，要认真标点，要点校准确。5.每分典要有引用书目，书目要全，要准确，便于读者查找。此外还会有其他问题，请及时与出版社联系，请他们帮助。

如果有事，大典办愿意随时为大家服务。

2012年3月30日

在《工业典·陶瓷分典》审稿会上的发言

听了李绍强教授和吕健社长的介绍，听了各位专家的发言，看了各审读专家的审读报告，深受启发。李绍强教授和他的合作专家很认真，很用心地作了《陶瓷分典》的编纂工作。编《陶瓷分典》难度很大，这方面专著少，资料分散，能编出这样一部初稿，很不容易。编纂学者、审读专家、出版社的领导，对《陶瓷分典》的成书和出版都很关心，十分重视。我们对此十分感谢。

陶瓷有两个分典。一为陶瓷艺术分典。二为陶瓷分典。各有特色、各有重点。两典各显其能。《自然地理分典》也有两个（历史地理典、地学典），他们双方协商各取所需，互不重复。这次报审的《陶瓷分典》240 万字，我进行了初步审读，重点审读了样稿 35 万字。审读后许多地方与大家有同样的感受和认识。总体看来，全书资料收集广泛，内容充实，体例、经纬目设置编排基本合理，标目大体上正确，校勘、标点认真。基本上符合大典的要求。但是大典办一贯坚持质量第一，要求精益求精。我读后和听了大家的发言后感到还有许多不足，似乎还有不完备之处，因此，我建议还可进一步作些调整，使全书质量再上一层楼，力争尽快达到出版水平，正式出版。

最重要的问题是，内容不少选得不够准确，切合主题不够。没有陶瓷内容的资料，大量选入，不少均可删除。如 549 页“纪事”栏内杜佑《通典》“少府鉴”内并无陶瓷内容。551 页《新唐书》卷四八收了三条，其中《百官三·掌冶署》并无陶瓷内容。同页李焘的《续资治通鉴長编》卷六一，并无陶瓷内容。其余三条也只有“东西窑条”，“饶州景德镇量瓷窑博易务”，“臣兄尧书献饶州景德镇·瓷窑博易务……”等语，并无陶瓷制造内容。554 页《元史》卷八八《百官志四》2000多字只有一句话“浮梁瓷局，秩正九品”。572页林尧俞《礼部志稿》卷二八《凡寝陵禁条》也是并无陶瓷内容，大部均可删除。这种情况，几乎全书稿中都是如此。送审样稿18页《旧唐书》卷二九《音乐志》，是讲击鼓的作用，并无陶瓷，30页《元史》卷二一〇《外夷传三·占城》只是讲投降的事，并未涉及陶瓷，“人物”栏，所引《史记》中故事，可以大减，如《项羽本纪》中故事只引了“破釜甑，烧庐舍”一句，也并非生活用瓷。“赵世家”条，只讲了“城中懸釜而炊，易子而食”。47页中《文化用陶部》“其文”中引用杜甫诗《大雨》其中只有一句“热之乃沸鼎”一个鼎字属陶瓷。如此等等均可精选。

其次是纬目的设置似可作点微调。纬目中设有人物、著录，有几个总部将人物和著录合为一栏。大典规定有“传记”和“著录”，明确规定传记是“收录该部有关人物的传记资料。所录材料，应该具有代表性，真实性和全面性。著录、收录重要人物或文献的有关著作资料，如专集、序跋、重要史籍、藏书题记，以及各种著作的成书经过，版本源流等”。从书稿所收内容看不完全符合大典规定。如30页“人物”前后三万多字，并无专讲人物与陶瓷的关系。同样47页起为“著录”并无专讲生活用陶的专著。112页讲建筑用陶的“人物，著录”未将人物（传记）与著录分开。其收资料也未围绕建筑用陶而选定。426页是“文化用陶部”的“人物、著录”，也是并未与文化用陶联系。其中427页《史记》卷四七《孔子世家》卫灵公问孔子打仗的事，孔子只讲了一句“俎豆之事则常闻之，军旅之事未之学也”，与文化陶瓷毫无关系。723页引用陆羽的《茶经》，基本上是全部引用，《茶经》中只讲到升炉火煮茶。炉是陶瓷。全书不能算是陶瓷专著。不必引用那么多。

第三，标目体例有些不规范、不统一。按大典规定，每条标目除先秦作品如《论语》等、二十四史如《史记》等可不标朝代、作者姓名外，其他著作一般都应标明朝代、作者姓名。书稿中大部分著作都未标明作者朝代，如249页《淮南子》未标明作者刘安等。53页中又标了“刘安《淮南子》”，不统一。《全唐文》编者是董浩等。《全唐诗》编者是清季振宜都未标明，不规范。书稿中大量引用了“碑”“铭”“奏折”“宗谱”，如586页—588页有《奉献永禁碑》。《乾隆六年唐英官职铭》，《查讯每厂样品瓷奏折》等等。都未标明出处。如是在某部作品中，应先标明朝代、书名，再标明“碑”“铭”“奏折”名称。总之，要标明来源，便于读者查阅。

第四，版本、标点不准。不少地方有错、漏字，807 页留下了 4 个黑块，其他地方也有空缺，请补上。标点有误，简繁体字弄错。请认真核校改正。个别地方有重复。

第五，引用书目与收录资料不一致。引用书目应包括全部录用的书目。现在有的资料未列入引用书目。“说明”第一条说引书只包括使用的主要书籍，这不妥。应是全部书籍。“说明”第三条讲到，“为避免繁冗，本书目不一一列入”这不妥，应“一一列入”。

我建议编纂专家、出版社的编辑，还要下一番功夫。请认真阅读专家们的审读意见。特别是胡双宝先生，徐建青先生，赵含坤先生，曹月堂先生，崔望云先生，对体例，内容、版本校勘、标点、错漏等方面提出了许多宝贵意见。请认真考虑。对大家的意见，要对则改之，错则不改。本着“精益求精”的原则，举一反三，应将全稿按大典编纂条例认真通读、更改一遍。

2012 年 4 月 16 日

在《艺术典·书法分典》工作会上的讲话

今天能参加《艺术典·书法分典》的工作会，我十分高兴。岳麓书社承担了《艺术典》的出版任务：《艺术典》的编纂委员会承担了《艺术典》的编纂任务。我们一起来讨论《书法分典》的编纂工作，十分难得，也很有意义。

《艺术典》共有7个分典，从2006年启动以来，已经做了很多工作，已经取得了不小的成绩，有《陶瓷分典》《戏曲分典》两个分典已接近完成。其他几个分典都在编纂中。取得这样的成绩，我代表大典工委会、编纂会感谢参加工作的各位先生；也感谢岳麓书社的先生们。《书法分典》因种种原因，现在才起步，似乎晚了一些。但是我相信在刘天琪先生的带领下，在陕西美术事业发展基金会和西安工业大学传媒学院的帮助、支持下，在程征等先生的帮助下一定会迎头赶上。

《书法分典》，在《中华大典》的116个分典中，是个古老的项目。但这次是年轻专家编纂。古老项目，由年轻专家来做。我这次接触中，深感这个班子作这件事很有希望。这个班子，有热情，有理想，有决心，有专业，有精力。主编刘天琪先生，已下定决心要做好《书法分典》。他说，带领大家，一鼓作气，明年(2013年)完成。我希望，也相信这个愿望能实现。

编纂的专家，要我讲一讲《中华大典》的情况，作些介绍，我只好遵命。《中华大典》是一部现代类书。

盛世修典。我国改革开放以后，从1986年开始，17家古籍出版社酝酿应继承传统，要修一批现代类书。这得到了全国有名学者的认同和响应。这些学者中有钱钟书、冯友兰、梁漱溟、白寿彝、季羡林、任继愈、胡乔木、周培源、胡绳、赵朴初、钱学森、周谷城等，共同向国务院陈情，要求编纂《中华大典》。党中央和国务院十分重视。国务院批准编纂一部现代新型类书，批文中说“是我国建国以来最大的一项文化出版工程”。被列为十一五国家发展纲要的重点出版工程项目，后来列为国家出版基金项目，党中央先后有江泽民、李鹏、李瑞环、温家宝、李岚清、李长春6位常委批示。有丁关根、刘云山、李铁映、陈至立4位政治局委员、国务委员批示和讲话。在中国除了毛选邓选，没有一部书被中央这么多领导关注和重视。可见其分量之重。

党和国家为什么这样重视修《中华大典》？因为：1.这是系统总结和继承中华民族的优秀文化。中华民族的古老文明在世界上首屈一指。可以说《大典》有国际意义。就像孔子学院能在全世界发展一样。2.进一步弘扬中华民族的古老文明，有利于推动和丰富现代文明。3.有利于推动当代科学文化水平。4.这更有利于充实当代先进文化建设。总之，能总结继承弘扬中华民族的优秀文化，为当代科学研究和社会主义建设服务，为国际文化交流服务，为子孙后代的继承和传播服务。有历史意义，有现实意义，对未来有益。

可以说能参加这一工程是一种荣幸。能承担这一重任的单位也是一种荣幸。历史上约三百年才修一次类书。这么大的工程有多少单位，有多少人能参加。对一个单位，一个学者来说，最重要的是学术名声。赚一座金山，可欢乐一时；出世代相传的好书，有用于万代。他们的名声可流传万代。所以，能修成一个典、分典是一种十分崇高的荣誉。能参加这一工程是一种机缘，实属不易，应当十分珍惜。我想参加《书法分典》的学者们一定会十分明白这一道理。

《中华大典》的具体内容是什么？“是古文献汇编的形式，用现代科学分类方法，编纂出版的中国历代汉文古籍的一部新型类书”，是工具书。这里有几大要素：1.收1911年以前的古文献记载的资料；2.是汇编，不需要现代学者对这些资料发表议论；历史上学者可用的争论意见，体现学术争鸣可收录；3.是汉文字，不是外文，不收少数民族文字；4.不是按古代经史子集分类，是按现代科学的分类，政经史哲。经目纬目分明。全书共24个典，即学科门类，116个分典是学科门类中的小类。共收书二万多种，共约8亿字，是类书，是现代类书，与古代类书不同。

现在总的进展情况比较顺利。

24个典已全部启动。《哲学典》《文学典》早已完成。《语言文字典》《林业典》《教育典》书稿已完成，出版社正在加工。《法律典》《文献目录典》《医药卫生典》《历史典》《民俗典》《生物典》《历史地理典》《天文典》《地学典》均已取得了重要进展。现已出书的有近2亿字；正在编辑加工的稿件约2亿字。整个工程已完成一半以上。参加这一工程的大学约89所，教育部是十分支持的，专门下了文件。专家近3千人。大部分都是全国有名的学者专家。新闻出版总署、国家出版基金办要求2015年全部完成。

大家要我讲一讲，一个分典，从开始怎么作。也就是《书法分典》面临完成350万字的任务，开始怎样动手，根据我的经验，编纂一个分典有一定的要求，有一般程序，也就是要有步骤地进行。

第一，组织建立队伍。要组织建立一支有水平、稳定的、责任心强、有古籍知识的队伍。

第二，熟悉引用书目，认真普查资料。先做好框架。按框架普查资料。

第三，对资料科学分类、归类。

第四，准确点校。

最终能出齐、清、定的书稿。

2012年7月16日于西安

在《地学典》第四次工作会上的讲话

今天是《地学典》第四次工作会。我都参加了。2010 年 3 月 11 日武汉第一次工作会至今，正好是三年。听了大家的汇报，三年来，出版社和专家学者不断努力，已经取得了不小的成绩。1200 万字，5 个分典。《气象分典》编纂工作已经完成，书稿已交给出版社；曲金良主编的《海洋分典》已出样稿 70 万字，测绘学院主编的《测绘分典》已出样稿 20 万字，地质大学黄定华主编的《地质分典》已编出样稿 20 万字，西南大学兰勇主编的《自然地理分典》正在普查中。都有进展。这样的成果来之不易，我代表大典工委、编委感谢大家的努力。

现在全国人民都在积极贯彻党的十八大精神，为实现"中国梦"而奋斗。文化建设是"中国梦"的重要组成部分。当然也包括国家的重要文化出版工作《中华大典》。我们希望"中国梦"的《中华大典》，大家能更加努力，完成得更好，更加出色。听了大家的汇报，更增加了我的信心。

这些年我一直参加《中华大典》的审稿工作。了解了出版社和各位专家学者编纂出版的宝贵经验和教训，我深受教益。据我体会：《中华大典》有如下一些重要经验：

第一，一定要有一支稳定的队伍。

编纂者尤以分典主编最重要。不能变来变去。时有时无，时多时少，要稳定。这支队伍要对大典认真、积极、负责，扎实，埋头作大典。始终坚持质量第一。编辑队伍也需稳定，要有几个得力的编辑。《文学典》《哲学典》之所以能早编出来，就是因为有高纪言、何学惠这样一批出版编辑人才。总之，大家都要认识到这一国家项目之重要，作好它，于国于民于己都十分重要。

第二，出版者和编纂学者要紧密结合，经常沟通，交往。相互理解，相互支持。如《法律典》《药学分典》几乎都是出版社和编纂者二为一体，合作十分默契，才作得比较顺利、完整。

第三，编纂过程中普查文献要广泛，包括时代、版本、人物等各个方面的资料都要多多搜集。按任老的话说，就是要“一网打尽”。还要看内容、版本是否无误。对资料要分清是该收的还是不该收。比如有的典将草本类资料，收入果木中这就错了，在果木栏中还收了“京西大旱，人相食，炼脑为油相食”等，都是不该收的。在《周易》的系辞里有关林木内容却未收。

还有，体例应标目齐全，分类、排列无误，标点要正确，少错、别、漏字等等。

第四，重复要避免，各方面要及时沟通。

总之，一个典或分典的文献资料整理可归纳为四个字：广、精、准、高。广是广泛；精是资料选择要精当；准是分类准确；高是保证质量的高水平。专家们常说，此书要保证流传两三百年，我们一定要做到。

《地学典》要在2015年前全部出齐。有大家的共同努力，我相信一定会做到。

2013年3月28日

在《军事典》编纂出版工作座谈会上的讲话(初稿·提纲)

受中华大典工委会、编委会的派遣,参加国家出版基金规划管理办公室、中华大典办公室联合召开的《军事典》编纂出版工作座谈会。辽宁是出版大省。曾出版过军事图书集成,有出军史书的传统,军科院也编纂过许多好的军事书,两家是强强联合,各有特色。这很好。到辽大出版社开会,这是第一次。感谢辽宁省委宣传部、军科院、辽宁省新闻出版局,感谢军事博物馆、南京政治学院、西安政治学院、辽宁大学和辽大出版社等编纂出版单位的领导,更感谢各方面的专家学者,为《军事典》的编纂出版工作做了许多工作,并取得了不小的成绩,感谢大家。除了感谢之外,还要进一步商讨《军事典》如何按照国家的要求,高质量地在2015年第十二个五年计划之内全部完成。虽然任务很重,但一定能完成。

大典办现在着重管理出书质量,我从保质量的角度,讲三点意见。

第一,向大家沟通一下,《大典》现在的质量情况。

总的来讲,《大典》的质量是好的,出版水平是高的。曾几次获得国家奖励。到现在为止,有《哲学典》《文学典》《教育典》52册,已全部完成。10个典部分完成。已出版111册,约2.3亿字。今年还可能出书约5000万字。

能取得这样的成绩,在书林中,受到赞扬,是有原因的。也可以说,这些年,取得了几条经验。

一是中华民族文化的活力、吸引力、凝聚力,鼓舞着大家。创造了认真负责,艰苦奋斗的“大典精神”,参与大典的人们说起大典就倍受鼓舞。

二是有一支好的队伍。出版家、专家、学者多年来任劳任怨,凝心聚力于

《大典》。如段文桂、高纪言、程千帆、刘乃和、赵立勋、何学惠、郑金生等等,他们都是出色的奋斗者。

三是出版社和专家学者紧密结合。参加大典工程的人们,只有一个目标,高质量完成《大典》。绝不马虎。比如《教育典》因印得不符合规格,就退回去重印了。《文字分典》也几经反复。

四是上级重视,各界支持。

历史上大典约300年编修一次,许多朝代都是帝王挂帅编纂。从《皇览》至《古今图书集成》有名的大典有十多部。编大典300年才遇到一次,可以说,能参加,是机遇,是荣誉,都很珍惜。刘乃和等老专家说,编一次管300年。留传后代,扬名于世。开始,大家并不看重金钱(只有18元一千字),是看重这一伟大的文化工程。老一辈专家学者,至死都在为《大典》工程奉献,这真是十分难得。我们这些后来者,应以他们为榜样。

第二,高质量完成大典,仍面临着许多难关。

到2015年全部完成,只有两年半了。一方面,有利条件多。

1. 是有完成的样板,或者叫做榜样。

2. 是已经积累了许多经验。领导层、出版社、学者,都有经验了。有成功的经验,也有失败的教训。

3. 是24个典中21个未完成的典,都已作出了许多实际工作,已经打下了良好的基础。许多典已经作了按时完成的计划。这是十分好的。事在人为,只要从事这一工程的人们努力。将会取得使人满意的效果。

但是,也有不利的一面。任务重时间短。一般来说,一个典作出来,如果顺利,约三年时间。半年至一年普查;半年至8个月分类;编辑半年;终审、出书约半年至1年。这是满打满算。

不利的是:

1. 老出版家、老专家、学者离开第一线的越来越多。早些年拼命干,不做好大典死不甘心。现在这种人有些已经辞世,有些已离退休,能工作者越来越少。许多年轻人,现在心态浮躁,也面临许多现实问题,人们的价值观,人生追求等,不像老一代那么钟情于大典。

2. 现在工程太多,现实任务太重,压力太大,与编纂《大典》矛盾。时间、精力无法解决。经费也不如其他工程多。在一定程度上,影响《大典》的进度。

3. 工程比较难,有些人文献功底不厚,尤以自然科学为最。编纂业务不熟,又没有时间学习,往往容易出错。

4. 熟悉古文献的老编辑十分缺乏。原来曾要求一个典要有3—5个有力的编辑,现在一般都没有。

5. 有些领导,不很重视,忙于生存,忙于现实,压力太大。

如此等等。

这些问题,都影响着《大典》的编纂出版,影响着出书。

第三,这次主要是解决《军事典》的编纂出版问题。现在出版社、编纂专家已经结合起来了。这是第一步。下步是如何结合更紧密,更好地出成果。

一般说来,对一个分典来说,编纂出版有一定的要求,有一般程序,也就是要有步骤地进行。

1. 组织建立队伍。

编纂大典,首先是要组织建立一支有水平、稳定的队伍。这支队伍必须有一个责任心很强,懂得古代专业文献的主编。从编纂角度讲是主编负责制。框架、分类、版本、点校、书稿,都是他最后审定。书稿也是他最后签字。他能在一段时间内全力以赴编纂大典,不仅能认真审稿,还要自己能动手编纂。除了有一位好主编,还要有一个通力合作的团队。这个团队人员要稳定,要少变动。大家要认真学习编纂的有关文件和各种规定,认识编纂大典的重要意义。大典办先后制定了9个条例,有80条,155款,142项规定。要认真学习这些文件,掌握编纂大典的要求。特别是要树立质量第一的观念,始终坚持质量第一。除此还要有本专业的古代文献知识。要明确编纂大典的具体操作要求和编纂的具体方法。

2. 要熟悉书目,认真普查资料。

这是重要的一步,也是关键的一步。是整个编纂工作的基础。

作好框架。框架是编纂的指南。是大的分类。框架之内,首先是经目,经目有典、分典、总部、部、分部。必要时可延长一二级,这是内容大的方面的划分。也是题目。其次是纬目,有9个方面;题解、论说、综述、传记、纪事、著录、艺文、杂录、图表。这是具体内容的细分。9种内容,有则设,无则不设。体例一致，规范，不能自乱体例。

作好样稿，样稿是书稿的缩影。20 万字至 30 万字。抽选的内容要有代表性。经目、纬目的内容，如论述、记事、艺文等内容都有一些，代表各个方面。总起来是一个“小麻雀”，各部分都有，肝胆俱全，从样稿能看出书稿的面貌。

广收引用书目。和本典有关的各种古籍尽量搜集。《中华大典》要引用 20000 多种古籍的资料。大典的通用书目只有 1206 种，这远远不够。各典还应有专用书目，还有二十五史、地方志，与专业有关的其他各种书目。选好的版本，做到不滥不漏。特别是一些珍稀版本，更要搜集。《军事典》的通用书目搜集了 2051 种，其中兵书有 700 种。可能还不止这些。找书目、框架、作样稿不必截然分开，可同时进行。

普查资料十分重要。按框架收书目，按书目普遍查阅。初选的内容要影印，影印的东西剪下来，一条一条粘在稿纸上，以备选用分类。不管是剪贴的稿子，还是录入稿，都要与原著校对，做到准确无误。普查办法有两种，一种是联合通查，几个分典联合一起查，一种是根据自己的需要单独普查。

普查范围宽，内容要多，初采要泛，多采精用。大典要求“竭泽而渔”、“一网打尽”，“大家要精”，“小家要全”，“古代要多，清代要精”，选材适当。不累、不杂，切中主题，保证重点。充分表现不同学派的学术观点。

资料收集后，编稿时，标目要准确：朝代、作者、书名、卷次、文名、何种版本。时间下限是清末(1911 年 12 月 31 日)。跨越 1911 年的人物如王国维等看文章写成时间。跨学科人物的收录，以本典学科的内容为主，其他少收。

外国人用中文写的资料文献一般不收，特殊的可少收。如利玛窦、李约瑟等。中国人用外文写的不收。只收汉文字，少数民族文字的资料不收，但少数民族的汉文资料要收。1911 年以前已翻译成汉文的可收。

普查、收资料、用资料是 3 个概念。查多收少，用精。收和用的资料一般是 1:1 至 3:1。收的多，用是三分之一至一半。

3. 准确标点，认真校勘。

这是编纂学者的重要工作。也是保证学术质量的重要方面。

标点不是技术工作，是学术工作。准确断句，要不违原意。一般只用逗号、句号，少用分号、引号，不用惊叹号、问号、破折号、省略号。双引号、书名号用时要统一规范,不能有的用,有的不用。最常犯的是不准确,前后不统一。

校勘是指引用资料与原著对照。应收原著的一手资料,不用二手资料,类书可作线索,便于查原著,类书上的资料如无原著可查的可直接引用。可以多用今人的学术成果,但不能滥用。用名家的,名社的,准确的。不管用谁的,都要和原版核对。网上的东西可用,但网上的东西一般错误较多,要核对原版。交出版社的书稿要纸质本。最好是原著影印的东西。总之,要保证准确,保证质量。多影印原件,50字以下资料可以手抄,但校对者要签字。

4. 科学分类,排序正确。

分类,经目指总部、部、分部等内容的划分不错,资料应分在那个总部、部、分部。分类更多的是指纬目,指9个纬目中资料分到那个纬目名下。要分得准确,论说、综述是容易混淆的,论说重点在论,综述重点在述,一个是理,一个是事。其他纬目也都各有特点。古人写文章并不是按我们现在的要求写的,往往是一篇文章、一段文字什么都有,所以采集时要选择,只选择你们要的那部分。选择一段,选择几句,不要笼统地选全篇文章,什么内容都有,与纬目的要求不符。一般不要选大段文章,有些不符合要求的话可以加【略】字省去,紧接着引用,但意思要一致,要连贯。一段的文章不要分成两段,两段的文章不要拼成一段,可以加又字,另起一段。

排序,一个小标题之内,按成书年代先后排序,不是按书写的事迹先后或原作者生年先后排序。如果有特殊情况,以类分时可暗分,即留一行空格以示有别。排序错乱是经常出现的差错,要避免。

注文,要有选择地引用,原注不必全用,只用与内容紧密结合的注文,与内容无关的注释不必选用,注释文字比原文小半号。要与原文有别。

标目的格式要有朝代,作者姓名,书名、卷次,或文章名,以便读者查找。先秦文章,二十四史可以不标作者。其他一律要标作者。如何标法,前后体例要一致,不能全书前后不一致。标卷次,不能用十、百、千、万、只能用〇——九的汉文字。如二十一卷只能标二一卷,三百五十九卷只能标三五九卷。

交叉重复要注意。一个分典之内,资料使用不能交叉重复,不能前后反复引用。分典之间根据需要可有极少量的重复。典之间根据需要可以有少量的重复。不管哪种重复,都是根据内容需要,不是为了凑字数。

5．编成书稿，正式出书。书稿务必齐、清、定。分期分批交给出版社做编辑加工工作。书稿编成后还有大量的、重要的编辑工作要作。编辑要和学者紧密结合，编纂学者、编辑要经常互相沟通，互补差错，求得书稿的整体完美。

前面我是讲一个典、一个分典编纂出版的规范、流程。《军事典》已经做了许多工作，我讲的流程，只取其中有用的部分，参考就可以了。

《军事典》第一次签协议是2007年9月1日，已经7年了。第二次签协议是2009年，到现在也是4年多了。可以说经过了漫长的时间。这中间，总主编任继愈先生也亲自给军委写信，军委领导同志亲自批示。2009年4月任老因病住院。4月15日我去看望他时告诉他军委领导的指示，他十分高兴。病中仍念念不忘《军事典》。

他说："军事典能落实，能启动很好。我们的24个典最后都启动起来了。"还说："孙子兵法应放在典的前面，作为总的。在孙子兵法后面再分其他内容。"还说："我们有几千年的历史，《军事典》有我们的特色，是一个闪光点，要搞好，搞好了，谁都比不上。""编军事典也要为使我们成为强国服务。"

任老的精神实在使我感动，应为实现他的遗愿而努力。

《军事典》原来定的任务是4000万字。分为6个分典，42个总部，平均每个分典约600多万字。实际工作中，字数有多有少。据我所知，这些年，军科院、军博、西安政治学院、南京政治学院，都做了不少工作，取得了不小的成绩。我曾到军科院、军博、西安政治学院讲过课，和他们有所接触。他们编的《军事典通用书目》比较全，《工作条例汇编》是任力、魏鸿、邱剑敏、葛亚文、肖大维、喻江等同志起草的，也都比较细致。各分典框架草案也比较好。这些都为编纂工作打下了好的基础。这次出版社、编纂学者能在一起开会，商量《军事典》的事，是非常好的。

这几天，看了《军事典》上报的几份资料，西安政治学院的《军事制度分典》已普查1300万字的资料，做卡片29700张，编了3100条，复印了5万页。军博《战争战例分典》普查了900万字的文献，摘录了110万字的资料。这两个分典都有100多万字的基础了，如果抓紧，很快就会出成果。南京政治学院的《军事人物分典》也作了不少工作。

这三个分典，虽然没有停顿，在不断工作，他们也都提出了许多困难和存在的问题。军博提出两个问题:一是人员严重不足,有两个总部处于停顿状态。二是编纂工作,与馆里正常业务的矛盾。大典可能停顿。

西安政治学院提出,一是虽然周三为大典日,但时间仍不够。《大典》工作,与院里科研矛盾;二是编纂人员少,水平不理想;三是缺书。

南京政治学院提出,一是有1个分典主编已转业。二是缺乏有力指导,难以加快。三是经费不足。

总之,一是大典人与其他工作有矛盾,没有时间,没有精力;二是人力不足。三是有的分典编纂水平不高。四是经费不足。五是缺乏古籍文献。还有一个大问题,缺乏出版社的古籍编辑,出版社的编辑,要主动多到各分典去联络,帮助编纂者,为编纂者服好务。大家共同商量、沟通,紧密合作。面临六大问题,如何解决,这是需要认真讨论解决的。

据我知道,已编纂出版的各典中,各有各的办法,大体上从各方面都得到了解决。有的处理得比较好。大典是一项国家工程,其他问题,也都应该尽量设法帮助解决,如经费问题,中科院、云南省政府、国家气象局、重庆市政府等单位,除了国家经费,本单位都给承担的典不少补贴经费。人力问题,云南的生物典,国家气象局是将离退休老专家请来上班,全天候编大典。军地结合也是办法。文献资料就要靠编者到各图书馆去找了。

任继愈先生在世时一再强调:编纂大典一定要人力集中、保证时间、全力以赴。这是前提。否则,再好的理论,再好的办法,再好的条例,都无法实现,任务也自然完不成。这个问题,不是编者自己能解决的,工作是领导安排的。因此这就要求各个单位的领导,安排工作中,使参加大典的同志能一心一意,全力以赴地编大典。

大典是一项国家工程,是实实在在的一部大书,是一个字一个字编纂出来的,不努力、不奋斗、不认真编,书是出不来的。

《军事典》是24个典中最后启动的一个典。你们有很多优势。只要从现在起,辽大出版社和军科院等单位的同志,共同努力奋斗,我们相信你们一定能创造奇迹。我们也希望着,也愿意帮助军队、地方合作创造实现这一奇迹。

2013年7月19日

对北京日报出版社请求正式付印《民俗典·地域民俗分典》的报告的建议

我认真反复阅读了北京日报出版社 2015 年 8 月 12 日请求正式付印《地域民俗分典》的报告。

2014 年 10 月们接到大典办对《地域民俗分典》书稿的终审意见后，你们与编纂专家一同商议，并进行了认真修改，对我们的终审意见接受了 60 多条，提出几十条的解释建议和意见。你们的态度是十分认真、十分仔细，有些意见是很好的。总体来说，经过你们修改，质量大大提高了一步，已经达到了可以正式出版的坚实基础。对此，我们十分高兴。

为了确保大典的质量，坚持大典的规范框架体例，有些地方似可再做些修补。

首先，大典的总体框架，应与各典保持一致，在目录中，也应这样体现。现在的《地域民俗分典》目录有 43 页，内容虽然很充实，但可以做些小的调整。总部、部、分部和部、分部下的纬目如题解、综述、论说、艺文、杂录、纪事、图表等，都按原来设置不必变动。只有几个地方，目录 21 页中苗人部下设了“综论”，可否改为“综述”或“论说”；目录 38 页中“湘西分部”在“器用”和“服饰”后，各设了一个“综述”，似可删除。这样，和大典框架体例十分一致。

为了保持少数民族的特殊性和少数民族、汉族混杂的特殊性，原书稿中设置的“岁时礼仪、四时捺钵、占卜、姓氏、宗教信仰、婚姻家庭、丧葬、祭祀、渔猎采集、器用、饮食、服饰、建筑、交通出行、娱乐、传统、春山秋水、射柳”等等均不取消，但不放在目录中，仍放在原来设置的正文中。作为“专条”，放在“部”、“分部”低半格处。这些“专条”下面不再设“纬目”等项。以贵州部为例。2349

页至2401页。“贵州部”约10万字。专条下的设置,按此做些改动。2352页“岁时”专条下,不必设“综述”,“社会生活”、“婚姻家庭”、“语言”、“物产”、“手工业”、“器用”、“饮食”下,都不必设“综述”,已设置的“综述”、一律取消。

黔东北部分部的2362页,“岁时”下的“综述”,“礼仪”“宗教信仰”“占卜”“婚姻家庭”“丧葬”“医药卫生”“祭祀”“手工业”“农业”“商贾”“饮食”“服饰”下的“综述”,也一律删除。“社会生活”下的“综述”和“纪事”也都删除。

黔东南分部,“岁时”“礼仪”“宗教信仰”“社会生活”(杂录)“婚姻家庭”“丧葬”“祭祀”“禁忌”(杂录)“手工业”“农业”“商贾”“饮食”“谣谚”下的“综述”,“杂录”,也希删除。

“黔西分部”中,“岁时”“礼仪”“宗教信仰”“社会生活”“婚姻家庭”“丧葬”“祭祀”下的“综述”,一概删除。删除这些并不影响内容。

全部书稿都照这样处理,既保持了原书的面貌符合大典要求,也体现了少数民族风俗的特殊性。

第二,2354页上栏,“物产”条,综述“清·陈鼎《黔游记》”的内容,并无民俗内容,可否删除。

2398页下栏“社会生活”“综述”中,收录了“清·李宗昉《黔记》”内容,并非民俗,似可删除。

目录中,标一册、二册,一共500多万字。分成几册?如何分?请标明。

其他引书格式中及其他方面还有些小问题,不再一一举例,请你们自行梳理修改。

附1.目录修改稿供参考。

2.贵州部修改稿供参考。

2015年8月19日

审读意见

对《戏曲文艺分典·理论总部》样稿的审读意见

全稿约 20 万字。分 5 个部,总论部、戏史部、剧本部、曲律部、剧艺部。

作者认真地整理了 5 个部分的有关文献史料,是想使阅读者对这 5 部分有一个总体概括的了解,用心是好的。

作者的态度是认真的,所选择资料有代表性。这一时段的戏曲名家的资料,均有所录,大体上反映了这一时期这一领域的理论面貌。

但是我们对样稿的要求,是在某一方面(或某一点)的完整形象,要求成熟,是一部待印书稿,从这一点说,现有样稿比较分散,没有达到我们的要求。

有些条目的内容似可斟酌。王骥德、李渔的资料均为整段全抄,可否加以精选。有些条目是序言,写序的年月均照抄,似无必要;有的又无年月,体例不统一。

突破下限 1911 年的规定。姚华(1876—1930)的《曲海一勺》是 1913 年在《庸言》上发表的作品,成书更晚。多次引用,宜删去。王季烈(1873—1952)是民国时期的矿务局长,他与刘良合编成《集成曲谱》成书约 1927 年,写序的魏有或(1870—1938)大概是 1927 年写成,不宜收入。吴梅(1884—1939)《中州乐府音韵类编》约写于 1932 年。他的《瞿安读曲记》、《瞿安曲旨》均为 1932 年发表。均不宜收入。王国维(去世于 1927 年)《宋元戏曲史》成书于 1913 年。

重复:2 页下栏“北曲有十七宫调……此则音律谐叶之难”一段,与 55 页下栏最后一段,完全重复。

2 页上栏:臧懋循《元曲选序一》,应为《元曲选二》。同条《北西厢》应为《西厢》。同条顺数第 4 行:“今帖括然”,原版为“今括帖然”,请加以核对。同

页下栏:《元曲选二》应为《元曲选一》

3页上栏:2行“不似今作南曲者尽出一手”“曲”字应为“戏”字。顺数10行“不解,则易。作剧戏,亦须令老嫗解得”应点为“不解,则易作,剧戏亦须令老嫗解得”,标点不准。

3页下栏:最后一段,吕天成《曲品》卷下,应为卷中:“传奇定品”应为“传奇品定”。“颇费筹量”下面漏掉一句“逐帙置评”。同条第2行:“间有长短”应为“间有短长”。同条倒数第3行“凡南剧”应为“凡南戏”。倒数第2行“第六要词采”应是“第六要词好”。“淡处做得浓”应是“淡处作得浓”。倒数第1行“第八要各角色派得匀妥”应是“第八要各角色分得匀妥”。

4页上栏第1行:“但今作者輩起,能无集乎大成”。应为“第今作者輩起,无能集大成”。第2行“十得四五者……十得二三者”应为“十得三四者……十得一二者”。第3行“括其门数”,应为“括其门类”。

11页上栏:分论中顺数5行第一字“艭”应为“艭”。顺数第10行“句意妙,如”应为“句意妙,而”。

12页上栏:顺数第5行,“亦且置之不通”,应为“亦且置之不道”。下栏,顺数16行“惟心花筆花开成”,应为“惟心花筆花合而为一开成”漏了4个字。17行,从“‘采词’似属可缓”,可另起一段,上加“又”字。

16页上栏15行:“声务铿锵之法”应另起一段,可加“又”字。

17页下栏倒数第4行“古今文人有几?”应为“文人古今有几”。

29页上栏《孔尚任桃花扇小引》条顺数第6行,“不犹令观者感慨涕零”应为“不獨令观者感慨涕零”。“又《桃花扇小识》条”应放在下栏。“又《桃花扇凡例》后”。《桃花扇小识》中“甘剺面以誓志……伊其相谑……密缄寄信”,应为“甘剺面以誓志……宜其相谑……密痕寄信”。

35页上栏:顺数第7行“又”应为“王驥德《曲律》卷三《杂论第三十九上》”不能只用“又”字。紧接的一句文字“上去、去上之间,用有其字”应“上去、去上之间用,有其字”。顺数第10行“又”字,应改为“《曲律卷四》《杂论第三十九下》”。15行“又,词之異於诗也”应放在前面。18行“摸索洗發”应为“模索洗發”。下栏顺数13行“组织藻绘……”原为“组织藻绘”。

41页上栏顺数15行“不用书中一个字”,个应为“箇”。

44 页下栏倒数第 10 行“则得词中三味矣”,“三味”应为“三昧”。

45 页上栏第 1 行:注者为“余澹心云”不对,请查对。

50 页上栏,第一段,第二段顺序应换过来。第 5 行“實多九齡慫恿成之云”。“實”应为“寔”“恿”应为“慂”。

53 页上栏,第一条标题错了,应为“卷三”

54 页下栏,顺数第 3 行,“蕤賓”应为“甤賓”。

55 页下栏,顺数 6 行,“不宜口吻”,为“不宜口腸”,顺数 15 行《元曲选序一》为“序二”。18 行,《元曲选序二》为“序一”。

71 页,第一条李渔《閒情偶寄》卷二《音律第三》后,应有“凛遵曲谱”。此条顺数第 10 行为“有春之言”。

112 页下栏顺数第 8 行,杨绪《南词定律序》,应在南词前加“新编”二字。第二条《南词定律序》前应加“吕士雄”。此条顺数 2 行“冯梦龙”应为“冯犹[梦]龙”。此条顺数第 4 行“而梨园中又无能提筆成文”,“提筆”应为“捉筆”。《凡列》条的前几句“句读相同……悉皆不录”,不是原版原文,是由编者组合,不妥。

113 页,上栏第 1 行“旨前”应为“旨矣”

114 页,上栏倒数 8 行,下栏顺数 5 行,均将“肰”改为“然”,不妥。

115 页,上栏第一条《新定九宫……》缺作者,引书格式不合规定。上栏顺数 9 列,“又”条,“声音向别”应为“声音迴别”

117 页下栏顺数 9 行、10 行中有《中原韵》应为《中原[音]韵》

119 页王文治“《纳书楹曲谱序》”是否是“《纳书楹補遺曲谱序》”,请查对。

此外,有些标点不准确、格式不规范的地方,请编者注意。

还有些版本可用;李调元著《雨村诗话》、《剧话》

李　玉　《清忠谱》、《北词广正谱》

魏良辅　《南词正引》

吴永嘉　《明心鉴》

以上均为理论文献史料,有些资料可以选收。

2008 年 6 月 1 日—17 日

对《动物分典》样稿的审读意见

从总体上看，文献史料比较丰富，收罗广泛。体现了动物分典的特点。框架基本上符合大典的要求。基础比较好。但也有诸多问题，在作正式书稿时必须改进。

以《总论部》题解条（3页）为例。就有诸多毛病。标题、字体、条目、引书卷次、引书内容、标点均有毛病。编辑工作甚差。“题解”的小标题可以不要。因为总论部兽纲的总论，现在这样标题，就成了总论的题解。总论是不好解题的。第一条标“汉·许慎《说文解字》”，这不对。下文的内容不是《说文解字》的内容。是《说文解字注》的内容。“注”是清代段玉裁撰写。现在的标法，题不对文。应标为“汉·许慎撰、清·段玉裁注《说文解字注》”，下面标明卷次“第十四篇注下”。这样才完善。“兽，牲也”是正文。按大典的规定，应为5号宋书。后面的注文字应比正文小一号，也是宋书。顺数第三行“兽，牲二字之间”应是“、”号，与其他地方不统一，不应是“，”号。下面一句“不以畜生，是也。”中间的“，”号不应要。顺数第6行“古文《释兽》惟论马”，释兽不必加“《》”号，顺数第7行“《释兽通说》百献之名”，释兽通说不必加“《》”。号。第二条“晋·郭璞注邢昺疏《尔雅注义疏》下之五”标题完全错误。郭璞和邢昺没有注疏这本《尔雅注义疏》，只有清朝郝懿行撰了《尔雅郭注义疏》。条内的正文是郝懿行撰，并非郭璞和邢昺的作品。正确的标题应是“清·郝懿行撰《尔雅郭注义疏》卷下五。”下栏“又《释兽》第一八”内文动物名之间应为“、”号，不是“，”号。下栏第四条“宋·李昉等《太平御览》卷八八九《兽部一》”，按大典要求，类书上的资料为二手资料，一般不采用，宜删去。

除第3页上有这些问题外，样稿中还有许多类似的问题，归纳起来，有这样一些：

一、所收文献资料太宽泛。纬目中“艺文”、“杂录”、“纪事”、“传记”等内容中，均收录了与动物关系不大的文艺作品，尤其是“艺文”部分，收了大量唐诗，而且并非原版。如“猿科部分”艺文，有李白的《早发白帝城》“朝辞白帝彩云间，千里江陵一日还。两岸猿声啼不住，轻舟已过万重山”。有(宋·杜甫)《次晚洲》(将杜甫标为宋朝人)“参错云石稠，坡陁风涛壮。晚洲适知名，秀色固异状。棹经垂猿把，身在度鸟上。摆浪散帙妨，危沙折花当。羁离暂愉悦，羸老反惆怅。中原未解兵。吾得终疎放”。还有(宋·韩愈)(将韩愈说为宋朝人)《陪杜侍御遊湘西两寺独宿有题因献杨常侍》“长沙千里平，胜地犹在险，况当江阔处，斗起势匪渐。深林高玲珑，青山上琬琰。路穷台殿辟，佛事焕且俨。剖竹走泉源，开廊架崖广。是时秋之残，暑气尚未敛。群行忘先后，朋息弃拘检。客堂喜空凉，华榻有清簟。涧蔬煮蒿芹，水果剥菱芡。伊余夙所慕，陪赏亦云忝。幸逢车马归。独宿门不掩。山楼黑无月，渔火灿星点。夜风一何喧，杉桧屡磨飐。犹疑在波涛，怵惕梦成魇。静思屈原沈，远忆贾谊贬。椒兰争妒忌，绛灌共谗言。谁令悲生肠，坐使泪盈脸。翻飞乏羽翼，指摘困瑕玷。珥貂藩维重，政化类分陕。礼贤道何优，奉已事苦俭。大厦栋方隆，巨川楫行剡。经营诚少暇，邀宴固已歉。旅程愧淹留，徂岁嗟荏苒。平生每多感，柔翰遇频染。展转岭猿鸣，曙灯青睒睒”。三首诗中仅有一个猿字，都在艺文中全诗引用，这大可不必。还将杜甫、韩愈标为宋朝人，更不应该。现有“艺文”中的引文，大部均可删去。对“艺文”内容，大典在体例、结构的说明中明确规定，只收“有关科学或事物的属于文学欣赏性的散文或韵文”，现在所收资料均已超出了这一范围。

二、收了不该收的版本资料。《太平御览》《文苑英华》《艺文类聚》《册府元龟》《太平广记》《格致镜原》《渊鉴类函》等都是古代有名的类书，这些类书的资料均是从其他版本中收集。《中华大典》一般不收二手资料。要求从原版(或整理本)中摘取第一手文献资料。现样稿中收了不少古代类书上的资料。

三、正文和注文字体、字号不妥。正文和注文字体应一致。均为宋体。字号大小应有分别，正文字号应为5号，注文应小1号。现在字体不一致，字号大小都一致，全部样稿字体字号均不符合要求。

四、错讹也不少。有错别字，41页几个“猨”字，也有写为“蝯”字的，不统一。93页上栏第三行“骈雅”应为“尔雅”。标点不准确，卷次有错误，如5页下栏《尔雅注疏》卷，应为卷十一。26页下栏灵长目部题解第一条《尔雅注疏》卷一中《考证·释兽》中没有所载内容。只在中间“寓属”有一句话“寓，寄也，言此上兽授多寄寓木上，故题云寓属”。其余文字，显然是从其他文本中摘抄而来。32页下解题解第一条“汉·许慎《说文解字段注》”不准确，应为汉·许慎撰、清·段玉裁注《说文解字注》。63页综述栏，第3条郭璞注宋·邢昺疏之间应有“、”号。有些图片无出处。59页、60页、71页、76几张图片均无出处。

五、条目内容重复。33页下栏最后三条与34页上栏第一条重复。42页下栏6-7行与上栏倒数5行重。61页题解第一条与63页第一条重复。

六、标题不准确、不规范、不统一，显得杂乱。如9页下栏，两个条目标题，一为《兽属论》，一为《兽属总论》，后条标题多一“总”字。18页图表中，上栏两图，均为郭璞注《山海经》所标一为(蒋本)，一为胡本。“()”不一致。

另外，无引用书目。

2008年08月21日

对《教育典·目的总部》的审读意见

资料宽泛，丰富有新内容。成果不错，不容易，成绩很大。但是，对书稿也有些意见。

1. 所有条目都没有作者，除先秦部分和二十四史可不要作者外，其余各条均请加作者姓名，如：明·刘基《翠屏集》卷三《送………》

2. 453页《左传》请加卷次。

3. 457页下栏《墨子·兼爱中》条顺4行“此则天下之害也”是否是“则此天下之害也”。

4. 457下栏倒数第一行“贵不敖贱，诈不欺愚”句至458页“凡天下祸……今日天下之士君子曰”是没有的，可否删去。

5. 458页上栏顺第二行开头应加“子墨子言曰：‘然’乃若兼则善矣……”

6. 458页上栏顺数12行中间“参偶其俗”应是“参偶具俗”。

7. 458上栏倒数第10行“夫仁之功，善与不争”后面漏了“下不怨上”四字。

8. 458上栏倒数第3行“贫者观其所为”应是“贫者观其所不取”下面“足以知贤”。应为“足以知廉”。紧接掉了一句话“贱者观其所不为，足以知贤”。

9. 460页下栏倒数第一行“子云论说之徒”应为“子云说论之徒”。

10. 461页上栏倒数第2行“高祖读陆贾之书，欢称万岁”应为“叹称善，左右呼万岁”。

11. 462页：上栏顺数16行“也，不肖无不能”应为“也，不肖无所能”。上栏倒数6行“死君之难，出命损身”应为“出命捐身”。下栏6行“及大王亶用”

为“太王”。

12. 464页下栏倒数第4行《人物志》加北魏·刘邵撰·刘昞注。则注文中只要注,性既不同,去掉刘昞。余下都如此。

13. 465页上栏倒数7行“论出”应为“论政”;倒数第4行下面的一句话“掌以德毅”毅字应为“蓺”字。

14. 466页下栏11行“凡人心有所思,则耳且不能听”且字应为“目”字。

15. 467页下栏顺数第4行“司寇之任”任字应为“佐”字。

16. 468页上栏顺数14行“思”应为“明”。17行“其用也,为明去之所环”,“环”字应为“珍”。倒数第8行“不见忌害,是以慕进也”是为注,应小一号字,错成为正文了。下栏顺15行“故能識方畋之”“識”字应为“職”字。倒数第8行“是以互相非駮”“駮”字应为“驳”字。倒数第7行“则接论而相得”“论”字应是“謟”。

17. 469页上栏顺6行“如陣以美”“以”字应为“已”。7行“不欲知人之所有”应为“不欲人之所有”。13行“待时来语,疑其无实”不是正文是注文,应加一注字,将这句话改为小一号字的注文。倒数第7行“则牙则须”“则”字应为“相”。下栏顺数11行“君一人之身”“君”字应为“若”字。

18. 470页上栏第3行“虽听人之言,常正之目”不是正文,是注文,应加一注字,下面改为小一号字。下栏倒数8行“至于異杂之人”“于”字为“於”字。

19. 471页上栏顺数10行“则贷财克於内”“克”字是“充”。顺数16行最下一个字“归非”应为“归罪”。

20. 472页:上栏顺数18行“而实从事章名效。刘昺注:立则章”应为“而事从实章。注:效立则名章”,错了几个字,注文少了几个字。

21. 473页上栏顺数19行“怨彼輊我,或疲彼胜已”“疲”字应为“疾”字。下栏顺8行“郄,终有覆亡之祸”“郄”字应为“卻”。倒数第4行“故人莫能逺也”“逺”字应为“及”字。

22. 474页上栏顺5行“之名险”应为“之召险”。顺6行“疋鸣凤於玄曠”“疋”应为“匹”。

23. 484上栏顺8行“或有誼聒时人视听”应为“諠聒”。

24. 485页《长短经》全文引得多,尤以注文可删些;注文应加注字,现与前面加注的体例不统一。下栏倒数 8 行“虑义而不怒”“怒”字应为“回”字。

25. 486 页标点、注文均不规范。下栏顺数第 2 行“听明秀出谓之英”应为“注：聰明秀”。倒数第 3 行“好谋而不决，不断则无成”“不决”应为“少决”，“无成”为“无威”。

26. 487 页上栏顺数 6 行“漢光武听聪之王也”“王”字应为“主”字。顺数 7 行“故曰：狙者，頮智，而非智也。狙音舒反，慢也。”“从而非至……慢也”均可不要。注文应加注字，均没有。

27. 489 页收了类书《册府元龟》的资料。

28. 499 页上栏倒数 3 行“然后稍视睁势”“睁”应为“时”。下栏倒数 6 行“不使有铢雨分寸”“雨”应为“兩”字。倒数第 3 行“盡执拘以归於”“於”应为“于”字。

29. 500 页下栏顺数 16 行“亦皆卒、雨、师、旅之帅”“雨”应为“兩”字。

30. 522 页下栏顺数 10 行“兇”字应为“凶”，倒数 8 行“以修已”“修”应为“脩”。

31. 540 页下栏顺数 11 行最后的“於”字应为“于”。

32. 541 上栏顺数 7 行“顪章句儒，非其師”把逗点点错了，应为“顪章句，儒非其師”。

33. 542 页上栏顺数 13 行“国家用之则治，捨之则乱”“捨”字应为“舍”字。

34. 545 全页 4 个略字均可去掉。下页 2 个略字亦可去。

35. 排序不准。

归纳起来有几个问题：

1. 引书格式体例不对，全部缺作者，未标明卷次。

2. 正文和注文互相弄错，且注文未加注字。

3. 错别字、漏字、漏句、漏文、异体字弄错。

4. 标点不准确。

可能版本不同，可能编纂者和编辑加工不妥。以上意见供参考。

2008 年 11 月 17 日

对《医学分典》书稿的审读意见

四个总部的书稿，总的来说，框架比较合理，选材比较广泛，资料翔实，校对比较认真，错字比较少，书稿质量比较好，基本上达到了出书水平。但是也有些问题，归纳起来，有些资料可选得更精些，更准些；错字、漏字还不少；引书格式不准确；标点不准确等等。

《医学通论总部》

有如下问题：

1.《楚辞·九章·惜诵》与医药医学无关，颇显多余，且内容与上条有重复，似可不选。

2. 引书格式缺卷次，如《素问》后应加“卷二十”“卷二十三”，《灵枢》条后应加“经卷一”、“经卷九”、“经卷十一”。

3. 111 页有错字，下栏第二条《灵枢·逆顺肥瘦》条顺数第 3 行“废绳墨而起平木也”，木字应为水字，“工人不能置规而为圆”圆应为负，第 9 行“之扬，易用之数”，应为“易用之教”。

4. 112 页上栏顺数第 3 行“闻而知之者，問其王音以别其病，問而知之者，闻其所欲王味”有两个字用反了。第一个问字应为闻字；第二个闻字应为问字。

5. 排序有错。117 页上栏《灵枢·史松序》应放在 111 页。

83 页，“素问”后应加卷次，“卷十九”、“卷二十”、“卷二十三”。

83 页下栏，顺数第 10 行“穷於无极”应为“穷於无极”。

84 页上栏，顺数第 9 行第 1 字“與四海”应为“配四海”。

89 页下栏，顺数 11 行“四腳癱瘓”……“为癢为痛”应为“四肢”，“为痒”。

《典制总部》

主要问题是：

1. 剪裁不够。如《吕氏春秋·勿躬》条，与主题目毫无关系，可不收。

2. 标点混乱，错误很多，第二页中下栏，许多标点都错了，如顺数 7 行，“博士、四人”，“博筆郎、二人”都不对。

3. 选材不当。应选未选，不应选的选入，如 3 页《旧唐书·职官志一》条，内文只有 3 个字“上署令”。下面一段都是注文，与医无关。“武德初”一段，均与医无关。并且原书上没有这一段，不知从何而来。《旧唐书》卷四四上《职官三上》有“尚藥局……”应选未选。“太医署令……”一段应选未选。新唐书选 7 条比较宽、散，只有《百官志二》和《百官志四》两条较切题，卷四十八中“太医署令……”有较为充实的内容，却未选入。

4. 略字用得不当。每段结尾，不必用略字。

5. 错字。4 页上栏倒数 5 行“有女史四人”是二人不是四人。

6. 将人医、兽医相混，不妥。3 页上栏倒数 5 行，“凡补兽医生……”

7. 引用了《清史稿》的内容，不知是否妥当。

8. 引用类书的内容不知是否妥当。《古今图书集成》和《册府元龟》的资料一般不引，只作线索去查。

《医家总部》

主要问题是：

1. 2 页《素问》应加“卷四”，下栏顺数 7 行“案扤毒熨”应为“案杌”。

2. 6 页上栏倒数第 3 行至下栏顺 3 行重复。（与同页下段重）

3. 6 页下栏倒数第 1 行“邪气畜積”应为“邪气積畜”

4. 7 页上栏顺数 15 行“朁”字应为“潜”字。

5. 7 页上栏顺数 19 行“破阴绝阳，色废脉乱，故形静如死状”标点有错，应为“破阴绝阳之色，脉乱故形，静如死状”。少了一个之字，错点了两个逗号。

7 页上栏倒数 11 行“皆五藏蹷中之时”蹷应为蹷。

倒数8行“两聋下”,聋应是胁。

《辞章杂记总部》

主要问题是:

1. 太宽泛,医学并不突出,如《淮南子·精神训》是整篇文章,什么都有,哲学、卫生学、人生观,不必整篇抄,可摘选。

2. 引书格式不全。

3. 错字,1页下栏倒数14行,上面“而坐”应为“而生”;倒数10行最下面字“蹲”应为“踆”;倒数7行“驰骋而不既守”“守”字应为“乎”字;倒数8行“变其神明,人之耳目”,“变”字应为“爱”字。

4. 2页上栏顺数12行“万物揔而为一”,“揔”字应为“总”字;16行“生者之非或也”,“或”字应为“惑”字;倒数11行“吾之於比有形之类”,应是“吾生之於比有形之类”,少了“生”字;下栏,顺数第二行“疏”字应为“疏”字,顺数6行“机械知巧”“知”字为“之”字,顺数11行“而辩”应为“而辨”;倒数16行“而不使者”,多了“者”字。另外,错了几个标点。

5. 3页上栏顺数7行“死生亦齐”,应为“死生亦齐矣”;倒数第4行“乃性仍仍”应为“乃始仍仍”;倒数第2行“学之建鼓矣”“鼓”应为“皷”。

下栏顺数第5行“漠若未始”“漠”字应为“莫”字;倒数第11行“不以滑,故纵体肆意”掉了一个“和”字,应是“不以滑和故纵体肆意”。

6. 4页上栏倒数第1行“而强食之”,“之”字应为“乎”字;顺数第1行“人弗欲也,欲而能止之”应是“人弗欲而能止之”多了两个字和一个逗点。

7. 7页上栏倒数2行“糠糟欲清者”应为“糟糠”。

下栏顺数2行“国永永也”应为“国脉”;顺数5行“唯鍼石之法误”应为“非碱石之法误”;顺数15行“使循其行”应为“使羞其行”;顺19行“效能以报百”“效”应为“効”;21行“是故也,主之於贵戚也爱其”应为“是故世主之於贵戚也,爱其”少了一个“也”字,标点不对。下栏倒数6行“而苟以新戚邑官之人”“邑官”二字应为“色寵”二字;倒数5行:“杀死病人也必矣”应为“杀死病人也久矣”。

8. 19页上栏顺数7行标题不准确。顺数16行“不信左道即去之”掉了一个者字,应为“不信左道者即去之”。错了几处标点。

下栏顺数5行“而病生，反为魔窃笑耳”，“魔”应为“病”；顺数11行“剪灭此而后朝食”，多一个“后”字；顺数12行“去持之力不在卢许扁鹊”应是“卢医”；顺数18行“词，而医人什百其径”多一个“而”字；倒数10行“药味多用，不能愈病”“多用”应为“多者”。

9. 20页本草均应有书名号；上栏顺数4行“则治之不力，转盼而疾成矣”“转盼”应为“转盼”；顺数8行“未有不怪迂者”，掉了一个其字，应为“不怪其迂者”；倒数10行“药寵应有之物載備方书”，应是“備載方书”；倒数9行“是可谓两间。至備之书”间字应为者字。

下栏顺数2行“岂得谓之備乎”应为“全乎”；顺数“8行”“当以当药，凡人一生”应为“可以当药”；倒数第4行“皆有急切所需之物”应为皆有“激切所需之物”。标点有错，不准确。

2008年12月9日

对《交通运输典》陆路部样稿的审读意见

全稿约40多万字。因为只有陆路部的“总论”和“分论”，没有其他纬目，与我们对样稿的要求，是某一部分的整体，内容应经纬目较为齐全，有代表性，反映出整体书稿面貌的“小麻雀”，样稿不完全符合。所以对书稿的整体面貌难以判断。仅就现有样稿看，有几方面的问题值得斟酌。

1. 所收资料不丰富、不齐全。

总论只收了《一统路程图记》《大清一统志》《明史》《陶保廉辛卯侍行记》4种书的348条，约16万字。显然太少。比如，《寰宇通衢》《广舆图》《北游录》《大明一统志》及部分府志，都有许多陆路的记载，均可供选录，样稿中没有选用。所以显得单薄，代表性不够。

2. “总论”名不符实。

总论没有论，只是一些路线史实的记载。不像总论，而像综述。应充实论的内容，否则需要改名。

3. “分论”应精选、细化，分纬目。

分论收了24人的54种书，约30万字，这是样稿的主体。30万字，只是日记，行程，所记为沿途所见，只有叙述，没有论。并不与陆路有关。一大片下来眉目不清。应精选，分列小题。同是分论，排序也有问题。云南、新疆所记多重复。中原资料较少，不平衡。

4. 西藏、台湾的资料没有，应增加。如《进藏纪程》《台湾府志》《台湾随笔》都有陆路水路的记载。

5. 下限时间为1911年(宣统三年)，袁大化的《抚新记程》虽记的是1911

年的事，但书可能是1912年以后出版，请查对，如是1912年以后的书，则可删去。

袁大化(1851—1935)。

裴景福(1854—1926)的《河海昆仑录》也请查对时间。

6. 有不少硬伤。

“总论”中引《大清一统志》33页上栏卷七应为卷六。下栏卷一九，应为一八，卷二〇应为卷二一。

35页，下栏倒数第4行江苏统部应为江苏省。

36页，上栏卷八七应为卷八六。

37页，下栏倒数第2行，漏了一段文字“东北至太平府，繁昌县界二百里”。

40页，上栏第2行“东朔府”应为“东至朔平府”

69页，倒数第2行西藏栏，与其他栏体例不一。应加“东至四川界”，“东南至云南界，西至西域回部大沙海界，北至青海及回部界”。

硬伤不少，比较粗糙。

有些书的资料应引用。如：

一、《寰宇通衢》明版佚名，全国陆水路驿站都有记载，全是讲道路。

二、《广舆图》元朱思本撰，明罗洪先、胡松补充。

三、《进藏纪程》清王世睿著。

四、《北游录》清谈迁撰，纪程部分较详细，有许多条路线。

五、《台湾府志》清蒋毓英编。卷一中有讲路程的记载。

六、《台湾随笔》清徐祖怀撰，讲水路。

以上各书都有比较好的资料，应予选录。

2009年4月23日

对《工业典》工艺和工具部样稿的审读意见

样稿近20万字，内容比较丰富，体例符合大典要求，编纂比较认真严肃，文字标点比较准确。

经初步选阅，请注意：

目录中工艺和工具部纬目"人物和著录"请将"人物"和"著录"分开。内容有则有，无则无；多则多，少则少，不必凑合。

第3页：1.注文必另起一行，2.内容重复。

第4页：第1行"黴"字应为"黴"。许慎"说文"条"𡉚聲"应为"𡉚聲"。"太平御览"内容请与原版对，如有原版则不必标"太平御览"。

第4页：江淹注伯余均可不要。

第10页：下栏"经胤织造"应为"经纬织造"。

上栏"有叶者喜料"应为"易烂"。

前几页内文的排列，许多都不必另起一行。

注释文字，可精炼，不必都要。有些发音如"去声"等都不必要。引用诗云也不必另起一行。

第12页错字：下栏"曰恐蛾穿纚不得"应为"日恐"。

下栏最后一行，"两棬子亦湏铁也"应为"两捲"。

上栏"王祯的农器图谱集"原书无集字。

第11页：上栏，2行"故因以旋"，原版为"鼓因以旋"。

第15页：上栏，陶侃的神话传说，不必要，不属综述内容。

第15页：下栏，倒数10行"中有核如珠珣"应为"珠珣"。

第 19 页：上栏，倒数 10 行“角用繫單麻皮”多一“繫”字。

第 20 页：上栏，最后一行，“与水转辗磨之法”应为“与水转翻车之法”。

下栏，倒数 13 行，“莫大如此”应为“莫此为大”。

第 21 页：下栏“三缫之薪”应为“二缫之薪”。

此页注释文字大部可不要。

第 22 页：第一条重复。

后面的文艺中，选用诗词全文太多，可精选。

第 96 页：下栏，太平广记条如《冉逐》可不要。

2009 年 7 月 17 日

对《历史地理典·总论分典》样稿的审读意见

所收资料比较严谨，标点比较准确，质量是好的。但有几点建议值得认真研究讨论。

第一，框架不够完整，总论分典没有收入“总论”。似应调整补充加以充实。

第二，纬目不充实，分类欠准确。

第三，地理部分的书目虽收了一些基本地理典籍，但似可再多收一些。

第四，文图不够协调，全书文字太少，地图似可以加以精选，减收一些。

第五，有些错别字、标点方面的硬伤。

《禹贡》的资料基本没有收，这是不够妥当的。《禹贡》是尚书的第三卷，虽然只有1840多字，却是一部可以单独存在的著作。几千年来，研究《禹贡》的专著不下几十种。《禹贡》虽在经部政书类，实际上它是历史地理经典之祖：刊山木，疏诸川，分九州。这都属地理性范畴，也不只是治水，就是治水，也属地理类。

全分典中没有总论，体例框架是不完整的。《禹贡》应全部或大部放在“总论总部”内。

总论总部除了《禹贡》原文，还应有《周礼》中的“职方氏”，南宋张九成的《禹贡论》、

《禹贡难指序》《禹贡图序》《禹贡图后序》孔颖达的《禹贡正义》及其他研究《禹贡》的著作，有关部分均可收入总论。

《通志总序》《文献通考序》《春秋列国疆域表序》《跋郝氏〈山海经〉笺疏》等书内容均可部分收入总论。

有关地理志中的总论和总的叙述内容部分，也可精选收入“总论”。

关于纬目，许多地理著作条目纬目只设了“论说”、“著录”、“杂录”。实际上还可收许多纬目的内容没有收入，举例：玄奘的《进西域记表》可收入“纪事”，没有收入。《汉书·地理志》前面文字可收入“综述”。《三国疆域志》后序，也可收入“综述”，均没有收入。郭璞的《山海经图赞》可收入艺文，也没有收入。《隋书》经籍志关于“地记”有一段话：“齐时，陆澄聚一六〇家之说，依其前后远近，编而为部，谓之地理书。任昉又增陆澄之书八四家，谓之地记。”这是讲地记的发展和形成，在《晋太康三年地志》条目中只收了后面的一句话，没有全收。这种情况很多，也就是说收集资料不全。

在现有纬目中，特别是“著录”栏，许多都是可以分类的，可以分在“综述”、“纪事”或“杂录”中。不区分，则纬目混杂，不条理、不规范。比如《水经》、《水经法》条“论说”栏中的内容可以分出些纬目。《山海经笺疏》著录中，有些内容也可分入“综述”和“纪事”。这种情况比较多，也就是分类不准。

全稿中，古地理的常用基本书都收入了，但也不完全。特别是大典规定的地理通用书目上的地理典籍，许多都没有收入，如《长安客话》《日下尊闻录》《宁古塔记略》《长安志》《天山客话》《哈萨克述略》《扬州画舫录》《苏谈》《齐乘》《都城纪胜》《武林旧事》《剡录》《台海使槎录》《邺中纪》《荆楚岁时纪》《北户录》《桂海虞衡志》《骖鸾录》《赤雅》《茅亭客话》《益部方物略记》《西南夷风》《百夷传》《金鼇退食笔记》《洛阳名园纪》《洞霄图志》《五山志林》《今水经》《河源志》《西湖游览志》《诸蕃志》《異域志》《異域录》《海录》《西域志》等。

四库全书的地理书也有许多书未收入，《岭海舆图》《滇略》《西域图志》《郑开阳襟著》《西湖游览》《桂胜》《桂故》《西湖志纂》《汴梁遗迹志》《长安图志》《武林梵志》《江城名迹》《石柱纪笺释》《关中胜迹志图》《荆楚岁时纪》《北户录》《桂林风土纪》《六朝事迹类编》《都城纪胜》《蜀中广记》《职方外纪》《坤舆图说》等。

《续四库全书》中有不少地理书也未收录，如《寰宇通衡》《乾隆府厅州县图志》《澳门纪略》《新镌海内奇观》《水地纪》《西域水道纪》《河纪》《天府广纪》《黑龙江述略》《蒙古游牧纪》《凉州異物志》《新疆识略》《台湾随笔》《北游录》《进藏程站》《金边略纪》《诸夷考》《海外纪事》等。

此外尚有《西北利亚东偏纪要》《绝域纪略》《安南志略》《行程录》《历代地理志蜕编今释》等。

还有一些错别字、标点方面的问题，技术差错。如："晋太康三年地志"条，又说"元康三年地记"。太康是晋武帝年号，元康是晋惠帝年号，相差十多年，也没有这两种书，可能是有误。72 页上栏掉了两个"人"字，"王部至国"应为"王不之国"，75 页上栏"漠"字错为"莫"字。另外标点有误。146 页《隋书》卷三三《经籍志》一，应为《经籍志》二。

2009 年 10 月 27 日

对《医学分典·内科总部》样稿的审读意见

书稿体例大体符合大典的要求。资料搜集比较广泛，内容比较丰富，有几个问题请考虑：

1. 引用医书不足。

四库本中有的医书较有名，未被引用，如南齐的《褚氏遗书》《明堂炙经》（西方子撰）。

续修四库本中的《遵生八笺》（明，高濂撰）《咳嗽部》151页，“玄应《一切经音义》”在引用书目中没有，为什么没有列入。

明史列传部分的“方伎中”前面的议，可收入论说，人物如“滑寿、葛乾孙、周汉卿、王履”等的资料，均可收入，但未见收入。

宋史列传部分的方伎中所列人物：“刘翰、王怀隐、赵自化、冯文智、洪蕴、苏澄隐”等的史料均可选择收入，但未见收入。

2. 错字、漏字比较多。

115页：上栏倒数第1行“筋攣逆气”四库本为“節”字。下栏顺数第二行，“太过则令人身热”四库本无“身”字。顺数10行“不得大息”，四库本“大”字为“太”字，下栏倒数第5行“则左胠下痛”“胠”字为“脇”。

152页：下栏顺数2行“嘔吐、欬嚱”应为“嘔苦”。

下栏倒数第6行：“窠上微癰”是“擁”，8行“且飧”为“飧”。

153页：上栏：顺数3行“时唾濁沫”，时应为多；顺数4行“始萌可捄”捄应为救；顺数遍1行“風中於”於应为于；顺数3行“热之爾過”爾应为所；顺数9行“视人之目，裏上微擁”，裏应为窠；“其颈脈動，时时”，動字后逗号应改在时下；顺数10行“其手足上”应改为“其手足，上”；顺数11行“病者若水”，若应为苦；顺数12行“始时當微”，當应为尚；顺数15行“咽燥”燥应为噪；顺数17行“则浮咳喘逆”，浮字应去掉；同一行“象若奔狆”狆应为豚；倒数第10行“齊右有动气”齊字应为臍字；倒数第4行“發肺壅”壅应为鬱。上栏中有16处错误，何其多也。

154页：上栏顺数5行，“经久不已”应有逗号；顺数6行“欬而腹满”腹应为腸字；顺数7行，“面浮腫”腫字后应有逗号；顺数12、15、19行，均将肢字错为支字；顺数14行“言不得音”，音字为竟字。下栏顺数14行“热熏蒸，但”应为“热熏，肺但”。

155页：上栏，顺数5行“须反动之”须字应为肅字；顺数10行“止入於肺”止字应为上字。

156页：上栏倒数第1行；“庶免后患”，患字后还有也字。

157页：下栏，顺数13行，“夫外感之欬”，欬应为邪；顺17行“當辨陰阳”，辨应为分字。

158页：上栏顺数4行“使人强上冥”冥应为瞑；顺数第8行“而汗液泄”泄应为出；顺数15行，“病欬嗽者”病字应为然字。

160页：下栏倒数第7行“脈沈者”前面应加“欬而”两字。

161页：上栏，顺数3行“栝蔞薤白”栝字应为括字；下栏，顺数5行“喉中介介如哽”应为“喉中喝喝如梗”；顺数6行“下可以轉侧，两胠下满”应为“不可以轉轉两脇下满”；顺数7行“脾先受之”没有先字；“暗暗引於髆背”暗暗两字为隐隐；顺数第12行，“而失氣與咳”应为“而失氣，氣與咳”少了一个氣字；同行“咳俱出”出字应为失字；顺16数行，“心下坚满”，坚应为鄿字，18行“引少腹是也”少字应为小字；下栏倒数第7行“沉硬者死”硬字应为鄿字；同行“其脈玄急欲绝者”急字应为弦字；倒数5行“脈形坚大者死”应为“脈络鄿大者死”错了两字。倒数第3行“经久不瘥者也”者字后面有一个是字，即是“者是也”。

162页上栏，顺数15行“故連滞积久，人血”应为“其血”。倒数第7行“咳病由肺虚”由字应为因字；倒数第5行，“陰、股、膝、腨”膝应为肺，腨应为踹。

下栏，倒数9行“故咳逆短氣也”短字后应加乏字。

163页：上栏，方剂后掉了几个方字。

1115 页：上栏《诸病源侯论 · 黄疸诸侯 · 黄病侯条》标点不准，错字有几个。

1116 页：《诸病源侯论……》条，错字、标点错甚多。

3. 排列秩序，问题不少，有的地方排列混乱。不按原著，自己自由合组成句子。

4. 用字不统一。

5. 《医学启源 · 五脏补泻法》原著为《脏氣法时补泻法》

2009 年 11 月 13 日

对《音韵分典·上古音总部》样稿的审读意见

从送审稿可以看出编纂此书有相当的难度，编纂者作得十分认真，严谨。体例格式符合大典要求，差错较少，但也有不少疏漏，略加改正，即可出版。

著录部分：

1. 449页。吴棫(才老)的故里有四种说法，武夷人、同安人、建安人、舒州人(451页)。可否有确论。

徐蒇的序，有“乾道四年”，“乾道三年”两种说法，到底是那年。

2. 450页。吴棫的《韻補》一书，多说序是宋代徐蒇所写，但查《四库全书》的《韻補》，序是元代陈凤梧写，并没有徐蒇的序。

上栏倒数第6行“书”外，”少一个“，”点。

3. 451页。上栏书名之间少两个“、”号。上栏顺数17行《楚祠释音》“祠”应为“辞”字。

下栏倒数第1行“五人为闰声”，“人”字应为“入”字。

4. 455页。上栏顺12行“论断剖晰”，“晰”原版为“**晰**”。上栏人名与该人的字号之间多用了5个“、”号，如李湘北、天馥。上栏倒数12行“顾氏之书诚不可以”书后应有一个“，”号。下栏倒数2、3行，错用了8个“，”“、”“。”号。

5. 456页。上栏顺数8行“《**聲**韻攷》”“**聲**”应为“聲”字；倒数第6行“为而釐之就绪者也”为字后应有“，”点。下栏顺6行“或失膠滞”，“膠”应为“謬”。“盍”字，“箸”字用得不统一。

6. 457页。下栏倒数10行，“尤探(突)[突]”原版为“**突**”；倒数第4行，“凡人声第一”，“人”应为“双”；倒数第3行“晓諭通送声第六”，“諭”字应为

"喻"字。

7. 458页。上栏最后1、2行"秦汉以后"应有"，"号，"下至六朝"应有"，"号。

8. 459页。上栏顺10行"无锡安君古"，"古"应为"吉"。下栏倒数第8行，"清·华湛思""思"应为"恩"

9. 460页。上栏顺2行"以宫商角徵"，"徵"应为"敱"。

10. 464页。上栏张畊，一说"字芸心"，一说"字馀三，号芸心"，又将"畊"字，变为"耕"字，不统一，不规范。

11. 466页。少用2个"，"号。

诗经论说部分

1. 591页。"唐·孔颖达《……》"，"达"后应有"疏"字。

2. 596页。倒数第6行"倏其肅睽""倏"原版為"倐"。

3. 597頁。上栏顺8行【略】字可不要。

4. 598页。下栏【略】字可不要。

5. 598页。下栏【略】字可不要。

6. 600页。下栏【略】字可不要。

7. 601页。下栏【略】字可不要。

8. 602页。下栏【略】字可不要。

9. 603页。上栏10行"其最有功於《诗》者"，"最"原版为"最"。"间"、"閒"不统一。

本页有一最大的问题，江永《古韻标准·列言》。四库所在到下栏顺7行"若此其严密哉"本文就完了。但现稿上多了一段，从下栏顺7行"谓八枚不能上抛雅南……"至604页上栏顺数第3行"观此亦可以关其口"上。这段文字有700多字，这700多字是从哪里来的。这是一个大问题。附原稿如下：

10. 604页。上栏顺10行"如北流湣湣"，"湣"字原版为"括括"；顺14行《戎》首章连三句遊原版为游；顺数19行"不敢怠遑"怠为迨。倒数6行"强读如嗟""嗟"为"嗟"，倒数第1行《免置》"置"为"罝"，同一行"復做此"，"做"为"放"。

11. 605页。下栏倒数第3行《車牽》二章，"牽为蠹"。

12. 606 页。下栏顺 3 行“《菀柳》”应为“苑”。顺 13 行“《巷伯》”应为“苍”。还有其他地方有此字。

13. 607 页。下栏顺 7 行“《周颂》多不叶韻,㲋自…”,“㲋”为疑字。

14. 612 页。“《免置》”应为“《免罝》”。后面有不少地方的略字用得不当。

諧声论说部分

1. 1026 页。上栏第 1 行“从耳,烓”,“烓”字应为“炯”,第 2 行“杜林非也”,“林”字应为“说”字。上栏第 4 行“耿,耳著也。”应为“耿,耳箸頰也”;“從耳,炯省聲”应为“從耳,烱省聲”。

2. 1030 页。上栏顺数 17 行“如帤今音奴……”应为“今郘…”。

上栏倒数第 8 行“且聲,如亦且”应为“旦聲,姐亦且聲。”下栏顺数第 3 行“訏,于聲”应为“訏,千聲”。顺数第 6 行“至於不可”应为“至于不可”。顺数第 9 行“而古文作沓”,应为“而古文作沓”。

3. 1032 页。上栏顺 5 行“《漢学谐声》书”,中间少了“一”字,应为“一书”。下栏顺 15 行《廣韻》后也掉了一个“一”字。

4. 1034 页。下栏倒数 10 行“清程敨《汉魏音后叙》”,后叙是孙星衍写,不是程敨。

5. 1063 页。几个略字均可不要,其他的地方也有。

6. 1071 页。上栏顺 8 行“食鴟當作卿鄉”,“鴟”是“鴟”字。9 行、5 行也有这个字,请改正。下栏顺数 7 行“西漠时弓字已誤”,“漠”字为“漢”字,是西漢不是西漠。

7. 1072 页。上栏顺 6“《廣韻》甃子峻……”,甃字为甃字。

心惸惸,“惸”字为惸。下栏倒数第 8 行《廣韻》《楚詞注》,我疑“詞”為“辞”,请查。

论说中对庸勘的《声说》卷上、卷下全书几乎是 80% 以上用了,可否再加以精选,少用一些。

2009 年 12 月 3 日

对《历法分典·五代两宋总部》样稿的审读意见

样稿问题比较多，不符合大典的要求。

1. 样稿编辑没有认真做编辑工作，很多初级错误，均未改正。如大典规定每条条目，不得使用“十、百、千、万”，只能使“一、二、三、四……九、〇”。第一页第一条就是使用的“卷一百四十”，此后，从头到尾都是如此使用，必须全部改正，改为“卷一四〇”，余照此类推改正。

2. 总论太少。五代两宋关于历的论述还有很多。如《天元历理全书》卷六中的朱子曰等等，可作些补充。艺文部赐历诏及爱赐的谢表可精选，不必全文引用。

3. 未送目录，看不出这一部分在全书中的位置。显得经纬目混乱。“总论”是哪个部的“总论”，是经目还是纬目，不明确。将“分率”与“纪事”、“艺文”、“杂录”平列是什么意思。是否都是纬目？如是纬目，是谁的纬目？总之，眉目不清。

4. 版式：表格，100－101 页按四库原版，缩小为半页，合成为一页即可。其他许多表格都应如此处理；样稿中，有些地方是符合原版要求，即半页。显得不统一，不规范。请改正。

5. 排序错乱，按大典规定，一个栏目之类，按作品问世的时代先后排序，样稿中许多地方没有这样。

6. 重复很多。如第 5 页下栏；第 6 页上栏；第 8 页下栏都是重复，后面还有类似情况。

7. 错字、漏字、错点多得不可胜数。以第 1 页而言，第一条顺数第 3 行

“若上穹”应为“者上元”。上栏顺数16行“主咎旒及晋祖肇位”。前面3个字“主咎旒”是没有的。上栏倒数第4行“杜升”是“杜昪”。同一行下面一句“考核得失”为“考覈得失”。上栏倒数第2行“王樸”为“王朴”，错了两个樸字。下栏顺数16行“只行於民间”是“秖行於民间”。17行“輒差不可用”是“輙差不可用”。下栏倒数第6行也是错了“輒”字。第1页上栏顺数第2行“使万物服其化风”应为“风化”。第1页不必另起一段，可直接接下去。下栏顺数第2行，“卷五十八”应为“卷五八”。上栏顺数16行“三辰孰验?”不必用“?”号。上栏倒数第2行“雎其后数载”没有“雎”字，第1页有错13处。后面各页，莫不如此。

8. 第3页有“乾元历”。第2页说太宗用吴昭素造乾元历；第3也又说太宗用王素造乾元历。还说太祖用王素更造乾元历。这里的问题：(1)乾元历是太祖还是太宗要人造的；(2)是吴昭素造还是王素造的。其中必有对错，请查改。

9. 标目：第2页，《宋史·志第二十一·律历一》卷六十八，第16页：《宋史·律历志一》卷六八。这里的问题是不统一、不规范、不准确，总的不符合大典要求。正确的标法应为：《宋史·律历志第二一·律历一》卷六八。后面各处均请改正。16页《元史·志第五·历志二》卷五二。第2个“志”字可去掉。

10. 190页—226页整本全年历书是否需要，请斟酌。

2009年12月30日

对《天文典·历法分典》的审读意见

一、经目结构逻辑混乱

《天文典·历法分典》的经目设置未按大典规范要求，在分典下设总部、部、分部，而直接设总论、分论。从此设置来看，若将总论、分论视为经目，则应是并列关系，如按大典规范，则应为总论总部、分论总部，而各种历则直接对应为末级经目（即条目）。但这种经目设置在大典编纂过程中史无前例，且不符合古籍整理要求，拟为不妥。

若将总论、分论按纬目对待，则对应论说这一纬目，就产生了二级纬目，而如此一来，则历法分典无总部、部、分部的大典通用经目设置，其作为一个分典设置的意义就不存在了，请主编考虑。

二、纬目设置缺失，部分引文入纬不当

《天文典·历法分典》的纬目只设纪事、艺文和杂录三条，其中，记事 53 条引文、艺文 104 条引文，杂录 12 条，而重要的纬目如题解、论说、综述、图表、传记、著录均未设置，而文中所载大量表格，是否应置于图表项上，需认真考虑。此外，大量引文以纪事、艺文概之，似为不妥。不符合大典要求。请主编慎重考虑并作结构性调整。

三、引用文献过少

本典引用文献仅 122 种，（见附表 1《历法分典》引书列表）。而我国是农业大国，历代管理者对历法的编制高度重视，并取得辉煌成就，而现辑录的文献数量与质量与学科发展历程不相符合，应进一步扩大资料选取和挖掘的深度和广度，以期充分反映我国在历法编制领域的成就。

四、引书标目缺项

本分典部分引书标目缺项，不符合大典标目规范，请按规范修改（见附表2《历法分典》引书标目缺项书名列表）。

五、数字用法不符合大典规范

本分典在引书标目中，所标卷第项，大量使用计数单位，如“万”“千”“百”“十”，不符合大典要求（见附表3《历法分典》数字用法），请予以改正。

2010年1月8日

对《政治典》样稿的审读意见

认真细致，资料丰富，比较齐全。经纬目、框架大体可以。

但有几个方面的问题请注意，请在正式书稿中克服。

一、有些经纬目中内容庞杂，艺文、杂录均可再精选。有些与主题无关的可少要或不要。内容有重复，请改正。

二、框架设置中，经目的部、分部、应清楚一些。只有一个分部，就不必设分部。

三、纬目排列先后应按大典规定，现在排列不准确，传记不应在前面。

四、内容的排序应按大典规定，现在不统一、不规范。

五、体例、标目，不统一、不完善，许多条目缺作者、缺卷次。

六、标点不准，错、漏字不少，有些地方有错句，请改正。

七、引用二手资料要少。如有原版可对照，不必标类书。引用时，类书名应放在后面，将原书书名放在前面。

八、注释文字要精选，与主题无关的注文可不要。

具体意见如后：

1. 次目中。部之下有几个分部？如只有一个分部，则部与分部没有分设之必要。

2. 纬目的秩序应调整：论说、综述、传记、艺文、杂录。

3. 排序。7 页，《秦誓》上应为第一，次为中、下，第四为《牧誓》；7 页《尚书》下应有卷次，应为《尚书》卷六。

4. 7 页，上栏 11 行“以姦宄于商邑”应为“以姦宄于都邑”。

5. 上栏倒数第5行“伪《古文尚书》”《古文尚书》的真伪历来争议多，“伪”字似可不要。

6. 8页，下栏倒数10行“散巨桥之粟”，是“散鉅桥之粟”。上栏两段重复。

7. 9页，《左传》各条下应写卷次，如《左传·桓公二年》应为《左传五卷·桓公二年》，余类推。

8. 10页，上栏倒数10行“败之于坶野”应为“败之于牧野”。

9. 11页，“又”字下来留空格；下栏，史记未标卷次。

10. 12页，上栏18行“巨桥”为“鉅桥”；下栏顺8行“太誓”为“泰誓”；倒1行“封其子五庚为殷后”，疑“殷后”二字有错。

11. 14页，上栏排序《吕氏春秋》应在前面，这种排序不妥之处很多；下栏《史记》无卷次。

12. 17页，“又”字下应有空格。

13. 32页，上栏艺文中，朱熹注可不要。同栏《鲁颂·閟宫》亦可不要。艺文可精选一下。

14. 33页，上栏《东方朔集·嗟伯夷》可不要，后面曹操的善哉行均可不要。

15. 39页，《文苑英华·柳识〈吊夷齐文〉》应标柳识《吊齐夷文》《文苑英华》卷几。

16. 41页，杂录栏，《顾炎武〈日知录〉》注释可不要。

17. 43页，《史记》《三国志》《晋书》，均无卷次。

18. 48页，艺文，前三条均与艺文无关。

19. 49页，汉书等无卷次。

20. 59页，上栏、下栏《麦秀之诗》应为《麦秀》之诗，史记记载不应另起一段。

21. 68页，上栏佚名《无能子·宋王说》可不要；80页朱彝尊送史至朝鲜，只一句提箕子可不要。

22. 93页，下栏《尚书·大诰》条“天休干宁王”，宁，为“文”。《酒诰》中，标点有误。

23. 94页，标点有误。上栏顺10行“亦越武王”应为“亦惟武王”。

24. 95 页，“诗曰”下，有的有“:”号，有的没有，不统一。

25. 96 页，下栏“离娄上”条中有“伯，养老，二人皆老矣，往归文王也”，在正版上没有此段话，有这段话是哪个版本。

26. 99 页，上栏倒 5 行“朝於王季，日三”应为“朝於王季曰三”；倒 1、2、3 行“豎”字应为“竖”字。

27. 101 页，下栏倒数 1 行“《礼记·杂记下》”内容不切题可删。

28. 102 页，上栏“淮南子”，“董仲舒”排序不妥。下栏《唐文粹·梁肃〈西伯受命称王仪〉》应为梁肃《西伯受命称王议》唐文粹卷四二。下栏顺 11 行“父为天子而子云末受”应为“子云未受”。顺 11 行“末可以誓师也，曰惟我文考，予小子，其承厥志”。据其他版本是“未可以誓师也，曰九年大统未集，予小子其承厥志”。

29. 114 页，《铁菴集》《文简集》《文莊集》均应标作者。

30. 117 页，上栏倒数 8 行《尔乃蕴跡》应为“迹”；118 页下栏“又引《志林》”，又引是什么意思？应改，不规范。

31. 137 页，上栏《尚书大传》卷二《西伯戡黎传》，无“传”字。

32. 139 页，下栏倒数第 3 行，“狂譎、华士不仕于齐”，应为“狂矞”。

33. 146 页，艺文可精选，如上栏，《绍兴释奠武成王七首》可不要；又如 148 页，《骑省集》卷一〇《武成王庙碑》不属艺文，长篇议论，也不是讲吕尚的。可不要。

2010 年 3 月 31 日

对《林业典·森林培育与管理分典》待印书稿的审读意见

审读了《狩猎通论分部》、《主要野生动物狩猎分部》两个分部近40万字。总体印象资料比较宽泛，内容比较充实，体例大体符合大典要求，有一定的特色。但是有诸多问题。分两个分部详叙如后。

一、《狩猎通论分部》

1. 纬目之间不平衡。1100页，共13页，约2.6万字。《综述》$2\frac{3}{4}$页，约5400字；《论说》$2\frac{1}{4}$页，约4500字，《艺文》$5\frac{1}{2}$页，约11000字；《彙考》3页，约6000字。《艺文》似太多。

2.《大典》纬目中没有《彙考》，这是编纂者自己设置的纬目，与大典体例不合。《彙考》的内容似可以设置为"记事"。包括不了的可以分别纳入《综述》或"杂录"等纬目。

3. 资料排列不准确。《论说》应在《综述》前面；《论说》条中最后三条为金代一条，明代两条，应放在清朝之前；《艺文》中1108页上栏《诗·郑风·叔于田》应在《诗·郑风·大叔于田》之前。

4. 编辑工作较差，错误较多，除了前面的纬目错误，排列不妥之外，还有错字、标点等等许多问题。《艺文》栏内，1108页上栏，《诗·甫田之什·鸳鸯》应为《诗·桑扈之什·鸳鸯》；《诗·鱼藻之什·採绿》应为《诗·都人之什·採绿》，诗句"言韔其弓"应为"言韔其功"；《诗·郑风·大叔于田》条中"献於公所”应为“献于公所”；1108页上栏《诗·南有嘉鱼之什》应为《彤弓之什》，内容有一句“從其群丑”应为“从其群醜”；下栏《诗·南有嘉鱼之什》应为《彤弓之什》，内有“悠悠旆旌”一句，应为“悠悠旌旆”。“分部”中有若干错字，除前面已讲之“于”、“韍”、“醜”、“旆”之外，尚有1108页下栏顺数11行最后的“神雀”，应为“神爵”；同页下栏18行，“故聊因校獵，赋以风之”应为“故卿因《校獵赋》以风之”，少了一个书名号，多了一个将其点断的“，”号。1109页，上栏顺数12行“博玄猨”应为“搏玄猨”，同行“踔天蟜”应为“踔夭蟜”，“娭涧門”应为“娭涧間”。同页上栏顺数14行“登降闇藹”应为“登降暗藹”。19行“壄盡山穷”应为“野盡山穷”。同页上栏倒数6行“翡翠乘桀”应为“翡翠垂桀”。1110页，上栏顺数7行“究鋋瘢”应为“晥鋋瘢”；顺数15行“滛荒田獵”应为“滛荒畋獵”。1110页，上栏中顺数7行“究铤瘢，耆金鏃。孟康读耆字绝句……为长。滛夷者数十万人”，根据几个版本查对，没有中间的注文，标点也错了，一般为“究鋋瘢耆，金鏃滛夷者数十万人。”1106页，上栏顺数19行“黑狐産長日山”应为“黑狐産長白山”；同栏23行“有火下化为白雀銜箓”，“箓”为“籙”；24行“有雀先大鳥於城隅石之”，“石”字应为“占”字。下栏顺14行，“計善心於坐”应为“許善心於坐”。此外有标点错误15处。

5.《艺文》太多、太长，可以大大精减。如1108、1110页全文引用了扬子云的《羽猎赋并序》，全文引用《长杨赋并序》没有必要。引用其他人的赋诗，均可大加压缩。

6. 引用了吴宝芝的《花木鸟献集类》等类书，应尽量引用第一手资料，少引二手资料。

其他错误不说，仅错别字就有22个，占2.6万字的万分之八多。如果加上标点差错及其他硬伤，比例可能超过万分之十以上。

空白□从1100页一1289页约40万字中，有113个，占万分之三。未对原版，留下空白□框，这是不妥的。

二、《主要野生动物狩猎部分》

1113页起，分部下分设的《禽类》似可不要。

1114页，下栏顺3行，“海翁易慮”似应为“易慮”。“鷉鵜”《综述》中第一条“卷六十九”应为“卷六九”，其他条目中也有用“十”字的拟请一律改去。

1115页，“鹭鸶”的《综述》中，《淵鑑类函》卷四二七下应加“鹭”字。其他条目中有的又禽兽名，有的没有，不统一。似应一律加上。下栏，周鲁《类书纂要》卷三三《飞禽类·鹭》有几个问题，请注意改正：1. 全稿中，标目不统一，有的在“飞禽类”下没有鸟名；有的条没有“飞禽类”。2. 鹭字应为正文字应大半至一号，鹭下的水鸟，是注文，应为小字。几乎是全书正文和注文号不分，拟请一律改正。

1116页，请注意：1.《彙考》没有这个纬目，请改为《纪事》可用。有些内容可分别择入《综述》或《杂录》。2. 正文和注文应分出大小字号，“值羽”“霜衣”……为正文。3.《艺文》中标目“卷一二七”应是“四二七”。4. 下栏，顺6行“亭亭常独立”应为“亭亭”。5.《艺文》可压缩精选。

1119，页“鸿”综述中标目不对。增字前应加“鸿”字，注意正文、注文的字大小有别。

1120页，《艺文》栏，1. 标目不对；2. 卷下应加“鸿四”。

1121页，“鹄”周鲁条标目不对，应标出卷三三。此标法与全书体例不同。正文与注文要有分别。下栏张英条卷四一九下应加“鴈”字。

1122页，除正文与注文字号无别外，1. 有4个□请对原版填上；2. 正文中与注文之间有“，”号未标，如下栏12行“雁堺”应有“，”号，21行“木落南归”，倒数4行“视雁”，倒2行“蓂雁”、“歎雁”都应有“，”号，少了5个“，”号。

1123页和上页一样，上栏少了5个“，”号。下栏，吴宝芝条缺“卷中”与其他地方标目不同。倒数3行“止宿聽事”应为“廳”事。

1124页，上栏顺2行“公孙枝”应为“枝”。

1125页，上栏张英条，与其他地方标法不同。卷四一九下应加“鴈二”。

1126页，上栏《艺文》《诗·鸿雁之计》为“彤弓之什”。张英条卷四一九下，应加“鴈五”。

1129页，下栏《艺文》只有8个字，可不要。

1130页，《艺文》，《诗·魚藻之什》应为“都人士之什”。下栏顺16行：“左右捉衣衣不勝，□告于帝曰”，应是“左右捉衣，衣不勝手，遗子带日”。下栏有4个标点错了。

1131页，下栏张英条，卷四二二下应加“鹰二”。

1133页，上栏周鲁条少了3个“，”号，下栏少了6个“，”号。有2个□。一为“際”字，一为“蜕”字。

1134页，上栏顺6行“纸鸢”后应有“，”号。

1136页，上栏张英条卷四二二后应加“鹰二”。

1137页，《艺文》《诗·鸿雁之什》应为《诗·彤弓之什么》；张英条卷四二二后应加“鹰五”。

1140页，全页有7个“，”号未标。下栏顺12行□应为“物”字，周鲁条“鸞，凤凰”应为“鸞，鳳屬”。倒数5行“而白缨間楽则節其而短，至时国安”应为“白缨闻”“至则国安”。倒数3行“括华陰”为“居华陰”。

1141页，上栏顺4行“应桑声”为“应樂声”。6行“雄鸣于前睢”应为“雄鸣于前，鵰”。顺17行“擣扶摇而上者九万里”应为“搏扶摇”。上栏标点有4处错。张英条卷四一八后应加“凤一”。

1142页，全页有张英3条，标目均不同。上栏卷四一九后未标“鸞一”；下栏标了鸟名。

1144—1146页，张英有4条均未标鸟名。1144页，应标“鳳二”，1145页，应标“鸞二”，1146页，上栏应标“鳳五”，下栏应标“鸞四”。

1149页，上栏倒数9行“五色，楊□”为“楊烔”。倒数第1行“一異，□”应为“一異也”。下栏顺6行“□□□□□□□”为“以怕櫺其手媪復”。顺7行“陈仓人耠□□”为“媪還”。

1158页，上栏周鲁条与下栏周鲁条，在原著上为一条。可以合为一条。在“飞禽类”下应加鸟名。

1159页张英条卷四二〇下应加“鹤一”。

1161页，有4个标点未点。下栏顺11行两个□□为“可量”二字。

1162页，有4个标点不准。下栏顺3行，“城郭是人民书”多一“书”字。

1163页，下栏张英条卷四二〇后应加“鹤二”。

1167页，张英条卷四二〇后加“鹤五”。

1175页，标点5个不准；下栏□一个为“鷂”。

1176页，在鸠部收了清方旭一条鸽的内容，是多余的。

11789 页，在鸠部收了清吴宝芝《花木鸟兽集类》卷中《鸽》，还收了周鲁《类书纂要》中《鸽》，也是多余的。

1179 页，周鲁《鸚鹉》条应与 1180 页周鲁的“灵禽”条合并，因都是“鸚鹉”。

1180 页，省去两段文字“雪衣娘子……”，“红嘴……”没有省略号，又直接接下文，应有【略】字。

1182 页，张英条卷四二八后应加“杜鹃一”。下栏，3 个标点不对；有一个空白□。

1183 页，张英条卷四二八后应加“杜鹃四”。几条全文抄类书内容，似可简略一些。

1188 页，贾谊《鵩鳥赋》及注文全部引用，似不妥，应精选。共 3450 字，正文只有 680 字。

1190 页，下栏 11 行“投身炭州裹”为“炎州”。13 行“盈干后宫”为“盈于后宫”。

1192 页，“啄木鸟”部：下栏，标目不准确。顺 4 行“□”为“鸣”字。6 行“那为人间去□□”为“蠹無”。标点有 3 处错。

1193 页，“燕”部综述均全抄《渊鑑类函》、《类书纂要》条的全部内容，没有精选。条目应加“燕一”。

1196 页，“燕部”均为全抄类书《渊鑑类函》。“燕二”、“燕三”、“燕五”内容，共一万多字，有的一条达 6000 字，似应摘选。

1202 页，“鹊部”共一万字，90％是抄自《渊鑑类函》的“鹊一”、“鹊二”、“鹊四”，没有其他资料，面窄，也未精选。

1206 页，“烏部”也是收原书少，全抄几本类书的内容。标目不规范。

1209 页，上栏 7 行将“周公旦”，错成“周公且”。

1214 页，“鴽部”综述中说“清·方旭《类书纂要》”，实际为“清·周鲁”把作者弄错。本页中上下两条可以合并。下栏倒数 2 行“野泗，百官无日再朝天”为“野烟”“百官何日”。“贼平□□”应为“贼平维赖”。

1215 页，全页标点错误 6 处。上栏顺 1 行“或令啣珠”为“銜珠”。

1217 页，“百舌部”上栏将作者弄错，“清·方旭《类书纂要》”为“清·周鲁”。上栏倒数5行“余谓《周書》”为“余讀”。下张英条标目应有“雀一”。

这个部从雀一抄到雀五，共7000多字，连注文也全抄上，没有精选。而且将正文和注文字号不分，混为一体。周鲁在其他条目也是如此。请将之精选，并正文、注文分别字号。

1222页，“雀部”“艺文”中将张华《鷦鷯赋》的正文、注文全文引用，没有选摘。许多文字与雀无关。上栏《艺文》《诗·渔藻之什》为《都人士之什》。“绵蠻”为“緜”，“绵蠻黄鸟”为“緜蠻黄鸟”。正文与注文字号应不统一。但有的注文与正文字号一样。前后标得不一样。

1225页，“兽类”可去掉。猿部共9000字，其中全抄张英《淵鑑类函》猿一、二、三。周鲁二条近7000字，精选少。

1228页，上栏顺6行“黑猿，出犛慶”为“出肇慶”。上栏顺16行，“沐猴而冠”后应有【略】，因为略去了50字。“金丝猴……”。标点有2处错。

1246页，上栏顺3行“綏綏”为“綏綏”。顺8行“昔昭王墓有老狐化男”应为“燕昭王”。“妖狐听讲”前应有【略】字，因为省去了很长一段文字。本条正文，注文大小分明，其他各条都应如此，才算合格。否则，体例也不统一，也不符合规定。

1247页，上栏张英条卷四三一后应加“狸三”，其他地方也应如此。

1248页，上栏倒数3行“去之”后应加【略】字，因省去了40多字。

1250页，“狮子”部，应将下栏两条合并。

1266页，上栏“豹部”综述中“清·周鲁《类书纂要·走兽类》”不规范。应在“走兽类”下加“卷三三，豹”。

1270页，周鲁条去了几段文字，要加【略】字。

1274页，上栏倒数1行，《走兽类》下面应加“犀”字。此页有几处标点不对。

1276页，下栏顺4行“且耕，且耒”是“且耕，且耒”。

1290页，张英条，应在卷四三九后加“蛇”。

1296页，张英条卷四三九后加“蛇二”。

1299页，张英条卷四三九后加“蛇五”。

三、主要问题

1. 经、纬目设置要适当调整。第三页,“森林概念部”下设的“林木概念分部”可以取消。“禽类”、“兽类”可以取消。65 页“森林培育总部”下的“森林培育类型部”可以取消,留下 3 个分部就可以了。1113 页“禽类”可取消。1225 页“兽类”可取消。

2. 体例不规范,不统一,有的条目内容不全。

3. 多设的纬目,如《彙攷》请取消,内容分别插入其他纬目或另设纬目。

4. 空白“□”,请核对原版补充。

5.《艺文》引诗文有些与主题无关,请精选、精摘,内容不要太多。在几个纬目中一字不差的全篇引用了杨子云的《羽猎赋》、《长杨赋》,贾谊的《鹏乌赋》,张华的《鷦鷯赋》。祢正平的《鹦鹉赋》,鲍明远的《舞鹤赋》,连注文也引用了。要精选、精摘,这些赋的注文不必引用。

6. 类书选用太多,没有引用原著,周鲁、张英、吴宝芝、方旭等等,有的几乎全书照抄。缺乏选择,内容显得杂。

7. 点校问题太多。该点不点,不该点的点了。错别字太多,有的将作者张冠李戴。

8. 正文和注释字号不应相同。字号有大有小。现在有的字号一样,有的不一样,混乱。

这些问题,不仅在 40 万字的样稿中有。我稍稍审阅了其他部分书稿,也都存在,因此,要请出版社聘一些有经验的编辑、专家,举一反三,全面将书稿梳理一遍,以达到出版水平。

2010 年 8 月 19 日

对《民俗典·口头民俗分典》的审读意见

《民俗典》原是《其他社会科学典》中的《民俗学分典》,任继愈先生主张从《其他社会科学典》中分离出来,当时任老提出的理由是,其他社会科学面太宽、太大,现有的几个分典没有完全包括。如加以扩充则太宽太多。而民俗学很有中国特色,也有久远的历史。工委、编委同意任老的意见,设立了《民俗典》,代替原来的《其他社会科学典》。在任老的直接关怀指挥下,确定了白化文先生为主编,制定了框架。下设四个分典,《口头民俗分典》,《物质民俗分典》,《风俗民俗分典》,《地域民俗分典》。并确定了各分典的具体内容。

《口头民俗分典》大体包括神话、故事传说、俗语、歌谣、谜语、戏曲说唱等方面的内容。从送终审的书稿看,大体上反映了任老的设想和思想。总体上看所收资料比较宽泛,反映了口头民俗内容的方方面面,具体资料均能切中主题,比较切实,校对也还好,配图也好,有特色。但也还有一些问题,需要改进。

第一,已成的框架似可略作调整。“自然部”内容太单薄,和口头民俗关系不大,可以取消。改为“神佛部”。“日月星星分部”,“太古分部”,“自然神分部”之“综述”,合而为一,加以扩充,成为神佛部的“综论”,略加强一些理论色彩的资料。“自然神分部”不动,“体类”取消。将后面的“佛神仙部”的名字取消;其内容放在“自然神分部”后,在“异人分部”前。设“佛分部”,“神分部”、“仙分部”。“神分部”的“综述”改为“综论”。“体类”取消。各分部的“体类”均取消。因为“体类”不是“经目”,也不是“纬目”,不伦不类,取消为好。“综述”均改为“综论”。在“综论”中增加一些说理性资料:这些资料可从“杂家类”、“小说家类”著作的序、跋论述中找到。二十四史的“艺文志”中也可选一些。

第二，内容也可略作调整。吸收几类书中有分量的论述及实例。有些没有分量和太简单的事例可去掉，如“俗语部·品行分部”2104页下栏《元·张国賓〈合汗衫〉》第二折：行不更名，坐不改姓。自家陈虎的便是。“这襄也无人，我平昔间做些不恰当的勾当。”这就没有引用的必要，这是演戏时演员说的话，而且也没有反应出品行的问题，何必引用。

故事传说总部的“朕兆部”的“物兆分部”1308页下栏“雨師雲師”条，“梦兆部”1312页下栏最后一条“相如将献赋”，1313页上栏，倒数第4行“太元中”条。“俗语总部”“姓氏分部”2110页上栏“初，纣有苏氏”条、2112页下栏，第一行，一、两……等条均可不要。所选资料可略加精选。有些资料可增选一些。如《鬼董》一书中有些资料也可选入。

第三，条目中有10条来源不明。或为无中生有或为版本讹误。故事传说总部中有10条：

①399页下栏，倒数1行“宋·洪迈《夷坚丙志》卷一九《林靈素》”条。全书没有一九卷，也没有《林靈素》的内容。

②《物兆分部》的1294页下栏顺7行“唐·薛用弱《集异記·郑絪拜相》”原著中没有此条内容。

③1302页上栏“又支甲卷一《餘干县楼版》条”，原著中没有此条。

④1312页下栏“又蒋济字子通……《搜神记》卷十”中，没有此内容，不知是何版本。

⑤—⑥1315页上栏第一、第二条为“又佚文《高元裕》”、“又《孙氏》”在《集异记》中没有这二条内容。

⑦1320页下栏“又《唐·郎中梦寇准为相》”原书卷三中无此条内容。

⑧—⑨1320页下栏“又佚文《王元规》”、“又《杜紫微》”两条在“卷九中”均没有。

⑩1326页下栏又卷七《刘粲民官》条，在“《夷坚志》甲志卷七”中没有此条内容。这十条资料，请编纂者核查，来自何处？如无版本根据，请删去。

第四，漏、重有三条。

①“神话总部”8页上栏顺11行“雌蜺便娟目增撓兮，音楽”，应为“雌蜺便娟目增撓兮，鸞鳥軒翥而翔飛”，漏掉了“鸞鳥軒翥而翔飛”一句。

②22页上栏倒数4行“多是架鸟”前面漏了“北望河曲”一句。

③1320页上栏“又韩侍中”条与下栏“又，韩稚圭萝手捧天”，内容完全一样，可去一条。

第五，还有一些其他错误。

“神话总部”7页上栏倒数7行：《山鬼》应为《国殇》，标错了；“错轂兮短兵接”，是“車错轂兮……”漏了一个“車”字。上栏倒数4行“首身离兮心不徵”，应为“首虽离兮……”，错了一字。上栏倒数3行“子魂魄兮为鬼雄”应为“魂毅兮”。下栏，顺11行“晨向风而”为“长乡风而”。下栏倒数第6行“排閶闔而望予”，“望予”是“望子”。“撰余”为“挽余”。

8页上栏，顺数4—5行“聊婾娱目自楽”为“聊偷……滛楽”。上栏顺9行“沛罔象而”为“沛罔瀁而”。

“故事传说总部”，390页上栏《鬼谷子》条，顺4行“利，亦”为“栩亦”。下栏《徐福》条顺2行“数有烏銜草”，“烏”为“鳥”。顺4行“生不叢”为“不叢生”

391页上栏倒数6—7行，“餘虽复浅识，俻为先学”，为“余……具备先学”。

395页上栏，倒数7行“面目頳皺”，“頳”为“頩”。下栏“又卷二四五引《幽明银》”。《幽明録》为《本博》。

395页上栏顺2行“多在吉許”为“多在吉所”。下栏顺10行“何由背爻象而任心胸者乎”，应在“象”字后加“，”号。

396页下栏，顺10行“可入通，道无能”。应为“可入通道，吾能”。顺12行“固欣喜，即”，为“固忻喜，即”。顺13行“於此”为“于此”。顺16行“有一物似猴而非，走出人共逐得。”为“有一物似猴，而飛走，众勇共逐得。”

396页下栏倒数6行“郭璞每日为卦”，“每日”是“每自”。

1281页“朕兆部”“综述”上栏顺数最后一行“乃棄财产”。“棄”为“弃”。

1282页上栏“段成式”条，无“前集”二字。

1295页下栏顺11行“令急召元宝。问之，元宝曰”。无“令”字“问之”三字。顺13行“故见月”，无“见”字。顺15行“其石遂为树枝阁之。”无“其石”二字。顺18行“特出於众。初受詔征辅公祏”。无“特”字，“祏”为“祐”字。顺20行，“祏”亦为“祐”字。

1301 页下栏倒数 8 行,“如万宾行室中。”“室”为“空”。

1302 页上栏顺数 7 行,“为市游徼”。“徼”为“檄”。下栏顺 8 行“一物高数丈,蕲”。“蕲”为“靳”。下栏《臨江二異》条中“予壙钱蓥为守”。“蓥”为“密”字。下栏倒数 6 行,“通判廳囑食”。“廳”为“庭”字。顺 5 行“而钱以言章韋”。为“钱以人言韋”。少了“而”“人”二字,多了一个“韋”字。下栏倒数 4 行“白犬正在谷堆上望外。”无“谷”字。

1414 页下栏“唐・薛用弱《集異記》卷二《张監》”条原书没有“卷二”。

1318 页下栏倒数 5 行,“褓襁”,为“襁褓”;倒数 2 行“不利其人”,“人”字为“夫”字。

1319 页上栏顺数 3 行“有一紫衣”。为“紫衣人”漏了一个“人”字。顺 5 行,“紫衣者亦甚如媿。”“如”字为“知”字。下栏顺 10 行“目诸官后”,“目”字为“视”字。下栏倒数 10 行“坐在人下泊滞者数十年”,“下泊”为“下浿”。倒数 3 行“学士群牧使”。“群”字为“郡”。倒数 2 行,“群”亦为“郡”。

1321 页上栏倒数 12 行“吕昭言时任司寇”。“昭”字为“吉”字。

1326 页下栏顺 10 行“益首犯禁”,无“禁”字。

1334 页下栏“又支甲卷五《龚如梦》”应为“又《夷坚志》支甲卷五《龚如梦》”。

另外,《夷坚志》等书的条目中,最后有的有小字注文,有的又没有。小字注文没有意义,又不统一、规范,应一律取消,不要每段最后的小字注文。

俗语总部 2104 页上栏,倒数 3 行,“隋・颜之推《颜氏家训》卷下”。应为“北齐……卷七”。

第六,建议。1.总的讲,编纂者和编辑是用心的,认真的,质量还好。2.框架和内容似可作些小的调整。3.对专家和大典办所提意见,希望认真梳理分析。对的接受,改正,不对的加以说明。4.除审读的 30 万字外,希望对其他部分,编纂者和编辑认真举一反三,再过目一遍。5.改正后申请开印。

2010 年 8 月 28 日

对《法律典·刑法分典》终审稿的审读意见

对《总论总部》、《修律总部》书稿20多万字，及其他总部全部书稿进行了审读。《刑法分典》从1993年启动以来，经过了几次大的反复，不断充实修改，到现在的书稿为止，有很大的进步，取得了很好的成绩。

以《总论总部》、《修律总部》为例。共收取资料514条。其中先秦73条，两汉29条，三国8条，晋6条，隋7条，唐93条，宋180条，五代14条，元17条，明32条，清55条。遍布先秦和10个朝代，每个朝代都有资料，分布是合理的，反映中国《法律史》的发展状况。改变了原来只偏重收《明实录》的不合理情况。

资料宽泛、充实，选择的资料质量好，校对比较认真，总体质量是好的。

1. 标注格式，大体还可以，但有些地方极不统一。

以《路史》为例。宋·罗泌的《路史》在《总论总部》引用了10条资料。标目格式极不统一，主要表现在卷次后面；卷二一有两条，一条标《后纪一二·疏亿纪》；另一条《后纪一二·有虞氏》，同一内容，两种标法。书引号内“后纪”，“前纪”后，有的标五、一二、十二、有的没有标，要么都标，要么都不标，必须统一；十三、一二、不统一，只能标一三、一二，不能用十三；“黄帝上”，未标出“上”字。

附条目：原稿×页“【宋】罗泌《路史》卷一二《后纪一二·疏亿纪》”。原稿×八页“【宋】罗泌《路史》卷一二《后纪·炎帝》”，“后纪”后应有××，原稿×页“【宋】罗泌《路史》卷五《前纪·庸成氏》”。前纪后应有五×原稿××页，“【宋】罗泌《路史》卷六《前纪·栗陆氏》”“前纪”后应有“六”字。原稿二一页，“【宋】

罗泌《路史》卷八《前纪·祝诵氏》”。“前纪”后应有“八”字。（原稿“【宋】罗泌《路史》卷一四《后纪·黄帝纪》”与下页二二，“论说”第一条，完全重复，此条已抄录计第一条，应取消）。原稿二二页，“【宋】罗泌《路史》卷一四《后纪·黄帝》。”“黄帝”后应加上“上”字。原稿二二至二三页“【宋】罗泌《路史》卷二一《后纪十二·有虞氏》”十二应为一二。此条延至二三页上栏，在二三页上栏，顺数第4行，“以王服三坎、五宅三居之法政五刑，以消寇贼姦宄”“是政”，字应大一号，这段文字中，“三坎”应为“三次”，“、”号应为“，”号。原稿二三页“【宋】罗泌《路史》卷二二《后纪十三·夏后氏》”，应与前统一。原稿二五页“【宋】罗泌《路史》卷四二《馀论五·商周之际》”应与前面的标目一致。除了《路史》的资料外，其他还有许多地方格式不符合规定。

2.排序比较混乱。

以“《刑法的起源》”中的“记事”（应为纪事）为例；资料排序是“宋、先秦、汉、先秦、唐、宋、隋”。大典规定排在一个小题内，应以成书年代先后为序，不能颠倒，乱排。

除了这一部分，在整个书稿中，都比较混乱。

3.纬目分类还可以细致一些。

《刑法的起源部》“论说”中，论说和综述可以分开选列。

4.经纬目标目有矛盾。

目录上是“总论总部”，内文上是“总则总部”，到底是什么部。第一页“总论部”，“刑法的起源”也是部，两个部岂不打架。应如何标目。纬目中标有“记事”在规定的纬目中只有“纪事”。

2010年9月2日

对《法律典·起诉总部》的审读意见

所选资料宽泛，有代表性，比较准确，质量较好，标点、断句均好，体例符合大典要求。作者做了认真、细致的工作。任老生前认为已达到出版水平。出版社编辑和作者在原来的基础上，做了进一步调整、补充、修改，这是很难得的。总体质量有了进一步的提高。再根据专家的意见，作些小的调整补充即可达到出版水平，可以出版。

也有一些问题：

8 页，错别字：下栏 9 行“夷狄之祸”是“彊敵之祸”，倒数 6 行，“请也”为“詣也”。“自建炎省併史额”为“吏额”；倒数 5 行“案吏輒亡去”应为“案吏，吏輒亡去”；倒数 2 行“入禁不書曆之人”“曆”为“歷”。

标目下的时间不统一。上栏倒数 1 行“[建炎四年九月]诸论及州”在“言者论近州”前应加上“甲寅”；下栏顺 3 行“[绍兴三年]己酉”“三年”后应加“八月”。顺 15 行“[绍兴五年六月]尚書省言”。尚書前应加“辛未”。倒数 10 行“[绍兴五年七月]”应加“庚长”。倒数 3 行“[绍兴五年八月]”后应加“壬寅”。

9 页，错漏字：上栏顺数 4 行“欲乞委诸路捍刑司”为“提刑司”顺 12—13 行：“欲今后所送”，“送”字为“訟”；顺 16 行“亦无讼之策也”“之”字后漏了“一”字；倒数 10 行“以自诉辨”，“诉”字为“祈”字。

10 页，上栏顺 13 行“[淳熙十五年]十六日”为“[淳熙十六年]二月十六日”。下栏顺 7 行，“縣等处”应有“，”号。倒数 11 行，“[開禧五年]”应为[嘉定五年]。全条应挪至[嘉定八年]条前面。倒数 9 行“柰何州县”应为“奈何州县”。倒数 8 行“沿海諸邑”下应有“，”号。

11页，上栏顺4行[绍兴三年三月]三月应为七月，下一条三年三月也应改为七月。“[绍兴]八月二十四日”应为“绍兴五年八月二十四”。上栏顺9行“夺取沿身财物”应为“讼身财物。”

13页，下栏倒数12行“直吏馆陈靖”应为“史馆”；13行“既歙怨於寺司”，歙应为“歛”。

14页，上栏倒数7行“，”点有错。

15页，下栏顺12行“德安令黄等”黄字后漏“覢”字。

16页，上栏倒数4行“伏刑部关牒”应为“伏覩刑关关牒”。下栏顺5行“勘断不当”后应有“，”点。顺10行“乾道二年七月十三日”应为“乾道四年”。

20页，上栏顺8行，“开封府制差”制字应为“抽”。

22页，上栏倒数1行“會上元车贺”，“贺”字应为“驾”字下栏，顺数10行“亦书於律”是“亦书于歷”。

23页，上栏顺2行“赏钱五万”。后还有一句“赐杭州学田五顷。”顺14行“浸以成风”，“浸”为“寖”字；倒数7行，“下提典司接察”“接”应为“按”字；最后一行“[七年正月]中书”应为“[七年正月]丙寅中书”。

下栏：顺4行“自今但千違”，“千”应为“干”字；顺5行“[七年十二月]詔诸军”应为“[七年十二月]辛干詔诸军”；倒数10行“[七年九月]刑部”应为“[七年九月]甲辰刑部”；倒数7行“[元年三月]是日”应为“[元年三月]丁巳是日”；倒数4行“卷稍宽犯人”，宽字后应有“，”号；最后一行“曹诵罷军政”应为“曹诵乞罷军政”。

24页，上栏顺1行“[元符元年五月]详定”应为“[元符元年五月]乙丑，详定”；顺5行“外，願充斗子者”。“斗”字应为“贓”字。

37页，上栏顺1行“至治元年四月卅日”空的那一天。全页中标目不统一；有“[至元六年八月]”、有“大德八年四月丙戌”、有“[延祐七年十二月]丁卯”。三种标法，应统一。

52页，上栏顺2行“蓋室发辽东充军”，“蓋”为“盡”；顺3行“蓋”亦为“盡”。

104页，上栏倒数3行：“又详聚土”，“详”为“佯”；倒数第二行“为亡命棄市”，“亡”字是多写的，是“为命棄市”。下栏《汉书·金安上傅》为金日磾。

105页，上栏顺1行“尤非大臣民宜”民应为所字。9行“《魏书·皇后传》”，“皇后”应为“后妃”；11行“贞元六年[盧群]入拜”“盧群”二字可去掉，因为标目上已有“盧群传”几个字。

109页，下栏顺19行“等塞苗贼”，“塞”应为“寨”。

110页，上栏倒数6行：“令家奴鬻私监”，“监”应为“塩”字。下栏顺16“又[五月]戊辰，巡樵”，“樵”应为“撫”。

129页，上栏倒数11行：“以是憾先后御使……”以是憾应有“，”号。倒数第3行“朕仍坐杀人罪”，“朕”为“聯”字。

上下栏相联的“谈迁”条，是何处资料？万历十年无此事。下栏“明史·雍泰传”应挪至“清·畢沅”条前。

398页，下栏“《明实录·宣德四年》[五月己巳]行在兵部尚书张本奏”，此时间无此条内容是否版本有误。下一条“《明实录·宣德五年》[秋七月戊甲]”“甲”为“申”字；下栏倒数第二行“二月乙丑”二月为三月。

建议：虽然质量不错，小作调整便可出版，但应认真对待专家们的意见：

一、将各位专家意见集中认真梳理，对正确的意见虚心接受并整改。

二、增添一些宋以前的资料。

三、举一反三，请社的编辑或外聘专家看一看专家没有审读的部分，编辑工作应细致一点。

四、审读完后你们写出要求开印的报告。

2010年10月25日

对《温病总论部》的审读意见

《温病总论部》书稿，特点突出，质量较好。所收资料除一般有代表性人物的资料外，特别搜集了“小家”的资料，比较全。尤其是搜集了中医中不同门派的见解。体现了“两为”方针。对中医的医理，用药中不同的见解和方法，各有体现，这对现实，对推动中医的发展，都将产生一定影响。作者很用心，很认真，十分难得，全稿应予肯定。

但是编辑过程中也有一些疏漏。

编辑工作比较粗。

155 页：上栏最后一行“然歡其才秀也”，“歡”字为“歎”；下栏顺 3 行，“要非常之疾”，“要”字为“嬰”字。下栏顺数 8 行，“危若水谷”，“水”字为“冰”字。下栏顺 15 行“漢有公秉阳慶”，“秉”字为“乘”字，是异体字。下栏顺 19 行“曾無髣髴明堂闕庭”，“髣髴”之后应有“，”号。一个页面有 5 处错字、错点。

156 页，上栏倒数 5 行“然为气任俠”，“为”字为“尚”字；倒数第 2 行“黄素朽蠹”，“素”字为“帝”字。下栏顺数 14 行“寒汗下尚或错二謬”，多了个“二”字；倒数 7 行“礜石、曾青之类”，“礜”字为“礬”字。

157 页，上栏顺数 2 行“安时言唐大和年”；“大和”、“太和”历史上说法不一，可以写为“大(太)和年”。顺 5 行“时逢聖曆”，原版“时逢聖歷”；6 行“准勑颂行”原版为“准勅颁行”。

169 页，上栏最后一行“混洩《玉版》之文”，原版无“混”字，可以为“(混)洩玉版之文”。下栏顺 15 行“非天意高妙者”，“非天意”后应有“，”号；17 行“或世於偏见”，“世”字为“狃”。

170页，上栏顺10行“書其大略知左”，“知”字为“如”字；顺19行“如範文正”，“範”字是“范”字。下栏顺6行“尚未经以示人也”，“经”字为“輕”字；顺9行“因以篇序”，“篇”字是“為”字。

186页，下栏顺5行，“尚尔混淆，何部其前”为“尚尔混淆，何况其前”；顺14行“昔人方中暑”，“方”字为“言”字；倒数5行“且言火青龙”，“火”字为“大”字；倒数4行“后膏甚少”，“后”字为“石”字。

187页，上栏顺7行“《医門棒喝初集》”“初集”应为“卷二”；顺13行“何处”，“处”字为“故”字；倒数12行“或雲”两个“雲”字均为“云”字；倒数7行的“雲”字也是“云”字。下栏顺13行“如果瘟疫，又兼风温”，中间的“，”号可以删去；倒数9行“冬証源流未清”，“冬”字为“各”字；倒数7行“又可论瘟疫，邪结膜原”，中间的“，”号错了，应挪至邪字后面；最后1行“疎矣”，应为“踈矣”。

188页，上栏顺5行、8行，两个“雲”字，应是“云”字；标题“医门棒喝初集”，“初集”应为“卷二”；倒数2行“雲”应为“云”。下栏顺数3、4行，两个雲字应为“云”字；顺2行“百况温病之中”，“百”字应为“而”字；倒数14行“而春夏秋风炎”，“炎”字应为“火”字；倒数13行“受寒而起乎”，“乎”字为“耶”字；倒数第8行“其氣经淺”，“经”字为“轻”字；倒数3行“再以诸病总，因受寒而起”，“总”字前应为“，”号，“总”字后的“，”号应删除。

189页，上栏顺1行“胡可稍涉肆似哉”，“肆”字为“疑”字。

以上问题多为错、漏、别字，标点断句，选择功夫不到家。

建议认真对待专家们的意见，认真核校整改；并能举一反三，认真通读，校正全书。

2010年10月27日

对《教育典·教育思想分典》道德教育、家庭教育、留学教育等总部书稿的终审意见

三个总部共约500万字。这是第二次审读《教育思想分典》的书稿。二年前终审了"教育作用总部"的书稿，大家提出了许多意见，请编者和出版社修改，至今仍无结果。

这次送审的书稿，我重点审读了"道德教育总部"的有关部分，从第7页到100页，约20万字。对家庭教育和留学教育总部，只是略略翻阅了一下，因时间关系，未仔细审读。

从总体来看，此次书稿，与上次比较，有很大的修正和进步。体例、标目基本符合大典规定，内容比较充实，选材比较均衡，资料分布比较合理，分类比较细致。特别是有些珍稀资料，有所录用，在版本上，修正了《文渊阁》《四库全书》的某些讹误，标点比较准确。编纂者是用心的认真的。

尽管作得比较好，但仍有些不足。

1. 体例、标目不一致。如"淮南子"的标目，第3页是"《淮南子·原道》"没有"训"字。32页是"《淮南子·原道训》"，有"训"字；有的书名后没有小题目，有卷数；有的书名没有卷数和小题目。（是指大的集子，有小题目，有卷数的书）。很多地方不统一。

2. 作者标名不准确。《太平经》的作者标的"甘忠可"。实际上《太平经》在西汉时有3个版本："张道陵、于吉、甘忠可"，这3人的3个版本均佚失，后人根据他们的版本整理，均不全，是残卷，现在道藏所藏《太平经》也是残卷。一般标作者是西汉作品"佚名"。"明正统道藏本"就是这样标的。

3. 编纂者随意篡改原文，将原著几个地方不同的字句随便加在一起，自

成一段，如45页，“王符《潜夫论·德化》条”就是前后纂动，使人摸不着头脑。董仲舒的《春秋繁露》、葛洪的《抱朴子》等，刘义庆的《世说新语》等也有类似情况。

4. 有些内容可略作调整。如“通论”中葛洪在《抱朴子·酒诫》中所论，就可以不收。“留学教育总部”中图表部分大量引用光绪末年的留学生名单，占100万字之多，没有必要引用。

5. 有一些重复。8行《吕氏春秋·精通》与27页下栏《吕氏春秋·精通》重复。

6. 版本校勘、引文错漏讹误甚多，应认真核实纠正。以上海古籍社的文渊阁四库本为主，结合其他版本校勘有不少问题，请编纂者和出版社编辑认真酌定。如：

7页：第一条有3个“辯”字，应为“辨”。上栏，顺11行“故道先之”，“故”字后应有“，”号。倒数5行“非修其慝與”，无“其”字。倒数第2行“可以为仁矣？”，“？”号应为“。”号。下栏，顺2行“而天下之名正”，“名”字应为“君”字。3行，“故通於天者，道也；顺於地者，德也”，应为“故通于天地者德也”。顺3—4行，“行於万物者，义也”，“义也”应为“道也”。顺12行，“以忘親难”，“以”字应为“而”字。顺14行，“豈直大息”，“大”应为“太”。顺18行，“则生於德”，“於”字应为“有”字。

8页：上栏，“拜而明之”，“而”应为“以”字。顺8行，“道有積而積有功”应为“道有積而德有功”。顺18行，“其惟道矣”应为“惟其道矣”。下栏：顺2行，“土積则生自滛之獸”，“滛”为“穴”。顺8行，“吾问道於無穷，無穷”，第二个“無穷”应删去。顺18行，“德也者、包天地之大”，“、”号应为“，”号。顺14行，“而歎曰”，应为“而嘆曰”。顺19行，“歛为太陰而不溼”，“歛”应为“斂”。

9页：下栏，顺12行，“託替寂而無爲”，“讬”应为“訰”。15行，“鼓冶億類”，“鼓”庆为“皷”。“佪旋四七”，“佪”应为“廻”。“吹嘘四气”，应为“吹嘘咀吸”。“舒闡粲尉”应为“舒闡湮鬱”。扬清后应有“，”号。18行，“彧丽炳爛”应为“煇煌炳爛”。19行，“難顧眄为生杀之神器”，应为“難與为存，顧盼为杀生之神器”相去甚远。20行，“藻室华绿以参差”，“绿”是“椽”。21行，“金觴华以交驰”，“以”是“於”字，“清絃嘈囋”，“囋”是“嗩”。“奠舞纷緌”，“緌”是“纭”，

“哀箫鸣以凌霞”，“以”是“於”。22 行，“弄红葩”应是“弄红蘤”。23 行，“深则俯擥”，“擥”为“覧”。“出靳朱輪”为“出軀朱輪”。24 行，“燕罷则心悲也”为“醮罷则心悲也”。倒数 5 行，“得之乎内”，“乎”为“者”。“此思玄道之要言也”，“思”字无。倒数第 3 行，“第飞景”，“飞”为“逝”。倒数 1 行，“踐跚旋璣”为“踐踏旋璣”。

10 页：上栏，“肥遁勿用”，“遁”为“遯”。顺 3 行，“沈霊甲於玄渊”，“沈”为“沉”。“结駟之骆驿”，“骆”为“络”。顺 4 行，“而万物化”，无“化”字。顺 5 行，“朱户變为绳枢，握耒甫田”为“朱户为绳枢，秉耒甫田”。顺 8 行，“如闇如明”，“如濁如清”两个“如”字均为“而”字。顺 9 行，“之坐”为“之塵”。顺 11 行，“以利害污其纯”，“污”为“汙”；“其餘何足以悦之乎”为“称颂何足以悦之乎”。顺 12 行“直刃沸鑊”为“直刀”。

19 页：上栏，顺 7 行，“！”号可不要。下栏顺 4 行，“搆怨于诸侯”，“搆”为“構”。

20 页：上栏，顺 9 行，“先生之乐也”为“先王之乐也”。下栏 5—6 行，两个悦字为“说”字。6 行，的“蓋徽招”为“蓋徵招”。倒数 13 行，“行者有裹囊也”，“囊”为“糧”。倒 10 行，“古公亶甫，”“甫”为“父”。倒数 9 行，“爰及美女”，“美”为“姜”。“當是也”是“當是时也”。

21 页：上栏，倒数 10 行，“不能正五章”，“章”为“音”。倒 7 行，“聖從既竭目力”，“從”字为“人”字。倒 6 行，“既竭耳方马”，“方”为“力”字。

22 页：上栏，顺 6 行，“如智者”后应有“，”号。顺 11 行，“補马千驷”为“繫马千驷”。

23 页：上栏，顺 5 行，“人皆”，“皆”为“见”字。13 行，“是亦烏蘵而已矣”。“是亦”后应加“为”字。倒数 11 行，“吾闻秦楚構兵”，“構”字应为“搆”字。下栏：顺数 10 行，“其生色也睟然，见於面”，也字后应加“，”号，“然”字后“，”号应去掉。倒数 12、14 行，有两个“蹫”字，应为“蟜”字。倒数 11 行，“皆喜人之同乎已而悪人之之異”，同乎已后应有“，”号。倒数 10 行，“出乎众为心也”，“出”字前应有“以”字。

24 页：上栏，顺 13 行，“情固可与如此”后应为“，”号，不应是“、”号。顺 17 行，“勸人以言”应是“觀人以言”。19 行，“以至洽接至乱”，“洽”应为“治”。20

行，“近举而不傭”，“举”应为“世”。倒数3行，“夫罡之谓”后漏了“为”字。下栏错点了3个“、”号应为“，”号。

25页：上栏，顺5行，“不可事而在天者”，“天”应为“人”。顺10行，“必意”应为“心意”。顺13行，“劳，而不敢求息者”。劳字后的“，”号是多余的，应去掉。倒数12行，“然则器生於陶人之伪”“陶人”应为“工人”。“工人断木而成器”，“工人”之前应有“故”字。倒数11行，“聖人積思索”，“索”应为“慮”。

26页：上栏，顺1行，“所以賤於桀”，“以”字为多加的，应去掉。倒数11行，“聖可積而至”，“至”应为“致”。下栏顺14行，“然不之情”应为“不然之情”。

27页：上栏，倒数2行，“夫乐有適，心亦有適”，为“夫乐之有適，心非有適”。下栏顺11行，“闔盧之教”“盧”为“廬”字。12行，“爰思不”为“爰悪不”。

28页：下栏，顺14行，“處宴安之臺，承克讓之塗，德配天地，光被八极”为“然處高之安，承克讓之敬，德配天地，光被四表”，此句中错了6个字。倒数13行，“所任者非也”，“者”字为“材”字。倒11行“昔舜活天”为“昔虞舜治天”。倒数4行，“举措太衆、刑罚太极故也”应为“举措暴衆，而用刑太极故也”，错了4个字，一个“、”号。倒数2行，“民不罚而畏，不赏而勸”应为“民不罚而畏罪，不赏而欢悦”，错了3个字。

29页：上栏，顺1行，“夫法令”漏了“者”，“所以诛暴也”，应是“所以诛恶，非所以勸善”，漏了一句话。“此寧畏法教而为之者哉”，应是“豈畏死而为之哉，教化之所致也”。顺2行，“化使其然也”是“教化使然也”，错了2字。顺3行，“乃百姓之所取法”，无“乃”字。“不可以失法度”，“度”为“法则”。顺5行，“故君子之御下也，民奢应之以儉”，应为“故君之御下，民奢侈者应之以儉”，错了4字。顺6行，“骄淫者统之以理”，“者”字后有“则”字。“未有上仁而下贼，讓行而争路者也”，“贼”应为“贱”字，“上义而下争者也”，错了4个字。顺7行，“豈家令人视之哉？亦取之於身而已矣”，应是“豈家至之哉！先之於身而已矣”，错了5字，多了一个“？”号。顺8行，“懷道者衆归之”，“懷”应为“儴”。顺9行，“归之则充其側”，“充”应为“附”。顺10行，“亲近而致远也”，“远”字前面有“疏”字。顺11行，“夫形重者则心烦”，“心烦”为“身劳”。“事衆者则身劳”，“身劳”为“心烦”。顺13行，“郵無夜行之卒，鄉無夜召之征……鸡不夜鸣，耆老甘味於堂，丁男耕耘於野”有几处错漏，“郵”字后应有“譯”字，“卒”为“吏”，“鄉”后有“閭”字，是“老者息於堂”，“丁壮者”。顺 17 行，“豈待堅甲…深牢刻令”，有 3 处错。为“豈恃”“深刑”“刻法”。倒数 12 行，第 1 个字“绌”应为“黜”。倒数第 1 行，“承天功，象天容”为“承天象，符天容”。“可以運舟，糟丘可以远望”，“運”是“泛”，“远望”为“望远”。下栏顺第 1 行，“豈弱於武力哉”，没有“武”字。顺 2 行，“仁義不加於下也”是“不加於天下也”。顺 3 行，“故察於利”，“利”为“财”。顺 6 行，“夫怀璧玉，要環佩，服名宝，藏珍怪，玉斗酌酒，金罍刻镂，所以夸小人之目者也”，“怀”字应为“身带”，“要”字为“贋”字，“含银刻镂”“可夸小人”。顺 7 行，中漏了 3 句话：“高台白仞”之前有一句“非所以厚於己而济於事也”。“金城文画”之后有一句“簾雕饰”，“所以疲百姓之力”之后有一句“非所以扶弱存亡者也”。顺 8 行，“衣服而勤仁義”，“勤”字为“谨”字。“以好其容”，“好”为“增”。“国不兴不事之功，家不藏不用之器”。两个“不”字均为“无”字。顺 10 行，“琱琢刻画之类……绝於下”为“琱刻綪画绝……於民”。11 行，“珠璣，捕豹翠，削筋力”为“珠璣，求瑶琨，探沙谷，捕豹翠，口瑇瑁，搏犀象，削筋力”。漏了两句话。顺 12 行，“君明於德，可以及於远，臣笃於義，可以至於大”。“德”是“政”字；“於遠”无“於”字；“義”是“信”字；“於大”没有“於”字。顺 14 行—15 行，“故安危之要……成败之事”是“安危之效……成败之驗”。顺 16 行，“夫善道存乎心”，“乎心”是“於身”。顺 17 行，“越裳奉贡而至麟凤白雉草泽而应”是“越裳奉贡而重译，而臻麟凤草木缘化”错了十多个字。倒数 2 行，“令名自命，令物自定”为“令名自宣，命物自定”。

30 页：上栏，顺 7 行，“此术之接物之道也”，“道”字后有“者”字。顺 20 行，“得適谓之和”，“適”字为“道”字。21 行，“阨，包衆容易谓之裕”，“包”字为“色”字。下栏，顺 8 行，“不失六律，故能合六”，“六律”为“六行”。顺 18—19 行，“六行六法之道”，“六行”应删掉。

31 页：上栏，顺 4 行“六法，可谓人之六行”，“六法”改为“六事”。顺 6 行，“此六者德治理也”，“也”字后应加【略】的标志。否则连接不上。倒数 4 行“夫變者……道冰疑而为德，神载於德。德者，道之泽也，道虽神秘必载於德，而颂乃由所因，以发动变化而为变。变及诸生之理”。此段文字有很大的出入，应是“夫變者，道之颂也，道冰疑而变。变及诸生之理”。其中大段文字是不要，应删除的。下栏顺6—7行，两个“濼”字应为“樂”字。顺8行“则寫得失”为“则为得失”。顺13行，“故曰「譽堅谓之命」”，没有“故”字。顺15行，“安利物者，仁行也”应为“安利物者，行仁也”。顺19—20行，“故能蓄物养物。物莫不仰恃德，此德之高，故曰‘密者，道之高也’。道而勿失”。此段有错，变化很大，应为“故能物蓄，养其不仰恃德，此德之高而勿失”。顺21行“德此之谓德”5字应删除。22行，“變也者，理也”应为“變世者，理也”。倒数1行，“是故具牺牲”，“具”为“其”。

32页：上栏，顺2行，“垂之”中间漏了“人”字，是“垂人之”。5行，“真德寫也”是“真德舄也”。倒数6行，“復跡也”为“復迹也”。“弗加弗损”为“加而弗损”。倒数2行，“與为道已”是“學为已”。倒数1行，“故上缘黄帝”，“上”字为“士”字。下栏，顺6行，“是故”为“是亦”。顺9行，“天下之人”，“人”为“民”字。顺12行，“偃其智”，应是“偃其才智”。顺18行，“而在於德喝”，“德”字为“得”字。

33页：上栏，有5个标点有错。顺13行，“雪霜滚瀧”，“滚”应是“瀼”字。

34页：上栏，[略]字不应要，因为两段是相连的。下栏，顺4行，“秏土人丑”是“耗”字。顺6行，两个标点有错。

35页：标点有错。上栏，顺4行，“以交其下，谁弗……”应为“與交其下，交谁弗……”。下栏，顺9行，“遍澹万民”是“遍赡万民”。15行，“夫一是非”是“彼一是非”。倒数2—5行，3个“窺”字为“闚”。

36页：下栏，顺6行，“毋親毋聴”为“毋视毋聴”。倒数4行，“精诚也”是“精神也”。

37页：上栏，顺10行，“夫饥汤”是“夫處饥汤”漏了一字。“寒暑動”是“困寒暑動”漏了一字。顺11行，“大害不除，未可教”是“害不除，不可教”。错了2字。16行，“有不由命者”多了一个“者”字。倒数9行，“義主以治为法”是“美自足以为治”。倒数4行，“言之所聚也”，原版无此句。下栏顺3行，“至于晦也”是“至於晦也”。顺7行“尚存，称为”是“尚尊，称为”。

38页：下栏，倒数4行，“以防道其民”，“防”是“坊”字。倒2行“澹则爭止”是“澹则民止”。

39页：上栏，顺4行，“国无穷人”是“国无乏人”。顺6行，“则民徙義”是

“则民從義”。顺 7 行，“故富民”是“故民”。12 行，“庸知子不用非……”无“不”字。倒数 10 行，“恩施其惠”是“思施其惠”，错一字。下栏顺 6 行，“曰：能治敬相助”是“用能治敬以助”。顺 7 行“吾嘗见四月、十日”这里不能用“、”号。顺 10 行，“正冬采榆桑”，“桑”为“叶”。冬天採桑难。

42 页：上栏，倒数 12 行，“兵卒比败，为贼所杀”是“北败”，错字。下栏倒 3 行，“祝融，三皇也？”下应有【略】字。否则无法连接。倒数 2 行，“卧之詓詓，行之吁吁”，行字前有“起”字。

43 页：上栏，顺 18 行，“所以预自表克亍前也”，此处应有【略】字，否则无法连接。倒数 8 行，“王者以民为子，成于天下，无为立号也……”原文引错了，是“王者受命而亡，必择天下之美號以自号也”。倒数 7 行，“荡荡者，道德至大”。是“唐，荡荡者，道德至大”，倒 6 行“论语曰”前有“故”字。下栏，顺 9 行，“皆同志为已助也”是“皆有……”。漏了“有”字。顺 17 行，“死不托”，“托”为“託”。20 行“不听则止”，“则”为“即”。21 行，“闻其行之”，“其”是“斯”字。

44 页：上栏，顺 3 行，应是“曰：情生于……以理也”。少了一个“曰”字，“以”字下多了一个“就”字。5 行，“五性者何謂？”应是“五常者……”错了“性”“常”二字。8 行，“智信也”应是“智信是也”，漏了一个“是”字。顺 11—12 行，“情未明得序”是“情动得序”。顺 19 行，“故心象火，色赤而也”是“……色赤而锐也”。20 行，“耳为为之候何？耳能徧内”，多一个“为”字，错一个“徧”字，“徧”字为“遍”字。下栏顺 2 行，“焦者”为“三焦者”。顺 4 行，“仁者必有勇也”，是“二肝胆者必有勇”。顺 5 行“人怒无不色青目脈者”，“者”是“张”字。顺 6 行，“腸亦大心相承受”，“亦”字为“之”字。顺 7 行，“心为支體去……口为心谭”是“心为皮肤主……口为心谈”。顺 12 行，“行不休也，少阳之气，故动不息，于人为外，主于情也。”此处少了几个字，多了一句话。应是“行不休於外也，去于情魄者也。”倒数 12 行，“可明鐙也”，“鐙”是灯之误。倒数 10 行，“呜呼间哉；”是“呜呼哀哉”。倒数 8 行起，此段原版上无，请查来自何处？

45 页：上栏，顺 5 行，“是故礼義生於富足”无“故”字。顺 7 行，“邵伯讼不忍”，“邵伯”是“召伯”。王符《潜夫论 · 德化》条，是编纂者将原版文字，前后颠倒编成，不符合大典规定。

47 页：下栏，顺 6 行，“勉勉我玉”，“玉”应是“王”字。

48页：下栏，倒数5行，“夺人衣服也”，“服”应为“物”字。

50页：上栏，顺13行，“敕教以真德”，“敕”为“敹”字。倒数2行，“子孝兄长”，“长”为“良”字。上栏有两个“讁”字，应为“謫”。这是异体字，按大典规定，不必改。此外在其他许多地方都有改异体字的情况。这是可不改的。同样情况，在51页中上栏有3个“睹”字，均应为“覩”字。

52页：上栏，倒数12行，有两句“礼教无以立”，其中的“以”字应为“所”字。倒数11行，“然后可以正天下也”，“可”字宜删。下栏，顺数1行，“无盡忠效节之功……岂非敬意不立”，“功”字为“臣”字，“意”字为“義”字。

53页，上栏，顺数11行，“爱憎不悽於情”，“悽”应为“棲”字。下栏，顺11行，“善御马……”，“马”字后应加“者”字。顺16行，“其民而衆称之”，“衆”字应删去。倒数7行，“均仁以为纳”，在均字前应加“司会”二字。倒数6行，“回旋曲折”，“回”应为“迴”。倒数2行，“过失，人之情”，“之”字应删去。

54页：下栏，顺7行，“敢问将何以为此”，“将”字应删。倒数11行，“鬼神失其享”，“享”应为“饗”。倒数8行，“揖讓而入门，入门而”应为“揖讓而入，入门”，“门”字“而”字宜删。倒数3行，“是故古之君子”，“是故”二字可删。倒数2行，“於德薄”应是“薄於德”。有两个“辯”字，应为“辨”字。

55页：上栏，顺8行，“行之克于四海”，“克”字为“充”字。顺13行“氣志不違”，“志”字为“至”字。14行，“内恕孔悲”为“内恕孔哀”。下栏，标目：“《弘明集》卷三孙绰《喻道论》”，在卷三与孙绰之间应有“·”号。

56页：下栏，有“见报”5次，应为“现报”。倒数1行，“擬步高迹”，“迹”应为“跡”。

57页：上栏，1行，“或时来无妄”，“或”字应为“而”字；7—8、15行，两个“口”字，7行的为“慨”；8行的为“心”。15行“的”为“斯”。顺16行，“豈不以疏神…陶铸靈丹”，“疏”字为“踈”，“丹”字为“府”字。

58页：下栏，顺5行，“皆憲章成事”，“事”为“法”字。顺11行，“可與得意者”，“與”字后为“吾”字。顺13行，“求仙至难”，“仙”为“僊”。14行，“要道不烦”是“夫道不烦”。18行，“自持财力”，为“自恃财力”。顺20行，“方面为间士……马丹官於晋”，“间”为“闻”，“丹”为“推”。倒数3行，“设使有困病垂死”，“困”为“因”字。

59页:上栏,顺5行,“乃告其要耳”应为“乃告其深者耳”。顺9行,“气炁出入之聲”为“其有出入之聲”。顺10行,多1个“欠”字。顺12行,“從日中至夜半”,为“午后以至夜半”。顺13行,“善用炁者”为“盖用炁者”。顺18行,“又禁恚怒”为“又當禁忿怒”。“既不得溢,或令人發欬”,“既”可删,“欬”为“咳”。顺19行,“炁胎息故耳”,“炁”为“氧”。下栏顺2行,“员者得而动”是“圆”字。顺8—9行,“爱嗜好之摇奪”应是“有耆好之摇筴”。顺10行,“情濁乱於波荡”,“情”字为“神”字。倒数10行,“夫慚德之主”,为“夫慙德之主”。倒数2行,“盛務于庭”,是“勝務于庭”。

60页:上栏,顺3行,“甘於刑殺”,“殺”为“戮”。顺5行,“害高尚之士”,“害”为“嫉”。6行,“夫倾庶鸟之巢”,“庶”为“麘”。顺14行,“然服而師之”,“服”为“尊”。倒数11行,“彼六君尚不肎若言……寧肎加之……”,“肎”为“肯”字。下栏顺7行,“今令大儒为吏”,“吏”为“使”。顺11行,“骋迹以绝轨”……“骋”为“騻”。12行,“高操足以激将”,“操”为“標”。倒数8行,“谓不降辱,夫言不降者”为“谓不降志,辱身不降者”。倒数6行,“道義既備”,“備”为“重”。5行,“便谓高士”,“谓”为“为”。倒数4行,“爱脛毛之士”,“脛”为“頸”。

61页:上栏,顺9行,“且夫交靈”,“交”为“曜”。10行,“不汩其纯”,“汩”为“泊”。顺14行,“入穴以逃之”,“逃”为“迯”。15行,“莫與易也”,“莫”为“未”。倒数5行,“山林者脩德以厲”,“脩”为“循”。倒数4—3行,“飡咀……不食乎穀哉”为“食咀……食乎穀哉”。倒数2行,“精義賾隐”为“游藝義賾”。下栏顺1行,“易速达之通塗”,“速”字宜删。顺3行,“而積思也”,“積”为“頽”。5行,“勤沮,明檢齊以”。明字应删,檢字后加不字。顺12行,“而有劳者不遗。倾下脱一字”应为“而有劳这不逸。倾下问”。顺18行,“以整毛目……介一人之心”为“以整细目……介冑之心”。倒数11行,“乐人疲於拼無”,“拼”为“弁”。倒数6行,“毁積即华夏離心”,“即”字为则字。

62页:上栏,2行,“必有離爵之禽”是“必有離巢之禽”。倒数12行,“迅遊者不能脱……”,“遊”为“逝”。倒数11行,“匡流末者,末若挺治乎无兆之中”是“匠流末者,未若挺治元兆之中”。倒数9行,“翔沈舛情”为“翔沉舛情”。倒数8行,“執束於滓涅;……潦而潘溢,渤澥吞……”,“涅”为“汁”,“潘溢”为“及噎”。勃下面有“,”号。“葛洪《抱朴子·名實》”条,前后顺序混乱,与原著不符,应改正。而且其中错漏有几处。下栏倒数9行,“或外候同而用意異……”“候”为“貌”字。倒数3行,“禀亮亮之纯粹,抗峻标以邈俗……”应是“抱朴子曰:擬玄黄之覆载扬,并以表徵文,彪昺標以邈俗……”,漏了一段。

63页:上栏,顺4行,“容觀矬陋,聲氣雌弱”是“容觀矬悴,容觀委陋”,漏了一句话。顺8行,“擎引譬喻……身之所行”是“擊引譬喻……身不能行”,错了三个字。顺10行,“容虔言恪”是“言容恪虔”。顺11行,“空拳入白”为“空拳入石”,“手剿心怯”是“手劲心怯”。顺13行,“握爪”为“掘爪”。顺17行,“居已梁倡”是“居已披倡”。下栏:顺1行,“凤皇”为“凤凰”。顺2行,“匙也”无“匙”字。顺3行,“思灼沈味”为“沉”。顺4行,“姬文不得治”,“得”是“獨”。顺6行,“精微以求”是“可精微以求”。顺9—10行,有三个“壻”字,为“婿”。顺9行,有两个“女氏”,第二个“女氏”应删去。顺12行,“訐而弗與”,“訐”为“許”。顺14行“倍裨嫂”,“嫂”为“娉”。“贪吝者无利重受”是“贪容者无利重”。倒数9行,“今猥恣之”为“令猥恣之”。倒数3行,“纳敬”为“纳吉”。倒数2行,“必情於懌”,“情”为“惰”。“恒挾在意之威”,“在”字为“任”字。

64页:上栏,顺2行,“而值右權臣之徒”,“值”字改为“位豪”两字。顺4行,“豈惜倾竭居产”,“居”字为“屋”字。

65页:上栏,顺1行,“無檢之行”为“險詖之行”。“誇矜尚人之疾,绝息嘲弄不典之言”,“尚”为“之”字。“人之疾”为“人诸疾”。顺4行,“则逼狭之”为“窄逼之”。顺8行,“夫德盛操清”为“夫盛操清节”。“则雖深自挹降”为“雖深自抱降”,“则雖行淩”删去“则”字。顺10行,“林宗之庭”,“宗”为“祖”字。顺16行,“非必篤顽也”删去“顽”字改为“为”字。“率多冠蓋”删去“多”字。倒数11行,“所未及者,则低眉埽地以奉望之居其下者,作威作福……”从“则低眉至其下者”应删去,多此一句。倒数5—4行,应删去“此圣人重别杜渐之明制也”。倒数2行,“以致扈舉之變”,“扈”为“圉”字。倒数1行,“王孙不嚴”,“嚴”为“言”字。“而今俗妇女”,“女”为“人”字。下栏:顺5行,“生致姻缘”,“生”为“坐”字。顺8行,“迹厕高深”,“厕”为“侧”字。

66页:上栏,顺2行,“如此之事,何足长乎”为“如斯之事,足长乎”。顺6行,“而反其东走之远迹哉”,“反”字为“及”字。顺10行,“今既不能动蹈舊典","今"字为"人"字。顺 14 行,"眇然自足","眇"为"侈"字。顺 17 行,"则仲尼恂恂善诱","恂恂"为"循循"二字。倒数 9 行,"掔、撥"为"横、撥"。倒数 4 行,"为勦令新倚","勦"为"剿"字。倒数 1 行,"即聾從昧","聾"为"聳"字。下栏顺 1 行,"各據所见"为"各具所见"。顺 6 行,"不覺……故竝趋祸而攸失熾"为"无覺……故顕竝趋祸憂失熾"。顺 7 行,"選禾稼以代毒烈","代"为"伐"字。顺 11 行,"仁之事……","事"为"用"字。顺 12 行,"殺身成仁之行可力为","力为"是"以勉"二字。顺 14 行,"何暇立以济物乎","暇"为"所"字。顺 16 行,"以義断想","義"为"利"。顺 17 行,"汤武逆取顺守,诚不仁也",此句不要请删去。倒数 3 行,"是地德仁"是"是地德以仁"。倒数 1 行,"所能企擬也","擬"为"及"字。

67 页:上栏,顺 7 行,"晏嬰谓杍为大不仁"应为"夫杍为大不仁"。多了 3 个字。顺 9 行,"志道者"为"忠道者"。顺 14 行,"或放之乎宂散。此蓋葉公……"是"或放乎散職。蓋葉……"。顺 18 行,"或贵其文而忽其身","忽"为"息"。下栏倒数 7 行,"方今宰牧華厦","厦"为"夏"字。最后一条《言语》宜接 68 页第一段后面,前后顺序倒过来。

68 页:上栏,顺 8 行,"問徐孺子所在"应在句首問字前加"至便"二字。

所阅中感技术上的差错较多。

建议:1 编纂学者和出版社认真阅读审稿者所提意见。对各条意见认真加以分析。凡错的一定要改;提的意见是错的,不必改。

2 要举一反三,对全稿通读通改。

3 对所提意见要写出改进过程,并正式向工委、编委写出报告。经批准后,开印正式出书。

附终审书稿 54 页,请参阅。

2010 年 11 月 26 日

对《经济典·土地制度分典》样稿的第一次审读意见

样稿只是“综论总部·田制部”的“题解”“论说”“综述”的二十万字，看不出全貌。只是就这二十万字谈些审读意见。

1. “题解”。收了4条资料。只是收了有关“田”的资料，没有涉及“制”，既然是田制部的题解，就应围绕“田制”收资料。最早的应是“井田制”，最早的文字记载应是《孟子》“滕文公”章中的资料：“使毕战问井地，孟子曰：‘子之君将行仁政，选择而使子，子必勉之。夫仁政必自经界始，经界不正，井地不均，穀禄不平。是故暴君污吏，必慢其经界，经界既正，分田制禄可坐而定也。夫滕，壤地褊小，将为君子焉，将为野人焉，无君子莫治野人，无野人莫养君子。请野九一而助，国中什一使自赋。卿以下必有圭田，圭田五十亩，馀夫二十五亩。死徙无出乡，乡田同井，出入相友，守望相助，疾病相扶持，则百姓亲睦。方里而井，井九百亩，其中为公田。八家皆私百亩，同养公田。公事毕，然后敢治私事……’”在汉·郑玄注，唐·贾公彦疏，唐·陆德明音义的《周礼注疏》中有大量关于井田制的记载，其中谈到最早的“井田制”始于夏少康，贾公彦在“疏”中说：“井牧之法，自夏而有……”

另外，汉史、唐史、宋史，都有“田制”的记载。

《授时通考》没有标明作者。它是鄂尔泰、张廷玉，奉命编纂的，应标明。

2. 在内容上，选录的资料，不少和“田制”无关，只是耕作技术，这样不仅不符合“土地制度”的规定，而且必然和“农业典”大量交叉重复。如“题解”中，徐光启的《农政全书》内容，主要是种植技术。“田制”中所收明·郑善夫“九章乘除法”“九归法”均可删削。选录的杜佑《通典》中修水利的资料，也可删掉不少。

3. 体例。标目不统一，有的没有作者，有的没有卷次，有的没有文名。举例如下：第 1 页，“唐・杜佑《通典・食货一》”下面应加“田制上”，“明・徐光启《农政全书・田制》”应是“明・徐光启《农政全书》卷五，田制”；第 6 页“清《授时通考・土宜》”应标为“清・鄂尔泰、张廷玉《授时通考》卷一三……土宜”。第 13 页“宋・朱熹《晦庵集・开阡陌辨》”，应为“宋・朱熹《晦庵集》卷一二，开阡陌辨”。类似情况很多，这是个较为普遍的问题。

4. 随意将不同的文章合并，与标题不符，与“田制”内容不符。如 15 页“元・陆文圭《墙东类稿・田制》”条中（此书没标明卷次，应为卷四），就有问题。卷四中有四篇文章：选举、农桑、田制、流民贪吏盐钞法。田制仅是四篇文章中的一篇，却将“流民贪吏盐钞法”与之合在一起，标目是“田制”，而这篇文章和“田制”毫无关系，完全是张冠李戴。又如 82 至 83 页，有一条“《明会典・户部四》田土”也弄错了，将《明会典》和《大明会典》的资料合而为一了。这是两种书，作者也不同。《明会典》是明代徐溥等编撰，《大明会典》是明申时行、赵用贤等编纂。现在“《明会典・户部四》田土”的资料是《大明会典》的资料。而且两书资料有许多不同：第一条数字“总计八百五十万七千六百二十三顷六十八亩零”，这是《大明会典》的数字，《明会典》的数字是“八百四十九万六千五百二十三亩零”，其数字也有不对的；而且所说的“林江府田土”是“松江府田土”，地名搞错了。

5. 重复问题，同一资料，反复引用。如 46 页“宋・王钦若等《册府元龟・邦計部十三》田制”从“尧遭洪水……上所强也”全是抄 40 页上“唐・杜佑《通典・食货一》”的内容，一字不差，完全应该删去。

6. 注文多是全部照抄。注文有些不必要，可精选，只选与主题有关的东西。

7. 引用的类书及二手资料，有原著可查的，应删。如“田制”，许多正史中均有详细记载，二手资料中的资料，就可以删去。

8. 其他错、漏字甚多，须认真校勘。

选的书应宽一些；所选书中录用的资料应精一些，不必全抄。

2010 年 12 月 10 日

对《经济典·土地制度分典》样稿的第二次审读意见

2010年年底以前，对“综论总部·田制部”的“题解”“论说”“综述”的二十万字样稿，进行了审读。今年年初，全稿送审后，我对全稿进行进一步阅读。总的感觉是，资料比较丰富，经纬目条理比较清楚。全稿约430万字，选书约530种，以宋代、清代资料居多，约占60%。唐以前的资料较少，先秦的只有2条。作者编纂是认真的，校勘标点也很有成绩，已经为出版打下了很好的基础。但问题仍然不少，需要很好地下一番功夫，整理、选摘、调整、补充，才能达到出版要求。

有几个方面的问题，需要认真考虑。

第一，对大典的编纂文件理解不深。比如纬目的“题解”“艺文”等，许多资料都不切题。“题解”是对本学科的名称、概念、涵义、特点作总体介绍，在于有概括性，“内容宜精，文字忌滥”。“田制部”的“题解”，共4条，第一条《尔雅·释地第九》实际是讲的对田的耕种方法，对三类田的不同耕种法。既然是田制部的“题解”，就应围绕“田制”收资料。最早的田是公有制的，在这里没有点出来。其实，《礼记·王制》《左传》和《诗经》的商颂、周颂、小雅中都有许多讲公田的记载。这是和国有制有关的，应该引用。最早的还有“井田制”，《孟子》“滕文公”章中：“使毕战问井地，孟子曰：‘子之君将行仁政，选择而使子，子必勉之。夫仁政必自经界始，经界不正，井地不均，穀禄不平。是故暴君污吏，必慢其经界，经界既正，分田制禄可坐而定也。夫滕，壤地褊小，将为君子焉，将为野人焉，无君子莫治野人，无野人莫养君子。请野九一而助，国中什一使自赋。卿以下必有圭田，圭田五十亩，餘夫二十五亩。死徙无出乡，乡田同井，出入相友，守望相助，疾病相扶持，则百姓亲睦。方里而井，井九百亩，其中为公田。八家皆私百亩，同养公田。公事毕，然后敢治私事……”在汉·郑玄注，唐·贾公彦疏，唐·陆德明音义的《周礼注疏》中有大量关于井田制的记载，其中谈到最早的“井田制”始于夏少康，贾公彦在“疏”中说：“井牧之法，自夏而有……”另外，汉史、唐史、宋史，都有“田制”的记载。历史上对井田的存在与否，有争论，但这是史料记载，不能忽视。其余几条，特别是徐光启的《农政全书》，一条有1.8万字，不能说是“题解”，只是介绍了田的种类。而且，他的资料，主要是引用了王祯、贾思勰的文章。这“题解”条，不要也可以，如果要，要另补充。又如“屯田部”的“题解”，有66条，8万多字，平均每条1200多字。很多条长达几千字，其中徐光启的一条长达1万多字。多是照抄《农政全书》。66条中，垦田有28条，只是讲垦田的必要性，如何垦田、种田。总之，“题解”如果要，就必须压缩、简练。要切题。“艺文”也有不切题的问题。“艺文”是只收有关学科或事物的欣赏性散文、韻文等。“职掌部”的“艺文”，收了33人的67篇劝农文。这些文章实际上是太守上任时，或每年写的劝农民种田、讲农业重要的公告，都是官样文章，除个别内容外，一般均谈不上文艺欣赏，绝大部分可以不要。

第二，在内容上，选录的资料，不少和“田制”无关，只是耕作技术，这样不仅不符合“土地制度”的规定，而且必然和“农业典”大量交叉重复。如“题解”中，徐光启的《农政全书》内容，主要是种植技术。“田制”中所收明·郑善夫“九章乘除法”“九归法”均可删削。选录的杜佑《通典》中修水利的资料，也可删不少。

第三，体例。标目不统一，有的没有作者，有的没有卷次，有的没有文名。举例如下：第1页，“唐·杜佑《通典·食货一》”下面应加“田制上”，“明·徐光启《农政全书·田制》”应是“明·徐光启《农政全书》卷五，田制”；第6页“清《授时通考·土宜》”应标为“清·鄂尔泰、张廷玉《授时通考》卷一三……土宜”；第13页“宋·朱熹《晦庵集·开阡陌辨》”，应为“宋·朱熹《晦庵集》卷一二，开阡陌辨”。类似情况很多，这是个较为普遍的问题。

第四，随意将不同的文章合并，与标题不符，与“田制”内容不符。如15页“元·陆文圭《墙东类稿·田制》”条中（此书没标明卷次，应为卷四），就有问题。卷四中有四篇文章：选举、农桑、田制、流民贪吏盐钞法。田制仅是四篇文章中的一篇，却将“流民贪吏盐钞法”与之合在一起，标目是“田制”，而这篇文章和“田制”毫无关系，完全是张冠李戴。又如 82 页至 83 页，有一条“《明会典·户部四》田土”也弄错了，将《明会典》和《大明会典》的资料合而为一了。这是两种书，作者也不同。《明会典》是明代徐溥等编撰，《大明会典》是明申时行、赵用贤等编纂。现在“《明会典·户部四》田土”的资料是《大明会典》的资料。而且两书资料有许多不同：第一条数字“总计八百五十万七千六百二十三顷六十八畝零”这是《大明会典》的数字，《明会典》的数字是“八百四十九万六千五百二十三亩零”，其数字也有不对的；而且所说的“林江府田土”是“松江府田土”，地名搞错了。

第五，原文照抄的太多，缺乏精选，缺乏摘录。徐光启的《农政全书》和《经世文编》中的文章，都引用太多，有重复。《大典》不是文章汇编，是要从各种古籍文章中，摘录资料，汇集有关内容。因此，现有内容，可压缩的空间很大。

注文多是全部照抄。注文有些不必要，可精选，只选与主题有关的东西。

第六，重复问题，同一资料，反复引用。如 46 页“宋·王钦若等《册府元龟·邦计部十三》田制”从“尧遭洪水……上所强也”全是抄 40 页上“唐·杜佑《通典·食货一》”的内容，一字不差。完全应该删去。

第七，引用的类书及二手资料，有原著可查的，应删。如“田制”，许多正史中均有详细记载，二手资料中的资料，就可以删去。

第八，资料排序不准确。“屯田”第一条是明·焦竑的文章，将唐、宋、明资料排在后面。林俊的资料在 466 页、469 页都有，中间夹了别人的东西。

我建议：

1. 请编纂学者，再认真读一读《大典》关于编纂要求的文件。

2. 对已编出的《土地制度分典》再仔细地整理改进。

3. 收书面可以宽泛一些。掌握古的要全，清代要精的原则，对清代资料要精收，少一些，唐以前的要多收一些。

4. 认真吸收专家们的意见。专家们看的只是一部分，希望作者举一反三。对其他部分，认真审改。

5. 编辑与编纂者应经常沟通交流，互相补充。高纪言的《文学典》、何学惠的《哲学典》、周安平的《刑法分典》、湖北教育社的《语言文字典》，编辑都发挥了极大的作用。没有编辑的辛勤劳动和配合，全书很难高质量出版。在这方面，巴蜀书社在《经济典》中还应很好地努力。

2011 年 1 月 26 日

对《法律典·法律理论分典》终审稿的意见

《法律理论分典·法哲学总部·德礼与法部·德刑分部》书稿约20万字，经审读认定，资料扎实，内容丰富，校勘差错较少，体例大体符合大典要求；编者比较认真、用心，书稿大体上达到了出版要求，但还需要作进一步的梳理、调整。

1. 比较突出的是排序比较杂乱。既不是按大典规定的“书目顺序按年代排列”，即在一个小题内（如论说、综论等）按成书先后排列，也不完全是按经、史、子、集类别排列。随意性很大。以“德刑分部”的论说为例，共约270条，前面7条是“周易”，这7条中作者的朝代颠倒；紧接是“尚书”约30条，也不是按作者的朝代先后排列。宋朝蔡沈的几条中，夹着别人的条目。更奇怪的是将王夫之的“尚书”条目放在最后，与前面的“尚书”类条目远离。“论语注疏”在10页中有，在52页中又有康有为的“论语注疏”，相隔了十万八千里。不知是什么规矩。史部、子部、集部条目的排列，都不是按作者的先后顺序。总之，比较乱，看不出规律。如一定要按经、史、子、集排列，则可在各部之间留一空行，作为暗分的标志。暗分后也应按成书先后排列。否则，就一律按年代排列，在一个专题（如论说）之内，按作者年代先后，一排到底。

2. 条目内容可作些调整。选得准一点，选得精一点，选得更切主题一点。如11页，清·刘宝楠的《论语正义·为政》注文中，就可再压缩一些，讲“格”字的来源完全可以不要。如22页，清·苏舆《春秋繁露·义证》，注文也可压缩，如颜渊死的一段文字也可不要。25页前后《汉书》有关列传，其中有些议论也可压缩。32页的刘义庆《世说新语》中庭坚号曰皋陶、孔子诛少正卯等均可压缩。

纬目分类也不很准确，如“德刑分部”的杂录，69 页《晋书》刑法志不是杂录，应为纪事。杂录中还有一些纪事的内容。

3. 体例不统一，不完整。有的条目应有作者的没有标作者，有的应标卷次的没有标卷次。如“德刑分部”第 1 页，孙星衍《周易集解》应有“卷三”。《尚书正义》应有“唐·孔颖达等撰”；《周礼注疏》应标明汉·郑玄注，唐·贾公彦疏；《礼记正义》应有汉·郑玄注，唐·孔颖达等正义。77 页《大诰·民知报获福》应标明·朱元璋。其他地方缺卷次和作者姓名的还不少。

4. 还有一些其他错误，如标点、错字等。2 页上栏“以举轻以戒”为“所以”。3 页下栏第二个又字，不必另起一行，紧接后面便可，不要又字。4 页上栏，8 行“文武王”不要文字。7 行“诸侯之长”是“大长诸侯”。4 页下栏两个“于”字为“於”字。“不能于其民一家父子”应为“不能於民，父子”，“矧亦惟国家之君，惟臣民之”应为“矧亦为一国之君侯，为民臣之”。下栏倒数 3 行“《尚书·酒诰》”“酒诰”为“招诰”。6 页上栏 2 行“惟緢有稽”“緢”为“貌”。顺 5 行“剕罚之属千五百”没有“千”字。顺 8 行“惟良哲狱，罔非在衷”应是“惟良哲罔，非在中，”。下栏《韩诗外传》卷一，“佚劳过度者，”应为“饮食不节，劳过者，”《韩诗外传》卷三中“不尊无功”应为“而不尊元功”。《韩诗外传》四卷“优哉柔哉”是“优哉游哉”，最后一行“非也察”为“非也暴”。10 页《礼记·缁衣》条：“万国作孚”为“万邦作孚”。“清黄奭《孝经纬》”是“清黄奭编《孝经纬》”。《论语注疏》前应加“三国魏·何晏集解，宋·邢昺疏，唐·陆德明音义”。26 页下栏倒数 4 行“内外无虞”是“内外无慮”。27 页上栏顺 4 行“贼衰息”是“贼屏息”。43 页上栏顺 12“非民之罪也”是“非法之罪也”。45 页下栏 5—6 行“而凌侮之彼”，“之彼”为“之下”。79 页“明太祖文集卷三条”“衷非侧隐”，“侧”为“恻”。“仁恻拎仁人”，“拎”应为“於”。

5. 我希望编者和出版社认真吸取专家们的意见，认真改进。修改后全稿送大典办审定。

2011 年 1 月 30 日

对《儒教分典》待印稿的审读意见

《中华大典·宗教典》是《中华大典》总主编任继愈先生主编的，共3000多万字。《框架》由任先生亲自主持制定。《儒教分典》是《宗教典》4个分典之一。主编是《宗教典》副主编李申先生兼任。分典共1100多万字。

《儒教分典》李申先生已经编完。这次他将编完的全稿1156万字报送大典工委、编委终审。他从全稿中抽取了《释义称名总部》和《教义总部》的几个部的60万字书稿作为审读重点。

我审读了这60多万字，对全稿抽读了一部分。总的看法是"框架"、经纬目的设置都比较合理。中国几千年来，儒释道三教并存，共同发展。任继愈先生几十年中始终研究中国的宗教史，特别是1978年提出了"儒教"的命题。现在，《儒教分典》将历史上的"儒教"文献资料分类、系统整理，充分体现了任先生的思想，具有重要的开创意义。从现在已搜集的文献资料看，十分广泛，比较系统，内容丰富，分类合理，体例规范，质量较好，文字引录、标点校勘都比较准确，符合大典的要求。但是，仍有一些不足。有错字、漏字、体例等方面的问题，引用书目中问题较多。

"鬼神"部分的"题解"中，《礼记·祭义》条，应是《礼记注疏·祭义》(郑玄注，孔颖达疏，陆德明音义)。本条中上栏顺5行一9行，"夫子荅以鬼神"，"此夫子荅宰我以神名"，"是夫子荅鬼之事"，3个"荅"字后已演变为"答"，是否应改为"答"字？4595页上栏顺3行"设为宫桃"应是"设为宗桃"，宫字错了。全条的"注疏音义"中，只有疏字，没有"注"、"音义"，原版是否如此？应不应注明？

4596 页下栏，倒数 3—4 行“唯天下至诚谓能化”，应是“唯天下至诚为能化夫”。错了一个“为”字，漏了一个“夫”字。

“综述”栏 4604 页《周易正义·繁辞上》“韩康注……”应是“韩康伯注”，漏了一个“伯”字。4607 页下栏，标题《诗·小雅·楚茨》（毛亨传，郑玄笺）应为《毛诗注疏·小雅·楚茨》，其中注释文字中是否应加几个“传”字？4608 页，上栏顺 2 行“以上章说臣事既然，此总结之”。应是“以上章说臣事终然此总结之”错了一个“既”字，多了一个逗点。下栏“信南山”条“至祭祀齋戒则以赐尸与宾”，后面有“于齊之时”。一个“齋”字，一个“齊”字，必有一错，请校正。“大田”条，倒数 4 行“以劝稼墙也”，“劝”字是“观”字。请更正。4609 页下栏《诗义折中》条，没有作者姓名，作者是清朝傅恒，应补上。4615 页《礼记·祭法》，但在“引用书目”上标的是《礼记正义》，何者为对？请核准。4632 页下栏，《日讲礼记解义》似应标明“乾隆讲筵内稿”。请核准。

“心性”部的“题解”，《书·汤诰》（孔安国传，孔颖达疏），注释文字中，有“疏”无“传”。是否应加几个传字？

4639 页《左传·桓公六年》条，“引用书目”上标的是《春秋左传正义》，何者为对？不统一。

4644 页，《论语·雍也》条“引用书目”上标的是《论语注疏》，何者为对？

4644 页《论语集解义疏》（何晏集解，皇侃疏），“引用书目”上是“皇侃疏”没有了“何晏集解”。何者为准？

在“引用书目”上也有许多问题。“引用书目”按经史子集排列，比较好，眉目清楚，有利读者查找。但内容上有不少问题：

1. “引用书目”应是全部录入资料的书籍，不能有所遗漏。现在的引用书目有许多书未列入，如《礼记·祭法》（郑玄注，孔颖达疏）、朱熹的《大学章句序》、胡广的《周易大全》、石塾的《中庸辑略》、张栻的《论语解》、刘因的《四书集义精要》、傅恒的《诗义折中》、孔颖达的《周易正义》、江公望的《性说》、李光地的《尚书七篇解义》等 10 种书。这仅是 60 万字的样稿，如审阅全书 1100 多万字将是多少？

另外，重复排列在引用书目中的有《刘蕺集》、《吾溪集》、《玩斋集》、《傅与砺文集》、《圭斋文集》、《养吾斋集》、《墙东类稿》、《公羊折诸》、《图书编》等 9

种。

2. 许多引用书在“引用书目”中，均未标明朝代。作者将无法查找。如刘因是元朝的、明广是明朝的、江公望是宋朝的、石塾是宋朝的，傅恒是清朝的、王宏是清朝的、黄宗炎是明末清初的。《诗解颐》的作者是朱熹，是明朝的，不是元朝的。《畿辅志》的作者是清朝李卫，《政和五体新仪》的作者是宋朝郑居中等等，均未标明。

3. 有文献弄错了书名、作者或作者朝代。《朱文公易说》的作者不是朱熹，是宋朝朱鉴《周易详解》是《用易详解》。《易象言意》是《易象意言》。《大衍索引》是《大衍索隐》。《吴园易解》是《吴园周易解》。《易学启蒙意见》是《启蒙意见》。《周易丛书》的作者是叶良佩，不是叶良配。《周易玩辞》的作者是宋代项世安，不是张次仲。《周易玩辞困学记》的作者是清代张次仲，不是明代人。《大易通改》的作者是魏荔彤，不是魏荔通。《惠氏易学》的作者是清代惠士奇，不是惠栋。《礼说》的作者是惠士奇，不是惠栋。《惠氏春秋说》的作者是惠士奇，不是惠栋。《观物篇解》的作者是祝泌，不是张行成。《周易总义》的作者是易祓，不是易绂。《易乾元序制记》是《易纬元序制记》是郑玄注。《王一庵先生遗集》的作者是王栋。《王东崕先生遗集》的作者是王襞。《尚书考疑》是《尚书考异》。《周礼集注》是《周官集注》。《日讲书经解义》是清代库勒纳等编。《日讲春秋解议》是圣祖仁皇帝编，世宗宪皇帝又编。《详定祭礼通俗谱》是《辨定祭礼通俗考》。《春秋究疑》是《春秋究遗》。《古礼居藏书题跋记》是《士礼居藏书题跋证》。《论语全解》的作者是陈祥道，不是陈详道《春秋阙如编》的作者是焦袁熹不是焦袁喜。《东观汉记》的作者是刘秀《周易乾凿集》和《乾凿度》是一本书，是汉郑康成(郑玄)注。《龙州集》是《龙洲集》。《王海》是《玉海》。如此等等。我说的不一定都准确，可能有错，仅供参考。但不管怎么说，一定要给读者提供一个较全、较准确、可靠、可用的引用书目。

我看了专家们的书面意见，深受启发。我觉得大家在肯定这部书稿的同时，善意地提出了许多建设性的意见。舒大刚、陈卫平、赵含坤、胡双宝、周桂钿、崔望云等先生，都认真审读了书稿，提出了许多中肯的意见。大体上有这几方面：1. 内容上的需小增小删。2. 体例上应作小调整，要一致，其中比较重要的是必须在作者前面加朝代。现在的书稿中所有文献资料的作者前都没有朝代，编纂先是沿用了《哲学典》的作法，作者前都无朝代。《哲学典》是早期完成的作品，允许不加朝代。后来任老先生一再强调要加朝代，以便利读者。所以，现在编纂的各典，都规定要在作者前面加朝代。《儒教分典》也应一致。3.分类上可作些小的调整。4.标点、简繁异体字、错别漏字、书名号，都各有小疵。5.个别地方有重复。6.人物、作品排序有不准确之处。总之，我们要求不留下硬伤。为了使书稿质量更提高一步，不为学界，不为后人留下遗憾，我们要求编纂学者，出版社编辑、校对认真将大家的意见梳理一遍，对全书要进行通读，做到有则改之。

2012 年 4 月 20 日

对《文献目录典·文献学分典·注释总部》样稿的审读意见

广西师大出版社和编纂委员会送审的“注释总部”清样稿约290万字。经审读，总的情况很好，质量上乘。主题明确，始终围绕注释作文章。资料选择比较精细、准确，内容丰富、广泛，有出版的基础。但也还有许多不足，须进一步加工。

1. 有些内容与主题不符。如“注释体例部”，240页有《论语·八佾》、《孟子·告子下》，分别引用了“八佾”“哀公问社于宰我……”《论语》中的一段原文，“孟子曰：欲贵者，人之同心也……”《孟子》中的一段原文，都与注释没有关系，似可不要。这种情况并非个别。

而且标目不准。标的是“告子下”，其实是“告子上”，把“上下”弄错了。

2. 引用书目中标明的引用书不正确。引用书目1327页下栏，标《经典释文》是引自《续修四库全书》。据查《续修四库全书》收入了“抱经堂文集”，没有收入唐陆德明的《经典释文》。《抱经堂丛书》中收刻了《经典释文》。《抱经堂诗文》与《抱经堂丛书》是不同的内容，编者搞混了。

唐陆德明的《经典释文·注解传述人》条目，从清样稿第5页—14页，约18000字。我将所收资料与抱经堂的原版进行核对，发现错漏字约50个，不少标点用得不统一，有些标点错了。注释标目姓名也不统一。5页下栏，顺9行，“先隅说重”，隅是儒字。顺20行，“河内县叔人”是“河内轵人”；“徒遵勺”是“徒家莲勺”。顺21行，“大司马。长平作《易》传”是“大司空，长平侯。作《易传》”。顺22行，“及琅邪邴甘”，甘字是丹字。顺23行，“字栢公”是“桓公”。顺25行，“字子沉”是“子况”。全页错字有10个，中间有些标点有误。6

页上栏顺11行，孙期，不是“字仲彧”，是“孙期，字仲奇”。顺19行，“武陵人”是“茂陵人”。顺11行“征，不起”是“不至”。顺12行，“破许慎《五经异义》”，“破”字是“驳”字。顺13行“可口口儒”是“休见大惭”，4个字全错了。顺14行，“为《易》传”是“为《易》言”。下栏，顺17行，“容解序云”，“容”字为“家”字。全页错了10个字。有标点不准确。7页上栏，倒数1行，“信都太守”是“太傅”。下栏，顺7行，“授和帝”是“授章帝”。有几个标点不准。全页错2字。8页，上栏，顺数4行，“为颖古罗之”，“颖”字为“隶”字。倒数10行，“止说帝曰钦哉”是“往钦哉”。倒数5行“曰若稽，古伏生”是“曰若稽古，伏生”。下栏，倒数9行，“为博士者石”，“者”字为“论”字。倒数8行，“至山阳中尉”，“山”是“淮”字。顺4行，“按成汉人不作音”，没有“成”字。全页有6处错。9页上栏，顺6行，“其孙商仲博士”，其中有一个“为”字，“商仲为博士”。顺11行，“咸非其本”，本字后有一个“意”字。14行“一云名长”的“长”是“苌”字。下栏，顺数14行“郑《六艺论》;”是“郑《六艺论》云：”漏了一个“云”字。顺20行，“所馀三十九篇宣付书馆”，“宣”字是“以”字。有些标点不正确。全页有5处错漏字。10页上栏，顺6行“及所（钦）[缺]”是“及所叙”。倒数6行“□□□□隋颍川人”是“字季隋颍川人”。倒数4行，“《周礼仪音》”是“《周礼仪礼音》”。4行中还有“《礼记音》二卷”是“三卷”。倒数2行“齐三传”是“齐王传”。下栏，顺数1行“《礼记音》一卷”是“二卷”。顺2行“文穆公□□□音□卷”，是“文穆公《礼记音》二卷”。顺3行，“王晓□□三卷□□□□□□作《周礼音》一卷，云定郑氏音□□□□土江南无此书”是“王晓作《周礼音》一卷，云定郑氏音，北土江南无此书”。顺5行，“沈重撰《问礼》”是“周礼”，全页有13字错。11页下栏，顺12行“三传渐微”是“二”字。倒数9行“东晋尚书左(民)[侍]郎”是“东晋尚书左民郎”。全页有2字不准。12页上栏，倒数11行，“大口人”是“下邳人”。《经典释文》有几个版本。错误这么多，是版本的问题，还是编纂者的问题或者是编辑、校对的问题，请认真核对，以求得正确，保证质量。

3. 注释体例部。386页上栏，倒数8行“利，案今字”是“利，案[令]字”。

4. 注释总部的总论部。50页下栏，《宋史·儒林传》条，“非四方无事何以及此。[孙]奭性方”应是“非四方无事何以及此，[略][孙]奭性方”。中间相距甚远,应有略字。此条中有“景德后,令[偓佺]讲道德经”应是“景德后,[真宗]令[偓佺]讲道德经”。

5. 书名号“《》”用得不统一,如“五经”等古书,有的有书名号,有的没有,不统一。

6. 注释体例部240页“《收汉书》桓讼传”条“博学多通,皆训诂大义”,应是“博学多通,偏习五经”。

7. 注释总部,集解分部379页《汉书·文帝纪》条:“应劭曰:‘文帝自为庙”应是“文帝[自](目)为庙”。

8. 注释总部,疏分部。328页,《四库全书总目·经部一·周易正义》条:“主于诠解注文,……故皇侃《礼》疏……颖达至斥为狐不首丘,叶不归根”。应是“主于……故皇侃《礼疏》……狐不首丘,叶不归根。”字,引号,标点有3处错。

9. 注释总部,图分部。445页“《四库全书总目》经部二九《礼仪图》”条,有诸多错误:“经二九”是“经部二□”;“堂室制度并考之乃佳”,“并”字是“更”字;“附于后。其于是经,可谓用心勤挚”是“附于其后。于是经可谓用心勤挚”;“仪礼集释”是“仪礼通释”;“‘房中之东当夹北’者”是“‘房中之东当夹北者’”;“东隅西隅,则……西塾之西,无其他”是“东隅、西隅,则……西塾之西,无其他”;“皆依经绘象”,应是“皆依经绘像”;“谅其刱始之难工可也”,“刱”是创字。

10. 标目不统一。如328页标目“《四库全书总目·经部一·因易正义》”,而445页标目是“《四库全书总目》经部二九《仪礼图》”。两个标目有几处不同:一个是书名号内包括了所有内容——四库总目、经部一、书名周易正义;一个是书名号内只有四库总目,其余均在总目之外,总目之外有经部二九,书名《仪礼图》,而且“仪礼图”还有书名号。

11. 标点极不统一,特别是注释文字,标得比较乱。正文字号较大,在正文之后的注释,有的是句号“。”,有的是逗号“,”,有的没有句号、逗号。

我没有审读280万字的全部书稿。我只是抽审了一部分,看完以后,归纳起来,感到有几方面的不足,请编纂者和出版社考虑:

一、文献资料的内容方面,是不是很合适。如多不多,少不少,准不准。

二、体例、标目，符不符合要求？

三、资料排序符不符合按成书年代的先后排列？

四、漏句、漏字、错字、别字等等为什么那么多？

五、标点。如书名的《》号、句号、逗号、顿号，断句等，准不准？

六、“引用书目”与书稿清样的引用资料是否一致。准不准确。

各位审读专家，还有一些很好的意见，也请编者、出版者考虑。

总的要求是：

一、请你们认真梳理大家的意见，“举一反三”，将280万字的书稿认真审读，修改。

二、内容，除了我讲的6个方面，还有专家们的意见。

三、大家提的意见和建议，不一定都很正确，正确的请接受改正；不正确的不必接受；可改可不改的可以不改。

四、改完以后写出较为详细的修改报告。你们认为已达到出版水平，再要求大典办下开印令。

2012年7月11日

对《林业典·森林利用分典》的审读意见

《森林利用分典》清样稿200多万字，上报《中华大典》办公室要求终审。我重点审读了《树木种实加工利用部》约25万字，粗读了《木材采伐运输总部》的约20万字。总计约45万字。总的感觉：编纂者是很用心的，收录资料比较宽泛、扎实。有进一步作细、作好的基础。全稿需要再认真加工，以求达到出版水平。

主要问题，有以下几个方面：

1. 编辑工作比较粗疏。对书稿的处理，《大典》下发了几个条例，许多具体问题的处理，均有明确规定。责任编辑认真阅读不够。如，体例前后要统一、要一致。滥用“《》”号，且前后不一致。“皮油”、“油烟墨”、“明窗”、“茶油”、“核桃”、“艮杏”、“栗子”、“樱桃”等等，均用了“《》”号，有的又没有用，极不统一，这是为什么？标目中的“又”字，下面应有空格，表示是另起一条，有的是这样标的，绝大部分“又”字下未留空格。不统一，不符合标准。条目的标题，极不统一，如725页“元·胡古愚《树艺篇》蔬部”，但在735页中则是“元·胡古愚《树艺篇·果部》”等。所标体例不同。

对标目体例，《大典》规定：朝代、作者、书名、卷次或文名等。但现标目错乱，标目中有“纂修、编纂、编辑、监修、撰、编、著、辑、不著撰者”等等。极不规范。

现在送审稿中，《大典》前言和编纂通则，都是1997年的版本。2006年作过重要改动，现在各典用的都是2006年修订本。编辑太不用心，比如当时是22个典，现在是24个典，典的名称也有许多改动。

2. 应收录的内容未收，不应收的内容收得很滥。如先秦文献和正史中有关林木资料许多未收。《周易·系辞下》中“包牺氏没，神农氏作，斫木为耜，揉木为耒，耒耨之利以教天下”，“刳木为舟，剡木为楫，舟楫之利，以济不通，致远以利天下”，“断木为杵，掘地为臼，杵臼之利，万民以济”，“弦木为弧，剡木为矢，弧矢之利，以威天下”。《尚书》中，《禹典》、《禹贡》、《益稷》中，都有林木记载，这些史料均十分重要，未被收入。

不应收，而收录的很多。如“颍州亦食鱼油，颇腥气。宣和中，京西大歉，人相食，炼脑为油以食”。这和林木有何关系？收录“宋·何世南《游宦纪闻》”主题并未讲林木。

《木材采伐运输总部》中有《论说》“柳宗元的《晋向》条”大可删减。特别是“传记”栏，收得太泛，大可删减。“采伐部”、“运输部”、“贮存部”的传记人物列入 33 人，但这 33 人中，林木涉及较多的，只有陈雍、张辉、李宪卿、张中彦等人，可以勉强立传。其中大部分人，只有一两句关于林木的话。如 28 页王符、44 页裴延龄，只是写了一个奏折，没有在林木事业中立传的条件。45 页韩重赟，只是“在安阳六七年，课民采木为寺，郡内苦之”，只是强迫人们砍树修了一座庙，人民很有意见，何必为他立传呢！刘永年是“契丹取西山木积十余里……永年遣人焚之，一夕尽”，一晚上烧了契丹的积木。李进只是入川“进伐木开道，七百余里”。史弼只是“驻兵伐木，造小舟以入”。李杲是：或曰“树有神，不可伐”。杲竟伐之，47 页潘鉴只是“采木、再起家”。古朴是“荣造北京，命采木江西，以恤民见褒”。48 页金纯“时将营北京，命采木湖广”。柴车是“在江西时，以采木入闽”。黄宗载“三年督采木湖湘”等。似可不必专门在林木事业中立传。还有些人，在任职期间，作了一些有关林木事业的事，可分别收入“综述”“纪事”等专栏中，似可不必将其生平全部收入与林木有关的栏目。因此，“传记”栏似可大大删减压缩，甚至不要。“纪事”也可大大删减。

林木加工利用，收录了许多草本植物的内容，如麻子油、胡麻、荏等等。草木并非林木，似应予以删除。

“图表”中，有些未标明版本来源，是否是原图？如果不是原图就不能收入。有些标目也不统一。特别是 69 页、79 页，连空白框等也作为图表收录了，这太不应该。

3. 错字、标点不准确的地方很多。如《佩文齋群芳谱》很多地方将“齋”字写成了“齊”字。特别是空格“□”很多,没有核对原版,没有在□中填写原字。在“加工利用部”724 页—809 页中,有“□”99 个,占 17 万字数的万分之 5,如果加上错、漏字,错的标点在内,总计在万分之十以上,属不合格产品。

4. 排序不准。如 745 页将晋代、北魏的条目,排在宋代条目之后,这是不对的。

5. 重复。如“银杏”条。739 页“本性,味微苦……冷软风”与 740 页“本性,味微苦……冷软风”完全重复都是张宗法《三农纪》中的资料。

其他。763 页“枣下何纂纂(梁简文帝)”是什么意思。是篇名还是人名,还是果木名?

将我审阅的原稿附后,供参考。

2012 年 8 月 29 日

对《药学分典》书稿的终审意见

四川巴蜀书社送审的《药学分典》书稿2170万字，初步作了翻阅。我对《药性理论总部》(第二册)、《药物总部·草部》(第四册)、《药物总部·果部》(第七册)的部分书稿，约50万字进行了审读。

据我所知，编纂专家与出版社密切合作，经过几年十分认真的辛勤奋战，终于编成了《药学分典》。全分典收录了有关药学的各种版本约800多种，特别收录了散藏在欧美有关国家及日、韩等国的一些药书，资料比较珍贵。所收文献广泛珍贵，内容丰富，点校还算认真，体例符合大典规定。总体质量比较好。

书稿清样中，仍有一些不足，需要认真修改后才能出版。

举例如下：

一、《药性理论总部》

463页：下栏，顺8行《月令》有"云二月之气"，"云"字后应有"："号。同页倒数第3行，"肺经云"，应为"《肺经》："。

471页：下栏，"清·徐大椿《医学原流论》"条顺3行"在北方，则取其此长"，"北方"应是"此方"。

474页：下栏，顺17行，"一百二十五种"应为"一百三十五种"。

482页：下栏，"淋闷之病生矣"，"闷"字应为"閟"字。这是完全不同的两个字。

485页:《儒门事亲》条,顺4行"六辛者六腑为表属阴,宜用辛剂,谓辛甘发散为阴"。本条的两个"阴"字,均为"阳"。完全相反了。

485页:"元·王好古《汤液本草》"有三条。"引用书目"中所标为人民卫生出版社1987年点校本。本处与四库本勘校,有几处不同,究竟哪个版本正确,请勘正。四库本三条均为卷上,没有卷一、卷二、卷三。其中"五味所用条"是标明《东垣先生〈药类法象〉》,但四库本不是收在《药法类象》中,是收录在《五脏苦欲补泻药味》中。《汤液本草》"卷二",应是"卷上"。还有一句"古人服药有法"未录入,显然是漏录了。

505页:上栏,顺1行"至寒气相斗","至"字为"与"字。同行顺5行"择药性之最轻淡淡者"多用了一个"淡"字。

508页:排序有错。"宋·许洪"条应在"金·张元素"之前。

二、《药物总部·草部》

5页:《证类本草》前3行,不应是黑体字,请改。

6页:排序有错。"宋·刘明之"条应在"元·杜思敬"前。

33页:"刘明之"条应在"张元素"条前。

39页:上栏"题明·薛己"是何意?是否是多一个"题"字。

55页:"题清·徐大椿"是否是多一个"题"字。

三、《药物总部·果部》

13页:上栏,"梅杏树"。"树"是林业,不应在果部,请改。同页,徐李应放在李类。此类情况还有,请改。

40页:巴旦杏,应归入杏类,不应另立一类。

41页:标目有错,"E8391"这类情况有不少,请改正。

63页:"清·李桂庭《药性诗解》"应归入药性类。

64页:梅花不是果类,应删去。

66页:梅花草不是果类,应删去。

以上所提多是小问题,但是硬伤,都应改正。其他书稿是否也有,请出版社与编者商量,应举一反三,进行通读通审,以免留下遗憾。

另外,“引用书目”应有一个排列的简要说明,编排原则、顺序,以便读者查阅。原稿附后。

2013 年 1 月 7 日

对《法律典·行政法分典》的审读意见

西南师大出版社，2013年3月19报来《中华大典·法律典·行政法分典》的书稿760万字，并从中抽出24万字作为重点，要求大典办公室审查。我对此进行了审读。

在审读中我发现全稿不是按大典规定的以学科（即各类问题）分类，而是按断代为分类，分为先秦等8个总部，共4册。这和大典原来对《法律典》的体例的规定不完全一致。书稿是按“断代”还是按“问题”分，由大典工委和大典编委决定。

我仅就报审的书稿进行了审读。

现有书稿的文献资料比较广泛、内容比较丰富，特别是有些稀有资料比较可贵；体例标目符合大典规定，较准确；点校准确，基本上无错漏。除分类的大前提以外，总体质量是好的。

但也有些问题，请修改。

1.《宋朝总部》中“铨选条例·综述”栏，选用了“吏部条法”约8万字。（从1201—1244页）。第一，标目不准。应是《中国珍稀法律典籍续编》（第二册，《吏部条法·差注门一·部法撮要》）；第二从头到尾，一字不差，全抄了约8万字，应该精选，删除一些，只取其有代表性的“要者”，不必全抄。第三，引用书目上应将书名标全。如有的标了《吏部条法差注门一·总法撮要》，有的标《尚书侍郎左右选通用合》前后未冠书名《吏部条法》，标目不统一；第四1204页上栏《淳祐令》与1210页，1232—1234页上的《淳祐令》不统一，标目规格应统一。

2. 总部的设定以朝代为序如《先秦总部》、《秦汉总部》、《魏晋南北朝总部》只有曹魏、没有蜀吴，是否可以改为《三国晋南北朝总部》。

3. 有一些错漏。第359页下栏倒数7行，“帝甚病”应为“帝病甚”。第362页，下栏，顺3行，“居是高者十一人”应为“居是官者十一人”。第444页下栏，倒4行，“所谓末大必折”应为“木大必折”第449页；“论说”中《范甯传》应为《范江传》（甯是范江之子）。第456页上栏，“纪事”中《王浑》应为《王濬传》。下栏《沮渠蒙逊载记》多了“载记”二字。第412页；倒数4行，“太后”应另起一行。457页，顺14行，“皇太子妃”应另起一行。另外，有些地方标点中过多的引用“惊叹”号（！）、“问”号（？）。

有些【略】字也用得不妥。有个别地方有重复如（第275页）选官部分。

4. 引用书目不准确，与书稿内容不一致，有些用书在引用书目上没有。

5. 纬目分得较少，一般只有“综述”，“记事”等。有一些书的资料如“传记”、“著录”、“艺文”等均没有。是否没有资料，还是合并在“综述”等栏目中了。

2013年4月19日

对《语言文字典·文字分典》的审读意见

重点审读了《字典部》约二十多万字。总的看法是收录资料比较宽泛，内容丰富，所选版本也比较多。编纂者和编辑者是认真的。但在“精”字上，还有很大空间。

据审读：第 771 页，上栏顺 11 行“叶律谐钟”，“钟”字应为“声”字。欧阳修条，有几处错：原标目是“宋·欧阳修《欧阳文忠公集》…”应是“宋·欧阳修撰《文忠集》”，本条顺 4、6、7 行有三个“于”字，应是“於”字。顺数 6 行中“有偏旁”应是“有偏傍”；顺数 9 行“或訛行”应为“或讹失”。下栏顺数 3 行“元·戴侗”应为“宋·戴侗”。

第 772 页下栏，倒数第二行，“一字”应改为“凡一之屌皆从一”为好。

第 801 页下栏，《四库全书总目·经部·小学类》应为《四库全书总目·经部·小学类二》类篇四五卷。

第 806 页上栏“《文献通考·经籍考十七》”应为“元·马端临《文献通考·经籍考一七》”。

第 811 页上栏，“《四库全书总目·小学类》”应为“《四库全书总目·卷四一·小学类二》”。本条中还有几处错。倒数第三行“宋娄机譔”应为“宋娄机撰”；应有[略]字；有“是书”二字。下栏，顺数第二行两个“於”字，应是“于”字。顺数 6 行“纠其引”应为“议其引”。

第 813 页，下栏倒数 6 行《小学类存目》应为“《小学类存目一》”，还应加“通行本”三字。

传记栏中人物传记的标目五花八门，极不统一。“字典部传记”；《魏书·

尼阳传》、《宋史·娄机传》、《明史·宋濂传》、《明史·文苑传·屠隆》、《清史列传·儒林传·任大椿》。有的有分类，如文苑、儒林；有的名字后有传字，有的没有，不规范，不统一。

"字书部传记"；《北齐书·文苑传·颜之推传》、《旧唐书·忠义下·颜杲卿传》、《清·佚名〈清史列传〉卷二六〈陆费墀〉》。《〈清史列传〉卷七三》。清史列传有的标朝，标佚名。较乱。

"概述部传记"；从929页起为传记，至956页约5万字，没有标是谁的传记，看内容可能是"许君年"的。大典中，一个人的传记，要这么多的内容吗？有些内容，并非传记。

"注释部传记"；《宋·陆游〈南唐书〉卷五》、《〈清史列传〉卷六八〈钱大昭〉》。

"校勘部传记"；《〈宋史〉卷四四一〈徐铉传〉》、《〈清史列传〉卷七一〈何焯〉》。有的无"传"字。朝代标法也不统一。

"古文分部传记"；《〈后汉书·卫宏传〉》、《〈宋史·郭忠恕传〉》。

"籀文分部传记"；传记中的3人是否都是传记。《清史稿·陈庆镛传》。

"新补部传记"；《清·佚名〈清史列传〉卷六八〈钱大昭〉》。

"金文部传记"；《宋史·欧阳修传》、《宋史·吕大临传》、《清史列传·梁思正》、《清史列传·文苑传·张延济》。不统一。

"概述分部传记"；《清·佚名〈清史列传·牛运震〉》、《清·佚名〈清史列传·毕沅〉》、《清·佚名〈清史列传〉卷七三〈文苑传四〉》瞿中溶，标目中无姓名。

"石鼓文分部传记"；《明史·陶炎传》、《清·佚名〈清史列传〉卷六八〈任兆麟〉》。

"货币文字部传记"；《宋史·洪遵传》。

"玺印封泥文字部传"；《明史·文苑三·文徵明传》。

传记是应设在部，还是分部，应统一为好。

833页：下栏《崇文总目·小学类》条。标目应是"宋·王尧臣等撰《崇文总目·卷二·小学类》"标目不全。没有标编纂者朝代、姓名、卷次。特别是内容按文渊阁四库本校勘错漏有几十个字。应是"《玉篇》三〇卷。《像文玉篇》

二〇卷，唐·释慧力撰。据顾野王之书，裒益众说，皆标文示象。《玉篇解疑》三卷，道士赵利贞撰。删略野王之说，以解字文。《重修玉篇》三〇卷，皇朝詔翰林学士陈鼓年与史馆校勘吴锐、直贤院邱雍等重加刊定。”

第 835 页下栏《四库全书总目·小学类》条，标目应是“小学二”。本条中倒数 6 行，“释神珙〈反纽图〉”，释字后应有“，”号。倒数第 3 行“牒”后所列字数，称“应是”牒所列字数称，多一个“后”字，标点有错。倒数第 3 行“訛谬”应为“讹谬”，错了一个字。

第 836 页上栏：顺一行“曹本约称”，“约”字为“均”，错了一字。

第 897 页下栏“《崇文总目》卷二”条，应为“宋·王尧臣等撰《崇文总目》卷三。”本条倒数 2 行：“先儒註解”“註”字应为“注”字。

样书中收录了不少《清史列传》的资料。全书共收人物 45 人，约 40000 字。《清史列传》稿本的来源：一是直接出于原国史馆纂修的大臣列传稿本。二是抄自《满汉名臣传》，三是抄自《国朝耆献类证》初稿。1928 年，中华书局整理印行。成书时限晚于 1911 年。按大典规定的下限时间是 1911 年，《清史列传》已大大突破了下线时间。如何处理为好，请酌定。《清史列传》的标目中，也前后不统一。传记资料，也有重复。钱大昭的资料，3464 页与 1580 页完全相同。

分后、传记中，可删减处不少。应否删减？此外还有不少文献涉及时间下限，在《引用书目》中，未明确标出，如《碑传集》三编徐世昌的《清儒学案》、叶德辉的《书林清话》等，均为民国时期产品。

样稿中还收了《清史稿》的资料。《清史稿》是 1914 年开始编纂，1927 年才完成。时限大大超过了大典的规定。似应删去为好。

2013 年 8 月 15 日

对《生物典·植物分典》样稿的审读意见

我受聘于云南省教育出版社审读《植物分典》的样稿约35万字。审读内容有“编纂说明”,《植物分典》的目录,《样稿》细目、《植物分典》样稿。《植物分典》共分27个总部,其中综合总部3个,植物学科类总部24个。审读的样稿,是植物学科5个总部中的35种植物。没有综合性内容。

从样稿看,学者专家选择文献是认真的,比较宽泛。校对也比较好。他们设置的框架,经纬目,是经过大典编委会批准的。基本符合《大典》要求,也体现了学科特点。他们有不小的成绩,但仍有许多不足。

1. 从“题解”栏来看,有不少问题。“题解”是“对该学科的名称、概念、涵义、特点等作总体介绍的资料。此纬目收录内容的特点在于概括性,从总体上把握内容。”对“样稿”中的35种植物的“题解”感到不完全符合要求。35种“题解”,有316条资料。有这些情况值得考虑:

①缺乏对该植物概括性总体资料介绍,可以说有题无解。我做了个统计,只有1个字或2个字的名字做题解的有132条。只有植物名作题解的有250条,也就是说80%以上,有题没有解。如“菟丝子”题解9条,9条都是菟丝子的名字。这样的题解有什么价值呢。

②所选古籍并无现存版本。选了《名医别录》,标目是“汉·佚名《名医别录》”全部样稿中选了4条。但是,古文献中没有此书。另外选了“汉·佚名《神农本草经》”这样标是不妥的。《神农本草经》是秦汉时期的作品,托神农之名而作,并非出自一人之手。原书早佚,后人不断编修。第30页中,上栏标:“汉·佚名《神农本草经》(清·莫薁辑)”,第84页却标:“汉·佚名《神农本草

经》(清·孙星衍·孙冯翼辑)卷一。"现存的《神农本草经》已不是原书,更不是汉代作品,这样标目是不准确的。

③内容不准确,甚至张冠李戴。第3页"唐敬《新修本草》"中引用的"木耳"内容,原书没有。"陈元龙《格致镜原》卷六二"中引用有木耳内容,原书中没有。第81页、113页、124页"题解"中标目为"三国魏,佚名《吴普本草》",这样是不妥的。《吴普本草》是吴普撰,是佚书,现没有原本,并非佚名。第30页中标有"三国魏,吴普等《本草经》卷二"。吴普是华佗的学生,他并没有撰写《本草经》,只有《吴普本草》。其内容只散见于后世的各家本草中。另外第3页中"宋·王质《林泉结契》卷三:色面黑背紫,柔薄、生深崖危壁,与木耳、地耳皆珍"。文中明明说了不是木耳,不应在此引用。

④"题解"中有许多"注音"文字,可不要。第3页:"而软二音"、"窘捲二音"、"韩文"、"宋本"、"纲目"、"音软"。41页"方音"。第81页"音惜"、"音觅"、"音锡觅"。第84页"蕀作棘"。第88页"音怡","音止"、"音官"、"音乐",第124页"夕晋切"、"音戾"。127页"音弭"、"音網"、"音网"。其他条目中也有许多注音。

⑤"题解"中所引文献应标明卷次。样稿中,许多都没有标明卷次。第3页有11条,只有3条有卷次。许慎的《说文解字》、李时珍的《本草纲目》都是有卷次的。除了"题解"之外,其他内容也有许多文献未标明卷次。

⑥在某一物种中,"题解"有时一人引用多条,几条可合为一条。容纳不了,可分至别的纬目,有一条就可以了。第3页、79页,李时珍都各引用了三条。第24页"宋·陆佃"有2条。第41页"唐·宋慎微"有2条、第95页"唐慎微"也有3条,第127页"郑樵"引用2条。

2. 标目较乱,不统一。第3页上栏:"汉·许慎《说文解字》"后,没有标明卷次,应加"卷二"。许慎一共有13条,标了13种植物。其中,11条没有标卷次,2条标了"卷一下",标法不统一。

第3页:木耳,有4条,这4条有四种标法:①"明·李时珍《本草纲目》";②"又卷二八";③"又";④"明·李时珍《本草纲目》卷二八"。另外,在第24页和73页中还有两种标法⑤"明·李时珍《本草纲目》第一九卷水草类"。⑥"明·李时珍《本草纲目》卷一六·《草部》"。李时珍的条目中,有20条未标卷次,这是不合格的。⑤中，应去掉“第”字，即“卷一九”就可以了。

正确的“标目”应是“朝代、作者、书名、卷次、文名或书名”。样稿中，大部分标目是符合规定的，只有小部分不合标准，应该更正。“通志”的标目更乱。《吴郡志》就有二种标目：“宋·范成大”和“宋·范成大纂修”多了“纂修”二字。

《赤城志》标目也不同，第3页标“宋·陈耆卿《赤城志》卷三六”；第61页标宋·齐硕等修，陈耆卿纂 嘉定《赤城志》卷三六和《会稽志》卷一七；第51页又标“宋·陈耆卿《赤诚志》卷三六”多了“齐硕等修”和“纂”字和“《会稽志》卷一七”，多了“嘉定”二字，城诚混用，嘉定并非南宋帝号。同一卷书，同一人编，同是卷三六为什么这样杂乱。

《三山志》。第42页标目“宋·梁克家纂…淳熙《三山志》卷四一”，第61页标“宋·梁克家纂修 淳熙《三山志》卷四一”多了一个“修”字。到底是“纂”还是“修”。

《陕西通志》。第4页标目：“清·刘於义修，史贻直、沈青崖纂《陕西通志》卷四三”。第31页，标目少了史贻直。第55页《陕西通志》前，多了“雍正”二字。第110页在刘於义后多了一个“等”字。都是卷四三，却有3处不同；“史贻直”、“雍正”、“等”字。

《浙江通志》。第4页及标自：“清·李衛、嵇曾筠等修，沈翼机、傅王露等纂《浙江通志》卷一□一”；第44页在标目前多了“清·龚翔麟《南屏精舍》”几个人。55页在《浙江通志》前多了“雍正”二字。

《山西通志》。第20页标目：“清·洪琮《冯唐故里》，觉罗石麟等修 储大文等纂 雍正《山西通志》卷一一八”本条应去掉“编纂”人名，只留“雍正《山西通志》”既可。

《吉林通志》。第41页《吉林通志》标目“清·长顺·讷钦修，李桂林、顾雲纂《吉林通志》。”第62页标“清·长顺讷钦修，李桂林、顾雲纂光绪《吉林通志》卷三三”。标目有几处不同，长顺讷钦是一个人还是两个人；多了“光绪”二字；多了“卷三三”。变化很大，为什么？

《会稽志》。第45页标目“宋·施宿等《会稽志》卷一七”。第61页中标的是“宋·施宿《会稽志》卷一七”为什么少了一个“等”字。

这些情况还有很多。

纬目中,除了"分布"引用了"通志"830条外,其他地方,引用了"通志"144条,但标目极不统一、不规范。正确的"通志"标目,一般是"朝代、帝号、通志名称和卷次"。其他都可不要。当然也有个别情况可以例外。

3. 在纬目的分类上样稿中问题多。纬目可分9条,应该说,有些纬目,有则设,无则不设。如"题解"不一定每种植物都设。样稿中将一条完整地资料加以分割,设在几个纬目中,有时是不必要的,李时珍、唐慎微、方以智等等许多都有这种情况。如第41页"罂粟"条,唐慎微《证类本草》在"题解"中收了2条、在"综述"中也收了2条,共计4条,我认为可以4条合而为一条。不设"题解",成为"综述"的内容,比较合适,改为宋·唐慎微《证类本草》卷二六;罂粟"条"[略]一名象殼、一名米囊、一名御米。[略]花红白色,似髇箭头,中有米,亦名囊子。今附臣禹锡等谨按:陈藏器云:罂子粟,旧不著所出州土。今处处有之。人家园庭中多莳以为饰。花有红白二种,微腥气。其实作瓶子,似髇箭头,中有米极细。

有时"题解"和"综述"混杂在一起。有时"综述"和"杂录"混杂在一起。分类不准确。一般说,应以内容相近归类。

4. 纬目的"艺文",优点是资料选录丰富,不足是精选不够。"大典"编纂条例规定:艺文收"有关学科或事物的属于文学欣赏性的散文或韵文"。因此,"艺文"资料,要精选,要切题,标目要符合规定,离开选录文献的其他编者语,要准确恰当。样稿中,不尽如此。比如,选录了许多诗,诗中只有一句或几个字涉及选录的植物。第4页,宋代汪藻的《五言散句》诗中录了"溪边卧枯柳,雨馀勿生耳。"第39页,清郭道士的《首阳山行》诗中只有"朝採山上厥"一句。第36页中,摘录了杜甫有名长诗《丽人行》中的四句,其中一句是"杨花彐落覆白蘋。"第43页唐代雍陶的《西归出斜谷》诗中,只有一句"马前初见米囊花"。张祐和皮日休都是诗中只有一句"红结米囊花"、"流霞包染紫罂粟",皮日休《石榴歌》中只有一句"流霞包染紫鹦粟",第44页,苏东坡《归宜兴留题竹西寺三首》诗中页只有一句"童子能煎莺粟汤",圆复的《东山纪别》诗中,也只有一句"米囊夹路白於霜"。龚翔麟的《南屏精舍》也是只有一句"米囊花满街"。弘历的几首御制诗《罂粟》只是讲了他吸食罂粟的体会。这些都可以不收在"艺文"类。

第 54 页:“明·沈周《疏介天传》(清·汪灏《广群芳谱》卷一四)且不说标目不准确,在“芥菜”栏,收了疏介夫的传记,讲他的为人,特别是讲了介子推在绵山被烧死的故事,这和“芥菜”没有什么关系。可不收。

许多内容,都不是对某种植物欣赏性散文或韵文。不在应收范围之内。

5. 其他。

①如异体字本规定不改,但许多都改成现行文字,煙改为烟,麤改为粗,埜人改成野人等。

②错漏字:第 4 页下栏:“浑来煮”多了“来”字,“经半月欠”中“月”是“日”字。第 31 页上栏,“萍有三种,大者曰”中“曰”字是“名”字。第 30 页“蘋”字下的解释,原书上没有。第 63 页荞栏,漏了“蒺梨也”三字。第 55 页白芷也漏了“茝艸也”三字。第 124 页菒草栏,漏了“艸也,可以染,留黄,从艸,声戾,”等内容。第 64 页“宋史列传一百九十三”应为“一九三”。

③标点不够准确。

④有的注释多余,字的发音不必注。

⑤二手资料太多。《文苑英华》、《艺文类聚》等资料,应尽量找出原版。

⑥有一些资料、完全重复。第 53 页清·嵇黄条与第 55 页“嵇璜条”完全重复。第 80 页“清·陈元龙《格致镜原》卷六二,白芥…狂风大彐”与 53 页完全重复。第 88 页“宋·唐慎微《证类本草》”白芷与 91 页白芷,只是加“一名”二字,全条均重复。

⑦你们选了几条(30 页)“汉·舍人《尔雅犍为文学注》(清奭辑)”的资料二条。这样标目不合适。舍人是谁,舍人不同朝代含义不同。先秦的是小的官名。在汉代时,舍人一是官职,二是名人或家逢的顾问之类。《尔雅犍为文学注》到底是谁撰写。后面又有“黄奭辑”,那就是清代黄奭编的。请弄清并标明是什么时候的作品。

2013 年 9 月 17 日

审读《植物分典》样稿的综合意见

专家对样稿进行了认真审读。

大多数专家认为，从选送的35种植物来看，编纂学者态度是认真地，资料的选录丰富，围绕主题，是合适的。校对比较好，经纬目的设置，基本上符合大典要求，有进一步作好全稿的基础。因为只选送了几十种植物，没有综合性的内容，难以看出全部书稿的模样，难以作出全面的结论。《大典》要求，对有关学科的文献从先秦到清末要“一网打尽”，在“尽”的基础上分好经纬目。从现稿来看，仍有许多不足。

1. 选录植物太少。从最早的记录植物种类的文献“尔雅”中有“草”185种，“木”81种，共266种。在晋代郭璞的《尔雅注》、宋代邢昺的《尔雅疏》、邵晋涵的《尔雅正义》，特别是郝懿行的《尔雅义疏》中，都有丰富的内容。还有有关著作如晋代崔豹的《古今注》、宋代高承的《事物及原》及《长扬志》、《便民图纂》、《图经本草》、《北墅抱瓮录》、《粤中见闻》，《广东新语》、《三农记》、《湖雅》、《魏汉六朝岭南植物志辑录》等书中，都有许多记载，现稿中极少选录。

2. 选录的有些书，并无原本，也未说明选自何处。《名医别录》、《吴普本草》、《神农本草经》、《证类本草》。有的是早已佚失，有的是后人不断转抄。所录资料为转抄自别人作品。现仍用这些书名，很是不妥。

3. 引书格式不统一，不规范。“通志”和“艺文”中问题较为突出。撰者、卷次、人名、书名、内容和主题的关系，都比较混乱。这在专家们的意见中，都有详细的内容。

4. 断句、标点、文字错、漏、繁简体字杂陈、异体字问题甚多。恠(怪)、埜人、烟、筍有几十处弄成烟、笋可能不是引自原版，而是录自电脑，或其他途径，很不合适。

5. 选录类书资料较多，有版本可查的，不能引自类书，无版本可查，又有价值的史料，才可引用。二手资料要尽量少用。

6. 有重复现象。将同一作者的史料、在几处引用。如55页与53页有重复。

7. 排列顺序有的不准确。有专家说拉丁文的标目，也不准确。

8. 文献要体现植物特征。但资料中标明植物特征的地方较少。这很易与“林业典”、“农业典”等重复。

有的专家还提经纬目分类不科学、混淆。总部应重设，可分7个总部；1.“通设总部”，2.“族类总部”，3. 人物典制总部，4. 宜用总部，5. 资源分布总部，6. 培植总部，7. 植物总部。

这些意见，都只是供编纂学者和出版社的参考。对专家们的意见，请认真梳理，认真吸取，在全稿中避免应避免的问题。大典规定各个典应是主编负责制。一方是主编负责制；另一方是应按大典的规定。请主编和出版社认真全面负责到底，编纂出高质量的书稿。同时对专家的意见，一定要认真分析，分类吸取。大家的意见有错的不恰当的，当然不要吸取。

2013年10月2日

对《地学典·气象分典》的审读意见

重庆出版社要求终审《气象分典》的报告已经收到。重点终审了《人文总部》，约35万字。其他部分也作了初读。经终审，全分典书稿质量较好。框架，体例，经纬目设置均符合大典要求。选材较为准确、精当，内容充实，总体质量已达到出版要求。

应该指出，也有些不足，尚须修正。有内容方面的问题；有体例方面的问题；有错、漏文字方面的问题；有标点断句、排序等方面的问题，等等。

1.《综述部》

1804页引用了王充《论衡》的5条资料。①篇名有错。下栏《祭义》应为《寄意》。②每篇后面都没有"篇"字，应是《感虚篇》、《龙虚篇》，以此类推。③有错字：上栏顺2行："雷雨时至"应是"雲雨时至"。错了一个雲字。

同页：《全宋文》中的作品，未标作者姓名。

1805页有错字。董仲舒的《春秋繁露》篇，倒数第3行"秋气清者"应是"秋气凊者"，"凊"是"清"字，也是现行的"冷"字。

1806页，董仲舒《春秋繁露》的《天辨在人》篇，有5个错字；标点错了18处；漏了一段文字，15个字。原文是"春爱志也，夏乐志也，秋严志也，冬哀志也，故爱而有严，……喜怒之祸……亦在於天。……博爱而容众？……严而成功？……何以盛养而乐生？……何以哀死而恤丧？……而春生育？……亦何以清而秋杀就？……亦何以疏旸而夏养长？……而冬闭藏？故曰天乃有喜……"修改后应是"春，爱志也；夏，乐志也；秋，严志也；冬，哀志也。故爱而有严……喜怒之情，……亦在於天；……博爱而容从；严而成功；……何以盛养以乐生;……何以哀死而恤丧;而春生育;……亦何以清而秋杀就;……亦何以疏阳而夏养长;……而冬闭藏。故曰:天乃有喜……岁各六月,……此阴之常处也。阳之行,春居上,冬居下,此阳之常处也。"

1807页,班固《汉书》的《严安传》"犯法者衆"后,错了1个衆字,漏了34个字是"众。臣愿为民制度以防其淫,使贪官不相耀以和其心。心既和平,其性恬安。恬安不营,则盗贼销。"

1808页上栏,《汉书》中"五行志"应有"七"字,是"五行志七"。顺19行"除见间隙而胜阳""除"字应是"阴"字。

1809页,王充《论衡》中,除各篇没有"篇"字外,尚有诸多错处:上栏顺数3行"人物应於下矣"句后,紧接着是"故天且雨,商羊起舞,使天雨也"漏了12字。3个"冗"字,错成了"穴"字。"冗"不是"穴"。冗的拼音是rong;穴的拼音是xue。字义也不同。"而虵出"是"而蛇出"。"乃言以赏"是"迺言以赏"。"贪狼阴贼之日至矣",不是"狼"字,是"狠"字。下栏《是应》条:"其小瑞征应","征"是"徵"字。"其言(风)[风]翔"是"其言鳳翔。"

1816页录用了明·程敏政《明文衡》中的《刘基(天说下)》,1821页也用了同书的《刘基(雷说上)》,和《雷说下》,是吉林人民出版社出版用吉版核对,均有不少差错。

1816页上栏:"天災流行,"","号应是"。"号。"天以之驚於人與""於"是"于"字。下栏,有几个","号,";"号有错,"汤武鑿而瘳之"武字后面漏了一个"文"字。"易书诗春秋是也"应有《》号。"高文光武"应是"高、文、光武"。"桓靈以鉤吻为参苓而操懿之徒又加鸩焉。由是病入膏肓,"应改为"桓靈以钩,吻为参苓,而操、懿之徒,又加鸩焉。由是病入於膏肓。""天地有坏元气,无息。"应是"天地有坏,元气无息。"

1825页上栏,顺2行,王充的《明雲》是《明雩》。顺5行"不崇朝而辨雨天下"。"辨"字是"徧"字。顺16行"使子路賫雨具之时。"中"賫"字是"齎"字。下栏倒数第1行"彫物伤人"是"凋物伤人"。

1831页,下栏《明文衡》的《雷说上》中,标点错误有二十多处。下栏倒数6行"犹火之炮也"。"之"字后面有"出"字。

1832页下栏,顺数6行"未覆其真",是"未核其真"。"於是乎两间"是"于是乎两间”。

2. 机構建置部

1837 页:《周礼》条“十月二辰”后应有“,”号。“察天地之和命,乖别之妖祥”错了两个标点,应是“察天地之和,命乘别之妖祥”。“《尚书·今古文注疏》卷一”。标目有错,应为“清·孙星衍《尚书·今故注疏》卷一”(卷二也应改)。

1840 页标目排序不对。唐应在宋前,请纠正。其他地方,排序也有不对处,请改。

1857 页:下栏最后一条录用了“清·赵尔巽等《清史稿》卷一〇六《选举志一》”。此条突破了 1911 年的时限。赵尔巽是清史馆的主编,他是 1914 年主持编《清史稿》的,1927 年才编完。《清史稿》不在收录的时限内。全书收《清史稿》资料 20 条。分别在 1857 页、1858 页、1886 页、1899 页、1900 页、1902 页、1903 页、1906 页、1917 页、1918 页、1926 页、1938 页等页上。《哲学典》开印前发现有 3 条《清史稿》资料,任继愈先生坚持全部删除后才开印。

3. 制度部

1875 页,下栏,倒数 7 行“国子司业、”。应是“国子司业,”错了一个“,”号。倒数 1 行“稽之於今”,是“稽之於令”(令)。错了一个令字。

4. 人物部

1892 页,下栏“元·脱脱等《宋史》卷四六二”。应是“四六一”弄错了卷次。

1893 页:是《方枝传上,周克明》。最后一段是“傑生茂元,亦具其学,及襲至司天少监,归宋授监丞而卒,即克明之父也。”此段与方技传无关,可删去。

5. 事件部

1905 页上栏,班固《汉书》顺数 4 行“於春尤甚”“於”字是“于”字。下栏,顺 15 行,“直昌安上,”应是“直冒安上”。顺 17 行“有京东西来流民不少”应是“有京东、西来流民不少”。掉了一个“、”号。

1909 页下栏“《宋史》卷二五〇《符彦卿传》”应是“卷二五一”算错了卷次。

1921 页上栏,“《宋史》卷三二〇”,应为“卷三〇二”算错了卷次。

1923 页:“《左传·莊公十一年》”条“天降之灾。”应为“天降之灾,”错了一个“,”号。

“《左传·僖公二十一年》”“公欲焚巫尪。”应是“公欲焚巫、尪”。“贬食省用，務穡劝分，”应是“贬食、省用、務穡、劝分，”错了几个标点。“天欲杀之”，是“天欲杀人”。错了一个人字。

1931页①上栏《左传·桓公五年》“凡祀，启蟄而郊”。没有“凡祀”二字。《左传·昭公二十四年》，“阳不克，莫将积聚也”弄错了文义。“莫”是“暮”的意思。是“阳不克莫，将积聚也”。错一个标点，全句的意思就错了。下栏，《左传》卷一〇《宣公八年》。标目不对，应是“《左传·宣公八年》”。《左传·隐公九年》。“九年，春”应是“九年春”。“大雨彐，亦如之。书，时失也。”应是“大雨彐，亦如之。”多了4个字。班固《汉书》两个“於”字应是“于”字。

重点审读的35万字仅是全书的极小部分，其他书稿，也有类似问题。建议你们认真梳理一次。改正后向大典办写出修改报告，如大典办审阅同意，请你们正式出版。

2013年10月23日

对《林业典·森林资源与生态分典》竹部的审读意见

（一）标点不准确

（1）1320 页下栏正 5 行，“沅澧所丰，余邦颇植。颇，少也。”此名“颇”字后多一逗点。

（2）第 1328 页下栏倒 8 行，“竹根二种凡散生之。竹类，先一年行根而數生，次年出笋而生竹。”此句似应为“竹根二种：凡散生之竹类，先一年竹根而數生，次年出笋而生竹，叢生之类，……”

（3）第 1342 页上栏倒 7 行，“武林山西旧有双竹院，中所产脩篁嫩篠，”此句似应为“武林山西，旧有双竹院中，所产脩篁嫩篠，”。

（4）第 1343 页下栏倒 6 行，“此君巨麗之观，一·至于此。”似应为“此君巨麗之观，一至于此”。“一”字后圆点应删。

（5）第 1363 页下栏正 6 行，“览《竹谱》曰：雲邱帝竹帝陵上所生竹。一节为船。又何伟哉？”此句似为肯定语气，标点似可调整为“一节为船，又何伟哉！”

（6）第 1366 页下栏正 5 行，“《诗》凡若干首，作者皆时之君子，而实为之序。”此句泛指诗作，而非专指《诗经》，故可不用书名号。

（二）文字尚需斟酌

（1）第 1362 页下栏倒 2 行，“天子乃使汲仁、郭昌发卒数万人塞瓠子决。”此句“卒”字似为“率”字。

（2）第 1386 页下栏正 5 行，“鄂州茱萸山和尚，初住随州护国，”此处似脱落一字，疑为“护国寺”。

（三）类分不规范

第1348页下栏倒4行至倒1行两段，内容文字有关联，似不宜分。前段为《黄金间碧玉竹》，后一段为《碧玉间黄金》。从后一段最后一句话“二竹绝妙”看，应是概括此两种竹，既然是统一称赞两竹，从此看两竹可不类分两段。

（四）标目不完整

（1）第1342页下栏正7行，标目为“明李时珍《本草纲目》卷一五著《纲目》”，下一段表标目为“又卷二七竹笋《蜀本字》”，又下一段标目为“又苦竹笋[略]发明：”，另下一段标目为“又卷三七竹《本经》中品”，最后一段标目为“又竹黄宋《开宝》释名：竹膏”。此处5段资料如均为从《本草纲目》摘录的文字，各段间要加“略”字。另起一段的标目要规范，均应注明页码和标题。最后一段标目中出现“宋《开宝》”，不知何意，是否资料有误。

（2）第1349页上栏倒12行“明刘仲达《刘氏鸿书》卷八七”，此后即为正文，或缺一篇名。

（3）第1368页上栏正5行始纬目“艺文”选用资料有的为转引，如“晋江迫《竹赋》（引自《历代赋棠》卷一一八）”，另以下诸条有转引自《宋文纪》、《古诗纪》、《文苑英华》、《全唐诗》等（见第1369页）。

2014年2月21日

对《林业典·森林资源与生态分典》样稿的审读意见

凤凰出版社、《林业典》编纂委员会：

出版社报送的要求审阅的《林业典·森林资源与生态分典》书稿样稿已收到。经大典办审阅，样稿整体质量较好。资料搜录较为广泛、内容较为丰富，标目符合大典要求，图录和文字的配合也较为合适，认真作了编辑工作、校对十分认真。但是，也有些不足。

1. 你们在“题解”、“论说”、“综述”中引用了《周礼》、《尔雅》等书的资料。从标目和内容来看，很多都不准确。如第4页第1条应标“汉·郑玄等《周礼注疏》卷九地官司徒·林衡　郑玄注：竹木生平地曰林”。

同页“周礼·地官司徒·大司徒”应为“汉　郑玄《周礼注疏》卷一〇地官司徒·大司徒”。顺数3行“原隰之名物”的标点应为分号，不是逗号。13页上栏：“《周礼·夏官司马·职方氏》”应为“汉·郑玄《周礼注疏》卷三三。”全条中“竹箭”之间有、号。顺12行“其浸菑时”菑为淄。26页中“《周礼·夏官司马》卷三三”应为“汉·郑玄等《周礼注疏》卷三三夏官司马”。且内容与13重复，应删除。第4页“《尔雅·释山》野外谓之林”，应为“晋郭璞《尔雅注疏》卷九释木”。

868页“《尔雅·释木》”应为“晋　郭璞《尔雅注疏》卷九·释木”。

884页，“《尔雅·释木》”应为“晋郭璞《尔雅注疏》卷九·释木”。

还有811、814、816、789、797、772、778、784、760共9条均应改正。共43条。725页《尔雅·释草》应为“晋　郭璞《尔雅注疏》卷八释草”。此外，标目不统一，“尔雅”条后面有3条标了卷九，但其他条绝大部分均未标卷九。不统一，请一一改正。

2. 错、漏字，标点等问题不少。

3页上栏，顺8行“仰机利燕、代”利字后应有“。”号。下栏，顺10行“教民树种应养”应为“教民种树养畜”。倒数第2行“取国者为主公”应是“王公”。

12页“综述”栏。顺3行，“上上错”，“上上，错”少了一个“，”号。顺4行“济河惟兖州”，应是“济、河”少一“、”号。倒数6行，“下上上错”应为“下上，上错”。倒数5行“鸟夷卉服”应为“岛夷卉服”。错了一个“岛”字。

21页上栏“孟子·滕文公”条“汜滥於天下”，“汜”字应为“泛”字。

24页上栏3个“于”字用的“於”字。上栏顺15行“筦塩铁”应为“管塩铁”。下栏“《山海经序》”应为“《山海经原序》”。倒数5行“植养之於中国”应是“殖养之於中国”。

25页上栏顺5行“东方生明”，“明”为“晓”字。顺8行“多有串谬”，“串”为“舛”字。顺10行“辟其弗燕”串为鬬字。

40页，下栏，倒数2行“车七百乘”为“车六乘”。倒数1行“民虽不曲田作，粟、栗之实足实于民矣，此所谓天府也。”应为“民虽不曲作，而足于粟、栗矣，此所谓天府者也。”

41页下栏顺2行“其户牖扉”后有“，”点，顺4行“羇官游子”没有“，”号。

74页上栏，“又觐沧海”为“又觐沧海”。

1319页下栏，顺5行“决非竹席者”“竹”为“作”字。顺13行“馀之气闻”为“余之所闻”。

1320页顺第1行后漏了一段文字：“盖竹所生，大抵江东上，密防露下，疎来风连，畒接町疎。”

1322页下栏，顺14行“童子报投之以篪”，“篪”应为“篪”字。

1324页上栏，顺数3行“竹捎弱”捎为“梢”。

1329页上栏，顺1行“笙竹”后应有“。”号；顺16行“内别疏”应是“内别疏”(133页有3个疏应改为疏)。

下栏，顺18行“大槩一似笙”，笙后漏了一个“竹”字。

1332页下栏，倒数6行“此上干節”，此应为“以”字。

1335页下栏，倒数1行“(剖)[剡]谓之扶老竹”(剖)，“[剡]”应为“俗”字之误。

1339页上栏，顺12行“子親见之”，子应为“予”字。

1366页上栏，倒数8行“猶恨子，“踈”而才劣”踈应为“踈”字。

3. 参考书目，应为“引用书目”请改正。其内容：①书稿上引用之书未全录入，如《笥谱》等均未列入；②不准确，如《周礼》是引用的《周礼注疏》，未标明，其他书亦有类似情况。《文选》一般均标明《昭明文选》，书目中未标明。

请你们认真梳理一遍，举一反三。认真改正后，将改正情况报告大典办，批准后正式开印。

2014年2月21日

对《天文分典》月食等部书稿的审读意见

书稿体现了专业性强的特点。资料多选自正史，选录比较认真，经纬目设置，体例大体符合大典规定，质量较好。

1. 对月食部书稿的意见

461 页：《史记》卷二七《天官书》顺 2 行“而五月者五，凡百一十三月”应是“而五月者，凡五百一十三月”。

419 页：下栏顺 2 行《宋史》卷五二《天文志五》应是《天文志五·七曜》。

421 页：下栏顺 4～5 行，两个“於”字应为“于”字。顺 7 行，“匄”字应为“白”字。

422 页：上栏顺 8 行“唐·李淳风《晋书》……”应为“唐·房玄龄、李淳风《晋书》……”

下栏顺 11 行“五月丁丑朔，月有食之”为“五月丁丑朔，日有食之”。倒数 3 行“曆志下”应为《律曆志下》。

423 页：上栏顺 8 行“今察日蚀西崖缺，而光已復过东崖”应是“今察日蚀，西崖缺而光已复，过东崖……”错了 3 个“，”点。

“北齐·魏收《魏书》卷一五〇之二”应是“卷一〇五一之二”。

下栏倒数 3 行“是渐渐而满”漏了一个“渐”字。

424 页：上栏顺 19 行“武定四年正月已未月蝕”是“月軫”。下栏顺 13 行“至丁止”是“至丁上”。“《旧唐书》卷八《玄宗志上》”应是“《玄宗纪上》”。

425：下栏顺 1 行是《僭伪列传二》漏了一个“列”字。欧阳修的《新五代史》卷五九《司天考三》是“司天考二。”唐明宗太天成三年多了一个“太”字。月庚辰是庚戌。

429页:下栏有8个“於”字,应改为8个“于”字。

430页:下栏“章宗明昌四年九月戊申”是“十月”,不是九月。

432页上栏,“宣宗兴定二年十一月”是十二月,不是十一月。

431页:内容错乱。在宋时月蚀之后,引用“前代月蚀”,有2000多字。包括宋代、明代、隋代、后汉、清代等。各朝代都有资料,与前面体例不统一,显得杂乱。能否有法调整。

2. 对水星等部书稿的意见

922页:上栏班固《汉书·天文志》应标明卷二六。下页亦应标卷次。

923页:下栏倒数1行,“为彗星及天天”,“天”为“矢”。

933页:金星部,《尔雅·释天》应为《尔雅注疏》。不仅是尔雅全文,还有注释文字。

935页:上栏倒数5行“伏行十一舍百三十一日”是“百三十日”,多一个一字。倒6行,“月行及滅矢”“滅”为“天”字。下栏顺1行“二百二十日”是“二百三十日”。顺5行“近日,曰大白”。是“近日,曰太白”。顺12行,“出水,后大、兵强”是“出小”。倒数3~4行两个昏字是昬字。

3. 对《总论部》书稿的意见

2307页:下栏:顺4行“而光已復过东崖”,復字后有“,”号。倒数1行“欧阳脩《五代史记》”是“欧阳修《新五代史》”。

2310页:下栏“班固《汉书》卷二六《天文志》”应为“《天文志六》”。“司马彪《后汉书》卷一〇〇《天文志上》”应是“卷二〇《天文志一〇》”。

2311页:上栏顺6行“《天文志上》”应是《天文志四上》。

下栏,“卷三《天文志下》”应是“《天文志五下》”、“卷一八《祥瑞志》”应是“《祥瑞志一〇》”、魏书1~五“《天象志一》”应是“《魏书》”一〇五之一《天象志之一》;“《魏书》卷一一二《灵徵志上》”应是“《魏书》一一二上《灵徵志八上》”。

2319页:下栏倒数11行“楗闭一星”是“键闭一星”。

2321页:上栏,“《隋书》卷二〇”应是“卷一五”。

2324~2325页有两个“欧阳脩”请改为“欧阳修”,以和全书统一。下栏“《五代史记》”为“《新五代史》”。

2334 页内容有错乱。上栏，倒数第二行“四边合从；守之，为土功；出入，霜雨不时。辰星犯，有公憂，下有丧。月晕，为旱”，在“辰星犯”与“有公憂”之间，根据上海古籍出版社文渊阁四库全书本和中华书局《宋史》校勘本，漏了约1100字。紧接“辰星犯”后应是“有殃；守之，水灾，一云北兵起，将军为乱。……三公憂，下有丧。月晕，为旱”。现将上海的四库本及中华的《宋史》本原文复印附后。这漏的约1100字，不像是省略。因为：一，没有省略标法，二去了这一段文字，有损原稿的原意。如不是省略，那就是因疏忽而遗留。此条的全文是“《宋史》卷五〇《天文志三》二十八舍上”。全文自2332页“东方角直二星起”至2341页“《晋志》原天市垣上”，共约2万字，是全文抄录。请出版社与分典主编认真对待，并处理好。

2344 页：上栏倒数 4 行，“则使忠不明，”应是“则使忠，不明”少一“，”号。倒数 1 行“亡一星，一国憂，”应是“亡一星，一国憂；”“，”号是“；”号。

2357 页：上栏，顺 8 行，“清 · 纪昀等《四库全书总目》卷一〇七”应是在“卷一〇七”后，加“天文算法类存目”。《星星》等七本书应加“又”字，书名应为黑体。

下栏：倒数 3 行“卷一〇八”后应加“术数类一”。11 本书，应加“又”字，书名为黑体。

2361 页下栏，卷一一〇后，应加“术数类存目一”。15 本书，应加“又”字，书名为黑体字。

2364 页：上栏，倒数 1 行：《汉书》卷二六《天文志》，志后应加六。

4. 对先秦等部书稿的意见

2943 页：上栏，两个“衹”字应为“示”字。

2955 页：下栏，纪事栏中，顺 6 行“谘汝羲暨和”中，“谘”为“咨”。倒数 7 行，“吊災”为“弔災”。

2965 页：下栏，顺 4～5 行“将如之保”是“将如之何”。顺 7 行“被发北面而噪”是“被髮北面而譟”。顺 5 行“萇弘悦”是“萇弘说”。

2960 页：下栏顺 17 行“五曰曆数”是“五曰歷数”。

引用书目中，未将全部书名列入，请添加。

在不足中，有内容方面的问题，有体例的标目问题，有标点不准确的问题。

我只是看了一部分书稿，请你们举一反三，对全部书稿仔细梳理一遍，对错误处，进行更正。

2014 年 3 月 15 日

对《医学分典·眼科》书稿的审读意见

选材突出主题，资料比较丰富，选录比较认真。但仍有不足，特别是编辑工作欠缺较多。

1. 标目不全、不准确。

《审视瑶函》、《眼科龙木论》、《聖济总录》等书都如此。《审视瑶函》353 页中应是“明·傅仁宇撰《傅氏眼科审视瑶函》。卷四·土疳症”。所有条目中应有“卷次”如“卷四”、“卷三”、“卷六”等等。

《眼科龙木论》353 页中，应是“明·葆光道人撰《秘传眼科龙木医书总论》卷四·胞内胶凝外障”。条目中都应有“卷次”，如“卷三”、“卷四”、“卷五”、“附”等等。353 页中的《聖济总录》中应是“《聖济总录纂要》卷一八·眼目门·鍼眼条目”中应有卷次，如“卷一八”、“卷一七”等等。

353 页中《医宗金鉴》应是“明·葆光道人撰《医宗金鉴》卷六五·外科心法要诀·鍼眼”，还有卷七八等。“《艮海精微》应是《艮海精微》卷上·瞼生偷针”，还有“卷下”等。

354 页《目经大成》，应是“清·黄庭镜撰《目经大成》卷二下·八十一症·痰核”。其他还有“卷二上”等。

请逐条检查核校，全书稿中有几十条应补充完善。

2. 内容错漏。

369 页，上栏，“粟瘡”的“综述”中《审视瑶函·粟瘡症》的内容，原文是“脾经多湿热，氣滞血行迟，粟瘡胞内起，粒粒似金珠，似脓脓不出，沙擦痛无时，脾急开张涩，须防病变之，病来如软急，散亦不多时”。对照《续修四库全书》影印本，此条有所不同。在“粒粒似金珠”以后，错漏甚多，为“细顺似脓来，却软散风，清热早医治”。不知是谁错谁对，请核实。

375页，下栏，“两眥分部”中“综述”栏，有一条“眼科龙木论·葆光道人秘传眼科”条，“问，目睛多泪出者，何也？答：此肺之实也。肺为华盖，居上，属金也。金生水、水生木、金经而不衰，胡肺实。睛多而泪出廓经，曰泪。本属肺主气，肺经克肝木，乃肺之实也。宜用秘方泻肺汤。”此条的全文应为《秘传眼科龙木医书总论·附葆光道人秘传眼科》第六问，“目睛多泪出者何也，答曰：此乃肺之实也，肺乃西方庚辛金也，金生水，水发则流注，金属肺经，则其色白，五轮八廓。经曰，泪本肺之精华，目出一而硬者，肺之实也。宜用秘方泻肺汤方”。

请通查全书，内容是否错漏。

3. 其他方面还有诸多问题。标点、文字漏错等甚多。

353页，上栏：倒数第一行“或饮食太过”，“食”为“酒”字。下栏，顺10行“针眼眼睫荳料形”，“荳”为“豆”字。下栏倒数第8行“年多渐长大，如桃李之状”是“年多见长，大如桃李之状”错了标点。

354页，上栏：倒数6—7页，3个“脾”字应是“胞”字。倒数第三行“若坚白不破”，“白”字是“自”字。倒数第1行“紧闭目，隔蒜片炙三四状”应是“紧闭目，以隔蒜片，炙三四状”错了一个字，一个标点。

354页，下栏：顺1行“煮酒”应是“煮甜酒”，少了一个字。顺3行，“如荳形”中“荳”是“豆”。顺5行“风破为血流”是“风疢破为血流”，漏了“疢”字。“疢”是水肿。

355页，下栏，倒数1行“以鸽翎刷洗”，“鸽”是“鸭”。

356页，上栏，顺1行“密陀僧”是“彌陀僧”。上栏倒数6行“生疮反变幻而言”反字后有“復”字。倒数3行“而作饮倉减”，是“饮食大减”。

357页，上栏，倒数10行“肿胀”条中，“或移热於肺”是“脾热肺热”。下栏，小标题在“胞肿如桃”是“胞肿如瘟症”。下栏倒数4行，“木火为殃”是“水火为殃”。

358页，上栏，顺7行“一腔热泪湿鲛绡”，“绡”是“鲛”字。顺9行“睛固火炙”“固”是“因”字。顺17行，“此则痰上蒸溽”，“上”为“火”字。下栏，顺8行“或谓右过程”，“右”为上字。

359页，上栏，小标题“胞虚如球”是“胞虚如球症”。上栏，“综述”条顺数4行“脾虚如球症”应是“胞虚如球症”。“两脾浮泛”是“两胞浮泛”。上栏《目经大成》顺 3 行“或内生此脉”,“此”为“赤”字。顺数 4 行“乃脾肺阳变”,“变”为“衰”字。6 行“神效黄耆汤”,“耆”是“芪”字。下栏倒数 4 行“问”是“第六 0 问”。倒数 1 行“问”是“第六一问”。“目患瞼生粟者”是“生风粟者”。

360 页,下栏,顺 11 行“其一椒瘡”是“其一谓椒瘡”。下栏顺数第 2 行“皆脾”是“皆因脾”。

361 页,上栏,“椒瘡症”条,顺 3 行,“重开过则伤,胞间紅瘰瘰”是“太重脾必伤,胞内紅瘰瘰”错了 8 个字。

362 页,上栏,顺 9 行“務令夾起”,“夾”是“紧”字。下栏,倒数 9—10 行“皆缘酒色沉,风霜皆不避,……掃翳渐侵瞳,……夾敷少安宁,……”。错了 5 个字,“皆缘酒色……因风霜俱不避,漫翳渐侵瞳……夾敷略安宁。”

363 页,上栏,《经目大成》条,顺数 7 行“治难见效”是“治虽见效”。

365 页,下栏,倒数 2 行“胞肉胶凝”,凝后有个“歌”字。

366 页,上栏,“综述”条顺 5 行“葆光道人”前应有个“附”字,问字前应是“第五四问”。

370 页,上栏,综述栏,《审视瑶函·睥翻粘瞼症》中,“睥”是“皮”字。本行中还有两个“睥”字,均为“皮”字。下行“有自病而转”是“有自病而翻转”。《医宗金鑒》条中,“皮翻”是“皮翻证”。《目经大成》条中,应有“卷二下”,下行“不须两手下攀著”,“著”为“着”字。

371 页,下栏,倒数 9 行“角鲜”是“角觧”。倒数 4 行“以志吾过”是“以誌吾过”。

373 页,下栏,倒数 11 行,“口鼻出血。急用清毒逐滞汤”,“滞”是“淤”字。上栏,“《眼科龙木论》问”是第二六问。

375 页,下栏,顺数 11 行、15 行、17 行各有“問”是“第六问”、“第九问”、“第一 0 问”。第六九问中“洗心散、连翘散”下,都“方”字。

377 页;下栏,《审视瑶函·迎风热淚症》中“肝虚夾火来,水中起隐伏”是“肝虚来火来水,虚火隐伏”错了两个标点和 5 个字。

379 页,上栏倒数 1 行“问”字前应有“第四 0”,下栏顺 2 行“问”字前,应有“第六四”。

381 页,上栏顺 13 行“阳漏症”条“也知金火为灾害,温补清凉弗外求”,

"金火"为"邪火"。"温补"应为"治用"。下行"阴漏症"条,"阴漏黄昏青黑水,或然腥臭不堪闻,……治用清温莫祷神"中,"青黑水"是"流浊水";"不堪闻"是"色青黑","莫祷神"是"是则法"。

385页,上栏,顺1行,"《审视瑶函》"应加"卷三",顺2行"暴者多多"是"暴怒多多"。

396页,下栏"《审视瑶函》"条应加"卷四"。条文中"有病於前,有病於末,……衝风淚湿",是"或病於前,或病於末……中风淚湿"。

400页,上栏,"《审视瑶函》"条应加"卷三","睥胀头疼淚似汤,寒热往来多鼻塞"句中,"睥"是"胞"字。"多鼻塞"是"推鼻塞"。

401页,下栏,顺数3行,《审视瑶函》下应加"卷三"。条文中,"或七日而自清宁"是"或一目自清宁"错了3个字。顺5行"因虚被火"前有一"或"字。

403页,下栏,《审视瑶函》条,应加"卷三"。本条顺1行中"繞在风轮"是"遶在风轮";顺2行"或痒或痛"是"或脹或痛";顺3行"久而失治"是"久而不治"。

404页,下栏,顺7行"魚胞状浮膘,缘因金火搏,致为目禍苗"是"其状若鱼胞","金"字为"肺"字,"苗"字是"招"字。错了6个字。

406页,上栏,顺11行"睥生必礙""睥"是"胞"字。顺12行"若在气轮目病,珠痛淚流不爽"是"若在气轮目珠痛,流泪,惟嫌…"。下栏,顺5行,"兩眥目家猶可缓"是"睥眥生来犹可缓";顺6行"重则破泉成血漏","泉"是"烂"字。

407页,下栏,倒数4行"久滞在轮"后有"中"字。

416页,上栏,倒数11行,"低陷如半粃,总是见瞳神,也知难料理"是"低陷知沉翳,虽是见瞳神,终归难料理。"

424页,上栏,顺13行"相连又一圈,一虚兼一实,兩兩贯相连";是"相连有圈数,一圈虚,一圈实,兩贯相连";顺15行"年月虽多当是此,世人尽到一园星。内有妙,人不晓,尔看好,他看渺"是"年月虽多终不去,世人尽到一园星,每有愚人不治,兩目终难朗照"。错了15个字。意义也不同。

此类错误还很多,不再一一举例,请你们仔细认真核实校正。

2014年4月21日

对《语言文字典·训诂分典》的审读意见

《训诂分典》约660万字。我着重看了《训诂理论总部》约20多万字。

《训诂分典》主要是蒐集了历代学者对训诂学所作的理论及有关问题的阐述。《尔雅》是训诂学中的最早的典籍。历代学者曾不断研究训诂学，但资料较为分散，搜集资料比较费事，难度较大。不仅搜集资料困难，分类、校勘、编辑、排印也十分不易。这次《训诂分典》广泛、系统地录集了各个时期各地的资料。编纂者、编辑都十分认真，使全书质量较好。

全书虽质量较好，但在审读中，也发现了一些不足。这些不足包括内容、标目、文字校勘、标点断句等方面的问题。现举例如下：

1. 第7页，"题解"栏"孔颖达《毛诗正义》"条"传通其意也……古今异言道之使人知也"中，"意"是"义"字，"道"是"通"字。两字似有错。

"颜师古《汉书注》"条中，"他皆类此"，"他"应是"它"字。

"徐锴《说文解字系传》"条中，"训者，顺其意以训之也"，用四库本核对是"训故言也"。

2. 第11页，下栏，"北齐·颜之推《颜氏家训》"条，顺2行"习赋诵者，信楮诠"，"楮"是"褚"字。

3. 第16页，下栏，"又《汉书第十一·荐居》"条，最后一行"者几何"后，有几句话未录入。如果是不应该录，应有"[略]"字，否则就是漏录。原文是"韩子七术篇曰，犹兽鹿也。唯荐草而就，说文荐兽之所食草"此皆古人谓草为薦之证。

4. 第20页，上栏，"洪迈《容斋随笔》"条，"《公刘之诗》"后应有"；"，"而释之词”后应有“，”。“《蒸民之诗》”应是“《蒸民》之诗”。“好是懿德”应有“。”。不是“，”。“而引孔子之语以释之”后应有“，”。最后一行“训曰若稽古三万言”应是“训曰若稽古，三万言”。本条中有几处标点不准确。

5. 第21页，下栏，“又《读墨子杂志・自序》”条，标目不准确，应是“《读书杂志・读墨子自序》”。

6. 第34页，下栏，“明・方以智《通雅》”条内容不准确，本条资料中，最后是“是也”结束，四库本在“是也”后“也”没有其他文字。但现在资料后加了一段文字：“汉匈奴谓天子为撑犁孤涂，谓孝为若鞮考，北魏以后史有之乎？可知乡谈随世变而改矣。不考世变之言，岂能通古今之诂而是正名物乎。”此段来自何处，请核查。

本页下栏，王念孙的“《读书杂志・荀子第二》”，是“荀子第五”。

7. 第38页下栏至39页上栏，“《容斋随笔・四筆》”中有诸多错误：(1)《蒙卦》曰：蒙，山下有险，险而止，《蒙》。卦字应在“》”外；“险而止，《蒙》。”不是“。”，是“，”；(2)39页上栏顺1行“亨行”应在前加“以”字。有几个“。”应改为“，”。《讼卦》、《解卦》……等，卦字前是“》”，应将卦字放“》”后面。

“又《容斋随笔》卷五”中有“或去语助”，应是“或省去语助”。

8. 第39页，下栏，《日知录》条中“又何必一言之不”，“又”字是“且”字。另：《史记注》中“以乃自”是“乃自”，无“以”字。

9. 第40页，上栏，排目错乱。“《平原君传》”是另起一段，应加“又”字，为黑体字；“《汉书・赵充国传》”是另一传，应另起一行。标黑体“又”字，卷二七《史记注》。“又卷三一，王文公……”，应是“又卷三一・《前明一统志》王文公”。本条中最后的“九邱”之后，“真可谓千戴笑端矣”，“九邱”是“九丘”，“可谓”是“可为”。

10. 第46页，下栏，“王念孙《读书杂志・读淮南子杂志书后》”：

(1)《读书杂志》有的条是《读书杂誌》，“誌”和“志”应统一。

(2) 本条标目是王念孙《读书杂志・读淮南子内篇跋》，请校正。

11. 第47页，上栏，顺数17行“故云曰加数寸”，“曰”是“日”字。18行“而各本藿字”后应有“，”。最后1行隶书“桲”字或作“类”，“类”是“梓”字。

12. 第74页，下栏，“又卷二三”下“黄汝成集释”几字可删除，因与其他注释不统一。

13. 第 85 页，下栏“《日知录》”条“潜图密矣构，成此祸富端”是“潜图密已构成此祸端”。

14. 第 113 页，“清·王念孙《读书杂志·读墨子杂志自序》”应为“《读书杂志·读墨子自序》”。

15. 第 126 页，上栏，“《容斋随笔·五筆》”条中顺 3 行“予因其说而悉索之”，“予”是“余”字；顺 5 行“于危反”，“于”是“於”字。本行“顺豼”，“豼”是“皃”字。顺 10 行“峻阪路威夷”，“阪”是“坂”字。

16. 第 162 页，上栏，标目不准。“郑玄《周礼注·夏官》”应为《周礼法疏·夏官》。“又·礼记注·缁衣”应为“又·礼记正义·缁衣”。

我在审读中，只是读了大部分，也不够仔细、准确、全面，意见只供参考，对的请吸收。请你们举一反三，对全稿加以梳理校核。

2014 年 5 月 10 日

对《林业思想与文化分典》样稿的审读意见

《林业思想与文化分典》的书稿，吸收了《林业典》已做出的几个分典的经验。这次送审的书稿，做得比较认真，总体框架、经纬目设置都比较合理，体例符合大典要求，资料收集比较广泛，内容较为丰富，也有特点，全书做得较为细致，质量较好。

从评审的部分样稿来看，仍有不足。按书稿顺序，举例于后：

1. 11 页：《左传・昭公四年》条顺 2 行，于是乎取之“于”是“於”字；“於是用”是“於是乎用”。顺 4 行“冰皆与焉”后应有“〔略〕”字，因去了一段文字“大夫命妇丧浴用冰，祭寒而藏之……而以风出……”，接下来才是“其藏之也周”。

2. 12 页“《孟子・告子上》”条，与阮元的“《十三经注疏本》”不顺。阮本应是“《孟子注疏・老子上》告子曰：性，犹杞柳也……必子之言夫”这是“孟子注疏解经卷第十一下”中“告子章句上”开始的一段文字。“孟子注疏解经卷第十一上”中“告子章句上”中开始的文字才是“孟子曰：牛山之木尝美矣……惟心之谓与”，接下才可[略]“孟子曰：拱把之桐梓，……弗思甚也”。前后将顺序颠倒了。

在 15—17 页中，集中引用了汉・董仲舒《春秋繁露》的资料 19 条，加上第 5 页的两条，26 页 3 条，38 页 1 条，46 页 1 条，共计 27 条，从引用的这些资料中，暴露了一些编纂者和编辑工作中的一些问题。(1)标目内容错乱。16 页上栏顺 1 行，“又《王道通》”应是“《王道通三》”。下栏“又卷一六《循天之道》”条，将卷一七《天地之行》的内容“凡天地之物，乘于其泰而生，厌于其胜而死……秋之所生不得过夏，天之数也”，拉扯到卷一六《循天之道》倒数第二行中，前后混乱。(2)漏文漏字。15页“董仲舒《春秋繁露》卷四《王道》”条“朱草生，醴泉出”后漏了“风雨时，嘉禾兴”。“《三代改制质》”条中“正日月朔于营室”，在“正日月”前有“历”字。“深察名号”条中“善奚为弗见也”，“善”字后漏了“人”字。16页“循天之道”条，“用之无穷是北方之中用合阴”，“是”字后漏了“故”字。(3)、有几个错字。15页下栏《王道》条中，“无谗贼妬疾之人”，“妬”是“妒”字。下栏《深察名号》条“知之名乃取之圣”，“知”是“善”字；“圣人之所谓善者弗许”，“弗”是“勿”字。“吾上质于圣人之所为”，“为”是“善”字。本条中“〔略〕得天地泰者，其寿引而长；不得天地泰者，其寿伤而短”应另立一条“又卷一六《循天之道》得天地泰者……其寿伤则短”。16页上栏“《四时之副》”中“夏署以养”，“养”字后漏了“厂”字。“五行顺逆”条，“贤圣皆迁”“迁”是“进”字。下栏“《五行变救》”条，“春准秋荣”，“秋”是“冬”字。《循天之道》条，“以为大得天地之奉也”，“奉”是“泰”字。(4)有几个标点不准确。如15页下栏顺4行“王正则元气和顺、风”，应是“王正，则元气和顺，风”，错了两个“，”。其他还有几处。

3. 32页下栏，“左传·襄公四年”条中，“疏民有寝庙……”，“民有寝庙”是正文，不是疏。弄错了，应将“疏”字删除。

4. 34页下栏，“晋陈寿《三国志》卷六五《吴志·华覈传》”条，标目中“吴志”是“吴书”。在47页中上栏，“魏志”应为“魏书”。在987－988页中，凡三国涉“魏”者应为“魏书”，涉“吴”者应为“吴书”。其他地方，也有类似问题，有的标“志”，有的标“书”，比较混乱，不统一，矛盾，请重标，以求统一。

5. 38页上栏，“孟子·梁惠王上”此条是梁惠王与孟子在沼上的对话。现在文中有“王欲行之，则盍反其本矣”，没有这句话，不知来自何处。此条中有“八口之家”，“老者衣帛食肉”。不是“八口之家”，是“数口之家”；是“七十者衣帛食肉”，不是“老者”。请核查。下栏“董仲舒《春秋繁露》卷一六《山川颂》”条“山川神衹，立宝藏，殖器用，资曲直。合大者可以为宫室台榭，小者可以为舟与浮湚”，错了五个标点，应是“山川神衹立，宝藏殖，器用资，曲直合”。“湚”是“楫”字。

6. 41页下栏，倒数3行“煣木为耒”，“耒”是“耒”字。

7. 47页上栏，顺1行“因野兽 之足”，“因”是“困”字。

8. 52—57 页，全是抄《四库全书总目》上的文字。属二手资料，共约一万字。是否需要全抄？请考虑。另外，这几条中，有标目不准确，有错字，标点也有错。“卷一〇二”中，“诏”字后至“颁布天下”，应是“；”。案字后应有“；”，于是偏求古今农家之书“偏”是“遍”字。53 页上栏，顺 3 行“特命刊版于江浙行省”，“版”是“板”字。下栏《豳风广义》应标明是“农家类存目”。56 页“又卷116《荔支通谱》十六卷”应是“又 谱录类存目……一六卷”。

9. 40 页中“汉・司马迁《史记》卷一二九《货殖列传》”条，“王石”、“声色”、“齿草”、“筋角”，都应是“；”，标点不准。

10. 41 页，上栏“《盐铁论》卷一《本仪》”条有“养生送终之具也”，“终”是“死”字。本页中《通有》条，顺 6 行“然后呰窳偷”，“偷”字后有“生”字，是“偷生”，漏了一个字；本页下栏，顺 5 行“不损其寿，无末利则本业所出”，“末”是“味”字，错了一个字。

11. 47 页上栏“《盐铁论》卷七《散不足》”条顺 2 行两个“罔”字是“网”字；“簨胎肩”是“羻胎扁”；“浚茈蓼苏，丰荚耳菜”是“浚茈……丰奕耳”。本页中，错了 6 个字。982 页“《盐铁论》卷八《和亲》是卷一〇”，标目将卷次弄错。

《盐铁论》的条目中，标目错、字错、点错的地方还有，请仔细检查，更正。

12. 在《动植物图腾与神话总部》中，错误也不少。如在《山海经》中：980 页、981 页、996 页、1017 页、1018 页均有条目，约 9 条。条目中均未标明卷次。980 页为《山海经》卷一、卷二、卷九，981 页为《山海经》卷一六、卷一七、卷一八，996 页为《山海经》卷一四，1017 页为《山海经》卷一、卷二，1018 页为《山海经广注》卷一八。请补正，使全书体例统一。

13. 983 页上栏“唐段成式《酉阳杂俎》卷一六”条，顺 6 行“屈一日尾。龙”，应是“屈一日尾龙”，错了标点。

14. 991 页下栏，顺 8 行“次四曰叶用五纪”条中，“叶”是“叶”字，“叶”是“协”字，不是“叶”字。

15. 996 页“杂录”中“《尚书・舜典》(孔安国传，孔颖达疏，陆德明音义)”其他地方，涉及十三经者，都不是这样标目，如 1023 页“纪事”中标“《尚书・益稷》”。其他地方也不是这样标目。应统一，请校正。

16. 997 页，上栏，“晋・干宝《搜神记》卷一三”条，顺 3 行“火澣布”，“澣”

是“浣”字。“浣”是“洗”的意思。1006页下栏，“《搜神记》卷八”条，倒数7—8行，“儿发薪下麟示孔子，……赤刘当起日，周亡”是“儿发薪下麟，示孔子，……赤刘当起日周亡”。

17. 1000—1014页，标目不统一。1000页标“尔雅·释猷”未注明注疏是谁，但1002页、1014页中“尔雅·释乌”中，1002页“尔雅·释兽”，都注明是“郭璞注·邢昺疏”。标目不统一，混乱。

18. 1010页，下栏“《诗经·国风·麟之趾》”两个“於”字是“于”字。1028页，“诗经·大雅·卷阿”中，也是3个“於”字应是“于”字。“於”、“于”相混的太多，与原版不统一。

以上诸多不足，不少条目中均有，请举一反三，对此分典样稿认真梳理，作出校改。改正后，上报大典办，经批准后正式开印出版。

2014年5月26日

对《文献目录典·文献学分典》经总部群经义部和谶纬部书稿的审读意见

审读了这两个部的书稿清样，约三十多万字。可以看出编纂学者十分认真，极力搜集各方面的有关文献资料，充分反映了这两个部的历史文献面貌，校勘也十分认真，资料中很少错字。但编者对编辑体例不太熟悉，仍存在不少问题。

现将有关情况，举例如后。在经总部群经义部中和谶纬部中，共收录了《清史稿》类资料 320 条，《续修四库全书提要》类资料 116 条，《四库提要》类资料 88 条。所收这三类资料，均有不同的问题。

《清史稿》是清代遗老赵尔巽主编。1914 年设清史馆，开始编纂，1927 年基本完稿，1928 年刊印。编纂者都是清朝遗老及旧文人站在清朝封建统治者的立场叙述清代历史，初稿未经复核。文稿仓促付印，体例不一，史实有错漏颠倒，甚至文理不通。但也较系统地汇集了有关清史素材。1976 年中华书局出版点校本，改正了许多错误。《大典》明确规定，资料成书的下限时间是 1911 年 12 月 31 日。不符合这一条件的一概不收。已出的大典各书，均按照这一规定处理。《清史稿》亦应按此处理，不在收录范围，以保证《大典》质量。《清史稿》的资料，如比较系统，质量也好，可另书出版，不要和《中华大典》搅在一起，以免产生不必要的误会。

《续修四库全书提要》。《续修四库全书》是 2001 年由上海古籍出版社正式出版的，已组织一批学者正在编写“提要”，至今尚未完成，更谈不上出版。现在《文献典》收录的《续修四库全书提要》是历史上留下的一批资料。从光绪十五年(1889)起，多次有人建议续修《四库全书》，由于种种原因，并未真正开始编纂，至1928年北平文化科学研究所，将“续修四库全书”列为课题，中国学者利用日本退回的庚子赔款，购买古书，收录和编写提要及有关资料，抗日战争中，被日本劫走。1972年，台北商务印书馆根据日本京都大学人文科学研究所藏的部分提要油印件，编印成《续修四库提要》，著录书籍一万多种，约占原稿的三分之一。1993年北京中华书局正式出版了所编的《续修四库全书总目提要》（经部）。可以看出现在《中华大典·文献目录典》中所收录的《续修四库全书提要》是1912年以后的今人产品，如有价值也可另行出版，但不应收录在《文献目录典》中，这是为了保持《中华大典》的统一性和质量。

《四库提要》在《经总部》群经总义部和谶纬部中，收资料88条，这都是从《四库全书总目提要》中全文抄录下来的。1.这都是二手资料，量大，可否作些精简，有原版书的，可否酌收原版。2.现有标目也有些不准确。不能只标《四库提要》，应标《四库全书总目提要》；应补上卷次，如“卷三三”、“卷六”等等。存目要标目，与非存目分清。3282页“《四库提要·易类》”，应标为“《四库全书总目提要·卷六·易类附录》”。3.53页上栏倒数8行“使读者有所据依”，“据依”是“依据”。4.标目中有的是《四库提要·易类》，有的是《四库提要·易类六》，不统一，应校改。

标目中问题较多。除先秦·二十四外，所有条目都要标“朝代、作者、书名、卷次或文名”，但“经总部”、“谶纬部”中几乎都没有标全。如3页：第一条应标《汉书卷三·艺文志》，少了“卷三”；第二条应标“唐·陆德明《经典释文序录》”，少了“唐代”；第三条应标“隋书·经籍志一·经部”，少了“一”字。一共三条，每条都未标全。全文还错了几个字及标点。上栏“《经典释文》”条，“随疾投药”，“疾”是“病”字。“《七志》，《孝经》”之间不是“，”应是“、”。下栏，“今亦□□不取”，应去掉两个空□，是“今亦不取”、“□相蓰次于《诗》下”空“□”是“依类”两个字。“左丘明受之于仲尼”，“之”是“经”字。“又非□□□次”是“又非记传之次”漏了3个字。一页中不到2000字，错了十多处。

第4页上栏：“晁公武”条，应是“宋·晁公武”，未标“宋”代。下栏“马端临”条，应标“元·马端临《文献通考卷一七四·经籍考一总叙》”，少了“元”代和卷次。本条中“卂三百二十七万六千岁”是“卂三百二十六万七千岁”；“七曰修飞纪，八曰因提纪，十月流讫纪”（唐司马贞撰）应是“七曰循蜚纪，八曰因提纪，十月疏仡纪”；“泽及百姓，明于本教”，“教”是“数”字。本条延至5、6页，5页上栏，顺3行“往而不反”，“反”是“及”字；顺19行“臣请史官非秦记皆烧之”，“皆”为“者”字。

第8页，“朱彝尊《经义考》”条，应是“清朱彝尊《经义考》卷二九五”，少了“清”朝和卷次。下栏“通说二”少了“卷二九六”。延至下页“通说三”少了“卷二九七”。

第9页下栏；“叶德辉《观古堂藏书目·经部序》”，其他地方还引用了叶德辉的《书林清话》、《藏书十约》。叶德辉(1864—1927)是清末民初人。他是清朝吏部主事，历来反对新政、新学，因囤积粮食，引发民潮，1910年被清朝削籍。1927年被农民运动镇压。《清林书话》、《藏书十约》是1912—1927作品，1928年前后才出版，不在《大典》收书范围内。《观古堂藏书目》是何时出版，请核查，如果也是1912年以后作品，也应删除。

书稿中共收清代姚振宗《汉书艺文志条理》(六卷)、《汉书艺文志拾补》(六卷)、《后汉艺文志》(四卷)、《三国艺文志》(四卷)等书的资料80条，标目不全、不统一。标目中都没有标作者的朝代，都没有标资料的卷次；同类性的资料中，有的标“谶纬”，有的标“谶纬类”。如13页“姚振宗《汉书艺文志条理·孝经》”，应标明“清姚振宗《汉书艺文志条理·孝经》”。

武作成在99、102等页中撰写了多条与清史稿有关的文献如《清史稿艺文志补编·经总义类》。此类条有几个问题：1.没有武作成的朝代；2.没有作品的年代；3.引用书目上没有武作成的资料。应明确。

在23页以后，多处有《中国古籍总目》条，都未标明《中国古籍总目》的作者及成书时代。《中国古籍总目》为当今学者傅璇琮先生所编，不能收入，应删。

13页以后“五经”、“五经杂义”、“五经通义”至115页“说书偶笔”都是“论述”中的“专题”，比较普遍的问题是标目不规范、不准确。如“五经”栏收录了4条资料。(1)“《汉书·艺文志·孝经》《五经杂议》十八篇。石渠论”(2)“《新唐书·艺文志·小学类》张参《五经六字》三卷”应标为：“汉·石渠论《五经杂议》十八篇”。“汉书·艺文志·孝经”和“朝代张参《五经六字》三卷·新唐书·艺文地一·小学类”。“五经杂议”栏收了《汉书》、《旧唐书》、《新唐书·姚振宗》等条，标目都不准确，《汉书》条应标“汉《石渠论》十八篇《汉书·艺文志·孝经》”，旧唐书条应标“汉　刘向撰《五经杂议》七卷·旧唐书·经籍志·解经”，姚振宗条应标“汉　石渠论《五经杂议》十八篇·姚振宗《汉书艺文志条理·孝经》”。又如14页《五经通义》栏，有“旧唐书·经籍志·经解五经通义九卷刘向撰”，应标为“汉　刘向撰《五经通义》九卷·旧唐书·经籍志·经解”，又如3299页下栏“乐伟”栏有5条：(1)“《隋后·经籍志·谶纬》、《乐纬》三卷宋均注”；(2)“《旧唐书·经籍志·经纬》《乐纬》三卷宋均注”；(3)“《新唐书·艺文志·谶纬类》宋均注《乐纬》三卷”；(4)郑樵《通志·艺文略·乐》《乐纬》三卷宋均注；(5)姚振宗《三国志艺文志·谶纬类》宋均《乐纬注》三卷《隋书·经籍志》；《乐纬》三卷宋均注。《日本国见在书目》同。《唐经籍志》同。《艺文志》宋均《乐纬注》三卷。应标明“东汉·宋均注《乐纬》三卷”就可以了。在各条中，有许多资料重复，如“《五经杂议》十八篇”、“《五经杂义》七卷”，完全重复者可删除。对全稿应进行认真梳理，取其要者。

此外，在引用书目中有许多著作未收入，有的未标来龙去脉，请标明。

2014年6月12日

对《宗教典·道教分典·经籍总部》的审读意见

经审读《经总部》书稿框架体例，符合《中华大典》的要求，也具有道教特点，所录资料比较集中，主要是抄录了“中华道藏”的版本，也收录了少量其他版本的图书，道藏是已经过专家整理过的古籍资料，比较可靠。全书反映了历来道教文献的面貌，质量较好。

审读中也感到有些不足，有些地方尚有疑问。《道藏目录详注》是收录资料的主要书目，但有许多地方与送审样稿不同，比如：标目是“《道藏目录详注》卷三”XXX 书。但内容与《道藏目录详注》不同，有的多了许多文字，有的删去了不少文字，为什么差异那么大？举例如后：

716 页下栏《悬解录》条的“著录”“《道藏目录详注》卷三与《玉碑子》同卷”后，多出了一段文字，不知来自何版本，多的文字是“汉安帝时，刘泓弃官入山，至延光元年，九霄君降世，授泓解金石药毒五子守仙丸方”。

同页下栏倒数 2 行“《道藏目录详注》卷三”后多了“言八石有毒，惟三丹可服。凡中毒者，伏龙”。

717 页上栏“《神仙服食灵芝菖蒲丸方》”“著录”栏《道藏目录详注》卷三条在“大圣之诊方”后漏了“游山隐士道士潜入皆”9 字。

同页下栏“《蓬莱山西……》著录”栏“《道藏目录详注》卷三　二卷……黄玄钟撰”后漏了“言外事法”，多了“言草木制伏五金八石歌一百七十二首，内皆隐名”20 字，这 20 字不知来自何处。

718 页上栏著录“《道藏目录详注》卷三　一卷煮诸石化水法，龙芽易名证，制伏五金八石”一卷后是“煮药石法”，没有其他文字。

同页上栏著录"《道藏目录详注》卷三　一卷"后只有"言药物所产之原神丹秘旨",没有地"配合金公第一……配合同炁第二十"等文字。

同页下栏"石药尔雅"是"药石尔雅"。

719页上栏"《丹房鉴源》著录"条"《道藏目录详注》卷三　上中下同卷,紫阁山叟独孤滔撰。……诸粉篇第十,皆金石杂类"后无文字,但书稿上有"诸硝篇十一、诸水十二……杂论二十五,点制五黄丸子方"多几十个字。

720页下栏"《丹房奥论》著录《道藏目录详注》卷三　一卷　天禧学仙子程了一著……十五论作鼇,十六论装制"无"无禧"、"十六论装"等字;有"俱言外丹法"。

721页下栏"《指归集》著录卷三　一卷高盖山人吴悟譔","譔"是"撰",后有"言外丹药扬";无"还丹不用药……火候王,其文多引经契古歌。"多了30多个字。

721页"《丹房须知》,著录《道藏目录详注》卷三与《大丹记》同卷……采铅药泥"有"等法皆言神丹"6字;无"燠养中胎……皆引经契语"等30多字。

722页"《金华玉液大丹》著录《道藏目录详注》卷三　一卷……煮沙法、养法……琉璃法"一百多字。只有"卷三.三卷.言外丹",删减了一百多字。

723页上栏著录《道藏目录详註》卷三上下同卷。上卷"海琼老人白玉蟾授,乃以铅炼山泽白金……七转,皆图"删去30多字。应是"上下同卷海琼老人白玉蟾授三山鹤林隐士彭耜受言神丹法",增添了13字。

下栏"《庚道集》著录《道藏目录详注》卷三.九。言五金八石服食炉火……大麻疯药方"二千多字均删,改为"卷三　卷之九　言外丹"。

724页"《修炼大丹要诀》著录《道藏目录详注》卷三.二卷.上丹……"300多字。无此条。

725页上栏"《龙虎还丹诀》著录《道藏目录详註》卷三　二卷.金陵子述.上卷紫华红英大还丹诀.变水艮……草木去绪晕法",应是"金陵子述紫华红英大还丹诀",删去100多字,增"并治录法,俱言外丹药物"。

同页上栏"《通幽诀》著录《道藏目录详注》卷三.一卷言丹砂","言丹砂"改为"言外丹"。后面有"州县山谷名……服术法"20多字删除。

同页下栏"《还丹肘后诀》著录《道藏目录详注》卷三.三卷.稚川郭真人撰

……吕祖写真自質”。“稚川”后均删;增加“言丹药”3字。

同页下栏“《太清修丹秘诀》著录《道藏目录详注》卷三 一卷”。内有“采种灵砂修丹法、冲虚子太药真铅诀、坎离二用法。皆言会清静,俱尿执象”。“坎”改为“二”;“皆言”以后全删除。

727页下栏“《大丹篇》著录《道藏目录详注》”只留“三卷 一卷,言外丹”,其余全删除。

728页下栏“《上洞心丹诀经》著录《道藏目录详注》”,“上洞心心诀经”是“经诀”。内容留卷三、三卷有图,太极真人嗣孙手述。增加言内外二丹。删除“卷上,至大丹宜忌”一百多字。

732页上栏“《丹论诀旨心鉴》著录《道藏目录详注》卷三 一卷”后尽删除;增加“外丹”二字。

下栏“《金晶论》著录《道藏目录详註》卷三”,无此条。

730页下栏,《大还丹照鉴》著录《道藏目录详注》卷三.一卷增“言外事”3字,余30多字删除。

此外,还有一些其他问题:对标目,大典规定是“朝代.作者.书名.卷次.文名”等。送审书稿标目中都没有标明朝代,为与已出版的“儒教分典”一致,不标朝代也可以。但其余是应该标明的。如《文献通考》、《道藏目录详注》应标明马端临、白云霁。许多书都未标明。

许多书未标明卷次或标错了卷次。如612页《文献通考》应标明“卷二二四”;同页的《上次大洞真经六卷》应是“卷一之六”。614页应是“卷一之十”,616页《真诰》二十卷应是“卷一之十”。617页“《四库全书总目·子部·道家类存目》”,子部后应标“卷五七”。645页《文献通考》“卷五二”应为“五一”。未标卷次或错标卷次的地方很多。

错、漏字句不少。612页下栏1行“所主所居宫”,“主”是“生”字;613页下栏倒数1行“此经转演三洞之府”,无“转”字;616页《真诰》后面,漏了一句“实升仙之要书也”;624页上栏,著录栏,倒数1行最后漏了一句“实生死之上机真性命之大要”;626页下栏顺1行“解读”后漏了一句“;达空玄之妙,尽性命之机,通贯群经,包罗众妙”;627页上栏,倒数1—2行两个“烛”字,均是“灯”字,“得所见”是“得有所见也”;629页上栏著录栏《道藏目录详注》条,六卷是

“共六卷”。此段漏了3段文字:(1)“蕴藏在大洞玉清境藏中”后有“无毁无坏,无生无灭,甚然常住,遍众妙门”;(2)“蕴在大洞上清境藏中”后有“为妙清静,为诸天根万有之基”;(3)“蕴在大洞太清境藏中”后有“济生度死为万法舟船,此三清与内真藏之中,示有名迹,众妙门包罗外妙入细微”;631页上栏顺1行“共十卷”是共“六”卷;636页下栏“卷一 五卷”是“卷一之四.共四卷”;最后还漏了一句话“乃自重玄微十方元始天王所运炁撰集也”;637页下栏“卷一七卷有图”,应是“卷一之七有图”;639页上栏《道藏目录详注》最后漏了一句话“眙著幽微靡所不载”;642页下栏“《文献通考》”条,应有“卷二二五”。“于吉”错成“干吉”。于吉是道士,确有其人,为孙策所杀。三个“于吉”错成了三“干吉”,请改正;645页下栏“《文献通考》”条,应标“卷二二四”,“卷五二”应为“卷五一”;646页也应按此改正“卷二二四.卷五一”“晁氏曰,题曰太上”应是“晁氏题曰”;649页下栏“《道藏目录详注》”条“以覩自然演要神类等语”,“覩”是“睹”字,“自然”没有“,”,“神类”是“伸类”;“四库全书总目”条,应有“卷一四六”。倒数3行“后以版归毛”,“版”是“板”字;652页上栏著录栏“《四库全书提要·子部·道家类》《唐书·刘知几传称》”,没有这条内容,这是来自哪里?659页上栏“老子解·著录”栏《四库全书提要·子部·道家类》《老子解二卷》,应是“《道德经解》二卷,宋苏辙撰。辙有《诗传》已著录”。此条后面“各明一义”后,删了一段文字“《杂学辩》所攻四家,攻其解《易》,解《中庸》,解《大学》者可也;攻及上书,则不揣其本而齐其末,不如经攻《老子》矣!”没有“今既存《老子》以备一家,辙书亦未可竟废矣。”;678页下栏“《四库全书提要·子部·道家类》”应是“《四库全书卷一四六·子部·道家类》”,此条中“以八比法语”,“语”是“论”字;677页上栏“《四库全书提要》”条,应是“《四库全书总目提要卷一四六》”文中有几处不妥:顺2行“事迹具《宋史》本传。……更约其词”是“事迹附见《宋史安石传》……而更约其词”;694页上栏《文献通考》中“七贤注”是“十一贤注”;713页上栏著录栏“《四库全书提要》”是“《四库全书总目提要卷一四六》”,顺3行“牝马之真意”“真”为“贞”字,最后1行“虽声相近”“虽”是“难”字。

引用书目与前面标目不统一的地方很多。如1830页说《道藏目录详注》的作者是李傑。请核查,一致。

引用书目最后几本书是什么时代出版？陈垣是何时所写？请查。如属1911年以后出版，则必须删去。

2014年6月27日

对《生物典·动物分典》送审稿的审读意见

经审读,《动物分典》约860万字。从总体来看质量比较高,主题明确,始终围绕主题搜录文献。有文字以来关于动物的资料从甲骨文记录动物的起源到辛亥革命时的动物文献都有记载,比较系统。分布在每个朝代的文献都有收录,比较齐全,比较细致,比较准确。编纂学者十分认真。比较难得的是还收录了一些日本人、英国人所写的中国的动物文献。贾似道史评虽不佳,但他所著动物文献均收录在内,可见作者以事为重、以学术为重。

虽整体质量较好,但仍有些不足。

甲骨文的动物文献比较珍贵。1899年后才有较多的发现,1903年才出版了刘鹗精选的第一部甲骨文著作《铁云藏龟》,应收,但其释文应在提要中略加说明。

标目很多条不统一。如《重修玉篇》的标目,108页是标"宋·陈彭年等撰,《重修玉篇》(顾颜五撰,孙强增补)"。但65页又标"南朝梁·顾颜五《重修玉篇》(孙强增补,陈彭年等重修)",请修改为统一标目。

《尔雅注疏》,36页标目是"《尔雅注疏》晋·郭璞注,唐·陆德明音义,宋·邢昺疏",在65页标目是"宋·邢昺撰"。到底是撰还是疏,请更正。

《尔雅注》,80页标目是"晋·郭璞撰《尔雅注》卷下《释虫第十五》",但103页标目是"晋·郭璞《尔雅注·释虫第十五》"。差异大,不统一。

《说文解字》,23页标目是"汉·许慎撰,南唐·徐铉增释《说文解字》卷二上",但86页标"汉·许慎《说文解字》(徐铉增释)卷一三上"。请统一。

很多内容重复。《六书故》,28页"元·戴侗《六书故》卷一",31页是"《四库全书总目》卷四一《六书故》卷三三卷，宋·戴侗撰”。两条说法不一。戴侗到底是元人还是宋人？一条有“撰”字：一条无“撰”字，为什么？在68页中，《六书故》的内容与28页、88页中《六书故》内容重复的有“虴”、“蝗”、“蜮”、“蝝”等。完全不必重复，其他地方有许多类似的重复。

有许多条目的“音义”，是可以不要的，应删除的。

其他还有许多讹误，如15页下栏，最后一行“宋·魏了翁辑《周易要义》卷上一”应是“卷一上”。18页“《周礼注疏》”条应将“卷一〇”放在“《周礼注疏》”下。顺9行“杜子春读生为性”性是“牲”，又卷二二应标明“冢人春官宗伯下，注”。

20页“《论语》”条，“又”字应改为“《论语·微子》”。

23页上栏，“《急就篇》”条“蝦蟆”应是“蝦蟇”。

23页下栏，倒数3—4行，3个“羊”字，应是“芊”字。

32页上栏，“又卷四三”应为“又卷四三小学类存目一”；“又卷二九”应为“又卷一一九子部二九杂家类存目一〇”。

36页“尔雅·目录　卷九释虫第一五卷一〇释鱼第一六释鸟第一七卷一一，释兽第一八释畜第一九”应为“尔雅目录：卷九，释虫第一五·卷一〇释鱼第一六；释鸟第一七，卷一一，释兽第一八，释畜第一九”。

42页下栏，“《周礼注疏》”条倒数第4行“司农及干”是“司农及于”；倒数3行“居倫反”是“君倫反”。

43页上栏，“又卷二九”条，在“又卷二九”后加“大司马”。“群司马振铎”，应是“司马振铎，群吏作旗”。“遂鼓行”应是“鼓行，鸣鐲车”。漏3个字。“又卷四一”条，应是“又卷四一·梓人”，本条中几个“虵”字，应是“蛇”字。

44页：上栏，“又卷一六《月令》”条，顺6行“物转壮大”是“盛大”，“皆据四对之物”是“皆象”。下栏，“又·王昭禹《周礼评解》”条是“详解”，不是“评解”。

49页“《四库全书提要》卷一三五《艺文类聚》”应是“《四库全书提要》卷一三五·子部·四五·类书—《艺文类聚》”。

64页上栏“《诗经·召南·草虫》”应是“《全诗正义》卷九”。

65页上栏“《尔雅注疏》”条，“邢昺撰”，有的地方说是“邢昺疏”，到底是“撰”还是“疏”？请核实。许多地方，对“又”字的用法不统一，是何原因？

85页下栏“《诗经》”条“无害我田穉”，“穉”是“稚”字，指幼苗。

102页下栏，“《搜神记》”条，“曹掃致谒”，“掃”是“椽”字。本行“敞不受，退”。应是“敞不受。退”，错了标点。“刺史谢令还寺舍”应是“刺史谢，令还寺舍”。

106页上栏“《诗经》”条，“亦既覯止”，“覯”是“覯”。

108页上栏“诗经·召南·螽斯”，“召南”是“周南”，错一字。

181页“艺文”栏，引用古诗，排序比较乱，应按时代顺序排。

2014年8月19日

对《园林风景名胜分典》的审读意见

粗阅了分典的全部书稿，重点审读了《私家宅园部》。总体框架、标目、体例符合大典规定，选材比较精细、广泛，有园林风景名胜特点。编纂者是认真的。

《私家宅园部》按朝代选录资料，是合适的，眉目比较清楚。对书稿的点校，绝大部分比较准确，但也有错漏。

问题比较大的是“艺文”，引用诗词太多。“园林、风景、名胜”选用诗词，不能太多，只能选有代表性的几条，而且应与林木有关。特别是明代、清代的要精选，否则“艺文”会成为历代诗词的堆积。明代选王世贞的诗有150多首，篇幅太大，其他人也有10多首、20来首的。如《咏薜荔园》，文徵明、何景明、顾璘、朱应登等每人都有15首左右，都是咏的那10来个景点，总数也有60首左右，大可精选。

清代“艺文”中，集录的诗也不少。仅“艺文”就有22页，4万多字，与其他栏目比较起来，显得太大，分量太重。陈作霖咏“可园”就多达23首。朱犖也有20多首。建议“艺文”栏，诗应少一些，要精选。

在《私家宅园部》中，也有一些不足，差错比较多。举例如后：

1. 1150页上栏顺1行“太平寰宇记”条，在郭缘生前应加“金谷”二字。上栏“长铗巷”中，“巷有冯谖宅。谖客”两个“谖”字，应是“煖”字。下栏顺数2行“伧尔”后，不应是“！”，应是“，”。“中吴纪闻”条中，顺数4行“叜茸园中景”，“叜”字应是“更”字。

2. 1151页“纪事”栏，“汉《西京杂记》”应是“汉刘歆、晋葛洪撰”，不仅是刘歆一人撰。《西京杂记》条顺数“行之”后应有“，”；“不能徧也”是“不能遍也”。“又卷四”条顺2行“花蔃”是“华花”。“后汉书”条“冀乃大起第舍”在“冀”字前应加“统玄孙”因为“起第舍”的是“梁统”的玄孙。1151页下栏顺数1行“能治田，殖至三百顷”，标点错了，应是“能治田殖，至三百顷”。

3. 1152页上栏，顺2行“何必踰此”，“踰”为“逾”字；顺4行“豹为诗曰”，“豹”为“逸”字。

4. “艺文”栏，张衡“归田赋”中有几个错字：顺3行“超涘尘以遐”，“涘”是“埃”字；倒数第3行“极盤游之至乐”，“盤”是“般”字；倒数第2行“遗诫”是“遗诫”；“弹五经之妙指”，“经”是“弦”字。1153页，陶潜的“《归园田居》”中，“榆柳荫后园”句里，“园”字是“檐”字；1153页下栏顺2行里，沈约的《郊居赋》中，“困犯檐而刊树”“困”是“因”字；顺10行“抽红英于紫蒂，御素蘂”是“紫蒂，衔”3字；顺4行“纤鯈钜鳠”，“鯈”字是“鰷”字；庾信《小园赋》中倒数第3行“连珠细茵”，“茵”是“菌”字。1154页上栏顺6行，“令”是“命”字。顺10行“或陪玄武之观，时”，“观，时”是“观时”。顺13行“光华兮已晚”，“光”字是“菁”字。

“杂录”栏，1154页下栏顺4行“康僧渊在豫章去郭数十里立精舍”，“豫章”后有“，”。

1155页上栏顺6行“下体兼采”，“采”是“採”字。

1157页下栏，顺3－4行“凡远于国門、”，“、”是“，”。“門”是“闞”字。顺15行，“富时为贵。”“富”是“当”字。

1158页下栏“钴鉧潭西小丘记”中有几处错：“寻山”后漏了“而西”两字，“西二十五步，当湍而”没有“而”字，“湍”字后是“之”。顺6行“剷刈”应是“剷割”。顺13行“贾四百”是“價四百”。

1160页下栏顺4行“飞泉落檐间”，“檐”是“簷”字。顺11行“刊于石云”应是“刊于石，云”漏了一个“，”。

1162页上栏“五泠然”条“梁疑作汝颖多土”是“梁颖多土”，多了“疑作汝”于字。本条顺4行“之百裹”是“之百里”，错了一个字。本条顺13行“自徒为”是“自從为”。顺16行“願立锥而无地”。“願”字是“顾”字。本条共错漏6字。

1163页上栏“又《晦日游大理……》”条，顺2行“仁里霭川阳”，“仁”是“人”字；“园庐鸣春鸟”，“鸟”是“鸠”字。顺3行“临当送南坡”，“送”是“游”字。

同一行“归辙继微官”是“归与绌微官”，错了 2 个字。顺 5 行“高馆临澄波，旷然荡心日，澹淡动云天，……雉雛响幽谷。应接无门暇，徘徊似踯躅。纡组上春堤。”“波”是“坡”字，“然”是“望”字，“淡”是“荡”字，“雛”是“雏”字，“门”是“间”字。“似”是“以”字，“堤”是“隄”字。本条中共错 12 字，请核对。

“杂录”栏，1171 页上栏“南史”顺 3 行“形入紫闼而意在青云”，“闼”字后没有“，”号。

1172 页以前是隋唐部分，但 1172 页用的图是“清成县新志”上的图。应是“图随文走”。这样组合不妥当。如果没有图，可以不用。

1238 页“清 杨谦 李高孙《梅里志》卷六”，“梅墅”、“南园”是“顺治间王上舍”，为什么放在明代。似乎违反了排序的做法，请查。

虽然做得比较细致，但仍请对全稿作举一反三的阅读，对不足处请认真处理。

2014 年 9 月 4 日

对《地域民俗分典》的审读意见

《地域民俗分典》约400多万字，于2014年8月12日报送终审，因资料不全，补送资料，拖延了一段时间。

我重点审读了《西北地区总部》、《南方地区总部》、《目录》，其他部分只是粗阅。

《地域民俗分典》包括的范围十分广泛，历史上民族分部比较复杂，变化极大，归类不一，经纬目分类有较大难度。

从收集的现有文献资料看，作者十分精心，十分仔细，克服了许多困难。文献资料收集广泛，内容比较丰富，点校认真，引用正史的资料更为准确，差错极少，总体质量是比较好的。

但是，书稿中仍有不足，目录、标目、内容、文字错漏、点校等，均有疏漏。

经目、纬目分类，仍有值得商榷之处。按大典规定"经目一般为四级，典、分典、总部、部，若有必要，在部下可延伸二级，成为六级经目"，可延至分部、专题。大典的纬目，一般是9项，题解、论说、综述、传记、纪事、著录、艺文、杂录、图表。纬目一般不向下延伸。但从《地域民俗分典目录》看，经、纬目分类，有的并不一致。《南方地区总部》的提要中，对经目的内容分得比较清楚，根据少数民族的特点，专项题目中，设了29项：岁时、礼仪、宗族、占卜、婚姻、文化教育、音乐舞蹈等。这是可以的。但是，各总部设置并不统一。如"东北地区总部"，在"高句丽部"下，设有礼仪，宗教信仰、传说等等；"西北地区总部"则是在分部下设宗教信仰、传说等等。同样的专题项目，分布并不相同，可否作些调整。经目的专题项目，有的总部，设得比较杂，如"东北总部"在部下增设了"孝道”“春山秋水”“射柳”“发式化妆”“歌谣”“木兰秋浦”“谣谚”。“北方总部”在部下设了“狩猎”“农牧业”“宗族社会”“习惯法”“神话传说”“文化卫生”“复仇”“农牧手工业”。“西北地区总部”设了“采集业”“渔猎业”“称谓”“商贾”“盟誓”“建筑居住”“民间文学”。“南方总部”设了“记事”。有的设在部下，有的设在分部下。有的一项内容有几个不同的名字：如商贸、贸易、商贾。将农业设为农牧、农牧手工业。名字和内容五花八门。有的内容并不充实，应集中一些，可精简些项目，名字应统一，否则，显得太乱。

纬目也可以作些调整，有些与民俗无关的内容可删减。有许多农业、物产、传记、艺文等等，均与民俗无关。1038 页“突厥部”农业纪事中，张俭传，并不是讲突厥民俗，而是讲张俭的作官爱民之道，无民俗内容。1050 页“回鹘部”《新唐书》条中，讲郭子仪会见呼延谷，可汗要郭子仪拜“狼纛”，也不是讲民俗。1059 页农业栏的“元史”《世祖纪四》“敕往畏吾儿地市米万石”，1074 页“哈密分部”物产条的“综述”是汉朝与匈奴争夺车师之战，1060 页上栏第 1 行讲陆羽嗜茶，这些都无民俗内容，可大大删减。

1123 页“新疆地区总部”“采集业”的纬目中有“艺文”、“杂录”颇有些文不对题。有些“岁时”、“称谓”下设的纬目，内容多是文不对题。

1142 页“祭礼”条的“综述”开头有 200 字的述说外，紧接排列了 40 座庙的名字，约 1800 字，似可以删除。总之，以上所讲各项，可作些调整。

有的标目不统一。1030 页下栏“通典”条应加“唐・杜佑”。书稿中，大部分“通典”条，均没有作者，应一律加上。本页中通典条“近侍重臣者”，“者”是“等”字。顺 5 行“次特勤”，无“次”字。顺 6 行“及余小官”，无“及”字。顺 13 行“然后始坎而瘗之”，“瘗”是“葬”字。

1031 页下栏“太平广记”条，“卷一七三引《谈薮・卢恺》”，应删去“引”字。“谈薮”二字应移至本条后面，“中书监子刚之子也谈薮”保持原书面貌，不必移至标目前面。全书中有“太平广记”许多条，标目请按此改正。本条中“穹庐为帐”，“穹”是“窮”字。

1032 页上栏“《新唐书》卷八〇《太宗诸事传・常山王承乾》”，常山后有“愍”字，是“常山愍王”。

1034 页上栏“《通典》”条，顺 4 行“次吐屯”无“次”字；顺 6 行“肥纛者谓之大罗便”，是“肥纛者谓三大罗”，多了 2 个字。

1036 页下栏“通典”条“景龙二年三月”，是“景云二年三月”，错了一个字。

1040 页上栏“《通典》”条，顺 3 行“代居金山”是“代居金山城”，漏了一个“城”字；顺 4 行“因以为号。或云，其先国”是“因以为号焉。或云，其国先”，漏了一个“焉”字；“先国”二字应为“国先”。下栏第 1 行，“大外讬妻孕”，“讬”是“托”字。

1041 页下栏《通典》条，错字较多。顺 2 行“白昆子、青昆子皮”，白昆子是白子，无昆字。顺 4 行“去康居界三千里”，“三”是“二”字。顺 5 行“而北丁令在乌孙西”，“北”字是“此”字；同 1 行“又匈奴北有浑窳国”，没有“有浑窳国”四字。顺 6 行“有丁令国”，没有此 4 字。同行“明北海之南自复有丁令，非此乌”，此句中错了 3 个字：“明”是“自”字，“自”字是“又”字，无“此”字。顺 7 行“马脛国”是“马脑国”，错 1 个字。顺 8 行“马脛马蹄”是“马脑”。倒数 3 行“初号为狄历”，漏“因”字，是“初因号”。倒数 2 行，错了 4 个字；“时有小异”，“小”是“少”字；“匈奴之甥也”，“甥”是“人”字；“袁纥氏”，“袁”是“表”字，“解批”是“解楷”。倒数第 1 行“護骨氏、異奇斤氏”是“異氏、奇斤氏”，错 3 个字。

1042 页上栏顺 8 行“熟内節解，主人”是“熟肉。即主人”，错了 3 个字；顺 9 行“极取良”，“极”是“揀”字；顺 13 行，“以皮裹羊骹”，“骹”是“骸”字；倒数 6 行，“北褥”是“北振”；倒数 5 行“并无君长”是“并有君长”。下栏倒数 13 行“二年乃化为石”是“三年”；倒数 10 行“阿趺”是“阿跋”；倒数 8 行“六日行”是“六日行至”；倒数 4 行“多貂鼠骨咄也”，无后面 3 字；倒数 3 行“饶羊马”，“羊”是“牛”字。

1072 页上栏，顺 1 行“左拾遗”是“右拾遗”。顺 9 行“愿择刍言”是“愿挥纶言”。

1084 页下栏“《新唐书》”条顺 3 行“蒲陶”是“蒲萄”。

1086 页下栏，“《新唐书》”条顺 2 行“自耆焉西南步二百里”是“一百里”；顺 3 行“蒲陶”是“蒲萄”。

1090 页下栏“《通典》”条，顺 1 行“工人阜”是“二人阜”。

1091 页上栏《通典》顺 2 行“有曹婆罗门”；“曹”是“唐”字；顺 5 行“《齐龟兹》、《土龟兹》”，“土”是“五”字。

1092 页下栏倒数第 3 行“蹁小沙碛”,“蹁”是“谕”。

1094 页下栏顺 5 行“工人皁”是“二人皁”。

1108 页下栏顺 3 行“王坐人床”,“人”是“金”字。是“王坐金床”。

1800 页上栏,“夜郎分部”“唐·杜佑《通典》《边防三·南蛮上·夜郎》”条顺 3 行“其国鄰牂牱江”,“牂牱”是“牂牁”。

1801 页下栏,《通典》顺 3 行“后沈木化为龙出水”,“沈”是“沉”字。“宋·李昉等《太平广记》卷四八二引《独异志·哀牢夷》”条,应是去掉“引”字。《独異志》按原文移至本条后面。“哀牢夷”前,应加“蛮夷三”。

1802 页下栏倒数 2 行“略与牂牱相类”,“牱”是“牁”字。

1803 页下栏倒数 2 行“即汉之西夷也”是“西南夷”,漏了“南”字。

1804 页上栏顺数 5 行“衣服以牟甲”是“衣服被以牟甲”,漏了“被”字;顺 9 行“青斜山出金银”,“斜”是“樑”字。

1805 页上栏顺 4 行“《太平广记》卷四八三引《南楚新闻》”应移至本条最后,在“芋羹”前加“蛮夷四”3 字。本条顺 4 行,在“后投蛙”前,加“笥”字;顺 5 行“疥皮者最佳”,“疥”是“介”字,顺 7 行,“其味绝珍”,“珍”是“珎”字。

1813 页上栏,《太平广记》标目亦应按此条改正。

1806 页上栏,《后汉书》条,“其西有噉人国,生首子辄解而食之”,这样的内容是否可以用“【略】”代替,不必收录。本页《噉人国》条,讲互食父母,亦可删除。

1808 页“落头民分部”,张华《博物志》条,文中有“南方有落头民,其头能飞。……以其头飞,因眼便去,以耳为翼,将晓,还复著体,……”。此条似可删除。

1810 页上栏顺 2 行“若以贯头”是“或以贯头”。

1811 页下栏顺 4 行“其丈夫称阿謩·阿改”,“改”是“段”字。

1813 页下栏,《旧唐书》顺 3 行“幹欄”是“干欄”;顺 5 行“为发鬟垂于后”,“鬟”是“髾”字;“贵者亦有珠榼”,“榼”是“櫖”字。

1814 页下栏“飞头獠分部”,在《太平广记》、《新唐书》、《赤雅》、《说蛮》中均有记载,此条完全违反科学,应删除。

1836 页下栏最后 1 行,“其毛五色”,“色”是“采”。

1837 页下栏倒数 6 行，“瞫氏”是“瞫氏”。

1867 页下栏，《旧唐书》条，顺 2 行“北至蛮”是“北至白蛮”；顺 3 行“但为佘田”是“但为畬田”；最后一行“女妇夫家”是“女归夫家”。

1868 页上栏，顺 1 行“旬乃出。宴聚……”是“旬方出。讌聚……”，顺 1 行“未尝舍离”，“舍”是“拾”字。顺 2 行“有衫襖大口裤”，“裤”是“袴”字。

1869 页下栏顺 8 行“阴阳麻数”，“麻”是“歷”字。

1872 页上栏，顺 10 行“有功如锦”，“如”是“加”字；顺 17 行“不徭”是“不繇”。

有其他几个总部的书稿，也有以上所讲的问题，请举一反三，进行通读勘正，以保证全书的质量。

2014 年 9 月 30 日—10 月 4 日

对《骨科总部》、《妇科总部》的终审意见

两个总部的送审稿，经初步审阅，总体框架经纬目分类，符合大典要求。文献资料搜集广泛，内容比较丰富，突出了专业特点。但编辑工作不太细致。

标目不完全符合大典规定。大典规定：标目应有朝代、作者、书目、卷次、文名等项。医学典是试点之一，开始是将作者、年代放在引用书目中，为了医学典的一致性，现仍然如旧。但从现有标目看，内容仍不全。最大的问题是没有“卷次”等内容。以骨科总部·总论部为例“《素问·阴阳应象大论》”应是“《黄帝内经素问卷二·阴阳应象大论第五》、《黄帝内经素问卷七·宣明五气第二三》”。全书约50条，均未标明。又如13页“灵枢”条也是“《灵枢·经脉》”，应是“《灵枢经》卷三·经脈第一”，灵枢也收了几十条。书名不全，少了“经”字，也没有卷次。23页下栏“《难经·二十八难》”应是“《难经本义·二十八难》卷上”，34页下栏“《甲乙经·经脉》”应是“《针灸甲乙经卷四·经脈第一中》”，其他条目中，一是好多没有卷次，二是有的有卷次，有的没有，不统一。请加以勘校，按大典的规定补正。

有少量条目重复。如37页“《解剖生理部》”的“题解”中，《灵枢·经水》条与38页的《经水》完全一样。其他地方也有“题解”中与其他条中的重复，似可删除。

错漏文字也有不少。13页下栏“素问”条，顺4行“法于是阴阳”，没有“是”字，是“法于阴阳”；顺11行“淫邪不能感其心”，是“淫邪不能惑其心”，“感”字是“惑”字；顺16行“面始焦，鬓始白”是“面皆焦，鬓始白”，“始”字是“皆”字。

14页上栏，顺2行，“此其年寿过度”，“年”字是“天”字；倒数第5行；“血

气皆从”是“气血皆从”。

15页上栏，顺2行“为阳中之少阳”在“为”字前有“此”字；下栏：《素问·血气形态》条，“夫人之常数”一句，原书是放在“形乐志苦”前面的，似乎仍按原书为好。

16页上栏，顺3行“水不能胜二火”是“一水不能胜二火”，漏了“一”字。

18页上栏，顺14行“则埃昏岩谷”，“岩”是“巖”字；下栏，顺13行“肘挛掖腫”，“腫”是“衝”字；倒数第3行“则内生心”，“生”是“主”字；倒数第1行“顋”是“囟”字。

20页上栏，顺10行“太甚为阴痿”，“太”是“大”字；顺11行“睡睡然”是“腄腄然”；顺12行“起则目无所见”，“目”是“自”字；同行“微澀甚不月沉痔”是“微涩为不月沉痔”；倒数第6行“其以立寿奈何”是“其以寿夭奈何”。本页下栏，顺10行“肺气则鼻塞不利”是“肺气虚则鼻塞不利”；倒数第4行“而调之其腧也”，“腧”是“输”字。

21页上栏，顺4行“取阳明之路”是“取阴阳之络”；顺8行“手足清”，“清”是“凊”字。本页下栏，顺8行“胫痠眩冒”，“冒”是“胄”字。

22页上栏倒数8行“眉有毫色”，“色”是“毛”字；倒7行“足太阳之下”，“阳”是“陰”字；倒6行“血气皆少则转筋”是“血气皆少则喜转筋”。本页下栏，顺4行，漏了两个“舍”字，是“传舍于经”和“传舍于输”。倒数6行“故痾挛也”，“痾”是“病”字。

23页上栏，顺4行“故为之治针，令尖如挺”，“故”是“其”字；“尖”是“小、大”二字；倒数9行“转则为喑”，“喑”是“瘖”；倒数3行，“独博”是“独转”；倒2行“俯而视之”是“俛而视之”、“卒然自止”，“止”是“上”字。

33页上栏，素向条顺2行“明气未动”是“阴气未动”；最后1行“上实下虚”是“上虚下实”。

34页上栏，顺12—13行，“至脉之病也”是“至于收病也”；顺19行“可知其吉凶不”，“不”是“否”字；顺23行“则脉不营其口唇”，前后两个“营”字都是“荣”。24行，“肌肉不润泽”，“润”是“滑”字。在“肌肉不滑泽”后面，应增加一句“肌肉不滑泽，则肉满”。最后一行“故面黑如”是“故面色黑如”。同页下栏，顺5行“既气先死”，“死”是“绝”字。顺11行“其软而散”，“软”是“耎”字；“渴暴多饮”是“汤，渴多饮”；顺 21 行“左外以候心”，“左”是“右”字。

37 页上栏，“《论语》”栏“《素问》”条顺 3 行“目受血而能视”，“目”是“肝”字。同页下栏倒数 3 行“斜络於顴”，“於顴”是“于顲”。

38 页下栏，《灵枢》条顺 2 行“循足外踝”，“踝”是“侧”字。

39 页上栏，顺 10 行“太阴之筋合”，“阴”是“阳”字。同页下栏，倒数 11 行“肠胃之小大”是“大小”，不是“小大”。

40 页上栏，顺 9 行“常留谷二斗”，“常”是“訔”字；顺 15 行“或夭寿”是“或无病”；顺 16 行“血脉和调”是“血脉和畅”；顺 17 行“气以度行”，“行”是“衛”字。

95 页下栏，“《三国志·蜀志》”应是“《三国志 卷三六·蜀书六》”，本条讲关云长“矢镞有头。毒入手骨”是“矢镞有毒。毒入于骨”。

101 页上栏，“《妇科经纶·月经门》”应是“《妇科经纶》卷一”本条内有几个错字：上栏顺 5 行“注诸络”为“注诸路”；顺 8 行“则经水凝立”，“凝”是“疑”字；下栏顺 1 行“邪之于脉也”是“邪之式于脉也”。下栏有 3 个“於”字，是 3 个“于”字。

102 页下栏，“《妇科玉尺·月经》”，应是“《妇科玉尺卷一·月经》”；本条顺 6 行“新误行”，是“新悮行”。

117 页下栏：“《妇科经纶·月经门》”，应是“《妇科经纶卷一·月经门》”。在《妇科总部》中，许多条目，都没有卷次，请一一补正。

118 页下栏，顺 6 行“宜养心实脾论”，“实”是“责”字；顺 15 行“以上五条”，应是“已上五条”，如改成以字，应加“[]”；顺 16 行“不可专耗其气”，“专”是“耑”字。

122 页下，“《妇科玉尺·治月经病方》”，应是“《妇科玉尺卷一·月经·治月经病方》”。

对两个总部清样稿举一反三，对全稿进行一次梳理，以保证质量。

此前，已经终审《医学典》的几个总部，请你们统一处理，一、编几册为好；二、各总部修改后是否统一，如“标目”等是否一致，请你们统筹考虑，一定要保持一致。

2014 年 10 月 20 日

对《先秦政治分典》书稿的审读意见

《先秦政治分典》约600万字，共分6个总部，58个部，重点审读了《政治总部》、《国王及国君制度总部》，也阅及了其他部分。

经审读，框架、体例、经纬目设置、资料分类，均符合《中华大典》要求。收录文献资料详博，内容丰富，点校错误较少。编纂学者、编校工作者仔细认真，书稿质量较高。

书稿中，仍有些问题，请斟酌处理。

1.“《三代暨列国首都部·通纪概说分部》”中的“综述”栏，有4条标目前编者概括了“三代京都”(175页)、“列国国都”(176页)、“建都制度”(184页)、“迁都事宜”(187页)。书稿的其他部分，也有类似标目，“帝王纳后”、“诸侯聚夫人”(1153页)等等。这不符合大典规定。大典规定：标目是“朝代、作者、书名、卷次……”等，这都是指原始资料，不是编者按自己的意愿添加。所以，以上编者添加在标目上文字，请删除。如果“三代京都”等文字，要单独立项，可另起一行，单独立项，不能加在标目之上。

2.“三代京都《世本·居篇·夏》”。标目不明确。应标为“唐代人撰、清王谟等辑《世本·居篇·夏》”。《世本》的成书是在唐代，著作者有几个，现在使用的多为辑本。这样标目较清楚，也符合实际。

3.“综述”栏分部中。标目有些不全。有的缺“卷次”，有的没有标全文。175页上栏“《汉书》卷二五《郊祀志上》”应是“《郊祀志五上》”。184页上栏，“又《考工记·匠人》”应是“《冬官考工记第六·匠人》”；下栏“又《天官·内宰》”，应是“又《天官冢宰第一·内宰》”，“注：市、朝……相成之义”应在正文

"祭之以陰礼"后。"又《夏官·量人》",应是"又《夏官司马第四·量人》"。"又《春官·典命》",应是"又《春官宗伯第三·典命》"。"《礼记·祭法》",应是"《礼记·祭法第二十三》"。"又《坊记》",应是"又《坊记第三十》"。185页上栏,"又《月令》",应是"又《月令第六》"。"《左传·隐公元年》",应是"《春秋左传卷二·隐公元年》"。"又《莊公二十八年》",应是"又《春秋左传卷九·莊公二十八年》"。"《公羊传·桓公九年》",应是"又《春秋公羊传卷五·桓公九年》"。"又《定公十二年》",应是"《春秋左传卷五六·定公十二年》"。"《穀梁传·文公九年》",应是"《春秋穀梁传十一·文公九年》"。187页下栏,"《周礼·秋官·小司寇》",应是"《周礼·秋官司寇第五·小司寇》"。"又《春官·大卜》",应是"又《春官宗伯第三·大卜》"。"《左传·文公十三年》",应是"《春秋左传卷一九·文公十三年》"。

在全部书稿中,许多条有类似错误,请认真梳理修改。

4. 书稿中,有个别错字。175页上栏,倒数第5行,"地属河西也","西"是"内"字;同行"自周平王以后","以后"是"已下"。187页下栏,倒数9行"君子曰知命",应是"君子曰:「知命」。"191页下栏,"宋·洪邁"条,"春秋时列国门名",是"春秋时,"。"鄟门、墓门,""墓门"后的","号应是"。"号。本条顺3行"梏柣之门","梏"是"桔"字。

5. 192页下栏,顺4行"《地理志上·颖川郡》",应是"《地理志八上》"。231页上栏,"《汉书》卷二八上《地理志上》"应是"《地理志八上》"。其他条目,也有类似错误。

6. 有的条目可删减。如193页上栏,《战国策》和《史记》,两条都是"吴起对曰",内容几乎完全相同,似可删去一条。

7. 有错字。210页下栏,倒数4行"伻从玉于","玉"是"王"字;倒数1行,"伻嚮"是"伻向"。227页下栏,"郦道元《水经注卷二五·沂水》",《沂水》是《泗水》。201页下栏,"方以智《通雅》卷十五"是"卷十六"。

8. 排序不准。225页中"艺术"栏,"清·田文镜"条,引用的"明·刘凤的《京洛行》",排在"宋·邰雍《洛阳怀古赋》"和"元·杨维桢《丽则遗音》"前,有误。237页下栏"艺文"排序中也不准确。

9. 来源是否准确,请查点。207、208页,有王国维、梁启超两条,是否是

1911年前作品，请查，如是，可留。不是，请删。254页，“综述”栏“(《左传》)又《定公六年》”后，有一段文字，约1000多字；“季繺(连)，初降於隈山……女(焉)迟(徙)居鄀郢[一六]”这是来自哪儿，请标明，最好是删。

10.“《国王暨国君制度总部》”的“后妃制度部”中“通纪概说分部”的“综述”栏，有错。1134页上栏，“《左传》”前没有“春秋”两字；下栏顺1行“郑伯使公孙乔如晋，聘且问疾”，应是“公孙乔如晋聘，且问疾”，错了标点。下栏，“《公羊传·文公元年》”应是“《春秋公羊传·文公二年》”，年代错了一年。“又《宣公元年》”条，错漏较多：“夫人何以不标姜氏？贬。曷为贬”，应是“遂何以不称公子，一事而再见者，卒名也，夫人何以不称姜氏？贬。曷为贬。”错了近二十字。

11. 1135页上栏，两个“哀公十二年”，一为“夏王月甲辰，孟子卒。《传》：孟子者何？昭公之夫人也。其称孟子何？讳聚同姓，盖吴女也。”；一为“甲五月甲辰，孟子卒。(传)；孟子者，何也？昭公夫人也。其不言夫人，何也？讳取同姓也。”内容并不重要，且只有几字之差，几乎完全重复。后条“哀公十二年”可删。

12. 1136页上栏，“论语”条，“君取於吴”，是“君取之吴”。下栏，《坊记》中，“子云；好德如好色”，应加又字：“又子云：好德如好色”。最后一行“故曰天子之与后”，应是“故曰：天子之与后”。

13. 1138页上栏，“论说”栏“汉·董仲舒《春秋繁露》卷一《玉杯》”条，有8个“取”字，应是“娶”字。“《玉杯》”是“《玉杯第二》”。

14. 1141－1147页“位号分部”的“综述”栏，《周礼》、《礼记》几条中，文字随意去留，比较混乱，很不规范。不仅没有卷次，注释文字也乱。1142页，下栏，顺2行，是“《周礼·天官·九嫔》。九嫔。汉郑玄注：嫔，妇也……”九嫔的注释共有约600字。这并不是“《十三经注释》中《周礼·天官·九嫔》”中的文字，这些文字来自何方，不明。可删除。紧接又是“九嫔：掌妇学之法，以教九御妇德……使有次叙也”(1143页)，这才是“《十三经注疏》中《周礼·天官·九嫔》”的正文和注释文字。但此条中注释文字也不全。

1143页中，有“《天官·世妇》”、《天官·女御》、《考工记·匠人》等条，也有前条的同一毛病。“《天官·世妇》世妇注：不言数者，君子不苟于色，有妇德者充之……”约200字，来自何处？可删。紧接才有“《周礼·天官·世妇》”的原文和注释，即“世妇：掌祭祀、宾客、丧纪之事，帅女宫而濯摡，为齍盛。……不言三公与孤者，文不具也。”注的文字也不全。“《天官·女御》”条，也是同样的毛病。前面一段文字，来自何处？后面才是《周礼》上的正文和注释。“又《考工记·匠人》”应标“《周礼·冬官考工记第六》”。

1143页—1144页“《礼记·曲礼下》”条，更令人不明白，“天子有后、有妇人、有世妇、有嫔、有妻、有妾。”编者加了一段文字“公侯有夫人、有世妇、有妻、有妾”。注释“妻·八十一御妻……则女御也”全是讲“天子有后”的，约500字，与“公侯”无关。在“《礼记》”的正文及注释中，即1144页上栏，又有一段“公侯有夫人、有世妇、有妻、有妾”约200字，有前面重复。

总之，这两页文字，令人很不明白。有些是可删除的。

15. 1153页，下栏，“《金史》”排在“元”后，排序有错。

16. “《女官分部》”1239页上栏，顺1行，“王后以乐羞齍”，“齍”是“粢”字。“齍”是“祭器”，“粢”是“稷”，即谷子。请改。

17. 1244页下栏，“明·柯尚迁《周礼全经释原》卷三《天官下·女史》释曰；之於”，应是“释曰：女史之於”。

这些，仅是送审书稿中部分不足，不一定十分准确。全部书稿中，肯定也有同样的问题，请出版社的编辑和编纂学者共同认真细致地将全部书稿梳理，吸取正确的意见，以保证质量。

2014年11月3日—10日

对《艺术典·陶瓷分典》书稿的审读意见

《陶瓷分典》送审书稿，经审读，总体来看，体例、框架、经纬目设置、内容分类均符合大典规定。搜集文献资料比较广泛，内容充实。反映了中国陶瓷几千年的发展状况。编纂学者、出版社编辑的工作认真、细致，校对工作较好。总的质量较好。

有些方面仍需补充修正。

总序比较简明。但提出"尚有《绘画分典》、《音乐分典》、《工艺美术分典》仍处于资料搜集与样稿编纂试验阶段"，"正式出版时暂付阙如"。这样的"空头支票"不要开出，必须修改，不提这三个分典。

《陶瓷分典》应有简单提要，讲明其内容和发展。

《名物总部·名目分部·总名分部》还可充实一些内容。

1. 如《陶》应在前面加几条：①《周礼·冬官考工记第六》：陶人为甗，实二鬴……。②《尔雅·释器第六》，盎谓之缶……。③东汉许慎著《陶》瓦器也。从缶。古者昆吾作陶等内容。12 页中，方以智将"玻瓈、琉璃"混为一谈，有误，应处理。22 页中"清·顧景星《黄公说字》条"与中国陶无关，应删除。

2. 关于《瓷》，应加些内容。瓷最早是中国的特产，应突出。汉代的原始瓷窑，在浙江、江苏均有发现，尤以上虞地区最引人注目。浙江是我国汉代瓷器主要产地。在汉桓帝(164 年)、汉灵帝(175 年)墓葬中均有瓷器发现。可否查查在出土的墓葬中是有瓷器瓷片等物。最早有青瓷、黑瓷。瓷字也出现于魏晋南北朝时期。

3. 关于《窑》。唐时始有"窑"名。可否查查起源，各地窑很多。

4. 有些人的条目太多、太集中，且多是清代的东西，可否作点精选。如清陈浏，他是清末人，他的《陶雅》等书都成书晚，约 1906 年成书，民国以后又出了《静园丛书》，他主要是总结了前人的东西，现在的书稿中，几乎处处都选了他的资料，仅《名物总部》就选录了近 500 条，有些重复，有些与陶瓷无直接关系，如“纹样”的一组诗就可大删。大有精选的空间。

5. 所选资料，讲工艺生产过程的东西多。本典是讲艺术，这方面应突出。多色陶瓷，如唐三彩等，多是唐代以后才有。在体现艺术特色方面，还可下些功夫。

6. 其他书稿中，也还有些标点、文字错漏等方面的问题。举例如后：

994 页下栏，“杂录”顺 6 行“廻赐以”应是“廻，赐以”。

989 页上栏，“纪事”顺 6 行“杂香药等数十种”应是“杂香、药数十种”。

985 页下栏，“纪事”顺 4 行“顧留州以闻”，应是“顧留，州以闻”。

8597 页，标目中，“日羅”，“日羅国”按“中华书局”点校本是“日落”、“日落国”。本条中还有 3 个错字，1 个标点错误。“干”是“罕”，“德”是“帖”，“雅”是“牙”。“综丝”之间有“、”号。

1006 页下栏“清・张廷玉等《明史》卷二〇一《列传第八十九・李元嗣》”。“李元嗣”应是“李充嗣”。本条顺 4 行“用事者又私於境内”，应是“用事者，又私於境内”。

1003 页下栏，“杂录”“武林旧事”条，顺 2 行，“今惟作假及进单罗”，“假”字后应有“，”号。顺 3 行“先是预備”应是“先是，内苑预備”。顺 4 行，“自中殿以次各以金篦”应是“自中殿以次，各以金篦”。顺 6 行“酒器，冠距链”应是“酒器、冠鐲”。顺 7 行“唱舞”是“舞唱”，“吃生姜”是“吃生姜之类”。顺 8 行“五宫贵邸亦多傚之”是“五宫贵邸，亦多效之”。此条错了 8 处。

1010 页上栏，“《宋史》卷八六”条，1 行“信德府次府巨鹿郡”是“信德府，次府，钜鹿郡”。“又卷八七…地理三”条，“耀州繁华原郡”应是“耀州，紧，华原郡”。

1001 页下栏，《赏赐》的“纪事”栏，“张廷玉《明史》卷三三二《列传第二百二十・西域四，實喇蘇》”。“實喇蘇近赛玛尔堪。永乐十一年，遣使偕哈里爱达罕、喀什葛尔等八国随拜。【略】十七年，遣使偕伊苏布哈诸部供狮子、文豹、名马，辞还，复命安等送之。赐其酋绒绵、文绮、纱羅、玉擊腰、磁器诸物。时车驾频歲北征，乏马，遣官多賫綵币、磁器，市之實喇蘇及赛玛尔堪诸国，其酋即遣使贡马”。此段与《明史》中华书局点校本核对，错误甚多。名字几乎都不对，《中华书局》版的原文是“失刺思，近撒马儿罕。永乐十一年遣使偕哈烈、傣的干、哈实哈儿等八国，随白阿儿忻台……十七年，遣使偕亦思弗罕诸部供狮子、文豹、名马，辞还。复命安等送之，赐其酋绒绵、文绮、纱羅、磁器诸物。时车驾频歲北征，乏马。遣官多賫綵擊、磁器，市之失刺思及撒马儿罕诸国。其酋即遣使贡马。”错误达37处。

引用书目字太小，且不全，有些书在引用书目上未列入，请补上。

请举一反三，对全书稿进行认真梳理，认真吸取专家们的正确意见。

2014年12月28日

对《文献目录典》文献总论、目录、辨伪、轶佚四总部书稿的审读意见

审读了2014年11月3日报来的要求终审的4个总部的报告及书稿。共370万字。文献总论总部、辨伪总部、轶佚总部共约215万字，三总部出版一册，目录总部110万字，出版一册。共两册。

送审报告中，详细报告了每个总部的编纂过程和内容，同时概括了4个总部的学术价值和特点。

总体看来，因为已经有了两个总部（注释总部、流通总部共两册书）的编纂、出版经验，他们吸收了前两册书的编纂经验和教训，这次作得更为认真，更为仔细，体例、框架、经纬目分类，资料汇集，文字校勘都比较好。比如原来总论等3个总部，初稿、二稿均已作成260万字准备报审，但他们从已出版两册的终审意见中，加以对照、比较、重新梳理，删除了约50万字，只剩下了210多万字。这是很负责的态度。又如对“典籍分类分部”，不仅搜录了《汉书·艺文志》中汉代以前的39类古文献资料，还搜录了《隋书·经籍志》中45类古文献，这比《汉书》中多了6类，书目也多了200多种，所搜更全面，更丰富。更难得的是，将其他典籍中有争议，或遗失的文献，也都尽量搜寻，这使得“目录总部”更为丰富充实。总之，质量不错，我觉得已达到出版水平。

尽管有许多优点，但仍有些方面还有不足。

《文献概念部·文分部》中有错。19页上栏，倒数第2行，“陆游《渭南文集》卷一三《上辛给事后》”；40页中，又有“陆遊《剑南诗稿》卷三〇《谢徐居厚汪叔潜携酒见访》”。两者是一个人，陆游（1125—1210），南宋越州山阴人。《剑南诗稿》、《渭南文集》都是陆游的作品，不是陆遊的作品。

《文分部》中，第 9 页“《周礼·冬官考工记》”，应是“《周礼·冬官考工记》第六”。本条中，“杂五色”后应是“。”号。同页下栏，“汉书·孙宝传”“又王莽传”，应分别标“卷七七”，“卷九九”。

11 页书眉，“文献总论总部·文献概念部·文分部”是 4 号字，比其他书眉的字大一号，应统一。

15 页下栏“又《子罕》”条，“将丧斯文也”是“天之将丧斯文也”。漏了“天之”二字。“《左传·昭公二十五年》”应是“《春秋左传》”。“董仲舒《春秋繁露·玉杯》”条，应是“玉杯第二”，本行有“质不居文，文质两借”应是“质不居文，文安强质。质文两备。”“俱不能备而偏行之”应是“俱不能备，而偏行之”。

16 页“《汉书·刘歆传》”应是“《汉书》卷三六·刘歆传”。

《典籍分类分部》26 页上栏，“又《书类序》”条，顺 11 行“会欧蠱事起”中，“欧”是“巫”字。本页下栏顺 2 行“诵美盛行”，“行”是“德”字；顺“又《礼类序》”中，顺 4 行“并成仪之事”，“成”是“威”字。

35 页下栏顺 13 行“一曰楚词，以纪驛人怨刺”，“驛人”是“骚人”。

546 页下栏顺 9 行“以为隴图”，“隴”是“龍”字。

547 页下栏，顺 15 行“超然独擎”，“擎”是“鹜”字。

549 页上栏“传记”条顺 1 行“婺川金华人”是“婺州”；同条顺 9 行“季弟蚤丧”，“蚤”是“早”字；顺 12 行“製服阴於郡”，“於”是“于”字；本条倒数第二行“《何彼襛矣》”，“襛”是“穠”字。本页下栏，顺 1 行“「听讼」以上”，“以”是“之”字；顺 2 行“「诚·明」各十一家”是“「诚明」”中间应无“·”点；顺 8 行“《江右渊源》”“右”是“左”字，“周子发遣三昧”是“《周子》、《发遣三昧》”。

690 页，引用“《四库全书总目提要》”的几条，标目都不是准确，上栏“四库全书总目提要·周易乾凿度”应是在提要下标卷六“《周易乾凿度》二卷”。其他八条均应类似照改。还有 691 页上栏顺 2 行，“孙瑴”是“孙珏”。

还有些其他标目问题，《汉书》、《隋书》均没有卷次，应有“艺文志”“第一”等，《隋书》应有“经籍志”等。请梳理改正，与原出版的几册对照后，付印。

以上意见，供参考。

2015 年 1 月 18 日

对《卫生学分典·外科总部》书稿的评审意见

《医药卫生典·卫生学分典》全书书稿700多万字，于2015年1月报送给《中华大典》办公室终审。

《卫生学分典》共有6个总部：《气功总部》（约200万字）、《通论总部》（约60万字）、《环境卫生总部》（约100万字）、《人体卫生总部》（约60万字）、《食疗食治总部》（约300万字）、《人物总部》（约20万字）。全分典文献资料分布面广，比较杂，现代性强，争议性大，相对来说，难度较大。

编纂学者和编辑对这个分典，十分谨慎、认真、仔细，尽量选择各种文献资料。从总体来看，内容比较丰富，资料比较广泛，主题比较明确，考虑到了方方面面。体例框架符合大典要求，分类较好，从试点到成书，体例一致。特别是认真协调了各种意见。总体质量是好的。

《卫生学分典》虽然取得了不小的成绩，但仍有许多不足。需要更加完善。

比如：《气功总部》，经过十年的努力，多方协商、协调，解决了许多矛盾，终于取得了一致意见，达成了共识，这是很不容易的。"气功"是祖国医学的宝贵遗产，千百年来，在医学领域内发挥了一定作用，为中华民族的健康，作出了一定的贡献，是应该肯定的。但内容上也有一些不科学、不健康的东西，应该否定。这次《气功总部》在整理、收录文献资料中，注意了多方面的内容，否定了一些不必要的东西。《气功总部》总体上看符合《大典》的要求，应予肯定。当然，也应注意到它的不足之处，比如有些地方，过分夸大了气功的作用；在标目方面，也存在一些问题。比较普遍的是没有标明"卷次"，如"《金匮要略·臟腑经络先后病脉证》"，应标明"卷一"。在其他著作中，这种情况较多，请加以梳理校正。

又如:《通论总部》。《阴阳分部》的“题解”,系辞等资料选得较好,突出了主题。《周易》的系辞,约 8000 字,基本上全部收录,但实际上有些是可以压缩的,如筮人宣示的内容等。而且在第 11 行中把“说封”算在“系辞下”中,这是很不应该的,是个错误。关于《周易》的标目,也很不统一,有的是《周易大传》,有的是《周易·系辞》,有的是《周易·系辞上(或下)》等等,很不一致。

“《阴阳分部》”的“题解”中,有一段文字,不知来自何处。“四时,阴阳者,天地之大理也,四时者,阴阳之大经也”,请核查。

“题解”中,有些标目不准,没有卷次。如《管子·乘马》,应标“《管子》卷一·乘马五”;“《灵枢·外揣》”,应标“《灵枢》卷七·外揣一五”;“《素问·四季调种大论》”应标“《黄帝内经素问》卷一·四季调种大论二”;“《春秋繁露·天地阴阳》”,应标“《春秋繁露》卷一七·天地阴阳八一”;“《董仲舒集·贤良策》”,应标“《董仲舒集》卷一七·贤良策对一”;“《淮南子·天文训》”应标“《淮南子》卷三·天文训”。在全书中,“荀子”、“老子”、“列子”等许多标目没有标卷次。请梳理补标。

此外,还有许多舛误:如第 8 页中,上栏,周易系辞中顺数 3 行“刚故”是“是故”;下栏顺 1 行“《易》之序也”是“《易》之‘象’也”。顺 2 行“是也”是“是故”,顺 9 行“遊魂为变”,“遊”是“游”字。

第 10 页,下栏,顺 8 行“吉之先见者也”应在“吉”字后有“凶”字,是“吉凶之先见者也”。

第 12 页,下栏,顺 6 行“阳杀阴藏”,后面漏了 6 个字“阳化气,阴成形”。顺 15 行“气厚者为阴”,“阴”是“阳”字。倒数第 7 行“故重阴必阳,重阴必阴”是“重阳必阴”。

第 13 页上栏,顺 3 行“其在天为執”,“執”是“热”字。

第 14 页上栏,顺 8 行“阴阳雩重积传为一周”,“雩重”二字全错了,是“䨦䨦”。这是两个古字“䨦䨦”音重。顺 12 行“见别为败”,“别”是“则”字。

第 17 页,上栏,《张子正蒙·参两篇》应是《张子正全书卷二·参两篇》。本条中,下栏,顺 1 行“不日性病之理”,“日”是“曰”字。“谓之何哉?”后面应有【略】字。否则,在“阳之德主於逐”前应加“又”字。表示是另起一段。同样的道理，在“天象者，阳中之阴。风霆者，阴中之阳”后，应加【略】字。或者在“冰者”之前加“又”字，表示是另起一段。

第18页《朱子全书·阴阳》条，应加卷四九。本条上栏顺14行“盖阴阳浸消盛”应是“盖阴阳浸消浸盛”。本条下栏，顺3行“立天地大义”后，应在另一行问字前加“又”字，因为是另起一段。顺10行“曰：自首先有”应是“曰：自體先有”，“首”是“體”字。在倒数第3行，“盈天地之间”前，应加“又”字，表示是另起一段。

45页“《气化分部》”题解中第1条“《老子·二章》”，应是《老子道德经卷上·养生第二》，标目不准确。下栏“《荀子·天论》”条，“天论”是“卷一一第一七”。但是查“天论”中，没有“列星随旋，明遞炤，四时代御，阴阳大化，风雨博施，……”这段文字，从何而来，请核查准确。

46页上栏，《素问·六元正经大论》条，组合比较乱，也错了几个字。从几个地方抄在一起为一段文字，应加几个【略】字。“凡此阳明司天之政”、“凡此少阳司天之政”、“凡此太阴司天之政”、“凡此少阴司天之行”、“凡此厥阴司天之政”前都应加【略】字。上栏顺1行“气化行先天”应是“气化运行先天”。顺5行“金焓德”，应是“金火合德”。顺9行“物成於差夏”，“差”是“著”字。错了3个字。

本页下栏倒数第2行“其德施舍脩藥”，“藥”是“樂”字。

49页下栏，倒数第7行“用之不动”应是“用之不勤”。

52页下栏，顺1行“然而驚，必欲动”，“必”是“心”字。

53页上栏，顺11行，“口热舌幹，咽腫上气，嗌幹及痛”，两个“幹”字，都是“乾”字。

55页下栏，顺19行“济必别注”，“必”是“泌”字。

56页上栏，最后一行“终而復治”，“治”是“始”字

58页上栏，顺3行“太阳治之”，“阳”是“阴”字；顺12行“请方有应”，“方”是“言”字。

59页下栏，倒数第3行“股份瞤酸”，“瞤”是“膶”字。

60页上栏，倒数9行“高木抑之，下者举之”，“木”是“者”字。

74页下栏，错处较多。顺6行“不減”是“不二”；顺8行“反天之不可行”

后有“,”点;“是故古之人物而书文,心止……”,“物”是“據”字,“文”应删除。

“《春秋繁露·四时之副》”条,错误较多,应是“《春秋繁露》卷一三·四时之副五五”;本行中“夏暑以养”,应是“夏暑以养廠”;本条顺4行,“慶赏罚刑与春秋冬”,“春”字后有“夏”字。顺5行“故曰”应是“故曰:”,“王有四政若四时”应是“王有四政,四政若四时”;顺6行“如春夏秋冬不可有偹也”,“有”是“不”字;同行“若暖暑清寒”是“若暖凊清暑”;顺8行“不可易处”是“不可易处也”。

下栏倒数3行“观人之体一,”是“观人之体,一”;倒数第1行“反取天地多者”,“反”是“所”字。

75页下栏,《春秋繁露·循天地之道》全条(至77页)应全部删除,因为错误太多,改不胜改,且留下意义不大。

77页下栏,倒数9行“□□”两个空框是“明察”二字。

又如:《环境卫生总部·环境居处部》的“题解”中,“《后汉书·袁安传》”条,“居处仄陋,以学耕为业”,“学耕”是“耕学”。标目应是“《后汉书》卷四五·袁张韩同列传第三十五”。

522页“《汉书·食货志》”应标“《汉书》卷二四上·食货志四上”。全条约9000字未收一条注文,但578页“杂录”栏“《汉书·爰盎晁错传》”全条500多字,收了文颖、师古、孟康、服虔等人的注文6条,注文的字数几乎超过正文。这些注文,不收也可。551页的《汉书》条,并未收注文,不统一,应统一。这三条《汉书》,标目都无卷次,请补。551页“《汉书》”条,“穿井得水迺敢飲”,“水”“迺”之间,应有“,”号。

577页下栏,“《宋史·輿服志》”条,应标明“《宋史》卷一五四·輿服志六”。全条内容“宫室”与“臣庶室屋制度”是有别的两条,因此:后者应加“又”字。是“又:臣庶室制度”。

518页上栏,“《礼记·内则》”条,应是“《礼记·内则》一二”。本条顺数2行“逼履著綦”,“逼”是“偪”字。

520页上栏,“《吕氏春秋·季春纪·尽数》”在“季春纪”后应有“第三”。下栏“《论衡·自然》”条,应是“《论衡》卷一六”。

522页上栏,“《汉书·食货志》”,应是“《汉书》卷二四·食货志四上”。

525—527页有四条关于《山海经》的资料。标目应清楚,应是“《山海经广注》卷一·南山经”、“《山海经广注》卷三·北山经”、“《山海经广注》卷四·东山经”、“《山海经广注卷五·中山经》”。这四条中有几个错字:526页上栏顺1—2行,两个“花”是“华”字;顺5行“多水玉”后,漏了“多黄金”3个字;顺13行“食者不妬”,“妬”是“妒”字。本页下栏,《北山经》条,顺11行,“其下多棕橿”,“棕”是“椶”字;顺16行“其鸣善吒”,多了“其鸣”二字,最后一行“而赤毛”是“而赤尾”。527页上栏,东山经条,顺2行“又南三百里”是“又东三百里”。“中山经”条,“共水出馬”,“共”是“共”字,也读“共”字;顺5行“其实如楝”,“楝”是“揀”。《中山经》顺8行“葵叶而赤华”,“华”是“花”字;顺14行“其水多穀”,“水”是“木”字。下栏,倒数10行,“太山”是“泰山”。《山海经》的四条虽然也讲了居处环境,但可以精减一些。

528页上栏“《偹急千金要方》”标目应全,应是“《偹急千金要方》卷八一《养性·居处法》第三”,本条中有几处错:顺2行“勿强恶之,久坐必须”应是“勿强忍久坐,必须……”;顺10行“若沐浴则必须密室”,多了一个“则”字。

532页上栏,“《世医得效方·房中补益法》”全条是讲房中性交之事,似可删除。

550页下栏,《孙子兵法》条,应加卷中“引年”第九。

551页上栏,“《汉书》”条,“穿井得水迺敢饮”,“水”字后,应有“,”号。下栏“南史”条,应加“南史”卷七一;“刘澄为性弥絜”,“絜”是“潔”字。

比较普遍的问题是,许多书未标卷次,请补标。

又如:《人物总部》。作为《卫生学》的人物总部,所收人物和事迹,应围绕《卫生学》,收他们的传记资料和有关事迹。现在所收文献大部分不是这样,所以显得《人物总部》质量一般,甚至可以说质量较差。如822页“《宋史·周湛》”,其资料收有7页,1万多字,一条中收录了李宥、曾巩、苏轼、陈搏、杜生、王忠民、王怀隐等8人。这里有几个问题:1、内容绝大部分不是与《卫生学》有关,因此,绝大部分可删;2、8个人不能列为一条,都在“周湛”名下,应分开;3、名字重复,“李宥”、“李宥”,“曾巩”、“曾巩”,“杜生”、“杜生”,“陈搏”、“陈搏”,“王忠民”、“王忠明”,“王怀隐”、“王怀隐”,为什么这6个人的名字要重复,其他2人又不重复。这种重复,在其他许多条中都有,为什么?4、苏轼是讲他的为官之道,与王安石、神宗的关系,有1万字,可以全删,为什么选上?所选《史记》人物，可以精选，大可删除。

外科总部选材比较好，比较恰当，主题明确，只是标目中多无卷次，有些文字不全。

《外科总部·癰疽部》的"题解"中，227页《靈樞·癰疽》全是摘抄自280页的"《靈樞·癰疽》"条。这种重复没有必要。另外，此条标目也不全，应标"《靈樞经卷一二·癰疽八一》"，才符合大典的要求。

281页下栏《素问·生气通天论》条，标目不准，应为"《素问卷一·生气通天论三》"；"郁乃痤"是"欝乃痤"；"郁乃痤"及"留连肉腠"后应加【略】字。其他各条中也请添加卷次。

283页上栏，"《刘涓子鬼遗方·序》"应标"《刘涓子鬼遗方·序》卷一"。这一条在283页下栏，有3处错，顺8行"於今王載"，是"于今王載"；顺10行"齐永元元年"是"齐永明元年"；顺11行"王祖母刘氏有此鬼方"是"王祖刘氏有此鬼方"。

283页下栏，"《刘涓子鬼遗方·黄父癰疽论》"条有诸多错误：标目"《刘涓子鬼遗方·黄父癰疽论》"应是"《刘涓子鬼遗方卷四·黄父癰疽论》"；顺2行"而滲孙"，是"而熮经"；"血和则孙脈先满"，"孙"是"乘"字；顺4行"於经脈"是"经络"，无"於"字；"句有脱误"应是"经络皆盈，乃注於经络"；顺5行"疾则气减，留则先后。从实去虚，补则有余"应是"疾则气，留虚补实"；顺9行"地经失纪"，"地"是"也"字；"草萓不成"，"萓"是"靈"字，"五穀不殖"，"殖"是"植"字；顺10行"请言其故"，"请"是"则"字；顺11行，"血泣则不通，不通则卫气归之，不得復反，故癰疽，寒气化为热"，"血"字应删除，"卫气"应删除，"反"字是"及"字，加"与"字在"寒氣化为热前"。下栏倒数第5行，"腐肉"是"肉腐"，"骨伤则髓消"，"髓消"前应加"水"字，"不当骨空"，"空"是"肉"字；倒数第4行，"得泄瀉，血枯空虛，筋骨肌肉不相榮，"应是"瀉筋枯空虛，筋骨肌肉不得相親"。

284页上栏，顺2行"名曰腦爍"，"爍"是"漯"；顺5行"疏之，塗以豕膏"是"疏砭之，踩或云塗豕膏"；顺12行，"以水一斗六升煮之"是"水六升煮之"；顺16行"六十日死"是"六日死"；顺23行"发於脛"，"脛"是"腦"；"其状赤至骨"是"其状疾赤至胃"；倒数7行，"发於足上下，名曰四滛，其状如大癰"，无"下"字，无"大"字；倒数6行"发于足傍……其状不大，初从小指……不消"，无"傍"

字，无“不大”，无“从”字，无“消”字。倒数第4行，删“死不治，不赤黑”。倒数3行“急斬之，不则死矣”是“急渐去之，治不去必死矣”。

284页下栏“《刘涓子鬼遗方·岐伯引文》”应为“《刘涓子鬼遗方·岐伯曰癰疽图曰》卷四”。

285页上栏，顺3行“其状若彎”，“彎”是“孿”；顺9行“十一日可刺”，“刺”是“孿”。

《医药卫生典》的《医学分典》是《中华大典》最早的试点，从1986年就开始试点，经过反复论证，1992年才正式开试点工作，巴蜀书社，特别是段文桂先生有开创之功。到现在为止，《医学分典》已完成2481万字，《药学分典》已完成3070万字。加上这次已上报终审的《卫生学分典》700万字，外科总部200万字，《医药卫生典》将是6451万字，它是《中华大典》中最大的一个典。这是医学文献专家和巴蜀书社对《中华大典》的重要贡献。段文桂先生带头坚持试点，历经了许多困难，病重临终时，在病床上还在看稿，他说要坚持把《医药卫生典》搞成、搞好，他的精神感人，如今全部完成，他一定会在天堂里感到高兴。

2015年2月16日

对《地学典·测绘分典》书稿的终审意见

《测绘分典》共有5个总部:《总论总部》,约119万字;《测绘理论与方法总部》,约35万字;《仪器总部》约20万字;《数据总部》,约50万字、《地图总部》,约22万字。共约250万字。

我对全分典进行了粗阅。重点审读了《测绘理论与方法总部》、《仪器总部》的书稿。

总体看来,《测绘分典》的书稿质量较好。资料从先秦到清末都有选录,比较系统,比较广泛,测绘的主题十分明确,包括测绘理论、历代的测绘工具、方法等,资料比较齐全,也还准确。能看出测绘这门学科在中华文化中,有悠久的历史。如在资料中,选录的"《尚书·舜典》:舜让於德,佛嗣。正月上日,受终於文祖,在璿璣玉衡,以齐七政。肆类于上帝,禋于六宗,望于山川,偏于群神"。"璿璣玉衡"就是先秦测天象的仪器。又录《宋史》載:"伏羲氏立浑仪,测北极高下,量日影短长,定南北东西,观星间癀狭。帝尧即位,羲氏、和氏立浑仪,定历象日月星辰,欽授民时,使知缓急。降及虞舜,测璿璣玉衡以齐七政。"这都是比较科学的历史记载。

虽然总体质量较好,但仍有些地方需要作些修正。

上报的目录中,表述不同,不统一,不标准。"总论总部"、"综述总部"、"综论总部",到底是什么总部,涵概的内容是否相同?同样,"测绘理论与方法总部"、"理论与方法总部",为什么不同?另外,"总论总部"中,没有标出总论的内容,为什么?其实,"机构建置部"前面的内容,可以作为总论,可分开为"测绘总论"。

现在,"综论总部"下设有5个部,还应斟酌,可否分割?

“机构建置部”是收录的每个朝代的行政机构建制，与测绘无关。可否将有测绘的机关抽出来，集中处理为好。

“制度部”也与“机构建置部”一样，应另行处理。

“人物部”，内容有些是测绘专家，但大部分不是。如俞大猷是明代名将，不是测绘家。利玛窦是外国人，洋传教士，不应收入。

“事件部”、“著作部”都要收有测绘内容的史料。收得太宽，会与《历史典》、《政治典》大量重复，请认真考虑处理。

724页上栏标目：“唐·房玄龄等《晋书》卷三五《裴秀传》”，应是“《裴秀传》五”。“其序曰【略】”应删除。

763页上栏标目：“汉·班固《汉书》卷二一上《律曆志上》。”应是“律曆志一上”。

765页下栏：“汉·司马迁《史记》卷二《夏本纪》”，应是“《夏本纪》二”。

766页下栏：“《周礼·冬官·考工记》”应是“《考工记》六”。同页：“唐·魏徵等《隋书》卷一六《律曆志上》”，应是“《律曆上志二》”

814页上栏：“唐·魏徵等《隋书》卷一九《天文志上》”应是“《天文上志一四·盖图》”。

这种标目不全、不标准的，全书中，约有近百条，请仔细梳理，补得统一、标准为好。

另外还有一些其他不准处。741页“宋·沈括《梦溪筆谈·补筆谈》”，“《梦溪筆谈》”和“《补筆谈》”是两本书。应是“《梦溪补筆谈》”。

777页上栏：“南朝宋·刘义庆《世说新语·術解》”应是“《世说新语》下卷上·術解二〇”。

779页上栏：重复。“三国魏·刘徽《九章算术·序》高度者重表，测深者累矩”。与780页下栏条全重，可删除。

812页下栏：“又”字，应另标一条。本条中“置望筒横箫於游仪中”，“筒”是“箫”字。

816页下栏：倒数第2行“災祥系焉”，“系”是“繫”字。

2015年5月4日

对《文献目录典》丛书、译著二总部书稿的审读意见

《丛书总部》、《译著总部》的书稿约160多万字，及请求终审报告，均以收到。

经终审，认为收录资料比较丰富、广泛、扎实，主题突出。框架、体例大体符合大典要求。

两个总部比较，《丛书总部》质量较好，《译著总部》较差，但两个总部都有不足。

《丛书总部》比较普遍的问题是标目不全，不少条没有卷次等项。请一一核查，标全。

许多录入著作，没有录入"引用书目"，别人很难核查。特别是有5条标明为"民国"。大典有明确规定：1911年以后的书，不要引用。有些作者是跨"清代"、"民国"的，凡作品是"民国的"，如王国维的作品有些是1911年以后的，应一律删除。

《丛书总部》1页上栏：《四库提要·杂家類七》顺5行"以为此记"，记应是《记》，是《地记》。顺9行"不可以各一类者"，是"不可各以一类者"。

3页下栏：倒数5行"久客维扬"应是"久客淮扬"。倒数1行"二集之刻又翘首"是"二集之刻，又翘首"。

4页下栏，杂录栏：1—3行，"之孱"后应各有"，"号。同页张之洞"书目问答"条，"故别为类"后，校掉了"汉魏丛书"起至"茆氏辑十种古书"。紧接才是"右皆多存古书"至"尚无总数"。为何要校掉，后来又在其他文中引用了。另外，留下的此段中有两处"错漏"：一是"崇德堂《十二子》"是《二十子》，二是"但

不可书'据耳'"是"但不可'書'据耳"。

7页中"又《四库提要论百川学海》",这个标目不妥。"论百川学海"是否是今人概括的,不是"四库提要"的原文。而且,这一段论述,是从两处校过来合在一起的:一是"杂家类七"最后的案语中有一句"左圭《百川学海》出,始兼裒诸家杂记";"杂家类存目十一"中"《丘陵学山》"条有一句"以拟宋左圭《百川学海》,故以《丘陵学山》为名"。两条中之两句,为何拉扯到一起?应分别开。

8页下栏:顺9行,"如褚少孙称《史记》""称"字是"补"字。顺14行"晁说之《墨经》即《晁子一墨经》"是"晁说之《墨经》即晁子—《墨经》"。同页下栏:"黄虞稷《千顷堂书目·类书类》"是"黄虞稷《千顷堂书目卷一五·类书类》",此条还有几处错误:《说郛》一百二十卷,是"无卷数","《四库提要·杂家类七》,《说郛》也没有一二十卷";"因树屋《书影》称"是"因《树屋书影》称";本条(9页上栏)11行中"《大学石经》"是"《大学古籍》";顺18行"自商濬"是"自商维"。

9—10页:9页《廣百川学海》,"冯寶可""□卷","北海人"。但10页里"冯可寶编","益都人"。为何不一致。

20页下栏:"《四库提要·杂家类存目一一》"条,顺2行,"是编廣东历代","东"是"集"字。

22页下栏:"《千顷堂书目》中《纪录汇编》二百十六卷"是"二百八卷"。23页下栏"《千顷堂书目》"条,《宝颜堂秘笈二十卷》后,漏了"又《续秘笈》二〇卷"一段。

25页上栏:"《千顷堂书目·类书类》祁承㸁《澹生堂賒苑》六百中卷",在书目中与此条并列的有"祁承㸁《国朝徵信丛录》二一二卷"为何未收入?本页下栏:"《四库提要·杂家存目一一》"条,顺3行"《小尔雅法》,若海《麟书》"是"《小尔雅》,《汪若海麟书》";顺5行"《南华医楚》,《衡嶽神禹碑文》"是"《南华医》,《楚衡嶽神禹碑文》"。

51页下栏:"《千顷堂书目》""无十九卷"等字。其他条中,也无卷数。

52页上栏:顺8行"宋三种"是"宋二种"。

54页下栏:"高垂王氏五种",丛书中无此书,不知来自何处?55页上栏"陈氏丛书",也是无此条。

60 页下栏两个“劄记”，应是“札记”。

71 页上栏：“《俞氏丛书》。今人”。“今人”是什么年代，是 1911 年以后吗？请查。如是 1911 年以后，请删。

《译著总部》，不足的地方很多。最大的不足是对严复、林纾的翻译、评论选的太少，甚至未选。梁启超称严复“于中学西学，皆为我国第一流人物”，“为中国西学第一者也”，“是介绍近世思想的第一人”。这次样稿中只选了《天演沦》、《肆字箴言》、《社会通论》。他翻了 8 大名著，都是很有分量的。林纾的翻译一篇也没有选。林纾翻译的《茶花女遗事》，当时影响极大。康有为曾写的称赞“译才并世有严林”，称他们是翻译史上的开山祖师，不仅前无古人，而且就此刻(1935 年)来看，还是后无来者。林纾一生翻译了 171 部外国小说，其中 60 多部是世界名著，是英、德、法、美、俄、印等国的作品，序跋评论很多，有 80 多篇。他 1901 年与人合译了《黑奴吁天录》，还写了“序”和“跋”。

145 页，选了盛宣怀和李希圣的奏折。这两个奏折虽然提得不错，但并非译著，可以删除。

150 页下栏《格致入门》选了 6 条，此书都是美国丁韪良的作品，同文馆出版。梁启超评论这本书“无新奇之义能解他书所略者，而译文亦劣，可不必读”，像这种书，大可不必重复选录。

151 页《格致略论》，同一本书，同一人傅兰雅译，也没有必要重复选录。这种情况很多，如《格致后業》、《格致小引》、《格致擥原》等等，似可不必重复选录。

182 页《救世教益》是传教的书，似可不必译录。

总之，可删除，可精选的作品较多。

文字上也有差错。156 页下栏，徐维则等的《格致举隅》“魏泰彭述”，后面又说是“魏彭泰述”，到底是谁错了。171 页上栏顺 6 行“鸟能蹄”，“蹄”应是“啼”字。176 页上栏《东西洋偏理学史》栏“对于国家之偏理”，应是漏了一个“有”字，是“有对于……”。有许多地方同一本书，同一个人，说他是译者，又说他是著者，又还说他是译著者，不统一。如 179 页《人秉双性谈》中，一傅兰雅，二傅兰雅译，三傅兰雅著，三种说法，到底是哪种对。

193 页上栏，《女子教育论》栏，“日本成濑仁藏譔”后面又说“日成濑仁藏”，最后又说“日本成瀨仁藏撰”。到底是譔还是撰，还是譔、撰都不要，应统一。

引用书目上“清续文献通考经籍考·刘锦藻民国”，是否是民国的作品，如是，待删除。

请认真梳理、校准，并举一反三，使全稿成为定稿。修改后和全分典一起上报终审。

2015年5月10日

对《文献学分典》典藏、校勘二总部书稿的审读意见

《文献学分典》全部书稿约1500万字。共有9个总部，其中7个总部已经终审，退出版社修改后待印。《典藏总部》和《校勘总部》是全分典最后成稿报审的两个总部。全分典至此已全部编完。

此次上报终审的两个总部，我审读后认为，两个总部书稿的特点是：都能紧扣主题，收录文献资料比较广泛、扎实、版本来源比较可靠，体例、标目符合大典要求，校勘比较好，文字差错较少。质量是好的。

审读中仍发现一些问题，退出版社、编纂学者修改后，报大典认可后，才可正式出版。

《典藏总部》约90万字。2015年3月20日报终审。上报要求重点审阅"收藏部"，约40多万字。对上报要求重点审阅的内容，我认真地进行了审读。也翻阅了其他有关部分。

"收藏部"收录的文献资料是来自正规的版本，选录比较细致认真，内容广泛，绝大部分书稿校阅较好。内容和体例基本上符合大典要求。

不足的问题是标目不全，内容有重复，有错别字、漏字。如第100页中，综述栏内，《汉书》标目为"《汉书・百官公卿表》"，正确标目应是"《汉书》卷一九上・百官公卿表上七"。"《三国志・魏书・武帝纪》"，应是"《三国志》卷一・魏书・武帝纪一"。"又《王肃传》注引《魏略》"，应是"《三国志》卷一三・《魏略》注"。"又《蜀书・许慈传》"应是"《三国志》卷四二・《蜀书》杜周杜许……传第十二"。"《魏书・高谧传》"应是"《魏书》卷三二・列传第二〇高谧传[高湖]"。"《周书・寇儁传》"应是"《周书》卷三七・寇儁传第二九"。"《晋书・武

帝纪》”应是“《晋书·武帝纪》[咸宁五年]”。“《南史·侯景传》”应是“《南史卷八〇·列传第七〇》”。本页有错别字,上栏倒数第1页“縱火烧大司马”,“烧”是“焚”字。本页下栏第1行,“羊侃鑿门扇刺殺数人”。“侃”是异体字“偘”,“杀数人”是“杀人”中间无“数”字。

101页:下栏,“又《元行冲传》”应是“《旧唐书》卷一百二《元行冲传》第五二”。最后一行“上遽令行冲集学者《撰义疏》”是“……学者撰《义疏》”。撰字放错了位置。

102页:上栏,新、旧唐书后都应标明卷次。“又《玄宗纪上》冬十一月丙辰”又字应是“《旧唐书》”。“冬十一月丙辰”应是“[九年]冬十一月丙辰”。“玄宗”条与125页下栏的“玄宗”条,完全重复,一字不差。两条应删去一条。

杂录栏(124页)起,有不少问题。《左传》条,是讲左传昭公二十六年“南宫嚚奉周之典籍以奔楚”。后面是“惠栋”。惠栋是清代人,他曾为诸经传作过注。加他的注,与左传主题不符,相距上千年,有些不伦不类。不应要惠栋的注。本栏中,125页上栏《许慈传》与100页下栏的《玄宗纪》与102页完全重复,一字不差,编者或编辑太粗枝大叶了。125页中,《后汉书·窦章传》。他是窦献的玄孙,相隔几代人,应标明。下栏“《旧唐书·文宗纪》秋七月”应是“《旧唐书》卷一七下·文宗纪下·本纪一七[开成元年]秋七月”。上栏“三国志·蜀志·许慈传”而在100页中又是“蜀书·许慈传”,到底是“蜀书”还是“蜀志”,请改得统一。其他各条请标明卷次。

私家收藏分部中,还可精选,有些人,并无多少藏书。如162页下栏,徐文远,163页颜师古、陆龟蒙、郑虔等,都未讲他们收藏书的事。徐文远只是“日阅书于肆,博览《五经》,尤精《春秋左氏传》”。对大学者讲学,只听了“数日”便不听了,人问其不听原因,他说“无奥颐之境”,徐文远是一位好学者,但并不是藏书家。类似情况还很多,可否对一些学者,作些精选,选藏书较多的收藏家。

藏典中,私家收藏的杂录栏,很少有较好的书目。只看见古人读书,做学问,少有人在藏书中下功夫。所以显得零碎。特别是165页“孔齐《至正直纪》卷二《别业蓄书》”中,讲的沈氏家将藏书分散,仆人将古书撕毁,将书“褙鞋帮”、“覆酱瓿”,多么可惜,多么无知,这种记录何必选入资料中。“危素《危学士全集》卷三《鄞江送别图序》”只是讲了风景很好,“下瞰月湖,后枕碧沚”,“環林瑶圃，粲然可欢”。并未涉及藏书。不太切题，似也可精选。

《校勘总部》，约90多万字。所录文献资料，基本上反映了古代校勘文献的主要内容，很广泛，分类比较细致，校勘比较好。

书稿中重点收录了王念孙、俞樾、孙诒让、王引之、黄丕烈、阮元等人的资料。选他们的资料内容是很丰富的。但是其实校勘，在中国文化历史上是很多的。还有很多人的校勘资料并未选入。如清代武亿撰《经读考異》、《群经义征》，清代钱大昕撰《经典文字辩正》，清代邢澍撰《金石文字辩異》等等，均有较多的校勘内容。

王念孙学者的内容虽多，但太杂，可作些精选。选他的校勘资料约7万字左。他校勘了《周逸书》、《战国策》、《史记》、《汉书》、《管子》、《晏子春秋》、《墨子》、《荀子》、《淮南子》等书。有些是可以不选的。而且标目也不清晰。如19页“王念孙《读书杂志》一之一《赏多则乏》”应将《周逸书》加在一之一后面。20页的“又二之一《攻魏将犀武库》”应是“王念孙《读书杂志》二之一《战国策》《攻魏将犀武库》”，21页“又三之一”又字应是“《读书杂志》三之一《史记》”。24页“又四分之一《祸贼 贼祸史》”与前面一样，应改为“王念孙《读书杂志》四分之一《汉书》《祸贼 贼祸史》”。后面各书也应照这样改。

有些可精选，可删除。如“黄丕烈《重刻剡川姚氏本战国策札记》”99－100页共81条，都是又字，后有简单的一两句文字。说版本，有“鲍本”、“公本”、“古本”、“丕烈案”，到底谁的版本是准确的。最好是不必收入。因此可大大删减。87页下栏最后一行，毛居正的《六经正误》“大作太误”。古人常将“太、大”用为同一字，何必要引。这种情况还有，可不收。100页“阮元《十三经注疏校勘记・周易注疏校勘记》”中，录用12页中4万多字，640多条，其实可精选一些有代表性的资料，不必“照单”全收。如100页下栏，“又而礎柱润。闽、监、毛本同。宋本作【而柱礎润】，是也”、“又若磁石引针。闽、监、毛本同。宋本【磁】作【礠】。按：作磁为是”等等，不必录选在《中华大典》中。

126页，“王先谦《魏书校勘记》”收录了336条，有1万多字，其实也应选有代表性、精确的资料，不必收那么多。

另外2页下栏顺2行“挍雠者”，“挍”应是“校”。

3页：杂录标目《汉书・刘向传》应是“《汉书》卷三六・楚元王传六刘向

传”本条“觀古文”,应是“排古文”。

“又《艺文志》”应是“《艺文志》一〇”。

“《旧唐书·颜师古传》”应是“《旧唐书》卷七三·传二三·颜师古传”。

3页:上栏,“王溥《唐会要》”条倒数第二行“专令缮写”,“专”是“吏”字。下栏顺7行,“所有残缺,未能补緝,篇卷错乱,检阅甚难”,“卿試为朕整比之”。“残”是“貝”字,“未能补緝”是“未能填补”,“检阅”是“尋检”,无“整”字。错了6个字。下栏有5个“載”字应是“年”字。倒数9行“其尚书应古体文字”,“尚书”是“写书”。倒数第5行“分察”是“佯定”。倒数3行“大中三年”是“太和三年”,同1行“并外察”是“并观察”。倒数1行“令勒楷书”是“今勘楷书”。

4页:上栏顺1行,“大中三年”是“大中二年”。顺6行“等秩无異”是“等目无益”。顺15行“校书郎四员”是“秘书郎四员”。顺17行“其年十月”是“十二”月。

20页:上栏顺17行,“民安总承上文”,“安”是“字”字。

21页:上栏顺2行,“遂进攻周”是其证,“遂”字前有“秦”字。漏了一句“上攻字亦当作败,下文犀武败於伊阙,注要秦将白起败魏将犀武於伊阙,遂进攻周”。

24页:上栏,“又三之六”应有小标题“大将军”。

41页:“又九之二二”应是“又九之二二‘淮南子内篇跋’”。

请举一反三,对全稿梳理,对书稿精益求精。所提意见,仅供参考。

2015年5月18日

对《工业典·食品工业分典》书稿的审读意见

《食品工业分典》390 万字，分 3 个总部：食品加工总部(130 万字)、《食品酿造总部》(60 万字)、《食品烹饪总部》(200 万字)。于 2015 年 4 月 8 日报大典办终审。

我重点读了《食品加工总部》。总体认为刘建丽先生用 8 年心血铸就了这个分典，真心诚意，精神感人。

全分典搜集文献资料十分广泛，内容丰富，校勘较好，从先秦至清末每个朝代都有，共搜集古籍 1740 多种，有先秦的 5 种，汉代 35 种，唐代 87 种，宋代 470 种。有很多资料十分珍贵。框架体例大体符合大典要求。

但有些地方还需请编纂学者斟酌。

从"编纂说明"来看，作者过分求全。如说"不论其史料价值大小，但凡有一定的资讯，一概收录采用"。大典办不主张"一概收录采用"。搜资料要有选择，要围绕主题，要精选，要有代表性。还有，资料"一般不因重复而删除"，大典办有关于处理重复的规定，尽量少重复。从现有资料看，问题也就出现在"一概采用"，重复也不删除。

"综述"有 173 页，约 35 万字。我看后认为长了一些，杂了一点，可以分分类，分成"论说"、"综述"。有些资料可放在"纪事"中。重复太多。茶是全民饮料，在我国历史悠久，不能把所有内容都收入，如产地，极多极多。在 21 页－22 页中很多都是讲产茶。在后面很多页中都有产茶的内容。如 153 页罗列了多条《江西通志》的产茶内容；158 页－165 页中，罗列了《浙江通志》、《广西通志》、《云南通志》、《福建通志》、《四川通志》、《江南通志》、《山东通志》、《大清一统志》,都列举了产茶的名字。173 页—175 页收赵学敏录的 21 条,也是列举的产茶地。182 页,收录了曾国藩、刘坤一的 13 条,也都是在《江西通志》上的产茶记录;卞宝第、李瀚章 11 条在《湖南通志》上的产茶记录。在其他页中,还有产茶地的内容。42 页赵汝砺录《北苑录》中收产茶记录约 3000 字。48 页也是讲产茶,共有约两万字以上。可否相对集中,加以精删,使篇幅少一些。而且,应有加工内容,不仅是罗列茶名、地名。否则,和农业典会大量重复。神话故事、诗词、文人交往趣谈,包括“李约一生不近粉黛,性辨茶”,“陶穀買得党太尉故妓,命取雪水烹团茶,谓妓曰:党家应不识此。妓曰:彼丽人;安得有此,但能销金帐中浅斟低唱,饮羊羔美酒耳”。还有假茶说“枫叶”是茶。“蒙顶茶”是四川的,假说是山东的也是“蒙顶”茶,如此等等都可不收在“综述”内。“题解”,中 13 页郭璞《尔雅注疏》中有“树小如栀子,冬生叶,可作羹饮,今吁早采者为饮,晚取者为茗,一名荈。蜀人名之苦茶”。在同一页中,又重复这一段话;14 页、17 页又重复这一段话。在本书稿中,许多地方重复这几句话,完全可以避免。总之“综述”的内容,要紧密围绕“茶叶加工”才好。

16 页—17 页,收录了陆羽的“茶经”7 条,这 7 条中,有 3 个问题:1、有 2 条未单独标目,不是用黑体字,与其他几条标目不统一;2、标目上应有一茶之源、二茶之具、三茶之造、六茶之饮、七茶之事、八茶之出、十茶之图。少了一、二、三、六、七、八、十字,与原著不同;3、有错字。“茶之具”条,“或木或尾”,“尾”是“瓦”字。“茶之造”条,“廉襜然”是“廉檐然”、“轮困然”是“轮菌然”。“茶之饮”条,“饮有觕茶”是“饮有粗茶”,“其盌数三”有三个盌字,“盌”是“碗”字。“茶之事”条,“春採”是“春成”。

36 页—37 页,“阮阅《诗话总龟后集》卷二九《詠茶门》”条,从“至於试曾未有闻,辄条数字……”至“诚可尚也”有 1000 多字,不知来自何处,原版没有。

有些内容是可删减的,如 39 页,茶墨相比的故事,“公笑以为是”。145 页,论“仙人掌也是茶”。112 页,明月峡,许公桥的故事,也是多处讲。124 页《五杂俎》中,讲苏才翁与蔡君谟斗茶的故事。140 页陈鑑学陆羽讲“茶经”,茶之十品,他自己也觉得好笑,“桑苧翁(指陆羽)而在当哑然一笑”。这些内容似均可减少收录。

“传记”栏,陆羽的资料很好,可收,李约的资料也还可以。李昉《太平廣记》中，收了许多条，不知是否还有补充资料，所收其他人物，很难成为传记人物。夏树芳所收人物，是否符合传记内容，请考虑。

“艺文”栏收了不少“《全唐诗》”的诗。编者是曹寅，可否直接收唐诗作者，不必收在曹寅名下。

几位专家，善意地提出了许多宝贵意见，请认真考虑，举一反三，对全部书稿加以梳理。

2015年5月21日

对《法律典·经济法分典》的终审意见

据出版社编辑班子反映:《经济法分典》书稿交出版社时,约1600万字,规模比较庞大。经过他们再三精选,现有书稿约860万字。这是报终审的书稿。

这部书稿的特点,资料收集十分宽泛,从先秦至明清,每个时期都有较多的资料,而且有许多较为珍稀资料。校勘十分认真,错漏极少。

审读中也发现有不足之处。第一,有些地方需补充些资料。如送审样稿《国内商业法制部·先秦分部》的"论说"中,只收录了元朝马端临的一条,显得很单薄,实际上,先秦关于"经济法"的内容并不少,编者还可作些补充。如"井田制度"应是先秦"经济法内容"。在许多文献中,都有这方面的内容。《考工记》中,讲井田的内容就不少,如"九天为井"。《孟子·滕文公上》也有,"方里而井,井九百亩,其中为公田。八家皆私百亩,同养公田。公事毕,然后敢治私事,所以别野人也"。在《周礼·地官》中,"乃均土地以稽其人民,而周知其数;上地家七人,可任也者家三人;中地家六人,可任也者二家五人;下地家五人,可任者家二人"。"乃经土地而井牧其田野;九夫为井,四井为邑,四邑为丘,四丘为甸,四甸为县,四县为都,以任地事而令贡赋,凡税敛之事,乃分地域而辨其守,施其职而丰其政。"

先秦,关于市场、买卖,也有许多记载。《战国策·秦策》中,"臣闻'争名者于朝,争利于市'今三川,周室,天下之朝也"。《孟子·公孙丑下》"古之为市也,以其所有,易其所无者,有司者治之耳"。"市,买卖交易之处"。可否增补一些。

第二,在收录的文献资料中,有些并非经济法的内容,收得似乎宽了一些。

如12页“隋唐五代分部”,“论说”栏,韩昌黎文集中,讲宫市之买卖,实际上为强制夺取,有抢劫的性质,并非自由买卖交易,不宜收录在交易中,应删除。

还有101－104页,162－165页,是清朝徐栋的《保甲书》卷一、卷三、卷四近万言。《保甲书》主要是讲基层政权、讲保甲的八条及户口等,并无“经济法”的内容。

其他还抄录了许多条例、文章,几乎是从头到尾地抄录。学术价值、使用价值都不高,似可加以精选。

第三,坚持收录文献资料的底线1911年12月31日的问题。《宣统新法令》(182页起),从第一册、第二册至第九册,共150条,3万多字。是宣统三年二月初二颁行。即是1912年颁行。超越了底线,不属于收录范围。

第四,其他。版本、内容、成书时间等等。

吴嘉宾《求自得之室文钞》,清代诗文集汇编。上海古籍出版社2010年出版。

《武定土司档案》民族学院出版社1993年出版,楚雄彝族文化研究所编。

《明清以来苏州社会史碑刻集》王国平编,苏州大学出版社1998年出版。

《各国条款修约章程》清末刻本。

有台湾文海出版社1972年出版的几本书。

这些书是否符合大典规定的收录要求,请认真审核。

2015年8月7日

对《政治典·隋唐五代政治分典》书稿的终审意见

《隋唐五代分典》约58万字，2015年10月29日送大典办终审。从终审报告来看，编纂思路比较清楚，特点比较突出，比较有条理性，较正规，形象比较优美可观。

送审的书稿，从"政治嬗变"入手。隋朝灭陈统一全国，共37年，唐代290年，共327年。隋唐是中国较兴盛的时期。唐玄宗前期励精图治，史称开元之治，后期天宝后腐败。发生安史之乱，以致衰落，为后梁朱温所灭。"政治嬗变"总部是唐代兴衰的转折时期，这个总部约20万字。内容十分丰富。仅以"安史之乱"来看，所选资料，比较全面系统完整，人物众多，眉目清楚。有些"略"字用的比较好。删除内容得当。如6页最后一行"略"字后，留下的文字为："许叔冀奏：衢州妇人侯四娘，渭州妇人唐四娘，某州妇人王二娘相与歃血，请赴行营讨贼。"奖励了3个平民妇女，也反映了民气，十分难得。

总的来讲，书稿是比较好的，但是也还有不足之处：

1. 第3页下栏，顺数8行"贾深等杀贼将李鈆凑"，"鈆"是"钦"字；倒数第4行："仗下從"是"仗下后"。

2. 第4页上栏，顺数10行"咸思效忠於兴復"是"効忠"。

3. 第6页上栏，倒数第1行"受贼伪官陈希"是"受贼伪署左相陈希"。

4. 第24页下栏，顺数18行，"禄山虚遣史思明"应是"禄山乘虚遣史思明"。

5. 第25页上栏，顺数11行"时禄山遺蒋公鈆凑"，应是"蒋钦凑"。蒋鈆凑在上栏出现了10次，应将这10个"鈆"字改为"钦"字。

6. 第 30 页下栏，顺数 1 行，“遂行脱身或走”是“遂行得脱身東走”。

7. 第 33 页，上栏，倒数 5 行“君所以不遣于臣”，“于臣”是“所臣”。倒数 3 行，“尿禄山搆乱”是“尿逆胡搆乱”。本页下栏，顺数 1 行“两官出居”，是“两宫出居”。本页下栏，顺数 15 行“析骸而▲”是“析骸而爨”。

8. 第 34 页上栏，顺数 2 行“齐桓公将封禅”，多了一个公字。顺数 11 行“巡之生平”是“巡之平生”。11－12 行有两个“覩”字是“睹”字。

9. 第 38 页上栏，顺数 15 行“陕西平陆人”是“陕州平陆人”。

以上前后约 20 万字不准确。

56 页艺文栏。本栏内容比较杂乱。56 页至 98 页，8 万多字。不仅排序不准，又杂，又乱，又重。如乾隆、徐寅、王士祯、刘禹锡、元好问、洪吉亮等十多人的诗，都是选录多首，分别散见全栏，特别是洪迈，全栏出现十多次，而且并非他本人作品，都是选的全唐诗中别人的作品。选在这里不伦不类，诗的内容，多不是“大典”规定的主题。其他部的艺文，也多不合规定者。总之，艺文栏应围绕主题，大加精删。

唐代的资料多，这是应该的，但隋代、五代的资料太少，应加以补充。

请认真梳理，加以补充和精删。

以上意见，仅供参考。

2015 年 11 月 6 日

对《地学典·自然地理分典》书稿的终审意见

重庆出版社：你社2015年10月10日上报的《自然地理分典》230万字，选取的《陆地地貌总部》提请终审的约20万字已于2015年10月14日收到。提请终审的约20万字中，有《高原部》286－303页约3万字；特殊地貌304－317页约26000字；土壤地理总部土壤特点与分类部711－715页，约8000字；土壤利用716－723页约1400字；矿物资源部1005－1037页，约64000字；其他资源部1038－1042页8000多字。

你们选取了各总部的部分稿件，这很好，如特殊地貌，虽然不少资料与其他部分重复，但还是很有特点，有利于我们终审了解各方面的情况。在终审中，对终审面也有所扩大，除重点外，对全稿也进行了粗审。

我在终审中，看出学者的编纂和出版社的编辑工作都很认真。总的来讲，框架体例，标目基本上符合大典的要求。选择的资料包括各个时期、各个方面的文献、正史、野史都有选录，面比较宽泛，错字很少，校勘较好，是一部较好的书稿。

《高原部》符合自然地理的内容，但有些地方并非高原，如“长安”“广西”等，有些地方有重复；如“哀牢山”“金马山”“碧鸡山”“点苍山”“九隆山”“栖楼山”等等，也都多处重复。请你们核查。

《特殊地貌部》有特点，大部分基本上符合自然地理的内容。但是，“钟乳”、“沙漠”、“洞穴”，有些游览园林风景内容，这都很难说是“特殊地貌”。有些题诗，不应在“特殊地貌部”。

还有两处，全是错误的。一是308页下栏，“明代工志性”的两条：“《广志绎》”“贵州多洞壑……不能一一记之”;另一条“《黔志》”“贵州多洞壑……不能一一记之”这两条文字完全重复,作者都是“王志性”,只是书名不同。

305页选用了陆游2条:一条是“宋陆遊《老学庵筆记》卷五”;另一条是“宋陆遊《入蜀记》卷六”。而第3页《平原部》中是“宋·陆遊《入蜀记》卷三,七月十七日,南望平埜极目,而环宅皆流泉、奇石、青林、文篠,真佳处也”。第5页,《丘陵部》中,有8条都是陆遊《入蜀记》中卷一、卷二、卷三、卷四的记载。其中《入蜀记》卷一的记载是:“六月二十二,东望京山,连亘抱合,势如缭墙,官寺楼观如画。西阚大江,气象极雄伟也。”还有“又六月二十七日,留金山,极凉冷”;“宋·陆遊《入蜀记》卷二,七月五日过龙湾,浪涌如山,望石头山不甚高,无峭立江中,缭绕如垣墙。”;“又七月十一日,烈洲在江中,上有小山曰烈山,草木极茂密,有神祠在山巅”;“宋·陆遊《入蜀记》卷三,七月十七日,下视四山,如蛟龙奔放,争起川谷,绝类吾乡舜山。但舜山之巅,豐沃夷旷,无异平陆,此所不及也”;“又八月一日　自舟中望山,突兀而已。及抛江过其下,嵌巖窦其它,怪奇万怪。”

宋陆游是浙江绍兴人,应该只有一个陆游,没有陆遊其人。显然是弄错了。有19条之多。引用书目上也弄错了。陆游是宋朝南渡后的大诗人。他与尤袤、杨万里、范成大是南宋四大诗人。显然是编者弄错了。陆游的作品有《剑南诗稿》、《渭南文集》、《老学庵笔记》、《南唐书》等。这里收的他的文献多是风景类资料、日记内容,不全是自然地理内容。

全稿中,标目顺序有错,标目不准确。《宋·乐史太平寰宇记》第8页下栏卷五。紧接着是“卷一〇”“卷三”。但前9页上栏是“卷二十一”“卷二”“卷三”“卷五”“卷六”等。其他地方也有比较不合规定的。

有错字:8页“岑原丘在县西北三十五里”,是“西南三十五里”,“下有穴”是“河下有穴”。

高山放在丘陵中,也不合适。《辽东志》的长白山。“龙凤山,城东南四百里、凤凰山东南三百六十里,可容十万人。”这不能算是丘陵。游览的东西太多,多是园林风景,如“西湖游记”的内容,许多都是重复,应精删。

有许多地方,题诗太多,应分纬目,并没有分,而是经目、纬目混在一起。西湖的诗、李攀龙的诗、秦观的诗,如40、41、42、43、44多为题诗,诗应减少或另立纬目。

选录中，丘陵和高山混在一起，放在丘陵中，这不合适，显得杂乱。

许多地方尚可加工，做得更精彩，准确一些。

意见仅供参考。

2015 年 11 月 16 日

对《政治典·宋辽夏金政治分典》的审读意见

《政治典》我已经审读了《先秦政治分典》、《隋唐五代政治分典》、《宋辽夏金政治分典》共3个分典。总的来看，质量都比较好。不仅外观形式很正规，比较美观。内容也比较好。编纂学者、出版社的编辑人员都十分仔细认真。文献资料的集录，都比较广泛、全面、系统，体例、标目都符合大典的规定。校勘甚为准确，差错极少。也突出了每个朝代的特点。

《先秦政治分典》和《隋唐政治分典》我已写了审读报告，肯定了两个分典的成绩，也指出了它们的不足。现在审读的是《宋辽夏金政治分典》。

这个分典比较复杂，少数民族多，政权更迭频繁，很有特色，政治、经济、文化，不断发展，进步很快，有时也非常繁荣。

公元907年，唐朝灭亡。916年，耶律阿保机称帝建国，国号契丹，后改称辽。阿保机成为辽朝第一代皇帝，即辽太祖。此时女贞完颜部兴起反辽，首领阿骨打大败辽军。1115年正月，完颜阿骨打建国号金。1124年辽亡。即律大石建立西辽，号德崇，死后1163年承天太后建位。后1204年，成吉思汗率蒙古军攻西辽。1217年西辽灭亡。公元960年，赵匡胤在陈桥兵变，代周称帝，建都开封，称北宋。1127年，宋徽、钦二帝被金朝掳去。1168年，宋高宗继位。到1279年陆秀夫背幼帝投海而死，称南宋，152年两宋共320年。在中国西南部，党项羌兴起，李元昊1038年10月，党项族建立了大夏王朝，正式称帝，史称西夏，共传十帝，西夏从建国到灭亡，共190年(1038－1227)。这100年中，西夏与金和南宋鼎立。1115年金王朝建国后，政治、军事、科学技术、教育，各方面都有很大的发展。1153年迁都燕京。1211年蒙古对金开战，金迁都汴京，哀宗二年(1233年)逃至蔡州。在蒙、宋联进攻下，1234年，哀宗自缢身亡,1115年阿骨打创建的金五朝灭亡,共119年。

分典的顺序怎样排为好,请作者考虑。

《宋辽夏金政治分典》搜罗文献比其他几个典都要广泛。引用书目收书一千二百多种,比其他分典多四百种左右,令人十分佩服,特别收了许多私人藏书,十分分散的藏书,编纂学者和出版社用尽心力,到处搜罗,才有这样的成果。

我大体分类统计了一下:1.书稿中收文渊阁四库本约430种;2.书稿中收中华书局整理点校本约210多种;3.书稿中收上海古籍出版社点校出版的有20多种;4.全国其他出版社分别出版的约20多种;5.四部丛刊本约40多种;6.从书集成本约20种;7.卍续藏经本约15种。此外,刻本从宋、明、元、清等朝代的刻本约340种。现在能找到这些刻本,十分难得。另外,还有日本的两种,朝鲜活字本一种,台湾的两种。其他还有宋、明、清抄本、石印本、影印本,私家藏本等等,能千方百计找到这么多书,难能可贵。这是一大功绩。

审读中,也发现了一些小的不正之处。

1. 排序有些局促。在综述、杂录、艺文中,应按朝代先后排列,少数地方不是这样排的。如61页"传法院"的"综述"中先列的宋代的文献。到66页却列了"元"代的文献。67页又列了"明"代有的文献。这就不妥。60页中"杂录"栏,第一条是"宋·周辉",下栏却是"清代"3条,元代两条,到361页上栏,又是明、清各1条。

2. 77页下栏"《满州金石志》"卷二《中京诸寺沙门施拾题名》是哪个朝代的作者,未标明。

3. 120页下栏"邵伯温"条,倒数5行"又曰"是"史曰"。最后1行"不然则连营逐队",是"连群拔队"。

4. 113页,上栏,司马光条最后1行"坦独俛首不","俛"是"俯"字。

5. 121页上栏10行"奔马出迎""奔"是"走"字。

6. 引用书目中,有16个民国,请你们核查,"民国"的资料是什么情况,如不符合规定,请改正。

7. 119页,下栏顺3行"讙譟卒","讙"是"噪"字。

意见供参考。

2015年11月28日

附录

参加《文学典》工作座谈会

会议开始，伍杰同志讲话，他首先代表大典工委、编委领导同志向到会的专家学者和为《中华大典》出版发行做出贡献的全体同志表示慰问和致谢。他说："《宋辽金元文学分典》第一批出书，为《中华大典》带了一个好头，这是《文学典》同志的光荣，是江苏的光荣！我要特别感谢江苏省新闻出版局的领导石启忠同志、王於良同志。"

伍杰同志着重传达了中宣部、新闻出版署下发的文件：关于转发《中华大典座谈会纪要》的通知。向到会同志提出了五点要求：1.不辜负总书记和中央领导同志对《大典》的关心和期望，要落实"纪要"，贯彻"纪要"；2.更好地尊重专家学者的劳动成果；3.认真总结经验；4.在保证质量的前提下，加快编纂出版进度；5.要有基本措施保证。

1999年12月2日

一部宏篇巨制　荫泽悠悠后世

——访《中华大典》办公室副主任伍杰

1988年,由中宣部出版局局长伍杰担任组长,在中宣部和国家新闻出版署共同组成的《中华大典》编纂试点领导小组领导下,《中华大典》(以下简称《大典》)试点工作开始。1992年工程正式启动,至2005年,编纂工作全面启动,全国17家出版社参与了《大典》的纂修出版工作。经过20年左右的艰苦工作,截止到2009年年底,《大典》纂修工程进展顺利,目前由程千帆先生主编的文学典和任继愈先生主编的哲学典均已全部完成,其他分典也完成了部分的出书工作。整部《大典》共分24个典,其中4000万字以上的大典9个,2000—3500万字的中典8个,另有7个1500万字以下的小典。《大典》内容广博,规模宏大,包罗百科,收书20000种左右,预计总字数大约为7亿多字。近日,本报记者就《大典》的编辑出版情况专程采访了《大典》的办公室副主任伍杰先生。

众心所向成就百年盛举

据《大典》办公室副主任伍杰介绍,《大典》的发起缘于上世纪80年代中期。当时,巴蜀书社、江苏古籍出版社、上海古籍出版社等17家出版社的负责人聚首议事,认为应对中国古代典籍加以系统整理,出版一部像古代类书一样的古文献,并以“中华大典”命名。巴蜀书社社长、总编辑段文桂,上海古籍出版社社长魏同贤、总编辑钱伯城,江苏古籍出版社社长高纪言等人一方面向出版管理部门领导呼吁,一方面推动著名学者深入论证,并成立了《大典》编纂筹备小组,向国务院提出倡议,寻求支持。

1987年4月26日，段文桂邀请中宣部出版局局长伍杰、上海市新闻出版局局长袁是德，以及上海古籍出版社、江苏古籍出版社、岳麓出版社、齐鲁书社、中州古籍出版社、北京市古籍出版社、三秦书社、三晋书社等9家古籍出版社的负责人到成都聚会，经过大会反复讨论，补充和充实了巴蜀书社提出的编纂《大典》的设想和方案，并统一认识，决定团结一致，共同发起筹备工作。在此过程中，先后召开了8次专家学者座谈会，并分别走访了多个省市的专家学者。最终，胡乔木、钱钟书、冯友兰、梁漱溟、钱学森等300多名专家学者联名向国务院陈述编纂《大典》的必要性、重要性、可行性，并呼吁批准立项编纂《大典》。

1988年，由中宣部出版局局长伍杰担任组长，在中宣部和国家新闻出版署共同组成《大典》编纂试点领导小组领导下，正式开始编纂试点工作。这一工作也引起了国家新闻出版署副署长刘杲的高度重视。1990年5月20日，国家新闻出版署向国务院呈交《关于编纂〈中华大典〉及其经费问题的请示报告》并获得批准，首次获得垫支款1800万元。

从1988年5月首次召开试点工作会开始，经过3年多的试点工作，1992年4月14日李彦、刘杲、伍杰共同向中宣部、国家新闻出版总署写报告，提出了关于组建《大典》的工作和编纂领导班子问题；关于《大典》的规模和编纂工作的步骤问题；关于《大典》的经费筹集和使用问题；关于工作安排和召开工作会议问题，并同时抄送给国务院办公厅。中宣部于1992年6月12日、国家新闻出版总署于1992年8月8日作了批复，同意三人报告，同意提出的工委、编委人选，批准正式成立《大典》工作委员会和编纂委员会。43人组成了工作委员会，成员由参加单位委派代表担任，随着工作变动而调整，工委会主任是李彦。编委会由工委会聘请专家学者组成，有成员36人，主任由任继愈先生担任，副主任为席泽宗、程千帆、戴逸。

数载修书硕果与经验并得

领导有力，配合协调

《大典》作为一项国家重点出版工程，规模宏大，涵盖面广，编辑周期长，对编纂和出版工作的领导和协调提出了很高的要求。同时工程耗资巨大，对财务支持、财务管理也提出了极高的要求。《大典》工作委员会在党中央、国务院的领导下，各委员单位充分发挥本部门的优势，为大典编纂出版工作贡献力量。同时各大专院校、图书馆、科研出版单位也都进一步围绕大局意识，发扬社会主义大协作精神，积极提供有关文史资料。在中央有关部门和单位密切配合下，组织和动员全国各有关领域和专家学者参与，调动全社会的积极性和创造性，群策群力，是《大典》得以顺利进行的重要方面。财务管理方面，中央财政安排2亿元大典的编纂出版项目预算资金，从2006年起，每年安排4000万元，对《大典》编纂工作形成了有力保障和重大支持。在财务管理上，制订了年度资金预算和分配方案，精心安排，突出重点，及时按进度拨付。项目资金用于《大典》的编纂出版工作，专款专用，严格按照财政资金的管理要求和勤俭节约的原则安排使用。

一丝不苟确保编纂出版质量

坚持质量第一的原则，是编纂《大典》工作的关键。《大典》的编纂工作认真借鉴历代文化工程的宝贵经验，随时总结前一阶段的编纂出版工作，坚持实事求是的原则，政治性和科学性的统一。观点与材料的统一，既客观全面反映历史事实，又有所整理和提炼。同时充分发挥老一辈有声望的专家学者的支持和指导作用，依靠他们把好质量关。各位专家学者在编纂过程中认真研究和吸收古今中外的研究成果，始终注意去粗取精，去伪存真，保证《大典》的质量，对应收资料必须在普查的基础上精心进行分类、选编，要使所收资料做到不漏不滥。对所收资料的版本出版，一律要作出交代。对于版本的选择，在充分吸取的运用近代学者有价值的整理研究成果的同时，还要尽可能使用古本、善本。从而使得《大典》编纂真正做到无愧于先人、无愧于来者，经得起历史和后人的检验，成为真正的文化精品。

通力合作，群策群力

《大典》内容广博，规模宏大，要完成这样一部国家重点古籍整理项目，尤其需要大力发扬全国一盘棋的社会主义大协作精神，充分调动和发挥各方面的积极因素，同心同德，群策群力。1992 年 9 月，江泽民同志为《大典》亲笔题词："同心同德，群策群力，认真编好中华大典，为建设有中国特色社会主义服务"，这也成为《大典》编纂过程中始终遵循的重要方针，各地、各部门和各文化出版单位从全局出发，以国家利益为重，以事业为重，积极支持，齐心协力，密切配合。《大典》工委会充分依靠和发挥各方面专家学者的作用，努力争取众多在学术界享有盛名、主持各学术领域工作的知名专家学者的参与和支持。

《大典》在编排上参照现代科学的图书分类方法，既包含了我国古代类书编排的优点，又具有现代科学系统的分类特点，在继承和发扬前人整理研究古代各种典籍(包括类书)的经验和成果的基础上，吸取和运用现代图书分类的科学方法，对辛亥革命以前的传统文化典籍，进行了全面的、科学的、系统的分类整理和资料性的汇编总结。在编纂过程中坚持百花齐放、百家争鸣的方针，对于传统文化中重要的不同学派、不同观点的资料，在辑录中要兼收并蓄，力求做到客观、完整和全面。

《大典》原则上采用《古今图书集成》经目与纬目相交织的统一框架结构。对其经目与纬目，既要考虑到我国古籍的特点，又要参考现代科学的分类方法。每一大类的名称均以现代科学命名，其内容也尽可能纳入现代科学的分类系统之中，从而体现新型类书的特点。《大典》经目从上至下一般分为四类，即典、分典、总部、部。并规定，如有必要可在部下延伸二级，成为六级经目。根据我国古代文献的实际情况，结合现代科学分类方法，初步确定《大典》的一级经目典共 24 个，二级经目分典 110 多个。《大典》的纬目，要突出归类的科学性、条理性和实用性，纬目依次按题解、论说、综述、传记、纪事、著录、艺文、杂录、图表等九项展开。

窥《文学典》一斑隐见《大典》全貌

《文学典》从 1989 年 9 月 12 日《隋唐五代文学分典》开始试点编纂，至 2008 年 12 月《文学理论分典》编完，用时近 20 年。在此，通过伍杰先生对《文学典》编纂出版情况的总结评价，我们可以窥出整个《大典》编辑工作的大致风貌。

"《文学典》的主编是程千帆先生，下分 6 个分典：董治安先生主编的《先秦两汉文学分典》、黄进德先生主编的《魏晋南北朝文学分典》、卞孝萱先生主编的《隋唐五代文学分典》、曾枣庄先生主编的《宋辽金元文学分典》、吴志达先生主编的《明清文学分典》、张伯伟先生主编的《文学理论分典》。总目录一册。洋洋大观23册,5400万字。

《文学典》是一座文学史料的宝库。它整理了从先秦到1911年的全部有关文学的古文献史料,这是一个系统工程。它涵盖中国古代文学的各个方面。从全书中可以看出中国几千年文学的发展面貌和每个朝代、每一时期文学发展的不同内容,不同特点。它不仅总结和继承了中国几千年文学的精华,也为将来中国文学的发展提供了重要的借鉴。这是前人所未做,具有重要开创意义的文化盛事。

《文学典》具有宝贵的学术价值。主编程千帆先生在序言中概括了中国文学的文化特征,《文学典》用丰富的文献资料,充分展现了这些特征,体现了中国文学几千年发展的脉络,显示了各种文学流派的学术观点和各种文学体裁的特色,它的学术价值是无可比拟的。

《文学典》的又一个重要特点是广泛地对作品进行了评论。全典设有'分论'专栏,专门评论作品,将文学史上曾被评论过的作家作品及有关文章全部集中,共搜集了1200多名作家的单篇作品,共有诗赋及有关文章32700多篇,内容广泛,涉猎丰富。诸多评论者——多数为有影响的作家及专门的评论家对其内容广泛地进行了评论。由于评论者所处的环境不同,遭遇、经历有别,文学修养,思想观念,政治见解,仕途地位有别,对生活的体会不同,结合自己的创作经验评论,所以,所评角度不一,对某一作家作品的看法往往也相异,同一作品看法不同,甚至相反。这就形成了对各类作品各抒己见,百家争鸣,百花齐放。'分论'的内容为我们了解当时的文艺发展状况,提供了重要资料。”

另据记者了解,目前已有14个典的文字稿已部分完成,还有1亿多字的文字稿已经进入编辑程序。作为一部凝聚着无数智慧与理想的浩大典籍,《大典》以继承弘扬民族文化、为当代科学研究服务、为国际文化交流服务为己任,既是对中华民族数千年文明的梳理与挽救,更是一代专家、学者们留给子孙后代、足以泽及后世的无可估量的精神财富。目前这项工程进展顺利,不但挽救了大量濒临灭绝的珍贵典籍,为中华文明的保护和传承作出了重要贡献,为现代人使用与研究提供了便利,同时也为我们以后的古籍保护工作积累了可资借鉴的丰富经验。

《新华书目报》2009 年 12 月 28 日

记者　王艳

向记者简介《中华大典》

——人民日报海外版记者李闻昕、王鉴理采访伍杰

记者：

《中华大典》目前编纂工作的进展情况如何？

伍杰：

《中华大典》是国务院批准立项的国家工程，是建国以来最大的一项出版文化工程。也是国家《十一五文化发展纲要》的重大文化出版工程。是对汉文古籍进行全面、系统、科学分类整理和汇编总结的新型类书，是一部大型工具书。

大典的规模宏大，约八亿字，中国的古籍有十多万种，大典收书约 3 万种。参加编纂的专家学者，仅《文学典》就有 316 人，总共约 3000 人。中国有编类书的传统，最早的类书是《皇览》，最晚的是《古今图书集成》，没有哪一部类书有这么大的规模，有这么丰富的内容，有这么科学的分类。应该说是中国类书之冠。

《中华大典》是中国十八个古籍出版社的出版家段文桂、高纪言、魏同贤等人倡议，全国 300 多位著名学者钱钟书、季羡林、任继愈等人呼吁，共同推动，国家鼎力支持编纂起来的。

《中华大典》的编纂，虽然经历了许多困难，但总的来讲，总是在不断前进。到现在为止已经取得了决定性的胜利。全书分 24 个典，包括社会科学和自然科学的全部内容，政治、经济、文学、史学、哲学、天文、地学、生物、农业、林业、工业、理化等等。现在《文学典》《哲学典》已全部完成出书。部分出书的有《医学卫生典》《历史典》《历史地理典》等。共 1.3 亿字。今年计划出书 1 亿字，可

能全部或部分出书的除《医药卫生典》《历史典》《历史地理典》外，还有《林业典》《法律典》《语言文字典》《教育典》《民俗典》《宗教典》《艺术典》《经济典》《工业典》《文献目录典》等。现在已编出交给出版社的书稿近3亿字，共有4亿多字。原计划十一五期间7亿字全部出书，现在看来，由于要求高，保证质量第一，编纂的难度太大，反复审读修改的次数太多，很费功夫。整个工程要到十二五才能全部完成。

《中华大典》全部完成之后，将是一座中华各类学科古籍的宏伟殿堂。从已经出版的这1.3亿字，五十多册大书中已能看大典的连城价值。以《文学典》为例，它是一座文学史料的宝库，整理了先秦到1911年的全部有关文学的古文献史料，涵盖中国古代文学的各个方面。可以看出中国几千年文学的发展面貌和每个朝代、每一时期文学发展的不同内容、不同特点。文学史上的"总集"和"体类"是很有特点的。从先秦到清末，汇集"总集"288种，对每种"总集"的论述，都从浩瀚的古籍中梳理、选出，加以确认。"体类"选出207种，这些"体类"五光十色，流光溢彩。中国文学史上有多少作家，全典搜集了7000多位作家的文献资料，其广度、深度、准确度都堪称一流。对作品的评论也是重要特色，共收集了1200多名作家的单篇作品32700多篇，进行评论。这些作品内容广泛，丰富多彩。有政治见解，有仕途生活，个人遭遇，旅游经历，亲朋聚散。可谓是一副上千年的广阔社会图景。既包括自然风光，也展示人生的历程。这些资料，展示了中国文学的文化特征，也反映了鲜明的人文色彩和理性精神。《文学典》显示了各种文学流派的学术观点和各种体裁的特色，它的学术价值是无可比拟的。又如《哲学典》设立的3个分队，重新整理了中国古代哲学资料，《哲学典》继承中国类书重文献又重思想的传统，站在现代哲学的高度，以现代科学的方法分门别类加以整理，搜集儒家、诸子百家、佛道、基督、伊斯兰、犹太诸教的所有的哲学文献资料。充分反映了各教哲学学派和哲学发展的历史，及其哲学观点和各教间的关系。思想深邃，史料丰富，驳斥了西方某些人认为中国只是历史大典，只是文献大国，没有深邃的思想和哲理，特别是没有西方哲学的内容的偏见。《哲学典》在世人面前展现中国几千年来哲学发展的面貌，有无比重要的学术价值。《历史典》很有中国特点。中华文明历史悠久，史实记述，史书编修，史官设史学研究等，历史极为发达，历史文献浩瀚无垠。全典用现代科学方法，用经目、纬目交织，展示中国历史与历史学的丰富内涵。如史学理论，从先秦《尚书》的“论知人顺天”史科，到清末康有为的“论天人之故”的资料，系统梳理，而成为历史上的对天人的论述，资料丰富，思想深邃，充分反映了各朝各代的天人思想的论述，如汉代董仲舒的“天人感应”的论述，就是一例，很有代表意义。

总之《中华大典》作为现代类书和历代类书比较，有许多不同特点：第一，涵盖时限更长，收录资料更广，规模更大。总字数超过历代类书的总和。第二，体例结构具有现代科学门类分类的特点。第三，资料更为丰富。第四，使用更为方便，有电子版。第五，发行更为广泛，广大读者更为受益。

《中华大典》出版之后，已通过各种渠道在国内及全世界发行。发行之后，受到普遍关注，有相当的反响。《文学典》较早出版，有些分典已经告罄。常有人打电话致大典办公室要求代为购买。许多学者称赞《大典》的高质量，高水平。复旦大学王水照先生说：“《中华大典》是建国以来规模最大的汉文古籍分类资料宝库，它不仅把我国历代编纂类书的优良传统推向现代学科的新水平，而且是我国历史久远，从不间断的伟大文明成果的一个集中展现，可谓功在当代，永垂后世。”他说：“迄今为止却没有一部囊括数千年，涉及数万作家，具有总结意义的大型工具书。《文学典》就是这样一部独一无二的著作。一编在手，思接千载，目视四方，他的功能和作用是其他种类书籍所不能代替，也是不能比拟的。”山东大学教授王承略说：“《先秦两汉文学分典》是一部类书，但它的价值又不完全等同于传统意义上的类书，它是编纂者一定学术理念的结晶，因而具有很强的学术价值、学术思想史价值和文学史价值。”刘跃进，中国社科院文学研究所副所长，博士生导师，研究员说：“《文学典》第一资料丰富。……第二，编排适宜。……第三，校订精审。”南京大学巩本栋博导、教授说：“《魏晋南北朝文学分典》……因工作关系，经常批阅此典，感觉得心应手，使用称便。究其原因，大体有三。首先，搜辑详备。……其次，信而有证。……再次，检索方便。”清华大学教授，中华书局总编辑傅璇琮说：“《隋唐五代文学分典》是迄今为止有关隋唐五代文学资料最全、最精的一种。……辑集的资料面极广。……注意利用近现代学术成果，……有些特殊条目，安排合理。……注意作品后世影响的文体变化。”四川大学古籍所教授博导棘园说：“《宋辽金元文学分典》的主要价值在于它为宋辽金元文学研究工作者提供非常分散的以个人之力很难收集得如此齐全的丰富资料。一是为宋辽金元文学的作家研究提供了十分全面的资料。……二是为宋辽金元文学的作品鉴赏提供了丰富的资料。……三是为宋辽金元文学的文体研究提供了丰富的资料。……四是对宋辽金元的文学群体研究提供了丰富的资料。……确实堪称宋辽金元文学资料的宝库，此书对推动中国古典文学工作，特别是对宋辽金元文学研究工作、教学工作以及专攻宋辽金元文学的硕士生、博士生的学习，都是十分有用的。”中国社会科学院文学研究所研究员博导蒋寅说：“《明清文学典》首次将明清文学研究资料加以全面系统的汇辑、整理，以大型类书的形式，为学界提供了丰富的参考资料，可以说是建国以来明清文学研究资料建设首屈一指的基础工程。……大大便利了明清文学史、批评史、传世典籍的研究和教学，对上述学术领域的研究工作无疑将产生巨大的推动作用。”有的专家说：历史上中国修类书，大体 300 年一次，《中华大典》修成以后，最少也要管 300 年。此外，赞誉之声还很多。

《中华大典》是当代极为重要的巨大文化工程。它系统地整理了 1911 年以前的汉文古籍，整理中按现代学科分成 24 个典，可说是一典一学科，编纂是一典一学一梳理，这不仅有创新意义，也是中国思想史、文化史、科学史的整理和建设，有极高的学术价值，这不仅继承弘扬中华民族的悠久文明，对当代文化、学术建设，对国家文化交流，都能发挥重要的作用。

2010 年 3 月 21 日

任继愈:民间力量17年推动盛世修典

任继愈　大型类书《中华大典》的编纂在民间力量的长期推动下,求得两亿财政拨款解决资金紧张,现面临人才困局

■对话动机

2006年9月15日,国家发布"十一五文化发展纲要",其中2处专门提到要精心组织好国家重大出版工程《中华大典》编纂工作。

盛世编典本是中华民族的文化传统,而这次编纂《中华大典》的推动力量却来自民间。

1988年,中国几位出版人和学者想要编纂属于我们这个时代的传世大典。然而,萌生于民间的《中华大典》编纂工作,一度濒临夭折。但在他们一路蹒跚的推动下,终于在2003年得到国家支持。

今年2亿元拨款得到落实,近日却再次传出,因为拖延太久,人才流失,大典遭遇人才困局。

记者对话《中华大典》编纂委员会主任任继愈先生。请他讲述大典背后不为人知的"草根故事"。

以现代方法分类古籍

新京报:2010年《中华大典》24部分典将全部出齐,但大规模的类书已有很多,为什么还要耗费心血再编纂一部?

任继愈:《中华大典》是用现代科学的分类方法,将上至秦汉,下至辛亥革命(1911年)的各种古籍文献进行分类汇编。

像明朝《永乐大典》、清朝《古今图书集成》等类书也曾企图网罗当时中国拥有的知识，但它们的分类相对粗糙，不能满足现代社会的需要。

新京报：能解释一下，什么是现代科学的分类方法吗？

任继愈：就是以现代科学方法命名，其内容也尽可能纳入现代科学分类体系之中，以便体现新型类书的特点。比如古籍中的随笔、记录、笔记，《四库全书》分类法分到了史部杂钞类、子部杂家小说类，《中华大典》则会以更清晰、准确的方法进行分类。大典将容纳二至三万种书，如果没有完整科学的分类法，现代人很难使用。

新京报：那编典成功后，将会给普通人带来什么利益或是影响？

任继愈：编典成功后，受益的不仅仅是个人，而是整个民族。编纂《中华大典》可以视作为我国文化建设搭建的基础工程，就像是桥梁，让现代人通过它进入中华民族5000年的文化。

新京报：按以往的历史传统，通常只有盛世才会编典，我们国家现在具备了编纂如此规模的类书了吗？

任继愈：从某种意义上说，十一届三中全会以后国家就进入盛世。启动时国家投入资金有些困难，现在好很多了。

新京报：编纂这样大规模的类书，主要依靠的是民间力量还是国家力量？

任继愈：中国古代的类书从《皇览》始，都是由皇帝来主持编纂，需要动用国家力量，在全国征书。

现在编典也必须以国家力量为主导，仅社会上的民间力量是无法完成的，毕竟它关乎的是全民族的利益。

编典由民间力量推动

新京报：《中华大典》最初的编纂工作异常艰难，而且最初编典的意向也不是出于国家意识，是吗？

任继愈：那是在1987年，四川巴蜀书社（一家以整理中国古代文化典籍为主的专业出版社）段文桂社长觉得中国古籍很多，但没有一部按现代科学分类编纂的新式类书，就萌生编典念头。

段先生之后向国内多家古籍出版社写信征求意见。各出版人觉得还是势单力薄,希望能得到学者支持,就给吕叔湘、张岱年、季羡林等名家写信,希望得到支持。

最后大家一起联名给国务院写信,得到国务院批准。1989年,召开了论证会,钱钟书、冯友兰、梁漱溟等先生也参加了。

新京报:当时论证时没有人反对吗?

任继愈:也有人反对。反对的专家担心工程太大,怕做不成。但没有人觉得这不该做。

新京报:这么说,这是民间力量才推动了大典的萌生?

任继愈:是的。这也是《中华大典》和以前类书的不同。它的启动是中国一群出版人在推动,经学者参加,才得以萌生。

段文桂几次三番找到中宣部出版局,时任局长的伍杰被他感动,就向部里领导反映。

中宣部决定试点,当即“任命”伍杰做试点小组组长。当时有巴蜀书社、上海古籍出版社和江苏古籍出版社参加,先做5个学科的分典工作。

新京报:当时设想的是编成一部什么样的书?多大规模?

任继愈:当初刚启动也没有明确的设想,只是估计规模接近《四库全书》。在1992年才正式成立编典工作委员会和编纂委员会。工作委员会主要由中宣部、出版总署、教育部、财政部等部门领导参加,负责协调工作。

商业滚动致使大典夭折

新京报:当时向国家要求拨款了吗?

任继愈:当时就没有好意思向国家要钱,那时国家还很穷。我们打报告就是借钱。

新京报:这个困境是以前编纂类书所没有遇到的。但没有国家财力支持,编典能顺利进行吗?

任继愈:当初是想和出版商业书一样,出一部分,卖了再用这笔钱接着编后面的典,设想这样滚动着将书出完。

新京报:最初编典的1800万还是向国家借的?

任继愈:是的。当初启动了文学、历史等比较容易编的8个典,分给承担的出版社每家120万。那时还要对各个出版社进行资产评估、抵押、签订合同,这些钱等书卖了是要还给国家的。

新京报:还钱压力大吗?

任继愈:当初按照预算想滚动借3000万。后来只借到1800万。我们打算先编几个典,卖了就还,然后再把这个钱借回来,等卖了典三年后再还(笑)。到了还款日期我们还了720万。剩余的1080万就再也没有力量还了。

新京报:这样的做法听上去很无奈。

任继愈:失败了,大典不像商业书,成不了畅销书,它是个工具书,销量不大。

新京报:编典真这么花钱?

任继愈:这个工程很大,需要到全国四处搜集古籍文献,借阅文献,复印都很贵。有的图书馆的珍贵古籍复印一页要80—90块钱。还有差旅费、稿费都要花钱。

新京报:在国家正式拨款之前,编典一直在资金紧张中进行?

任继愈:那13年经费非常紧张,进展也缓慢。大家都在苦撑。期间有的出版社自己垫些钱。有些地方预支稿费做经费,艰难维持。

新京报:既然大典起于民间,当时没有在民间寻求支持吗?

任继愈:尝试了,我们当时打算在民间集资,找企业家赞助。凡支持祖国文化事业的企业家,赞助了,我们大典办公室就给他发奖状。但是效果不理想。有一些企业家倒是想支持,但是我们有顾忌,怕他的钱来路有问题。大典虽然是起自民间,但是经过国务院批准了,某种意义上它代表了国家形象。

新京报:最后出现转机了?

任继愈:最后实在因为经费短缺,到2001年,编典夭折了。一些分典陆续停了下来,不过幸好队伍还没有完全散。

资金解决后的人才困局

新京报:听起来让人有些怆然,这近乎一群民间的草根力量在做一件常人不理解的事情。那时还没打算放弃?

任继愈:近乎放弃了。当时我们聚在一起做了个论证:已经启动了9个典，剩余的13个典我们就想放弃了。但在最后的争取中，还是求得了财政部的2亿拨款，使得编典工作得以继续开始。

新京报：那为什么到今年才落实？

任继愈：一言难尽。

新京报：现在有钱了，编典应该没有什么困难了吧？目前启动得怎么样了？

任继愈：困难还很多。大典目前分为24个分典。目前我们已经启动了19个分典。剩下的5个自然科学类分典还在组织编纂队伍。

因为拖得太久，人才流失严重，导致人才难找，特别是自然科学类的分典。这5个分典中，天文、地学典目前还没有找到人，没一点眉目。

新京报：组织编纂队伍这么难吗？中国泱泱大国，13亿人口，难道找不到这样几个人才？

任继愈：组织编纂队伍目前主要有3个方面的困难。一是领军人物难找，大典拖了15年，一些有学问，能担重任领军人物的老专家年龄都大了，有些退休了，有一些去世了。其二，一些老专家很有名，但是手下缺人。我们是老中青结合，以老带青，这需要他们手下的年轻人耐得住寂寞。其三是看得懂古代科学典籍，懂自然科学史的人才很少。

新京报：您说的耐不住寂寞，流失的编典人才多吗？

任继愈：有一部分。我们的编纂队伍有进有出。

新京报：编典是功在千秋的大事，大典编纂者为什么会“寂寞”呢？

任继愈：编典三五年出不了书，做的工作没有人知道。而且做这个工作，学校不给你算科研工作，也不算教学工作，对年轻教师的压力就很大。同事都评上教授、副教授了，你还是讲师，年轻人就不能安心。所以各个分典都有这样流失的人才。现在这个问题已经解决了。

新京报：这就成了制度上的缺陷。你们怎么解决这个问题的？

任继愈：以前缺少经费，就没有办法给学校交纳立项经费。学校不给立项，参入编典的教师的工作量就不能算。现在有了经费可以做一定保证。

大典工作委员会发个文件还不行，要个个找这些单位，保证给立项，给参入编典的教师算工作量，这样就可以稳定军心。

新京报：编典人才的待遇是怎么样的？会不会是待遇过低导致人才流失？

任继愈：过去我们确定的稿费是千字18元。这样低的稿费靠的是大家的责任感、奉献精神。

今年有拨款后，目前稿费提高到千字60元。这个稿费还不能算高。我们是“包干制”，60元包括复印资料费，差旅费，所有花费全包。

因为稿费低，我们很多老师出差要自己垫差旅费，到图书馆查资料，没有钱复印就用手一点点抄。

编典为文化续脉

新京报：前不久，国家发布的十一五文化发展纲要，专门提到要精心组织好《中华大典》编纂工程。为什么会专门提到这个问题？

任继愈：形势很紧迫。我们国家的文化经过“文革”的摧残，文化已经形成断层。我们的传统文化在滑坡，这些都需要我们认真解决。

新京报：我注意到国家相关部门要求大典在新中国成立60周年即2009年时，大典出书将要形成规模，基本完成编纂出版任务；到2010年全部出齐。目前只有4年时间，要完成剩下的6/7的工作，有信心吗？

任继愈：时间很紧，我们要抓紧时间。积极去做，是可以完成的，但是不能赶任务。要保证质量，对子孙后代负责。

（特别感谢：中华大典办公室伍杰、赵含坤、崔望云三位老先生给予本次对话资料支持）

2006年10月12日《新京报》

2018